Martin Kindermann

Zuhause im Text
Raumkonstitution und Erinnerungskonstruktion im zeitgenössischen anglo-jüdischen Roman

Jüdische Kulturgeschichte in der Moderne
hrsg. von Joachim Schlör
Band 6

Martin Kindermann studierte Anglistik, Amerikanistik und Ostslavistik an der Universität Hamburg und promovierte in der Anglistik. Seitdem arbeitet er als Lehrbeauftragter an der Universität Hamburg und der Leuphana Universität Lüneburg. Seit 2014 ist er Postdoc-Stipendiat an der Friedrich Schlegel Graduiertenschule für Literaturwissenschaftliche Studien an der Freien Universität Berlin.

Martin Kindermann

Zuhause im Text

Raumkonstitution und Erinnerungskonstruktion im zeitgenössischen anglo-jüdischen Roman

Neofelis Verlag

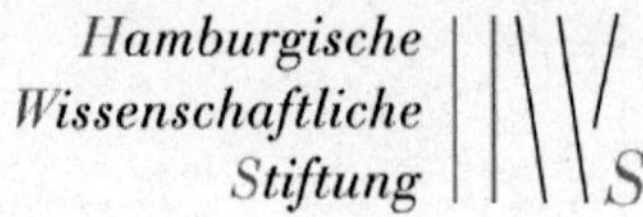

Veröffentlicht mit freundlicher Unterstützung
der Hamburgischen Wissenschaftlichen Stiftung.

Bibliografische Information der Deutschen Nationalbibliothek
Die Deutsche Nationalbibliothek verzeichnet diese Publikation in der Deutschen Nationalbibliografie; detaillierte bibliografische Daten sind im Internet über http://dnb.d-nb.de abrufbar.

Zugleich Dissertation Universität Hamburg 2014.

Umschlaggestaltung: Marija Skara
Druck: PRESSEL Digitaler Produktionsdruck, Remshalden
Gedruckt auf FSC-zertifiziertem Papier.
ISBN: 978-3-943414-59-2

Inhalt

Danksagung

Mein besonderer Dank gilt meinem Betreuer Prof. Dr. Johann N. Schmidt für seine umfassende Unterstützung, seine Diskussionsfreude, seine Anmerkungen sowie seine Neugier auf mein Thema. Weiterhin danke ich meiner Zweitgutachterin Prof. Dr. Ute Berns für ihre Unterstützung nicht nur durch ihre Anregungen, sondern auch für ihre Hilfsbereitschaft über dieses Projekt hinaus. Zudem möchte ich mich bei den weiteren Mitgliedern meiner Prüfungskommission bedanken: Prof. Dr. Marianne Schuller, Prof. Dr. Doerte Bischoff und Prof. Dr. Ralf Hertel.
Darüber hinaus danke ich Rebekka Rohleder, Mascha Peker, Verena Keidel, Dennis Büscher-Ulbrich und Janina Wierzoch, die mir immer wieder durch Diskussionen und Anmerkungen weitergeholfen haben; Niklas Dommaschk und Anna-Maria Götz danke ich für den engen Austausch über unsere Projekte und die Hilfestellung bei schwierigen wie auch banalen Fragen.
An besonderer Stelle gilt mein Dank Carmen Schwarz, nicht nur für ihre unermüdliche Unterstützung und das Lesen dieser Arbeit, sondern auch für ihre unerschöpfliche Geduld und den festen Glauben an dieses Projekt. Alles wird gut, es ist ein Wunder.

Diese Publikation wird gefördert durch die Hamburgische Wissenschaftliche Stiftung, für deren Unterstützung ich mich ebenfalls bedanken möchte.

Abkürzungsverzeichnis

Untersuchte Primärquellen, die mehrfach zitiert werden, sind im Folgenden mit den hier angeführten Kürzeln und Seitenzahl im Fließtext angegeben:

D	Alderman, Naomi: *Disobedience*. London: Penguin 2007.
RJ	Feinstein, Elaine: *The Russian Jerusalem*. Manchester: Carcanet 2008.
MT	Grant, Linda: *When I Lived in Modern Times*. London: Granta 2000.
SH	Grant, Linda: *Still Here*. London: Abacus 2002.
CB	Grant, Linda: *The Clothes on Their Backs*. London: Virago 2008.
HR	Wilson, Jonathan: *The Hiding Room*. New York: Viking 1995.
GHS	Yellin, Tamar: *The Genizah at the House of Shepher*. New York: St. Martin's Griffin 2008.
LT	Yellin, Tamar: *Tales of the Ten Lost Tribes*. New York: St. Martin's Griffin: 2009.

Einleitung

> The way of life was still much like that of the small Jewish towns scattered across the lands of Eastern Europe, from Poland in the north to the southern Black Sea town of Odessa, where my parents had been born. We shared the same Sabbaths and festivals, ate the same food, sang traditional songs in the same minor key, laughed at the same Jewish jokes. We were a foreign colony, like the Italians of Saffron Hill or the Chinese of Pennyfields, but unlike them I do not think that as children we felt at all un-English, or regarded the *goyim* in the next street as more native than ourselves.[1]

Der im Londoner East End aufgewachsene Autor Emanuel Litvinoff umreißt in der zitierten Passage ein breites Spannungsfeld jüdischen Lebens in Großbritannien und deutet zugleich auf nicht aufzulösende Brüche im Entwurf einer anglo-jüdischen Identität hin, vor allem hinsichtlich der Konstruktion räumlicher Zugehörigkeit und Erinnerung. Zunächst betont Litvinoff eine Verschränkung verschiedener geographischer Bezugspunkte im Schmelztiegel des Whitechapel-Distrikts im Jahr 1929. Der urbane Raum wird zum Schauplatz einer Interaktion auf unterschiedlichen semantischen Ebenen. Hier treffen sich Juden[2] aus ganz Osteuropa, wobei Litvinoff die Gemeinsamkeiten in den Vordergrund stellt: gemeinsame Lieder, religiöse Gebetsriten, und eine gemeinsame Esskultur. So erscheinen vor der Betonung des kulturellen Zusammenhangs die Juden im Londoner East End als in sich geschlossene, abgegrenzte Gruppe; Litvinoff benutzt sogar den Begriff der „foreign colony" und zieht Parallelen zu den Schtetln Osteuropas. Und doch scheint sich die Frage der

1 Emanuel Litvinoff: A Jew in England. In: Ders.: *Journey through a Small Planet.* London: Penguin 2008, S. 169–191, hier S. 171.

2 Im Verlauf meiner Arbeit verwende ich das generische Maskulinum. Dabei bezieht sich diese Form auf Gruppen, bei denen die Kategorie Geschlecht nicht relevant ist oder alle Geschlechter gleichermaßen impliziert sind. Wenn möglich werden geschlechtsneutrale Formen bevorzugt, jedoch verzichte ich im Sinne der Leserfreundlichkeit auf die Benennung beider grammatischen Geschlechter. Dabei bin ich mir der Problematik des Gender markierenden Sprachgebrauchs im Deutschen bewusst, der in Bezug auf eine genderneutrale Ausdrucksweise Schwierigkeiten aufwirft.

Nicht-Zugehörigkeit zu einem englischen Kollektiv für Litvinoff nicht zu stellen, denn der Autor begreift sich als nicht weniger englisch als seine nicht-jüdischen Nachbarn. Dass diese Selbstverortung des britischen Bezugsraums sich keineswegs so selbstverständlich vollzieht, wird sich im Folgenden zeigen. Litvinoff verdeutlicht in der zitierten Passage zweierlei: Erinnern nimmt starken Bezug auf unser Erleben von Raum, und dieser Raum erfährt Semantisierungen, die sich bei Interpretationen in der Identitätskonstruktion manifestieren. Dabei wird dem Raum nach Fragen der Zugehörigkeit Bedeutung zugeordnet. Der walisisch-jüdische Dichter Dennie Abse schreibt in seinem Gedicht „White Balloon": „Dear Love, Auschwitz made me / more of a Jew than Moses did."[3] Expliziter als bei Litvinoff rückt Abse die formende Kraft von Erinnerungsräumen in den Vordergrund und kontrastiert in den ersten beiden Zeilen seines Gedichts zwei Pole eines jüdischen Gedächtnisses. Dabei nimmt der Text eine Verkehrung vor, wenn in der ersten Zeile der Raum der Vernichtung des europäischen Judentums zu einem die Identität formenden Element wird und erst in der zweiten Zeile mit Moses der Raum des Bundesschlusses, der Sinai, und der Exodus implizit aufgerufen werden. Die Konstitution Israels als Religionsgemeinschaft und Nation wird von Abse mit der versuchten Auslöschung verbunden, und beide werden in ihrer Wirkmächtigkeit für ein kollektives Gedächtnis reflektiert.

Sowohl Litvinoff als auch Abse nehmen als jüdische Autoren in Großbritannien Bezug auf eine Wahrnehmung des Raums, die stark durch unsere Rekonstruktion von Vergangenheit geprägt ist. Da es sich um ein literarisches Werk und einen autobiographischen Aufsatz handelt (der auf einer 1966 vor dem Anglo-Israeli Writers' Symposium in Tel Aviv gehaltenen Rede basiert), wird zugleich deutlich, dass Literatur eng mit der alltäglich erfahrenen Verflechtung von Erinnerung und Raum verbunden ist. Diesen Zusammenhang beschreiben Astrid Erll und Ansgar Nünning folgendermaßen:

> Literatur speist sich aus der Erinnerungskultur und wirkt auf sie zurück. Sie inszeniert und modelliert kollektives Gedächtnis. Sie hinterfragt kulturelle Erinnerungspraxis und macht sie zugleich beobachtbar.[4]

Die Vermittlung von Erinnerungen vollzieht sich immer als eine Form des Erzählens, und so kann die Verknüpfung von literarischer Artikulation mit der Formung eines kollektiven Gedächtnisses nicht verwundern.

Die enge Verbindung von Raum und Erinnern lässt sich bereits in der antiken Mnemotechnik verfolgen, die zum Zweck der möglichst genauen Wiederherstellung des Erlernten spatiale Strukturen entwirft (Gedächtnispalast), in denen Inhalte abgelegt

3 Dannie Abse: White Balloon. In: Ders.: *New Selected Poems. Anniversary Collection 1949–2009*. London: Hutchinson 2009, S. 64–65.

4 Astrid Erll / Ansgar Nünning: Literatur und Erinnerungskultur: Eine narratologische und funktionsgeschichtliche Theorieskizze mit Fallbeispielen aus der britischen Literatur des 19. und 20. Jahrhunderts. In: Günter Oesterle (Hrsg.): *Erinnerung, Gedächtnis, Wissen. Studien zur kulturwissenschaftlichen Gedächtnisforschung*. Göttingen: Vandenhoeck & Ruprecht 2005, S. 185–210, hier S. 188.

und durch Bewegung aktualisiert werden können.[5] Das Zu-Erinnernde wird mit einprägsamen Bildern verknüpft, räumlich angeordnet und auf einem festgelegten Weg abgeschritten. In der Verbindung von *imagines* und *loci* entsteht eine mentale Schrift, die ein Speichermedium zur Verfügung stellt, mit Hilfe dessen Vergangenes rekonstruiert werden kann.[6]

Vor dem Hintergrund dieser engen Verbindung wird im Rahmen meiner Untersuchung zeitgenössischer anglo-jüdischer Texte eine Vielzahl von Fragestellungen deutlich: Wie kann jüdisches Erinnern sich innerhalb eines britischen Bedeutungsraums vollziehen und welche Strategien werden angewandt, um die kulturelle Identität einer Minorität zu diesem Gedächtnisnarrativ in Beziehung zu setzen? Welche Räume werden entworfen und wie werden sie semantisch aufgeladen? Welche Bedeutungsschichten werden in den Vordergrund gerückt und erweisen sich für die Selbstbestimmung jüdischer Identität als relevant? Wie interagieren religiöse Erinnerungsstrukturen mit zeitgenössischen Entwürfen hybrider Identität, wie sie im Zuge postkolonialer Theoriebildung beschrieben werden? Wie wird die Frage der narrativen Autorität in den Texten verhandelt und welche Profilierungen werden vorgenommen, um die Vielfalt der Gedächtnisgemeinschaften der Darstellung zu erschließen? Und schließlich, wie wird Judentum in den einzelnen Texten begriffen, welche religiösen Narrative werden hervorgehoben und wie setzen sich diese zu einer säkular-kulturellen Selbstbestimmung jüdischer Identität in Beziehung?

Dabei lässt sich entlang meiner Analyse die These entwickeln, dass die von den Texten entworfenen Erinnerungsräume als fließende Strukturen modelliert werden. Raum wird also als Relationsgefüge verstanden, das sich durch die Wahrnehmung des Betrachters und dessen Beweglichkeit konstituiert. Innerhalb dieses Netzwerks wird Erinnerung als eine Rekonstruktion des Vergangenen begriffen, die unterschiedliche Bedeutungsebenen, etwa religiöse Semantisierungen und Migrationserfahrungen, zu einander in Beziehung setzt. In diesem Prozess treffen disparate Interpretationen des Vergangenen aufeinander und erzeugen Brüche, die eine Identität stiftende Verortung des Selbsts und des Kollektivs in diesem semantisierten Netzwerk erschweren. In diesem Kontext erweist sich die narrative Gestaltung des durch Erinnerung semantisierten Raums auch als adäquate Darstellungsform hybrider Identitätsentwürfe. Es werden multiple Bezugnahmen zu verschiedenen Entwürfen von Erinnerung vorgenommen, so dass polyvalente Zuordnungen in der Herstellung jüdischer Identität in Großbritannien möglich werden. Wie sich zeigen wird, nehmen aufgrund der an die Wahrnehmung gebundenen Raumerfassung Erzählperspektive und Entwicklung von Erzählebenen und -instanzen eine zentrale Rolle ein. Durch diese Verfahren kann

5 Zugrunde liegt der Gedächtniskunst, die Cicero in *De Oratore* darstellt, die Sage, nach welcher der Poet und Redner Simonides nach dem Einsturz eines Gebäudes die Festtafel gedanklich abschreitet und auf diese Weise den nicht mehr identifizierbaren Toten, basierend auf ihrer räumlichen Verortung, wieder einen Namen gibt. Vgl. Frances Yates: *The Art of Memory*. London: Routledge / Kegan Paul 1966, S. 2.

6 Vgl. Aleida Assmann: *Erinnerungsräume. Formen und Wandlungen des kulturellen Gedächtnisses*. München: Beck 2009, S. 27.

in der ästhetischen Gestaltung des Textes das Erleben von Raum aufgegriffen und nachvollzogen werden. Jedoch verweigern sich die Texte, soviel sei vorweggenommen, einer kohärenten Auflösung der dargestellten Brüche, sowohl in der Konstitution von Erinnerung als auch in der Herstellung von Identität. Vielmehr rücken Vielstimmigkeit und Polyvalenz des Erinnerungsraums in den Fokus. Dabei werden unterschiedliche Kontexte, etwa religiöser oder säkularer Semantisierung von Raum und Vergangenheit, der literarischen Darstellung erschlossen.

Wenn meine Untersuchung anglo-jüdisches Schreiben in den Mittelpunkt stellt, wirft dies zwangsläufig die Frage auf, was unter „jüdischer Literatur" zu verstehen ist. Fassen wir darunter die Werke jüdischer Schriftsteller, auch wenn diese sich nicht Fragen jüdischer Identitätsbildung widmen? Ist somit die Zuschreibung der Herkunft ein Kriterium der Auswahl? Welchen Stellenwert muss die Thematisierung jüdischer Bezüge im Text einnehmen? Litvinoff führt die Problematik in der Bestimmung jüdischen Schreibens auf eine Ambivalenz zurück, die dem Jüdisch-Sein als Zugehörigkeit zu einer Religion, Kultur und zu einer Nation gleichermaßen innewohnt.

> The problem of defining what makes a story Jewish touches on the ambiguity of Jews as a People. It is difficult, perhaps impossible, to reach an agreed definition of a Jew in racial, religious or social terms and the same goes for Jewish writing.[7]

Für meine Analyse wähle ich Texte zeitgenössischer anglo-jüdischer Autoren, die sich deutlich innerhalb der Erinnerungsgemeinschaft verorten und die Auseinandersetzung mit jüdischer Identität vor einem britischen Hintergrund ins Zentrum stellen. Dabei zeigt sich in den gewählten Texten eine Vielfalt an Bezugnahmen auf Narrative eines jüdischen Gedächtniskollektivs. Aufgrund der Interaktion jüdischer und britischer Gedächtnisnarrative artikulieren die Texte eine Hybridität, die in Bezug zu Konstitutionsbedingungen anglo-jüdischer Identität gestellt werden kann. Wie Axel Stähler in seiner Analyse der literarischen Darstellung von Postkolonialität im britischen Mandatsgebiet (1920–1948) ausführt, kommt es dabei unweigerlich zu einer Konfrontation unterschiedlicher Bedeutungskonstruktionen:

> Als zentrale narratologische Konvergenz erweisen sich vor allem Semantisierungen der Zeit sowie insbesondere des Raums – hier werden vornehmlich jüdische sowie teilweise auch nicht-jüdische Sinnkonstruktionen [...] miteinander konfrontiert.[8]

Die Polyvalenz anglo-jüdischer Identität schlägt sich nach Stähler auch in den von den Texten vorgenommenen Semantisierungen des literarischen Raums nieder.

Des Weiteren ist die Tradierung eines gemeinsamen Bedeutungsrahmens – vor allem im Kontext der Interpretation des Vergangenen – zentral in der Bestimmung kultureller Zugehörigkeit, und damit auch in der Konstruktion von (kollektiver) Identität.[9]

7 Emanual Litvinoff: *The Penguin Book of Jewish Short Stories* (1979), S. 7. Zit. n. David Brauner: *Post-War Jewish Fiction. Ambivalence, Self-Explanation and Transatlantic Connections.* Basingstoke: Palgrave 2001, S. 6.

8 Axel Stähler: *Literarische Konstruktion jüdischer Postkolonialität. Das britische Palästinamandat in der anglophonen jüdischen Literatur.* Heidelberg: Winter 2009, S. 24.

9 Vgl. Jan Assmann: *Das kulturelle Gedächtnis. Schrift, Erinnerung und politische Identität in frühen Hochkulturen.* München: Beck 2007, S. 139.

Hier kommt der Form des Textes als Erinnerungsraum und Tradierungsinstrument besondere Bedeutung zu: Die Verfahren der Textproduktion, Textkritik und Textrezeption sollten in ihrer Relevanz für die Konstitution von Erinnerungen, vor allem in Bezug auf ein jüdisches Gedächtnis, nicht unterschätzt werden; George Steiner beschreibt die Tradierung von Erinnerungen durch den Text und dessen Bewahrung im Kontext kollektiver Identitätsbestimmung als mystische Qualität des Philologischen, die er an ein spezifisch jüdisches Erinnern anbindet:

> No other tradition or culture has ascribed a comparable aura to the conservation and transcription of texts. In no other has there been an equivalent mystique of the philological. This is true of orthodox praxis, in which a single erratum, the wrong transcription of a single letter, entails the permanent removal of the scroll or page from the holy books.[10]

Texte und ihre Tradierung werden zu Gedächtnisträgern, mit denen nicht nur Vergangenes vermittelt wird, sondern die als Text zum Erinnerungsraum werden, der Bezugspunkt in der Diaspora ist. Darüber hinaus, und auch das wird in den untersuchten Romanen deutlich werden, wirft die Bestimmung der narrativen Autorität in der Textproduktion Fragen auf, die an die Konstitution des Erinnerungsraums im Allgemeinen angeknüpft werden können: Wie gestaltet sich etwa eine fortgesetzte Präsenz marginalisierter Diskurse im Netzwerk unseres kollektiven Gedächtnisses? Welche Verfahren werden herangezogen, um eine diskursive Positionierung von Narrativen vorzunehmen? Können Inhalte wirklich gänzlich aus einem Bedeutungsraum verschwinden? Wie die Texte diese Fragen beantworten, ist einer der Ausgangspunkte, von dem aus ich versuchen werde, die literarische Darstellung eines anglo-jüdischen Erinnerungsraums zu bestimmen.

1. Forschungsstand

In der Darstellung relevanter Veröffentlichungen sind drei Themenfelder zu berücksichtigen: Zunächst werde ich kurz den Forschungsstand zur anglo-jüdischen Literatur beschreiben, wobei zu den hier analysierten Romanen bislang lediglich zu Naomi Aldermans *Disobedience* sowie zu Linda Grants *Still Here* und *When I lived in Modern Times* Publikationen vorliegen. Anschließend werden in knapper Form Beiträge zur literarischen Darstellung von Erinnerung und Gedächtnis betrachtet, bevor ich auf den Themenkomplex des Raums in der Literatur eingehe. Dabei soll eine kurze Hinführung zum *spatial turn* in der Literaturwissenschaft verdeutlichen, welches theoretische Umfeld hier von Bedeutung ist, bevor eine kurze Auswahl der seit den 1990er Jahren recht zahlreichen Veröffentlichungen vorgestellt wird.[11]

10 George Steiner: Our Homeland, the Text (1985). In: Ders.: *No Passion Spent, Essays 1978–1996*. London / Boston, MA: faber and faber 1996, S. 304–327, hier S. 318.

11 Obowhl an dieser Stelle nicht näher ausgeführt, sei hier beispielhaft auf Veröffentlichungen verwiesen, die sich dem Themenfeldern Raum und Literatur aus dem Blickwinkel der Jewish Studies nähern, u. a. der Sammelband Julia Brauch / Anna Lipphardt / Alexandra Nocke (Hrsg.): *Jewish Topographies. Visions of Space, Traditions of Place*. Aldershot: Ashgate 2008, sowie die Monographien Joachim Schlör: *Das Ich der Stadt. Debatten über Judentum und Urbanität 1822–1938*. Göttingen: Vandenhoeck & Ruprecht 2005; Barbara E. Mann: *Space and Place in Jewish Studies*. New Brunswick, NJ: Rutgers University Press 2012.

Das Themenfeld der anglo-jüdischen Literatur ist bisher noch weitgehend unerforscht. Es liegen jedoch Grundlagenwerke vor, die einführenden Charakter haben und versuchen, Autoren und ihre Werke in einen gemeinsamen Kontext einzuordnen. Als eine der ersten Darstellungen des Themas muss Efraim Sichers Monographie *Beyond Marginality* genannt werden.[12] Sie zeichnet die historische Entwicklung jüdischen Schreibens ab dem 19. Jahrhundert nach. Hier berücksichtigt Sicher unterschiedliche Strömungen: von Autoren wie Grace Aguilar und Israel Zangwill, über die East End Writers (etwa Emanuel Litvinoff, Arnold Wesker) bis zur Verlagerung des jüdischen Lebens in die urbane Peripherie, beispielsweise dem im Londoner Stadtteil Hackney geborenen Harold Pinter oder den Golders Green Autoren (u. a. Bernice Rubens). Nennenswert sind des Weiteren die Veröffentlichungen Bryan Cheyettes, der die historischen Bedingungen der Artikulation jüdischer Stimmen für die zweite Hälfte des 19. Jahrhunderts beschreibt und dabei vor allem auf den apologetischen Charakter der Selbstdarstellung eingeht, den er zu einem geschlossenen englischen Kulturbegriff in Bezug setzt.[13] Cheyette ist auch der Herausgeber der 1998 erschienenen Anthologie *Contemporary Jewish Writing in Britain and Ireland*, die als erster Versuch der Kanonbildung anglo-jüdischen Schreibens zu betrachten ist.[14] In „Moroseness and Englishness: the Rise of British-Jewish Literature" entwickelt Cheyette in knapper Form ebenfalls einen literaturhistorischen Überblick, der vom 19. Jahrhundert bis zur Gegenwartsliteratur reicht.[15] Auch hier stellt Cheyette den Konflikt zu einer monolithisch erscheinenden Konstruktion englischer Identität und Versuche der (Selbst-)Artikulation jüdischer Autoren in den Mittelpunkt. Jedoch deutet er, wie schon in der Einführung seiner Anthologie,[16] einen Bruch in der Selbstbestimmung an. Indem Autoren wie Salman Rushdie, Hanif Kureishi oder Kazuo Ishiguro als Bezugspunkt herangezogen werden, verbindet Cheyette die Neuverhandlung britischer Identität, die diese Autoren vornehmen, mit zeitgenössischen Werken jüdischer Autoren: „In this new writing the authenticity of experience no longer determines how we read or what is written, as it is precisely the assumption of authenticity that is being undermined."[17] Cheyette verweist auf eine Verschiebung des Fokus, der im Zuge der postkolonialen Literatur- und Theoriebildung in Bezug auf Identitätskonstruktion vorgenommen wird. Es wird nun möglich, die verschiedenen Narrative, die sich in der Selbstverortung zum britischen Kulturraum bilden, als hybride Strukturen zu beschreiben.

12 Efraim Sicher: *Beyond Marginality. Anglo-Jewish Literature after the Holocaust.* Albany, NY: State University of New York Press 1985.

13 Vgl. Bryan Cheyette: The Other Self: Anglo-Jewish Fiction and the Representation of Jews in England, 1875–1905. In: David Cesarani (Hrsg.): *The Making of Modern Anglo-Jewry.* Oxford: Blackwell 1990, S. 97–111, hier S. 97.

14 Bryan Cheyette: *Contemporary Jewish Writing in Britain and Ireland.* London: Halban 1998.

15 Bryan Cheyette: Moroseness and Englishness: the Rise of British-Jewish Literature. In *Jewish Quarterly* 42,1 (Spring 1995), S. 22–26.

16 Vgl. Cheyette: *Contemporary Jewish Writing in Britain and Ireland*, S. lxii.

17 Ebd., S. lxiii.

Für den deutschsprachigen Raum liegt mit Beate Neumeiers Sammelband zur jüdischen Nachkriegsliteratur in den USA und Großbritannien eine Veröffentlichung vor, die sowohl einen Überblick über das Feld entwickelt als auch die Analyse durch Einzelstudien vertieft.[18] In ihrer Einführung rekurriert Neumeier ebenfalls auf die Bikulturalität der jüdischen Literatur und beschreibt weiter eine Trendwende durch die selbstbewusste Thematisierung des Jüdisch-Seins in Werken von Autoren wie Clive Sinclair, Gabriel Josipovici oder Eva Figes.[19] Im gleichen Band entwickelt Andrea Kinsky-Ehritt eine Analyse der lyrischen Identitätsbestimmung im Werk von Elaine Feinstein und Ruth Feinlight,[20] an der beispielhaft deutlich wird, dass spezifische Untersuchungen zum Werk einzelner Autoren das Forschungsfeld zunehmend erfassen. Im *Journal for the Studies of British Culture* verbindet Claudia Sternberg die Diaspora-Situation mit kultureller Hybridität und betont ebenfalls die zunehmende Wahrnehmbarkeit zeitgenössischer Autoren.[21] Diese gesteigerte Aufmerksamkeit findet nach Sternberg ihre Entsprechung in der öffentlichen Präsenz jüdischer Kultur, in jährlich stattfindenden Veranstaltungen wie die Londoner Jewish Book Week oder dem Jewish Film Festival. Axel Stähler untersucht die Darstellung des britischen Mandatsgebiets Palästina (1920–1948) in Werken zeitgenössischer Autoren, wobei Grants Roman *When I Lived in Modern Times* unter dem Blickwinkel (post-)kolonialer Selbstkonstruktion betrachtet wird.[22] Jedoch, wie sich in meiner Analyse des Romans zeigen wird, wirft Stählers Beschreibung – etwa des Begriffs der Mimikry im Kontext narrativer Selbstermächtigung – Fragen hinsichtlich einer erinnernden Re-Konstruktion und performativen Verortung der Erzählerin auf.[23] Zu Aldermans Roman liegen mit zwei Aufsätzen Donald Webers kurze Analysen vor, die den Text zum einen in den seit den 1990er Jahren stattfindenden Bruch in der anglo-jüdischen Literatur einordnen und Besonderheiten in der performativen Selbstbestimmung der Protagonistin Ronit hervorheben.[24]

Gedächtnis wird im Rahmen dieser Arbeit als kollektiv generierte Struktur begriffen. Dabei nehme ich Bezug auf Maurice Halbwachs, der den kollektiven Prozess der Erinnerungsbildung beschrieben hat.[25] Auf Halbwachs zurückgreifend wird

18 Beate Neumeier (Hrsg.): *Jüdische Literatur und Kultur in Großbritannien und den USA nach 1945*. Wiesbaden: Harrassowitz 1998.

19 Vgl. Beate Neumeier: Zwischen Plurikulturalität und nationaler Homogenität: Jüdische Literatur und Kultur der Gegenwart in Großbritannien und den USA. In: Ebd., S. ix–xvi, hier S. xi–xii.

20 Andrea Kinsky-Ehritt: *Jewishness* in der britischen Lyrik nach 1945. Elaine Feinstein und Ruth Fainlight. In: Ebd., S. 71–94.

21 Claudia Sternberg: Introduction. In: *Journal for the Studies of British Culture* 16,1 (2009), S. 3–10.

22 Axel Stähler: Metonomies of Jewish Postcoloniality. The British Mandate for Palestine and Israel in Contemporary British Jewish Fiction. In: Ebd., S. 27–40.

23 Vgl. S. 79–99.

24 Donald Weber: Anglo-Jewish Literature Raises Its Voice. http://www.jbooks.com/interviews/index/IP_Weber_English_Prn.htm (Zugriff am 25.01.2013); ders.: Unorthodox Desires. http://jbooks.com/fiction/index/FI_Weber_Alderman_Prn.htm (Zugriff am 25.01.2013).

25 Maurice Halbwachs: *Das Gedächtnis und seine sozialen Bedingungen*. Berlin / Neuwied: Luchterhand 1966; ders.: *Das kollektive Gedächtnis*. Stuttgart: Enke 1967.

von Jan Assmann eine Spezifizierung vorgenommen, die deutlich macht, dass der Kommunikationssituation bei der Konstruktion von Erinnerungen große Bedeutung zukommt: Er unterscheidet ein kommunikatives von einem kulturellen Gedächtnis.[26] Der etwa drei Generationen umfassenden Möglichkeit der oralen Weitergabe (kommunikatives Gedächtnis) wird die Überlieferung durch kulturelle Bedeutungsträger gegenübergestellt, die das kulturelle Gedächtnis formen. Eine enge Anbindung von Gedächtnis und Raum nimmt Pierre Nora vor, der unter dem Begriff *lieux de mémoire* eine Gegenüberstellung von Gedächtnis und Geschichte formuliert. Nora sieht im Ort die Repräsentation eines nicht länger existenten, vermeintlich ‚natürlichen' Gedächtnisses.[27]

Aufbauend auf Niklas Luhmanns Systemtheorie entwickelt Elena Esposito einen Beschreibungsansatz, der die Operationen der Erinnerungsbildung in den Mittelpunkt stellt.[28] Dabei können Auswahlprozesse durch die Inhalte bewahrt oder vergessen wie auch der prozesshafte Charakter der Erinnerungsgenerierung allgemein erfasst werden. Erinnern – und die damit verbundene systemstabilisierende Wirkung – vollzieht sich als Herstellung von Relationen über Redundanzbildung. Der deutlich werdende Netzwerkcharakter ermöglicht es, Espositos Ausführungen mit einem relationalen Raumverständnis zu verbinden. Yosef H. Yerushalmi nimmt das Erinnerungsgebot des Judentums[29] zum Ausgangspunkt, um die zentrale Rolle des Texts innerhalb der jüdischen Erinnerungskultur darzustellen.[30] Die Torah, bzw. deren Interpretation und Kommentierung konstituieren eine spezifische Gedächtnisform,

26 Jan Assmann: Kollektives Gedächtnis und kulturelle Identität. In: Ders. / Tonio Hölscher (Hrsg.): *Kultur und Gedächtnis*. Frankfurt am Main: Suhrkamp 1988, S. 9–19; Assmann: *Das kulutrelle Gedächtnis*.

27 Nora beschreibt die Entstehung von *lieux de mémoire* aufgrund des Verschwindens eines *milieu de mémoire*. Vgl. Pierre Nora: Between Memory and History: Les Lieux de Mémoire, aus d. Franz. v. Marc Roudebush. In: *Representations* 26 (1989), S. 7–24, hier S. 7. Aufgrund von Noras Ansatz des Auflösungsprozesses einer ‚natürlichen' Gedächtnisgemeinschaft, der mit dem von mir verfolgten gedächtnistheoretischen Ansatz nicht zu vereinbaren ist, wird Noras Ausführung hier nicht weiter verfolgt. Zu einer kritischen Auseinandersetzung mit Noras Ausführungen, etwa seiner Konzentration auf das Konzept der Nation als Bezugspunkt des Gedächtnisses oder der fehlenden Berücksichtigung von Populärkultur und Massenmedien, vgl. u. a. Birgit Neumann: Literatur als Medium (der Inszenierung) kollektiver Erinnerungen und Identität. In: Astrid Erll / Marion Gymnich / Ansgar Nünning (Hrsg.): *Literatur – Erinnerung – Identität. Theoriekonzeptionen und Fallstudien*. Trier: Wissenschaftlicher Verlag Trier 2003, S. 49–77; Astrid Erll: *Kollektives Gedächtnis und Erinnerungskulturen. Eine Einführung*. Stuttgart / Weimar: Metzler 2005, S. 23ff. Erll kritisiert treffend Noras „Konstruktion einer Verfallsgeschichte des Gedächtnisses" (ebd., S. 25).

28 Elena Esposito: *Soziales Vergessen. Formen und Medien des Gedächtnisses der Gesellschaft*, aus d. Ital. v. Alessandra Corti. Frankfurt am Main: Suhrkamp 2002.

29 *Zakhor* (hebr.: „Erinnere Dich!") findet sich etwa im Dekalog bei der Formulierung des Gebots, den Schabbat zu halten: „Zakhor et yom hashabat lkadsho" (Gedenke des Schabbat-Tages, ihn zu heiligen), Ex 20,8. Sämtliche Zitate und Verweise auf den Tanach beziehen sich in dieser Untersuchung auf *Die vierundzwanzig Bücher der Heiligen Schrift nach dem masoretischen Text*, Hebräisch-Deutsche Ausgabe, aus d. Hebr. v. Leopold Zunz. Tel-Aviv: Sinai 2008.

30 Yosef Hayim Yerushalmi: *Zakhor. Jewish History and Jewish Memory*. Seattle, WA / London: University of Washington Press 1996.

die das Vergangene für die Interpretation des Jetzt und die Konzeptionalisierung der Zukunft heranzieht.

Auch in der Literaturwissenschaft kommt der Repräsentation von Erinnerungsoperationen große Aufmerksamkeit zu: Renate Lachmann hebt die Bedeutung des literarischen Texts als kulturellem Bedeutungsträger hervor und beschreibt Intertextualität als Gedächtnishandlung.[31] Aleida Assmann rückt die Verbindung von Raum und Erinnerung für die Analyse literarischer Texte ins Zentrum. Verschiedene Verräumlichungen von Gedächtnisstrukturen werden in der Literatur nachvollzogen, wobei einem stets zugänglichen Funktionsgedächtnis ein durch Bedeutungsträger gebildetes, passives Speichergedächtnis gegenübergestellt wird. Assmann betont die zentrale Rolle der Perspektive beim Erinnern und problematisiert verkürzte Vorstellungen eines Archivs[32]:

> Solche an einen individuellen oder kollektiven Träger gebundene Erinnerung ist grundsätzlich perspektivisch angelegt; von einer bestimmten Gegenwart aus wird ein Ausschnitt der Vergangenheit auf eine Weise beleuchtet, daß er einen Zukunftshorizont freigibt.[33]

Deutlich wird bei Assmann, dass die Rekonstruktion des Erlebten stets unter dem Einfluss des Jetzt und einer Zukunftskonzeption stattfindet.

Ausgehend von einem kollektiv geformten Gedächtnis verweist Ansgar Nünning auf dessen formende Kraft in der Gesellschaft sowie auf die Relevanz von Kulturträgern und Auswahlmechanismen in der Konstitution und Tradierung von Erinnerung.[34] In der Einleitung zu dem von Marion Gymnich, Ansgar Nünning und Astrid Erll herausgegebenen Band *Literatur – Erinnerung – Identität* betonen die Herausgeber die Variantenbildung und heben zugleich die zentrale Rolle der Gedächtniskonstruktion in der Herstellung von Identität und Differenz hervor.[35] Darüber hinaus beschreiben die

31 Renate Lachmann: *Gedächtnis und Literatur. Intertextualität in der russischen Moderne*. Frankfurt am Main: Suhrkamp 1990.

32 Zum Begriff des Archivs vgl. Assmann: *Erinnerungsräume*, S. 343–347. Zum Spannungsfeld des Begriffs zwischen Machtstrukturen und Auswahlmechanismen vgl. Michel Foucault: *Archäologie des Wissens*, aus d. Franz. v. Ulrich Köppen. Frankfurt am Main: Suhrkamp 1981, S. 186–188. Hier wird das Archiv nicht als bloße „Summe aller Texte" einer Kultur verstanden, sondern es ist das „Gesetz dessen, was gesagt werden kann, das System, das das Erscheinen der Aussagen als einzelner [*sic*, M. K.] Ereignisse beherrscht. Aber das Archiv ist auch das, was bewirkt, daß all diese gesagten Dinge sich nicht bis ins Unendliche in einer amorphen Vielzahl anhäufen, sich auch nicht in eine bruchlose Linearität einschreiben und nicht allein schon bei zufälligen äußeren Umständen verschwinden; sondern daß sie sich in distinkten Figuren anordnen, sich aufgrund vielfältiger Beziehungen miteinander verbinden, gemäß spezifischer Regelmäßigkeiten sich behaupten oder verfließen [...]" (ebd., S. 187). Die von Assmann hervorgehobene Relevanz der Perspektivierung wird in Foucaults Archivbegriff deutlich, der sich von einer Vorstellung des Archivs als rein sammelnde Anhäufung unterscheidet.

33 Assmann: *Erinnerungsräume*, S. 408.

34 Vgl. Ansgar Nünning: Literatur, Medialität und kulturelles Gedächtnis. Grundriß, Leitbegriffe und Perspektiven einer anglistischen Kulturwissenschaft. In: Ders. (Hrsg.): *Literaturwissenschaftliche Theorien, Modelle und Methoden. Eine Einführung*. Trier: Wissenschaftlicher Verlag Trier 2004, S. 173–198, hier S. 181.

35 Vgl. Astrid Erll / Marion Gymnich / Ansgar Nünning: Einleitung: Literatur als Medium der Repräsentation und Konstruktion von Erinnerung und Identität. In: Dies. (Hrsg.): *Literatur – Erinnerung – Identität*, S. iii–ix, hier S. iii.

Autoren die Bedeutung, die der Literatur in der Repräsentation von Gedächtnisstrukturen zukommt: Literatur wird zum Verhandlungsraum, in dem sich gesellschaftliche Diskursbestimmungen vollziehen, wodurch diese wiederum eine Rückwirkung auf die außerliterarische Welt entwickeln.[36]
Erll erörtert an anderer Stelle drei Funktionen literarischer Werke für die Erinnerung: die Orientierung und Ordnung konstituierende Funktion (Verdichtungsfunktion), den Prozess der Sinnanreicherung durch Narrativierung (Sinngebungsfunktion) und die Stabilisierungsfunktion, in der Literatur als Bedeutungsträger die kollektive Identität einer Gemeinschaft festigt.[37] Laura Feldt schließlich betrachtet das Exodus-Narrativ unter dem Blickwinkel dieser stabilisierenden Dimension von Narrativierungen und den immanenten Elementen des Fantastischen.[38]
Spätestens seit der von Edward Soja eingeforderten Neubestimmung des Raums unter Berücksichtigung seiner sozialen und kulturellen Konstruiertheit[39] kommt dem Phänomen Raum ein gesteigertes Interesse zu. Doch sollte gerade im Kontext eines relativistischen Raumverständnisses, wie es dieser Untersuchung zugrunde liegt, die lange Tradition mitbedacht werden, in der ein solcher Raumbegriff steht: Bereits Leibniz versteht Raum, in Abgrenzung zu Newtons Konzept des *absoluten Raums*, als Vielfalt: „*Raum* ist kurzum das, was sich aus Orten ergibt, wenn man sie zusammennimmt."[40] Die Vorstellung eines Behälters wird zu Gunsten der Betonung von Beziehungen unterschiedlicher Punkte und deren Vernetzung aufgegeben, wodurch die Veränderung des Raums in Abhängigkeit von einem wechselnden Bezugspunkt unterstrichen wird. Raum ist somit nach Martina Löw „Inbegriff möglicher Lagebedingungen überhaupt"[41].
Für Kant bilden Raum und Zeit die Grundvoraussetzungen jedweder Erkenntnis, also die notwendige Vorstellung eines Subjekts, die jeder Wahrnehmung vorausgeht. Dabei ist Raum nicht eine objektive Größe, sondern „eine notwendige Vorstellung *a*

36 Vgl. Erll / Gymnich / Nünning: Einleitung, S. iv.

37 Astrid Erll: Erinnerungshistorische Literaturwissenschaft: Was ist … und zu welchem Ende …? In: Ansgar Nünning / Roy Sommer (Hrsg.): *Kulturwissenschaftliche Literaturwissenschaft. Disziplinäre Ansätze – Theoretische Positionen – Transdisziplinäre Perspektiven.* Tübingen: Narr 2004, S. 115–128, hier S. 117–118.

38 Laura Feldt: Dis/orientations: Fantastic Memory in the Exodus Narrative. In: Marion Gymnich / Ansgar Nünning / Roy Sommer (Hrsg.): *Literature and Memory. Theoretical Paradigms – Genres – Functions.* Tübingen: Francke 2006, S. 95–111.

39 Soja prägt den Begriff *spatial turn*, unter dem die Hinwendung zum Raum in den Kulturwissenschaften breit diskutiert wird. Vgl. Edward W. Soja: *Postmodern Geographies: The Reassertion of Space in Critical Social Theory.* London: Verso 1989. Auf die Darstellung der folgenden Diskussionsansätze, beispielsweise des *topological turn* (vgl. Stephan Günzel: Raum – Topographie – Topologie. In: Ders. (Hrsg.): *Topologie. Zur Raumbeschreibung in den Kultur- und Medienwissenschaften.* Bielefeld: Transcript 2007, S. 13–29), wird an dieser Stelle verzichtet.

40 Gottfried Wilhelm Leibniz: Briefwechsel mit Samuel Clarke (1715/1716). In: Jörg Dünne / Stephan Günzel (Hrsg.): *Raumtheorie. Grundlagentexte aus Philosophie und Kulturwissenschaften.* Frankfurt am Main: Suhrkamp 2006, S. 58–73, hier S. 69.

41 Martina Löw: *Raumsoziologie.* Frankfurt am Main: Suhrkamp 2001, S. 27.

priori, die allen äußeren Anschauungen zugrunde liegt."[42] Im Rahmen dieses erkenntnistheoretischen Verständnisses kommt dem Raum vor allem eine ordnende Funktion zu, die quasi die Grundlage jeder Erkenntnis bildet.[43] Folglich stellt Raum mit Kant keinen konkreten Gegenstand, keinen absoluten Raum dar, sondern eine Form der Erscheinung. Mit Einsteins Beschreibung von Raum und Zeit als Einheit in Relativität[44] zum Bezugssystem wird Newtons Vorstellung eines leeren Raums und der damit einhergehende Begriff des Behälterraums obsolet.

Diese Raumkonzeption wird in der zweiten Hälfte des 20. Jahrhunderts in unterschiedlichen Facetten aufgegriffen. Michel Foucault postuliert gar in seinem 1967 entstandenen und 1984 publizierten Vortrag „Des espaces autres. Hétérotopies" ein neues Zeitalter des Raums.[45] In *La production de l'espace* betont Henri Lefebvre die soziale Dimension des Raums in seiner gesellschaftlichen Konstruktion und beschreibt die Verfügbarkeit von Raum im Kontext des Zugangs zu Produktionsmitteln.[46] Allgemein lässt sich festhalten, dass die Mobilität des Betrachters und die Relationalität der Raumkonstitution stets als zentral angesehen werden. Diese Relationalität wird von der Geographin Doreen Massey in einer engen Verschränkung der räumlichen und zeitlichen Dimension betrachtet, was zur Folge hat, dass sich das spatiale Netzwerk in einem fortdauernden Aushandlungs- und Konstitutionsprozess befindet.[47] Mit *Raum. Ein interdisziplinäres Handbuch* hat Stefan Günzel ein umfassendes Kompendium vorgelegt, in dem unterschiedliche Perspektiven auf das Phänomen Raum ausgearbeitet und in ihren historischen Kontext gestellt werden.[48]

Betrachten wir die Untersuchung ästhetischer Repräsentationen des Raums, so legt bereits 1931 Ernst Cassirer in seiner Beschreibung von mythischen, ästhetischen und theoretischen Räumen den Fokus auf die Konstitution des Raums im Kontext von Sinnordnungen.[49] Innerhalb der Literaturwissenschaft liegt ab Michail M. Bachtins 1973 beendeten Ausführungen zum *Chronotopos* ein Ansatz vor, der die enge Verflechtung der zeitlichen und spatialen Dimension aufzugreifen sucht.[50] Bereits zuvor

42 Immanuel Kant: *Kritik der reinen Vernunft*. Köln: Könemann 1995, S. 75.

43 Raum ist so nach Kant „*ein subjektives*, ideales, aus der Natur der Erkenntniskraft nach einem festen Gesetz hervorgegangenes Schema, gleichsam, schlechthin alles äußerlich empfundene einander beizuordnen." (Immanuel Kant: Von dem Raume (1770). In Dünne / Günzel (Hrsg.): *Raumtheorie*, S. 76–80, hier S. 78.)

44 Albert Einstein: Raum, Äther und Feld in der Physik (1954). In: Dünne / Günzel (Hrsg.): *Raumtheorie*, S. 94–101.

45 Michel Foucault: Von anderen Räumen (1967), aus d. Franz. v. Michael Bischoff. In: Ebd., S. 317–329, hier S. 317.

46 Henri Lefebvre: *The Production of Space*, aus d. Franz. v. Donald Nicholson-Smith. Oxford: Blackwell 1991.

47 Vgl. u. a. Doreen Massey: *For Space*. London / Thousand Oaks, CA / New Delhi: Sage 2005, S. 9–15.

48 Stefan Günzel (Hrsg.): *Raum. Ein interdisziplinäres Handbuch*. Stuttgart / Weimar: Metzler 2010.

49 Vgl. Ernst Cassirer: Mythischer, ästhetischer und theoretischer Raum (1931). In: Ders.: *Symbol, Technik, Sprache. Aufsätze aus den Jahren 1927–1933*, hrsg. v. Ernst Wolfgang Orth / John Michael Krois. Hamburg: Meiner 1985, S. 93–119, hier S. 102.

50 Michail M. Bachtin: *Chronotopos*, aus d. Russ. v. Michael Dewey. Berlin: Suhrkamp 2008.

beschreibt Joseph Frank räumliche Strukturen in der Literatur und betont die Raumlogik moderner Lyrik.[51] Eine umfassende Analyse zur Darstellung und Metaphorisierung von Raum in der englischen und US-amerikanischen Literatur entwirft Gerhard Hoffmann.[52] Aufbauend auf Elisabeth Strökers Begriffen des „gelebten Raums" und des „gestimmten Raums"[53] charakterisiert Hoffmann Raumkategorien, die jedoch Relationalität und Mobilität nicht in die Analyse integrieren.

Jurij M. Lotman versteht räumliche Organisation als grundlegendes Verfahren der Sinnkonstruktion in literarischen Texten. Zunächst stellt Lotman 1970 in *Struktura xudožestvenogo teksta* das Überschreiten einer Grenze zwischen disjunkten (semantischen) Teilräumen ins Zentrum seiner Analyse.[54] In den Schriften zur Semiosphäre verwirft Lotman ein bispatiales Ausgangsmodell und rückt den hybriden Durchdringungsraums der Grenze zwischen den semantischen Sphären in den Mittelpunkt.[55]

Andreas Mahlers betrachtet Repräsentationen des urbanen Raums und die Funktion literarischer Darstellungen in der Raumkonstitution. Tritt der Raum aus dem Hintergrund heraus, wird er nach Mahler zum sujetbildenden Element eines Textes. Solche *Stadttexte* sind all jene, „in denen die Stadt ein – über referentielle bzw. semantische Rekurrenzen abgestütztes – dominantes Thema ist, also nicht nur Hintergrund, Schauplatz, *Setting* für ein anderes dominantes Thema, sondern unverkürzbarer Bestandteil eines Textes."[56] Der durch den Text figurierte urbane Raum modelliert eine *Textstadt*, die „durch den Text hervorgebracht, hergestellt, produziert" wird.[57] Tobias Wachinger begreift den urbanen Raum aufgrund der präsenten semantischen Schichten als Palimpsest, den er als Paradigma der Stadt charakterisiert. Der Schichtung kommt so der Status des Konstruktionsverfahrens zu, mit Hilfe dessen die Polyvalenz des räumlichen Relationsnetzwerks erfasst werden kann.[58]

51 Diese kontrastiert Frank mit der vermeintlichen Sequenzialität der Romanform, wodurch die poetische Form mit Stasis assoziiert wird, die Frank mit Raum verknüpft. Vgl. Joseph Frank: Spatial Form in Modern Literature (1945). In: Ders.: *The Idea of Spatial Form.* New Brunswick, NJ / London: Rutgers University Press 1991, S. 3–66, hier S. 18. Aufgrund des hier verfolgten Ansatzes eines relationalen Raumbegriffs und der damit verbundenen Verflechtung temporaler und spatialer Dimensionen, wie sie in Bachtins Begriff des Chronotopos trotz dessen definitorischer Unschärfe aufscheint, wird Franks Ansatz nicht weiter berücksichtigt.

52 Gerhard Hoffmann: *Raum, Situation, erzählte Wirklichkeit. Poetologische und historische Studien zum englischen und amerikanischen Roman.* Stuttgart: Metzler 1978.

53 Vgl. Elisabeth Ströker: *Philosophische Untersuchung zum Raum.* Frankfurt am Main: Klostermann 1965.

54 Jurij M. Lotman: *Die Struktur literarischer Texte*, aus d. Russ. v. Rolf-Dietrich Keil. München: Fink 1993.

55 Vgl. *Vnutri mysljaščix mirov* und *Kul'tura i vzryv*, beide in Jurij M. Lotman: *Semiosfera.* St. Peterburg: Iskustvo-SPB 2010. Hier verwendet in den deutschen Ausgaben Jurij M. Lotman: *Die Innenwelt des Denkens. Eine semiotische Theorie der Kultur*, aus d. Russ. v. Gabriele Leupold / Olga Radetzkaja. Berlin: Suhrkamp 2010; ders.: *Kultur und Explosion*, aus d. Russ. v. Dorothea Trottenberg. Berlin: Suhrkamp 2010. Zur Darstellung des Semiosphären-Begriffs in seiner Relevanz für meine Untersuchung vgl. S. 36–44.

56 Andreas Mahler: Stadttexte – Textstädte. Formen und Funktionen diskursiver Stadtkonstitution. In: Ders. (Hrsg.): *Stadt-Bilder. Allegorie, Mimesis, Imagination.* Heidelberg: Winter 1999, S. 11–36, hier S. 12.

57 Ebd., S. 12.

58 Vgl. Tobias Wachinger: Stadträume / Stadttexte unter der Oberfläche. Schichtung als Paradigma des zeitgenössischen britischen „Großstadtromans". In: *Poetica* 31,1–2 (1999), S. 263–301, hier S. 281.

Aktuell liegt mit Tim Mehigans und Alan Corkhills Sammelband *Raumlektüren* eine Veröffentlichung vor, die sich der Bedeutung ästhetischer Raumkonstitutionen im Kontext modernistischer und postmoderner Darstellungen nähert. Dabei begreifen die Herausgeber Raum als „Möglichkeitspotenz, der das literarische Werk seine virtuelle Erscheinung verdankt".[59] In seinem Beitrag stellt Martin Enders ausgehend von Leibniz Relationalitätscharakter des Raums die Frage nach einer ‚Räumlichkeit' poetischer Texte. Poetischer Raum wird hier als relationale Konfiguration verstanden, als „Verhandlung aller Elemente in einem dynamischen, prozessual entstehenden Gefüge"[60], wodurch die Dynamik des Relationsnetzwerks in der Konstitution des Textes selbst nachvollzogen wird. Mirah Shah beschreibt die Verunsicherung des Verhältnisses von Eigenem und Fremdem in der kolonialen Moderne am Reisebericht Richard Kandts und analysiert die Bildung spatialer Topoi in ihrer Bedeutung für die Konstitution von Identität.[61]
Auch wenn das Phänomen des Raums seit dem *spatial turn* zunehmend ins Interesse der literaturwissenschaftlichen Beschreibung gerückt ist, stehen doch im Bereich der Narratologie systematische Analysen noch am Anfang. Die Ursache hierfür sehen Wolfgang Hallet und Birgit Neumann in der Assoziation von Raum mit Deskription: „Die Beschreibung gilt vielen Narratologen als das atemporale, statische Andere einer zeitlich organisierten, dynamischen Narration."[62] Im gleichen Band, *Raum und Bewegung in der Literatur*, beschreibt Nünning die Bedeutung, die dem Rezeptionsakt in der Konstitution des literarischen Raums zukommt:

> Drittens hat sich im Zuge der Rezeptionsästhetik und neuerer kognitiver Ansätze [...] die Einsicht durchgesetzt, dass erzählte Räume nicht einfach im Text „vorgegeben" sind, sondern dass sich die Konstitution des literarischen Raums erst während der Rezeption im Prozess der ästhetischen Illusionsbildung (d. h. der so genannten „Aktualisierung" bzw. „Konkretisierung") vollzieht.[63]

In *The Living Handbook of Narratology* macht Marie-Laure Ryan die grundlegende Funktion des Raums für jede Form der Narration deutlich.[64] Ryan entwirft eine Kategorisierung des Raums und seiner Funktion für den Sujetentwurf: Der *spatial frame* beschreibt die unmittelbare räumliche Umgebung der Ereignisse, das *setting* dagegen

59 Alan Corkhill / Tim Mehigan: Vorwort. In: Dies. (Hrsg.): *Raumlektüren. Der Spatial Turn und die Literatur der Moderne.* Bielefeld: Transcript 2013, S. 7–21, hier S. 15.

60 Martin Enders: Der poetische Raum. Überlegungen zu einer konfigurativen Poetik. In: Ebd., S. 23–37, hier S. 34.

61 Vgl. Mirah Shah: Richard Kandts Reisebericht *Caput Nili.* Die Konstruktion moderner Identität im Raum des Anderen. In: Ebd., S. 167–188, hier S. 169.

62 Wolfgang Hallet / Birgit Neumann: Raum und Bewegung in der Literatur. Zur Einführung: In: Wolfgang Hallet / Birgit Neumann (Hrsg.): *Raum und Bewegung in der Literatur. Die Literaturwissenschaften und der Spatial Turn.* Bielefeld: Transcript 2009, S. 11–32, hier S. 19.

63 Ansgar Nünning: Formen und Funktionen literarischer Raumdarstellung. Grundlagen, Ansätze, narratologische Kategorien und neue Perspektiven. In: Ebd., S. 33–52, hier S. 38.

64 Marie-Laure Ryan: Space. In: Peter Hühn / Jan Christoph Meister / John Pier / Wolf Schmid (Hrsg.): *The Living Handbook of Narratology.* http://hup.sub.uni-hamburg.de/lhn/index.php?title=Space&oldid=1575 (Zugriff am 11.02.2013).

ist die allgemeine sozio-historische wie geographische Verortung der Handlung. Unter *story space* fasst Ryan „space relevant to the plot, as mapped by the actions and thoughts of the characters".[65] Es wird deutlich, dass hier die raumkonstituierende Wahrnehmung der Figuren in die Analyse integriert werden kann. Die *narrative world* versteht Ryan als den in der Rezeption komplettierten Raum, in den etwa kulturelles Wissen des Lesers mit einfließt. Den Begriff des *narrative universe* führt Ryan als umfassende Kategorie aus:

> […] the world (in the spatio-temporal sense of the term) presented as actual by the text, plus all the counterfactual worlds constructed by characters as beliefs, wishes, fears, speculations, hypothetical thinking, dreams, and fantasies.[66]

Sie versucht auf unterschiedlichen Ebenen, die dem Raum immanente Polyvalenz der Beschreibung zugänglich zu machen. Doch nimmt in Ryans Ansatz die Erzählperspektive nicht die zentrale Stellung ein, die ihr in meinen Romananalysen zukommt. Zudem wird die Konstruktion der den Raum entwerfenden Erzählinstanzen von Ryans Systematik ebenfalls nicht ausreichend berücksichtigt.[67]
Katrin Dennerlein hat mit ihrer *Narratologie des Raums* eine umfassende Darstellung narratologischer Beschreibungsansätze vorgelegt.[68] Jedoch nähert sie sich in der Systematisierung von Darstellungsverfahren dem Raum als Containerraum. Ansätze zur narrativen Gestaltung, die, wie der Dennerleins, von einem Behälter ausgehen[69], lassen nicht nur die dem Raum zwangsläufig immanenten historischen und sozialen Implikationen außen vor, sie weisen der Wahrnehmung auch eine Position in der Konzeption des Raums zu, die ihrer konstitutiven Rolle nicht gerecht wird. Die Analyse literarischer Räume tut jedoch gut daran, von der Annahme einer vermeintlich konstanten und statischen Raumstruktur, die den Betrachter in der Konstitution ausblendet, Abstand zu nehmen.

2. Vorbemerkungen zur anglo-jüdischen Literatur

Im Vorfeld ist es notwendig, kurz auf die historische Entwicklung jüdischen Schreibens in Großbritannien einzugehen. Zwar kann die anglo-jüdische Literatur auf eine über hundertjährige Geschichte zurückblicken, doch steckt die akademische

65 Ryan: Space, Absatz 11.

66 Ebd., Absatz 13.

67 Zur Analyse von Erzählperspektive und Erzählinstanzen im Rahmen der untersuchten Texte vgl. S. 245–266.

68 Katrin Dennerlein: *Narratologie des Raums*. Berlin / New York: de Gruyter 2009.

69 Dennerlein geht von einer von ihr so genannten „Alltagsvorstellung" von Raum aus: „Der Raum ist ein wahrnehmungsunabhängig existierender Container mit Unterscheidung von innen und außen. Jeder Raum ist potentiell wieder in einem größeren Raum enthalten, umgekehrt besteht der Raum aus diskreten Einzelräumen." (Ebd., S. 60.) Obwohl diese „Alltagsvorstellung" nicht als den literarischen Raum endgültig bestimmend begriffen wird, legt Dennerlein ihrer Analyse das Containerverständnis zugrunde (vgl. ebd., S. 9), wodurch zwangsläufig die Verflechtung von Zeit und Raum nicht berücksichtigt werden kann sowie die in dieser Untersuchung zentral gesetzte Bedeutung der Wahrnehmung vernachlässigt wird.

Auseinandersetzung mit ihren verschiedenen Strömungen und Entwürfen noch in den Anfängen: „Jewish writing in Britain has a long and multiple history that is only now being retold."[70] Die Verhandlung jüdischer Erfahrung in Großbritannien stellt eine Artikulation aus der Peripherie dar, die auch historisch als marginalisierte Äußerung zu beschreiben ist. Die relative Geschlossenheit in der Konstruktion eines britischen Bedeutungsraums bis in die 70er Jahre des 20. Jahrhunderts[71] bedingt hinsichtlich räumlicher und semantischer Zugehörigkeit ein Konfliktverhältnis, das in der literarischen Produktion anglo-jüdischer Autoren zum Ausdruck kommt. Zwischen den Polen von Assimilation[72] und Fremddefinition als das imaginierte Andere befindet sich die jüdische Gemeinschaft in einer analogen Situation zu anderen Minoritäten, die Erfahrungen der Hybridisierung im Selbstentwurf widerspiegeln.

Die ersten jüdischen Gemeinden siedeln in England ab 1066 im Zuge der normannischen Eroberung.[73] Bis zur Vertreibung im Jahre 1290 ist das Verhältnis der jüdischen Gemeinschaft zur Mehrheitsgesellschaft geprägt von Ausbeutung durch die jeweiligen Herrscher und durch Antijudaismus, der sich immer wieder gewalttätig äußert: „[...] medieval England was among the least tolerant and most anti-semitic of European states, even by the standards then prevailing."[74] Beispielhaft sei hier auf das Massaker von York 1190 und die zahlreichen Gewaltakte gegen Juden während des Dritten Kreuzzuges (1189–1192) unter Richard I verwiesen.[75] Selbst nach der Vertreibung halten sich antijüdische Stereotype hartnäckig, deren literarischer Ausdruck etwa im Aufgreifen der Ritualmord-Legende in den *Canterbury Tales* Goeffrey Chaucers („Prioress's Tale") sichtbar wird.[76] Bis 1656 leben nur wenige Juden verdeckt als Konvertiten in

70 Bryan Cheyette: Imagined Communities: Contemporary Jewish Writing in Great Britain. In: Vivian Liska / Thomas Nolden (Hrsg.): *Contemporary Jewish Writing in Europe. A Guide.* Bloomington, IN / Indianapolis, IN: Indiana University Press 2008, S. 90–117, hier S. 90.

71 Vgl. Kinsky-Ehritt: *Jewishness* in der britischen Lyrik, S. 71.

72 Der Begriff der Assimilation ist an dieser Stelle zu problematisieren: Wenn im Folgenden von Assimilation oder Angleichung im kulturellen Sinne die Rede ist, so ist eine stark hierarisch geprägte Dynamik darunter zu verstehen, in der eine Minderheit kulturell in der Mehrheitsgesellschaft aufgehen soll, um soziale und juristische Gleichstellung erlangen zu können. Shulamit Volkov beschreibt dies in der Einleitung zu dem Sammelband *Deutsche Juden und die Moderne* vor einem deutschen Kontext folgendermaßen: „Zunächst einmal hing der Erfolg der Assimilation davon ab, daß die Juden die deutsche Sprache erlernten und deutsche Verhaltensweisen und deutsche Bildung erwarben." (Shulamit Volkov: Zur Einführung. In: Dies. (Hrsg.): *Deutsche Juden und die Moderne.* München: Oldenbourg, 1994, S. VII–XXIII, hier S. XI) Volkov verdeutlicht ebenfalls die Relevanz von diskursiven Machtstrukturen, die einen hohen „Grad an Assimilation [...] als Vorbedingung zur Emanzipation" begreifen (ebd., S. IX). Stets schwingt in diesem Begriff die Konstruktion des kulturell Anderen mit, der in seiner Folge im Kontext von Prozessen der Selbstkonstruktion wie auch der kulturellen Ambivalenz zu sehen ist. Vgl. hierzu Zygmunt Bauman: *Modernity and Ambivalence.* Cambridge: Polity 1993, S. 53–74.

73 Vgl. Anthony Julius: *Trials of the Diaspora. A History of Anti-Semitism in England.* Oxford: Oxford University Press 2010, S. 105.

74 William D. Rubinstein: *A History of the Jews in the English-Speaking World: Great Britain.* London: Macmillan 1996, S. 40.

75 Vgl. ebd., S. 36ff.

76 Vgl. Julius: *Trials of the Diaspora*, S. 166–171.

England. Oliver Cromwell gibt dem Drängen auf Erlaubnis zur Rückkehr schließlich nach, die durch Charles II später bestätigt wird.[77] Bis ins 18. Jahrhundert besteht die jüdische Gemeinschaft hauptsächlich aus Sephardim, Juden von der iberischen Halbinsel, jedoch bilden ab 1720 Aschkenasim, Juden aus Nord- und Osteuropa, die Mehrheit.[78] Das Leben der Gemeinden ist, wie William Rubinstein darstellt, stark durch Akkulturation und Assimilation geprägt, so dass sich, anders als in Teilen Osteuropas, keine Schtetl bilden.[79] Im 19. Jahrhundert streben Juden nach politischer und sozialer Gleichberechtigung. In der ersten Hälfte des Jahrhunderts wird London neben Amsterdam zum Zentrum jüdischen Lebens in Europa.[80] Auch die religiöse Ausrichtung der Gemeinden verändert sich: In London entsteht 1840 die erste Reformgemeinde Englands.[81] Das jüdische Selbstverständnis setzt sich im 19. Jahrhundert stark zur nationalen Identität der Mehrheitskultur in Bezug.[82] Das Ideal des ‚Engländers jüdischen Glaubens' prägt die kollektive Identitätskonstruktion: „Only in some private and personal characteristics and in religious belief, does the Jew differ from his neighbour."[83] Dieses Bestreben trifft jedoch auf einen geschlossen Begriff englischer Identität, innerhalb dessen Juden als das Andere imaginiert werden.[84]

Zwischen 1881 und 1914 wandern schließlich 120.000 bis 150.000 Juden ein, hauptsächlich aus Osteuropa.[85] Viele davon siedeln im Londoner East End, im Whitechapel-Distrikt, der bis in die 1960er Jahre unvekennbar durch seine jüdischen Bewohner geformt wird.[86] Mit dem Verschwinden dieses jüdisch geprägten Whitechapel geht eine demographische Verschiebung in den Norden und Nord-Westen Londons einher, wo sich in Finchley sowie vor allem Golders Green und Hendon neue Zentren jüdischen Lebens bilden, die teils stark durch orthodoxe Gemeinden geprägt sind. Der massive Zustrom aschkenasischer Juden, die in ihrer Religionspraxis bedeutend traditioneller sind, führt unweigerlich zu Spannungen innerhalb der jüdischen Gemeinschaft, vor allem mit der inzwischen mehrheitlich stark akkulturierten sephardischen Mittel- und Oberschicht. Zudem bringt etwa der Zweite Burenkrieg (1899–1902) eine verstäkte öffentliche Artikulation von Antisemitismus mit sich, die jedoch nur selten in gewalttätige Übergriffe mündet. Juden werden weiter als Differenz zur

77 Vgl. Rubinstein: *History of the Jews in the English-Speaking World*, S. 46.

78 Vgl. Todd M. Endelman: *The Jews of Britain, 1656 to 2000*. Berkeley, CA / Los Angeles, CA / London: University of California Press 2002, S. 41.

79 Vgl. Rubinstein: *History of the Jews in the English-Speaking World*, S. 62.

80 Vgl. Endelman: *Jews of Britain*, S. 4.

81 Vgl. ebd., S. 111.

82 Es sei an dieser Stelle auch darauf verwiesen, dass 1868 sowie 1874 bis 1880 mit Benjamin Disraeli ein zum Anglikanismus konvertierter sephardischer Jude das Amt des Premierministers einnimmt.

83 Grace Aguilar: *History of the Jews in England*. Zit. n. Cheyette: Other Self, S. 98.

84 Vgl. ebd., S. 101.

85 Vgl. Endelman: *Jews of Britain*, S. 127.

86 Rubinstein sieht den Höhepunkt dieser Entwicklung in den 1920er Jahren. Mit Samuel Montagu hat Whitechapel auch einen jüdischen Vertreter im Parlament. Vgl. Rubinstein: *History of the Jews in the English-Speaking World*, S. 100.

ethnisch-nationalistisch konstruierten Kategorie der *Englishness* wahrgenommen. Claudia Sternberg spricht in diesem Zusammenhang von einem Prozess der inneren Kolonialisierung, der sich über die Jahrhunderte in Großbritannien entwickelte.[87] 1950 bildet die jüdische Gemeinschaft Großbritanniens in Europa die größte außerhalb der UdSSR, die aber anstelle identitätspolitischer Betonung kultureller Eigenheiten nach wie vor stark die Angleichung an die britische Gesellschaft sucht.[88]

Bei eingehender Betrachtung der anglo-jüdischen Literatur lässt sich zweierlei aufzeigen: dass, erstens, das Strebens nach Assimilation stets literarisch verarbeitet und hinterfragt wird, sowie dass, zweitens, ab den 1990er Jahren, spätestens jedoch ab dem 21. Jahrhundert, eine Veränderung hinsichtlich der Wahrnehmbarkeit einsetzt. Diese äußert sich in der gesellschaftlichen Präsenz jüdischer Autoren, die ihre hybride Verortung vor einer als geschlossen konstruierten englischen Identität zum Thema machen. „And if I ever thought of it at all, what else was I but English, and what else was I but Jewish, and why should the one be inconsistent with the other?“[89] Litvinoff lenkt mit seiner Frage nach Möglichkeiten einer anglo-jüdischen Identität bereits den Blick auf deren bruchhafte Herstellung, die sich im Folgenden immer wieder als Motiv zeigen wird. Weber verbindet die vielschichtigen Stimmen zeitgenössischer Autoren mit einer Hinwendung zu kultureller Polyvalenz und Hybridität in der Literatur:

> Indeed, contemporary Britain now hums with a rich aural mix: an array of diverse voices, conjured by writers who take the vexed, yet often comic, story of global migration and new-world adjustment as their subject.[90]

Da die Darstellung von Ambivalenz innerhalb des britischen Kanons spätestens ab den 1980er Jahren mehr in den Fokus rückt, lässt sich dies auch für die anglo-jüdische Literatur beschreiben, einsetzend ab den 1990er Jahren.[91] Autorinnen wie Naomi Alderman und Tamar Yellin gestalten in ihren Werken Stimmen, die mit Selbstverständlichkeit von einem jüdischen Standpunkt aus sprechen und auf Erklärungen oder Einführungen des Lesers in jüdische Kultur verzichten. Vielmehr steht die eigene polyvalente Position zwischen Säkularität, Religiosität und kultureller anglo-jüdischer Selbstbestimmung im Vordergrund. Howard Jacobson entwickelt in *The Finkler Question* (2010) einen ironischen Blick auf die Artikulation anti-israelischer Ressentiments, die sich auch innerhalb der gegenwärtigen Situation jüdischen Lebens (nicht nur) in Großbritannien als wirkmächtig erweisen.

Wenn nachfolgend kurz Tendenzen innerhalb der jüdischen Literatur Großbritanniens nachgezeichnet werden, so geschieht dies unter dem Blickwinkel eines Schreibens,

87 Vgl. Claudia Sternberg: „We're Not Jews“: Blending Postcolonial and Jewish Discourses in Contemporary British Literature. In: Gerhard Stilz (Hrsg.): *Colonies, Missions, Cultures in the English Speaking World. General and Comparative Studies.* Tübingen: Stauffenburg 2001, S. 191–204, hier S. 191–192.

88 Vgl. Sternberg: Introduction, S. 5.

89 Litvinoff: Jew in England, S. 175.

90 Weber: Anglo-Jewish Literature Raises Its Voice.

91 Vgl. Sternberg: Introduction, S. 5.

das sich als Artikulation einer anglo-jüdischen Kultur und Identität begreift. Die oben beschriebene Konstruktion von Juden als Alterität bedingt eine Situation, in der sie sich fortwährend als Bürger unter Beweis stellen müssen:

> [T]hey had to prove and to continue to prove that they were worthy of the rights and freedoms extended to them, and that they must somehow conform to gentile expectations of acceptable Jewish behaviour.[92]

So verwundert es nicht, dass noch weit ins 20. Jahrhundert hinein apologetische Tendenzen in Werken jüdischer Autoren wahrnehmbar sind. Diese beeinflussen nicht nur die Anfänge jüdischer Historiographie, etwa Grace Aguilars *History of the Jews in England* (1847), sondern sind auch nach dem Ersten Weltkrieg in Werken wie Louis Goldings *Magnolia Street* (1932) deutlich erkennbar. Die Darstellung positiver jüdischer Protagonisten ist sicherlich unter anderem dem Fortbestehen antisemitischer Stereotype geschuldet, zu denen ein Gegen-Narrativ geformt wird. Doch wird ersichtlich, dass das eigene Jüdisch-Sein von Autoren als Opposition zu einer monolithisch konstruierten *Englishness* empfunden wird, die anglo-jüdische Selbstentwürfe erheblich erschwert: „Whereas the American Jews can constantly re-invent themselves using prevalent American mythologies, English national culture is made up of a peculiar homogeneous unchanging idea of the past.“[93] Der Autor befindet sich in der Position eines Mediators, der dem nicht-jüdischen Publikum ein positives Bild zu vermitteln sucht.[94] Beispielhaft sei auf Grace Aguilars Roman *The Vale of Cedars* (1850) verwiesen, in dem die Erzählinstanz, obwohl gegenüber den jüdischen Protagonisten sehr positiv eingestellt, dennoch außerhalb eines jüdischen Sprechorts gestaltet wird. Diese Erzählstimme schiebt immer wieder Ausführungen in den Erzählfluss ein, die Traditionen und religiöse Praktiken erklären. Auf diese Weise versucht der Text, einen empathischen Blick für die historische Situation der Juden kurz vor der Vertreibung von der Iberischen Halbinsel zu wecken.

Einer apologetischen Figuration jüdischen Lebens stehen beispielsweise die Entwürfe Amy Levys gegenüber, die in ihrem Roman *Reuben Sachs* (1889) die vollkommene Assimilation und die soziokulturelle Verfasstheit der Londoner Juden vor allem aus einem feministischen Blickwinkel beschreibt. Levys Text ist eine der ersten Darstellungen der anglo-jüdischen Gemeinschaft, die einen im Inneren verorteten Blick entwickelt.[95] Gerade dieser Text wurde in der Rezeption durch die jüdische Gemeinschaft oft heftig kritisiert, was erkennen lässt, dass die Abkehr von einer positiven Darstellung der Minderheit, wie in Levys Fall, oft auf Ablehnung durch die Gemeinschaft stößt; es wird befürchtet, dass diese Darstellung antisemitische Stereotype befördere. Cheyette hebt gerade die Bedeutung Amy Levys, Julia Frankaus und Isaac Rosenbergs hervor, die das Verhältnis der englischen Mehrheitsgesellschaft zur anglo-jüdischen Minderheit

92 Geoffrey Alderman: *Modern British Jewry*. Oxford: Clarendon 1992, S. 71.

93 Cheyette: Moroseness and Englishness, S. 23.

94 Vgl. Cheyette: Other Self, S. 97.

95 Vgl. Sicher: *Beyond Marginality*, S. 4.

auf vielfältige Weise reflektieren. „All three challenged the assumptions of an English national culture and Anglo-Jewry's complacent self-image."[96] Auch nachdem die politische Emanzipation gesellschaftliche Umsetzung findet, bleibt die Haltung, sich dieser Rechte und Freiheiten als würdig erweisen zu müssen, ein prägender Einfluss.[97] Die literarische Figuration jüdischen Lebens scheint so zwischen den Alternativen gefangen zu sein, entweder das eigene Jüdisch-Sein zum Verschwinden zu bringen oder es in einer vorgegebenen Bildlichkeit entwerfen zu müssen.

> What the literary history of Anglo-Jewry reveals, above all, is the dual pressure on British Jewish writers either to universalize their Jewishness out of the public sphere [...] or to particularize it in preconceived images.[98]

Aufgrund der mangelnden öffentlichen Sichtbarkeit jüdischer Geschichte in Großbritannien nehmen Israel und die Diaspora jenseits der britischen Inseln in der Literatur eine immer zentralere Rolle ein.[99] Für den Schriftsteller zeichnet Cheyette eine Verortung zwischen zwei Polen nach – eine Fragmentation, die von Sinclair als *dual loyalty* beschrieben wird: „the language of England and the history of Israel".[100] Andere Autoren wie Howard Jacobson suchen in ihrem Werk die Konfrontation mit eindimensional gezeichneten Definitionen von Zugehörigkeit. Die Charaktere Jacobsons entwerfen ihr Selbst vor allem in Abgrenzung zum nicht-jüdischen Anderen, oft jedoch, ohne ein positiv ausgestaltetes jüdisches Selbst zu entwickeln.[101]

Wie bereits erwähnt, lässt sich ab den 1990er Jahren ein Bruch in der literarischen Darstellung jüdischer Selbstentwürfe in Großbritannien verzeichnen: Die Romane Grants beispielsweise verweigern Konformität mit englischen Definitionen des Judentums und stellen stattdessen Selbstverortung sowie Reflexionen über den Charakter des Jüdisch-Seins ins Zentrum.

> The ability of these writers to refuse the opposition of nation and exile, authenticity and inauthenticity indicates the extent to which they could challenge a conservative multiculturalism which mistakenly valorizes closed cultures, roots and traditions.[102]

Die Darstellungen einer hybriden jüdischen Identität artikulieren somit auch eine Absage an gesellschaftliche und kulturelle Entwürfe, die auf homogenen und in sich geschlossenen Konstruktionen und Zuschreibungen von kollektiver Identität beruhen. Dabei verweisen sie auf ein Verständnis von Identität, das hybride Grenzräume zum Ausgangspunkt nimmt und identitätspolitische Äußerungen mit dem Sprechort der Peripherie verbindet. Von diesem Sprechort aus werden Gegen-Erzählungen zum hegemonialen Narrativ sowohl der Majoritätsgesellschaft als auch der institutionalisierten jüdischen Gemeinschaft entwickelt.

96 Cheyette: Imagined Communities, S. 91.

97 Vgl. ebd., S. 91.

98 Ebd., S. 95.

99 Ebd., S. 105.

100 Clive Sinclair zit. n. Cheyette: Moroseness and Englishness, S. 25.

101 Vgl. Cheyette: Moroseness and Englishness, S. 26.

102 Cheyette: Imagined Communities, S. 110.

Raum – Erinnerung – Literatur: Formation in relationalen Netzwerken

Massey stellt ihrer Konzeption von Raum drei Grundannahmen voran, die im Kontext des hier zugrundeliegenden Verständnisses von Raum und seiner Verbindung mit Erinnerung von Bedeutung sind. So sieht sie Raum bestimmt durch Relationalität, Pluralität und fortwährende Veränderung.[1] Diese Charakteristika, auf die im Verlauf der folgenden Argumentation noch im Detail eingegangen wird, deuten bereits an, aus welchem Grund eine Verknüpfung von Raum und Erinnerung von besonderem Interesse ist. Raum ist als Produkt von performativ hervorgebrachten Beziehungen ein Relationsgefüge, das sich in einem Zustand der Bewegung und Veränderung befindet. Da Raum also nicht außerhalb der Zeit zu denken ist, liegt es nahe, Erinnerung mit dem spatialen Relationsgefüge zu verknüpfen. Sowohl konkrete Orte als auch das Netzwerk des Raums werden in der Herstellung von Vergangenheit einer Semantisierung unterworfen, die es im Folgenden genauer herauszuarbeiten gilt. Doch müssen zunächst der relationale Ansatz der Raumbeschreibung und die Bedingungen der Wahrnehmung unter Berücksichtigung der Mobilität des Blicks genauer gefasst werden. Davon ausgehend werde ich im Anschluss die Möglichkeiten der literarischen Darstellung von Raum beschreiben. In einem weiteren Schritt werden Erinnerung in ihrer systemhaften Konstitution als Netzwerk charakterisiert und Formen des Gedächtnisses genauer betrachtet. Abschließend wird das semantische Gefüge des Erinnerungsraums umrissen, das im Rahmen der untersuchten Romane von Relevanz ist.

Um die Bedeutung der entwickelten theoretischen Überlegungen für die Untersuchung literarischer Werke zu verdeutlichen, werden meine analytischen Grundlagen mit Beispielen aus zwei Romanen expliziert. Diese sind nicht Teil des untersuchten

1 Massey: *For Space*, S. 9.

Korpus, sollen aber als Werke anglo-jüdischer Autoren Ausgangspunkte der Analyse explizieren. Dabei handelt es sich um Elaine Feinsteins *The Russian Jerusalem* und Jonathan Wilsons *The Hiding Room*. Beide Texte weisen der Verbindung von Raum und Erinnerung im narrativen Entwurf eine zentrale Stellung zu: In Feinsteins Text stellt die Erzählinstanz ausgehend von einer Reise nach Sankt Petersburg durch die Konstruktion verschiedener räumlicher und zeitlicher Ebenen implizit eine Reise in den Vorstellungsraum eines kollektiven Gedächtnisses dar. Zum einen wird die Verfolgung jüdischer Autoren während der Stalinistischen Säuberungen erzählt, zum anderen von Reisen der Erzählerin ab den 1970er Jahren. Wilsons Text beschreibt die Suche des Erzählers nach dem unbekannten Vater in Jerusalem im Jahr 1991. Eine zweite, nichtdiegetische Instanz erzählt Geschehnisse aus dem Jahr 1941, die die Liebesbeziehung der Mutter Esta Weiss mit einem britischen Soldaten beinhalten. Die Flucht der Mutter in das britische Mandatsgebiet Palästina konstituiert einen Erinnerungsraum, der vom Text mit dem urbanen Raum Jerusalems 1991 verbunden wird und in dem die Sehnsucht des Erzählers nach Verortung in einem komplettierten Familien-Narrativ nach Erfüllung strebt.

1. Raumkonstitution und literarische Raumfiguration

Bezüglich der Beschreibung des Raums lassen sich zwei grundlegend verschiedene Konzeptionen unterscheiden: eine absolutistische und eine relativistische Raumvorstellung.[2] Ein absolutistisches Verständnis begreift den Raum als feststehende Struktur, die unabhängig von einer spezifischen Wahrnehmung als konstanter umschließender Behälter existiert, innerhalb dessen sich Existenz und Handeln vollziehen. So formuliert Newton ein Konzept des *absoluten Raums*, eines gedachten Raums, der aus allen Perspektiven eine gleichbleibende Größe darstellt.[3] Da meine Untersuchung in ihrem theoretischen Ansatz auf der relativistischen Konstitution von Raum basiert, soll auf weitere Ausführungen zu absolutistischen Raumvorstellungen verzichtet werden.

1.1 Relativistische Konstitution des Raums

Ein relativistisches Verständnis begreift den Raum als erst durch Relationen von verorteten Objekten und Körpern konstituiert, die sich in ihren Konstellationen fortlaufend verändern. Folglich befindet sich das spatiale Gefüge selbst in andauernder Bewegung. Darüber hinaus wird der Raum durch die permanent stattfindende Re-Organisation einer Verzeitlichung unterworfen, was darauf verweist, dass Raum und Zeit in gegenseitiger Bedingtheit gedacht werden müssen. Raum erscheint demnach nicht als Container, der unabhängig vom Bezugssystem des Betrachters existiert, respektive in dieser Form beschrieben werden kann. Die Flexibilität einer

2 Vgl. u. a. Löw: *Raumsoziologie*, S. 24–35.

3 Vgl. Stephan Günzel: Einleitung: Physik und Metaphysik des Raums. In: Ders. / Dünne (Hrsg.): *Raumtheorie*, S. 18.

wahrnehmenden Perspektive ist es, die den Raum überhaupt erst erfahrbar macht. Entsprechend ist die Darstellung Sankt Petersburgs in Feinsteins *The Russian Jerusalem* zwangsläufig der Auswahl von Bezugspunkten und der Verortung des Selbsts in Relation zu diesen unterworfen.

> That September, St Petersburg was a city of freezing rain, blown horizontally into the eyes of anyone walking the streets in the direction of the sea. And St Petersburg is a landscape of sea and sky. When it rains, the brown skies and wet streets are continuous. (RJ, S. 4)

Die Stadt konstituiert sich zwischen Wasser, Land und Himmel, wobei Grenzen ineinander verschwimmen. Straßen und Himmel werden in Grenzenlosigkeit erweitert und der Regen macht den Passanten die Orientierung schwer. Der Text nimmt damit deutlich Bezug auf die Bedingungen des Raumerlebens, und die darin stattfindende Selektion von Eindrücken. In Relation zum Bezugspunkt des Beobachters entfaltet sich im Erfahren des Raums Multiperspektivität, und in der Mobilität des Beobachters wird der Raum als komplexes, vielschichtiges Relationssystem begreifbar. Folglich kann der Raum auch Stauchungen, Krümmungen oder Dehnungen erfahren, denn allein die Beziehungen der raumkonstituierenden Verortungen sind für seine Beschreibung ausschlaggebend.[4]

Weiter ist es wichtig, den Begriff des Raums deutlich von dem des Ortes abzugrenzen. Löw betrachtet den Ort als Ziel und zugleich Ergebnis der Platzierung von Körpern.[5] Lebewesen und soziale Güter platzieren sich im Raum (bzw. werden dort platziert); damit nehmen sie einen Ort in einem Netzwerk von Beziehungen ein, das den Raum konstituiert. Michel de Certeau dagegen begreift den Ort als „eine momentane Konstellation von festen Punkten", den Raum dagegen als „Geflecht von beweglichen Ebenen".[6] Der Ort konstituiert sich als momentan beschreibbares Beziehungsgefüge verschiedener Punkte, das heißt, er besitzt somit ebenfalls relationalen Charakter. Die Wahrnehmung des Ortes impliziert damit ein In-Relation-Setzen temporär bestimmbarer Bezugspunkte. Eine solche Praxis schafft den Ort als sich im Moment manifestierendes Verhältnis, das in seiner Zeitlichkeit zu sehen ist. Im Rahmen meiner weiteren Analyse nehme ich de Certeaus Ortsverständnis zum Ausgangspunkt, denn die Betonung des relationalen Charakters bietet vielfache Anknüpfungsmöglichkeiten zur Beschreibung der Konstruktion von Erinnerung und betont zugleich die Bedeutung der wahrnehmenden Perspektive.

Der performative Charakter der Bewegung im Raum ist unablösbar mit der Konstitution des spatialen Gefüges verbunden:

> Er [*der Raum*, M. K.] ist also ein Resultat von Aktivitäten, die ihm eine Richtung geben, ihn verzeitlichen und ihn dahin bringen, als eine mehrdeutige Einheit von Konfliktprogrammen und vertraglichen Übereinkünften zu funktionieren.[7]

4 Vgl. Günzel: Raum – Topographie – Topologie, S. 23.

5 Vgl. Löw: *Raumsoziologie*, S. 198.

6 Michel de Certeau: *Kunst des Handelns*, aus d. Franz. v. Ronald Voullié. Berlin: Merve 1988, S. 218.

7 Ebd.

Diese Verflechtung von Raum und Zeit, in der das Relationsgefüge einer Sinnkonstruktion durch die wahrnehmende Instanz unterworfen wird, erweist sich bei der Analyse als äußerst fruchtbar, bildet sie doch einen Ansatzpunkt, von dem aus das Raumerleben in einem literaturwissenschaftlichen Beschreibungsansatz nutzbar gemacht werden kann. Diese Sinn bildenden Relationen werden deutlich, als in *The Hiding Room* der britische Offizier Rawlins 1941 seine Geliebte Esta in einem Jeep nach Palästina schmuggeln will und der Raum unter dem Blickpunkt des Krieges figuriert wird:

> The car approached Suez at dusk, then turned north; the water was a turquoise strip lying between darkening flats of sand. A deep-red glow surrounded the ships in dock. In the distance Rawlins saw a large warship move fitfully through the desert, smoke puffing from its funnels. It looked like a piece of scenery jerked along by an invisible stagehand. (HR, S. 105–106)

Die Bewegung der Protagonisten bildet die Grundlage, auf der sich Wahrnehmung entfaltet. Ausgerechnet in der Wüste verschwimmen die Grenzen zwischen Land und Meer und auch die Distinktion zwischen Aktivität und Passivität wird unsicher: Das Kriegsschiff wird als passiv erlebt, als Teil der Landschaft, bewegt von einer im Außen stehenden Kraft. Raumerfahrung in ihrer Verzeitlichung und die in der Perspektivierung vorgenommene Semantisierung des erlebten Raums werden in der Darstellung nachvollziehbar gemacht.

Raum ist also als ein sich in fortdauernder Bewegung befindliches System von einander durchdringenden Relationsebenen zu verstehen. Bedingt durch fortdauernde Mobilität bilden sich in diesem Netzwerk immer wieder neue Beziehungen. Diese Verschränkung von Zeit und Raum bietet einen Ausgangspunkt, von dem aus die Mehrdeutigkeit des spatial-temporalen Beziehungsgefüges der Analyse zugänglich wird. Eben diese Polyvalenz ist es, die im Rahmen narrativer Verfahren aufgegriffen und als sujetbildendes Element in Erzähltexte eingeflochten wird.

1.2 Vertikale und horizontale Raumwahrnehmung

Auch Maurice Merleau-Ponty begreift Raum als ein durch Relationen bestimmtes Netzwerk, das eine Verortung der Dinge erst ermöglicht. Die Stellung der Dinge im Raum wird nicht als ihnen bereits innewohnend begriffen, vielmehr ist sie Mittel der Wahrnehmung der Dinge. Die Richtung der Bewegung, in der sich die Durchdringung von Zeit und Raum offenbart, ist grundlegend in der Rezeption von Räumlichkeit: „[D]ie Orientierung im Raum ist nicht ein lediglich kontingenter Charakter des Gegenstandes, sie ist selbst das Mittel, vermöge dessen wir ihn erkennen und seiner als Gegenstand bewußt sind."[8] Raum ermöglicht also erst unsere Wahrnehmung der Objekte in ihrem Platziert-Sein und vor allem in ihrer Relation zur Umgebung und zum Betrachter selbst. Die Bedeutung der Perspektive in der Wahrnehmung – und damit in der Erschließung des spatialen Netzwerks – ist so direkt im Prozess der

8 Maurice Merleau-Ponty: *Phänomenologie der Wahrnehmung*, aus d. Franz. v. Rudolf Böhm. Berlin: de Gruyter 1966, S. 284.

Raumkonstitution hervorgehoben. Dementsprechend produziert Estas Erleben von Tel Aviv in *The Hiding Room* ein Spannungsfeld, denn die Umbruchsphase der 1940er Jahre wird auf die moderne Bauhaus-Stadt projiziert. Zugleich steht die beschriebene Ruine in Kontrast zum geradlinigen architektonischen Entwurf der Stadt.

> Esta looked across a dilapidated fence: an old house had recently been demolished, and the ground was covered with gray roof tiles, chunks of broken plaster, doors ripped off their hinges, and, situated on top of a pile of rubble, a blue china teapot, oddly intact except for a broken handle. (HR, S. 221)

In der Perspektive der Protagonistin, die der Ermordung in Europa entkommen konnte, verschwindet die moderne Gestaltung des urbanen Raums, und die Ruine des Hauses bildet eine Verklammerung zum erlebten Trauma, die sich in der figuralen Perspektivierung des spatialen Netzwerks entwickelt.

Folglich ist die wahrnehmende Position innerhalb des Netzwerks von besonderem Interesse, denn sie hat maßgeblichen Anteil daran, wie sich die relationale Verortung dem Betrachter erschließt. In seiner Unterscheidung zwischen Voyeuren und Fußgängern beschreibt de Certeau eine vertikale und eine horizontale Wahrnehmung des urbanen Raums. Die vertikale Perspektive bietet einen erhöhten Blickwinkel, der einen Überblick aus der Drauf-Sicht beinhaltet. Unter dem Betrachter entfaltet sich das räumliche Gefüge als Totalität, die aus Distanz erfasst wird. Bei der vertikalen Wahrnehmung ist also eine Herauslösung des Beobachters zu konstatieren. In der Drauf-Sicht wird ein abstrahiertes Bild vom Raum geschaffen, das der konkreten Erfahrung des Fußgängers, der sich auf der horizontalen Ebene befindet, gegenübersteht. Diese abstrahierte Totalität „ist ein ‚theoretisches' (das heißt visuelles) Trugbild, also ein Bild, das nur durch ein Vergessen und Verkennen der praktischen Vorgänge zustande kommt."[9] Wahrnehmung und Darstellung aus der Vogelperspektive haben fiktionalen Charakter, denn in der Festschreibung des relationalen Gefüges wird lediglich dessen modellhafte Erzählung geschaffen. Der Betrachter nimmt in der herausgehobenen Position die Stellung eines Beobachters mit dem Überblick einer gottgleichen Perspektive ein. Auf eben dieser Wahrnehmung basieren Karten und Baupläne, und so findet sich auch in diesen nicht allein die Perspektive des Voyeurs, der aus der Distanz passiv wahrnimmt, sondern auch die des Schöpfers, der aus der gehobenen Perspektive den Raum planend zu gestalten sucht. Weiterhin betont de Certeau den Textcharakter des Raums am Beispiel der Stadt: Aus der Vertikalen wird die Stadt für den Planer lesbar und das zunächst undurchschaubar wirkende Gewirr der modernen Metropole wird in der planerischen Rezeption zum sinnhaltigen Text. Der Blick von der Aussichtsplattform eines Hochhauses etwa „erzeugt weiterhin die Fiktion, die Leser schafft, indem sie die Komplexität der Stadt lesbar macht und ihre undurchsichtige Mobilität zu einem transparenten Text gerinnen läßt."[10] Die Wahrnehmung der Vertikalen beruht auf dem Herstellen von Ordnung und findet Ausdruck in der Karte,

9 De Certeau: *Kunst des Handelns*, S. 181.

10 Ebd.

der der Weg als performativer Akt im Raum und dessen konkrete Erfahrung in der Horizontalen gegenüberstehen.[11]
Fußgänger bilden die Elementarform der Stadtbewohner, „deren Körper dem mehr oder weniger deutlichen Schriftbild eines städtischen ‚Textes' folgen, den sie schreiben, ohne ihn lesen zu können."[12] Während die vertikale Betrachtung den Raum als fiktionalisierten Text lesbar erscheinen lässt, ist in der Horizontalen eine Entzifferung durch die den Text generierenden Akteure unmöglich. Der Text der Stadt bildet sich in der Autorschaft der Stadtbewohner als Netzwerk von Beziehungen und als sich überlagernde Einzelschriften.[13] Dieser sich als Palimpsest darstellende Text verweist auf bereits erzeugte, verräumlichte (Erinnerungs-)Spuren. Die Wahrnehmung auf der horizontalen Ebene ist stark durch Ausschnitthaftigkeit geprägt, da sie Bewegung nicht als Code zu entschlüsseln vermag. Der Erzählerin in Feinsteins Roman fehlt folglich der übergeordnete Blick, so dass der unbekannte urbane Raum verwirrend erscheint und nur in Fragmenten repräsentiert werden kann. „The Square itself was filled with cranes and boarded up with planks. Taxis brought me through an archway into a dark courtyard with unexpected holes going down to the plumbing." (RJ, S. 4) Das Erfassen des Platzes ist durch Gegenstände eingeschränkt, so dass eine Sinnhaftigkeit dem ordnenden Blick verschlossen bleibt, denn zu fragmenthaft sind die Eindrücke. Der Text des urbanen Raums ist in den ihn generierenden Bewegungen nicht decodierbar. Doch wird die aus der Vertikalen lesbare Schrift durch diese Bewegung hervorgebracht, was als nicht zu vernachlässigende Verschränkung von vertikaler und horizontaler Ebene verstanden werden kann. Bewegung durch den Raum wird auf diese Art zum konstitutiven Moment. Im nicht verortbaren Verlauf der Schritte, ihrem raumgestaltenden Handeln, manifestiert sich das spatiale Netzwerk.[14] Diese Praxis realisiert dreierlei: Sie stellt eine Aneignung des topographischen Systems sowie eine räumliche Realisierung des Ortes dar und erzeugt darüber hinaus auch Beziehungen zwischen unterschiedlichen Positionen als zeitlichen Ausdruck des spatialen Relationsgefüges.[15] Im Gehen eignet sich der Fußgänger Raum an; er kann den dem Raum eingeschriebenen Gesetzen folgen oder sich ihnen verweigern (etwa im Anlegen von Trampelpfaden). In der Bewegung des Blicks, in seiner Perspektivierung, offenbart sich das Beziehungsgefüge des Raums.

1.3 Der literarische Raum und die Semiosphäre

Jede Konzeption von Raum, auch die narrative, ist unweigerlich mit dessen Wahrnehmung verbunden. Spatiale Kategorien wie ‚Innen' und ‚Außen' konstituieren sich erst im Hinblick auf die Perzeption des Beobachters. Weiter ist die Figuration des

11 Vgl. de Certeau: *Kunst des Handelns*, S. 221.
12 Ebd., S. 182.
13 Vgl. ebd.
14 Vgl. ebd., S. 188.
15 Vgl. ebd., S. 189.

literarischen Raums Bestandteil jedes Sujet-Entwurfs und deshalb eng mit der Rezeption des Textes verknüpft. In der künstlerischen Konstruktion ist dieser Raum mehr oder weniger explizit und in unterschiedlichem Ausmaß bzw. unterschiedlicher Form semantisch ausgestaltet: „The problem is that any search for space in literary texts will find it everywhere and in every guise: enclosed, described, projected, dreamt of, speculated about.“[16] Jedem literarischen Kunstwerk liegt also eine Modellierung von Räumlichkeit zugrunde. Diese nutzt die semantischen Schichten des Raums sowohl zur Sujet-Konstruktion als auch im Entwurf der erzählten Welt. Die Konstitution eines literarischen Raums ist für die Darstellung jeder fiktionalen Welt von zentraler Bedeutung.[17] Gerade die Gestaltung fiktionaler Welthaftigkeit durch das spatiale Relationsgefüge und die hierin vermittelten Semantisierungen, die der Text vornimmt, machen den literarischen Raum zu einem in der Textanalyse bedeutenden Faktor.

Den literarischen Raum als bloße Abbildung des außerliterarischen Raums zu verstehen, würde bei weitem zu kurz greifen. Vielmehr entwirft jeder Text ein spezifisches intra-textuelles Netzwerk von Relationen, so dass die Figuration des Raums auf einer eigenständigen, mehr oder weniger experimentellen Ausgestaltung dieses Gefüges beruht. Im ästhetischen Entwurf des Raums wird die Beziehung von Welt und Mensch nach Cassirer einer Neugestaltung unterworfen: „Und alle echte Darstellung ist keineswegs ein bloßes passives *Nachbilden* der Welt; sondern sie ist ein neues *Verhältnis*, in das sich der Mensch zur Welt setzt.“[18] Im Akt der Rezeption wird der literarische Raum vom Leser nicht als Nachbildung eines erlebten Raums wahrgenommen, sondern in seiner spezifischen Besonderheit rezipiert. Der Spaziergang, den Wilsons Erzähler in *The Hiding Room* durch Jerusalem unternimmt, gestaltet demzufolge nicht ein Bild der Stadt, wie es vom Leser selbst erfahren werden könnte, sondern reichert den urbanen Raum um semantische Schichten an, die ihn in der Rezeption als eigenen Bedeutungsraum konstituieren.

> Last night, a Friday, I took a walk through the city. After twenty minutes or so of directionless strolling, I found myself outside the walls and barbed wire of a police compound. Saxophone music poured out from a sidewalk café nearby. Apparently, the area has become a small haven for secularists who wish to celebrate the Sabbath in a less than traditional manner. (HR, S. 6)

Aus dem spatialen Gefüge werden bestimmte Elemente hervorgehoben, die divergierende Semantisierungen etablieren: Während Stacheldraht und Mauer proleptisch auf den Erzählstrang um Esta verweisen, in dem Jerusalem eine Stadt unter britischer Kontrolle ist, bildet das Café einen Gegenraum. Auf die Beschreibung eines lebensweltlich nachvollziehbaren Raums legt sich deutlich die vom Text konstruierte weiterführende Ebene. In der narrativen Raumkonstitution entfaltet sich ein eigenständiges Geflecht von Beziehungen, die vom Rezipienten als nicht-mimetische Relationen erkannt werden: „[M]an verlangt von einem Gedichtleser, ein Bild nicht wie

16 Lefebvre: *Production of Space*, S. 15.

17 Vgl. Nünning: Formen und Funktionen literarischer Raumdarstellung, S. 33.

18 Cassirer: Mythischer, ästhetischer und theoretischer Raum, S. 105.

ein Objekt anzusehen, noch weniger als Stellvertretung eines Objekts, sondern eine spezifische Realität zu erfassen."[19] Bachelards Beschreibung der Beziehung von literarischem Bild und lebensweltlichem Objekt lässt sich ohne Weiteres auf den literarischen Raum übertragen. Auch wenn Details des lebensweltlich erfahrenen Raums in literarischen Werken modelliert werden (so etwa das Londoner Kanzleigericht in Charles Dickens' *Bleak House*), sind diese weitergehenden Semantisierungen unterworfen, die sie in der erzählten Welt bedeutsam machen.[20] Darüber hinaus handelt es sich bei jeder literarischen Darstellung stets um eine Raumkonstitution innerhalb eines ästhetischen Systems im Medium der Sprache. Obwohl bei der literarischen Formung lebensweltliche Orte aufgegriffen werden, „erscheint der reale Topos als ein System räumlicher Relationen, als Struktur, die nur in der bzw. als Sprache existiert."[21]
Der literarische Raum knüpft demnach in der Darstellung des Unendlichen (der Welt und all der ihr immanenten Möglichkeiten) im Endlichen (einem stets begrenzten Kunstwerk) eigene Beziehungsgefüge.[22] Demnach gestaltet der Versuch des Soldaten Rawlins, Esta in Kairo zu verfolgen, ein eigenes Bild der Raumerfahrung, wenn aus der Perspektive des Beschatters die junge Frau mit extremer Geschicklichkeit den Raum durchquert (vgl. HR, S. 17–18). Durch die Verortung der Narration auf der figuralen Erlebensebene erschafft der Text einen Raum, der dem Soldaten als unübersichtlich und von Hindernissen geprägt erscheint, während Esta sich schnell im Netzwerk bewegt.
Die mehr oder weniger explizite Ausgestaltung eines literarischen Raums muss als Grundvoraussetzung für jede Form des Erzählens schlechthin angesehen werden. Wie jeder kommunikative Prozess basiert auch die narrative Vermittlung des Erzählsystems auf den Erkenntniskategorien von Raum und Zeit.

> Der Raum gehört [...] als konstitutives Element der narrativen Situation zum kommunikativen Kode, der das Verhältnis zwischen Autor und Leser als beiden gemeinsame Verhaltens- und Erkenntniskategorie erst ermöglicht.[23]

Doch ist in Bezug auf Hoffmanns Charakterisierung des Raums zu bedenken, dass zwar Raum als erkenntnistheoretische Größe stets Basis jeder Form von Wahrnehmung ist; allderings kann hier auf die dem spatialen Netzwerk impliziten sozio-historischen und individuellen Codes verwiesen werden. „Even if there is no general

19 Gaston Bachelard: *Poetik des Raumes*, aus d. Franz. v. Kurt Leonhard. Frankfurt am Main / Berlin / Wien: Ullstein 1975, S. 12.

20 Vgl. Martin Kindermann: The Narration of Space in Charles Dickens's *Our Mutual Friend, Little Dorrit* and *Bleak House.* In: Monika Fludernik / Benjamin Kohlmann (Hrsg.): *Anglistentag 2011 Freiburg. Proceedings.* Trier: Wissenschaftlicher Verlag Trier 2012, S. 221–240.

21 Sylvia Sasse: Literaturwissenschaften. In: Stephan Günzel (Hrsg.): *Raumwissenschaften.* Frankfurt am Main: Suhrkamp 2009, S. 225–241, hier S. 234. Auch Lotman betont die Funktion der Sprache als sekundäres systembildendes Modell in der Erschaffung der dargestellten Welt. Vgl. Lotman: *Struktur literarischer Texte*, S. 34–35.

22 Vgl. ebd., S. 301.

23 Hoffmann: *Raum, Situation, erzählte Wirklichkeit*, S. 2–3.

code of space, inherent to language or to all languages, there may have existed specific codes, established at specific historical periods and varying in their effects."[24] Die Erfahrung des spatialen Relationsgefüges in seinen diversen semantischen Schichtungen ist keineswegs ein generalisierbarer, über kulturelle Differenzen und historische Distanz hinweg verständlicher Code. Vielmehr ist die Reflexion der spezifischen Ausgestaltung einer ästhetischen Raumfiguration unweigerlich Bestandteil der sich in der Rezeption manifestierenden Erschließung des Werks. Die in Feinsteins Roman durch Osip E. Mandel'štam vorgenommene Semantisierung der Stadt Voronež vollzieht sich in einem spezifischen kulturellen und historischen Kontext:

> This is Voronezh, in the region of the Black Earth. There are ravens in the name of that city, can you hear them? And a robber's knife. Rooks scatter like flicks of burnt sugar across the sky. The houses are painted pistachio green. I can fly and sing, but I crawl along these streets afraid to fall in a snow drift. (RJ, S. 59)

Die Assoziation des Namens mit dem russischen *voron* (Rabe) und *nož* (Messer) macht in der Rezeption die Bedeutungszuschreibung durch den Dichter nachvollziehbar und bildet die Grundlage, vor der sich die weitere Raumdarstellung entfaltet.
Durch Ästhetisierung wird in der künstlerischen Sprache ein weitergehendes Relationsgefüge entworfen, womit eine über ein bloßes Repräsentationsverhältnis hinausgehende Semantisierung stattfindet: „Der künstlerische Text ist anders aufgebaut: jedes Detail und der Text als ganzer gehört zu verschiedenen Relationssystemen und empfängt dadurch gleichzeitig mehr als eine Bedeutung."[25] Die von Lotman hervorgehobene Polyvalenz, die spatialen Relationen immanent ist, erhält in der Figuration des literarischen Raums zentrale Bedeutung: So wird er zum Ausdruck des textinternen Gefüges von Zentralität, Marginalität, des vorherrschenden Normensystems und einer sich konflikthaft herausbildenden Fragmentierung. Der künstlerische Entwurf des Raums wird selbst zum organisierenden Prinzip, durch das die nicht-räumlichen Relationen der dargestellten Welt zum Ausdruck kommen.[26] Diese Verräumlichung legt Lotman seinem Konzept der semantischen Teilräume zugrunde, welches er zum Modell der *Semiosphäre* erweitert. Zentrale Bedeutung kommt hier der semantischen Grenze zu, eines Raumes zwischen den Räumen. Gliedert Lotmans frühes spatiales Modell den literarischen Raum zunächst in geschlossene semantische Teilräume, die durch eine unüberwindliche Grenze voneinander geschieden werden,[27] so verwirft die Semiosphäre diese Abgeschlossenheit zugunsten eines Sphärenmodells, das sich als geschlossen und offen zugleich erweist. Zwar konstituiert der semantische Raum stets ein Innen und ein Außen, jedoch gewährleisten sowohl der Grenzraum als polyvalente

24 Lefebvre: *Production of Space*, S. 17.

25 Lotman: *Struktur literarischer Texte*, S. 105.

26 Vgl. Jurij M. Lotman: Das Problem des künstlerischen Raums in Gogol's Prosa (1968). In: Ders.: *Aufsätze zur Theorie und Methodologie der Literatur und Kultur*, aus d. Russ. v. Karl Eimermacher. Kronberg, Ts.: Scriptor 1974, S. 200–271, hier S. 202.

27 Vgl. Lotman: *Struktur literarischer Texte*, S. 327.

Struktur der gegenseitigen Durchdringung als auch die fortwährende Reorganisation der Sphäre Durchlässigkeit und Offenheit. Diese sich als Mobilität manifestierende Öffnung bewirkt einen Zustand permanenter Veränderung des Systems: „Semiotische Systeme sind in ständiger Bewegung. Veränderung ist das Existenzgesetz der Semiosphäre. Sie verändert sich als ganze, und sie verändert fortwährend ihre innere Struktur.“[28] Diese Veränderung basiert auf fortwährender Bewegung, sowohl innerhalb des Systems als auch zwischen dem Innen und Außen.[29]
Die Verknüpfung von Offenheit und Geschlossenheit ist eine Grundvoraussetzung von Sinnkonstruktion und Wahrnehmung, so dass die Verräumlichung in Lotmans Modell keineswegs nur metaphorisch zu verstehen ist.[30] Mit der Semiosphäre werden unterschiedliche Ebenen des Raums zusammen erfasst, dadurch werden soziale, semantische, historische und spatiale Strukturen in Verknüpfung gedacht. Die Semiosphäre ist als System organisiert und gliedert sich in verschiedene Subsysteme, die sich gegenseitig durchdringen, folglich bildet die Semiosphäre einen heterogenen Raum.[31] Die innere Organisation der Semiosphäre ist asymmetrisch, sie besitzt ein Zentrum, innerhalb dessen die semantische Struktur stabil ist.[32] Daneben lässt sich eine Peripherie beschreiben, in der semiotische Prozesse aufgrund der instabilen Struktur auf weit weniger Widerstand treffen. Dieser Grenzraum zu anderen Systemen wird durch die sich hier manifestierende Durchdringung zum hybriden Gefüge. Demnach lässt sich die Peripherie auch als Verortung dynamischer Prozesse beschreiben, in denen neue Information generiert werden kann: „In peripheral areas, where structures are ‚slippery‘, less organised and more flexible, the dynamic processes meet with less opposition and, consequently, develop more quickly.“[33] Legte Lotman zuvor den Fokus auf die Überwindung einer semantischen Grenze, steht nunmehr der Grenzraum selbst im Zentrum des Interesses, denn seine Hybridität ermöglicht Dynamik innerhalb der semantischen Struktur. Eine auf unterschiedlichen Semantisierungen basierende Grundstruktur bleibt dennoch erhalten: Erst in der Konfrontation entsteht die Polyvalenz der wechselseitigen Durchdringung:

28 Lotman: *Innenwelt des Denkens*, S. 203.

29 Es wird deutlich, dass diese Mobilität auf der von Niklas Luhmann beschriebenen System-Umwelt-Differenz beruht, die so in Verbindung zum Sphärenmodell gestellt werden kann. Vgl. Niklas Luhmann: *Soziale Systeme. Grundriß einer allgemeinen Theorie*. Frankfurt am Main: Suhrkamp 1984, S. 22–29. Auf die Überschneidungen von Lotmans Kultursemiotik und Systemtheorie haben bereits hingewiesen: Susi K. Frank / Cornelia Ruhe / Alexander Schmitz: Nachwort. Explosion und Ereignis. Kontexte des Lotmanschen Geschichtskonzepts. In: Lotman: *Kultur und Explosion*, S. 227–259, hier S. 243–248. Doch weist Lotmans Beschreibungsansatz dem Moment der Dynamik eine deutlich andere Rolle zu: Gerade die Mobilität zwischen Systemen macht die Semiosphäre zu einem Analyseinstrument, das sich im Zuge meiner Untersuchung als äußerst fruchtbar erweist.

30 Vgl. Jurij M. Lotman: On the Semiosphere, aus d. Russ. v. Wilma Clark. In: *Sign System Studies* 33,1 (2005), S. 205–229, hier S. 207.

31 Vgl. Lotman: *Kultur und Explosion*, S. 147.

32 Vgl. Lotman: *Innenwelt des Denkens*, S. 169.

33 Lotman: On the Semiosphere, S. 214.

> Damit die Kultur als ein Mechanismus bestehen kann, der eine kollektive Person mit einem gemeinsamen Gedächtnis und kollektivem Bewusstsein schafft, braucht es augenscheinlich paarige semantische Systeme und die Möglichkeit der sich daraus ergebenden Übersetzung der Texte.[34]

Die Übersetzung, also die Übertragung, von einem System ins andere, rückt hier an die Stelle des Grenzübertritts. Dabei ist zu berücksichtigen, dass sich Repräsentation keineswegs als Spiegelung im Sinne eines genauen mimetischen Abbilds vollzieht, vielmehr kommt es zu Brüchen und Fragmentierungen. In der Übertragung manifestiert sich die Hybridität des ‚Zwischenraums', da keine Übertragung eine vollkommene sein kann. Der Raum der Grenze als Verortung von Mehrdeutigkeit ist der Ort des Übertritts:

> The boundary has another function in the semiosphere: it is the area of accelerated semiotic processes, which always flow more actively on the periphery of cultural environments, seeking to affix them to the core structures, with a view of displacing them.[35]

So ist die Grenze nicht als trennende Struktur zu verstehen, sondern als Verortung diskursiver Aushandlung, als Ort der permanenten Neubestimmung und semantischen Reorganisation. Gleichzeitig mehreren semantischen Bereichen zugehörig, ist sie der Platz, an dem das Außen mit dem Innen konfrontiert wird und an dem sich fragmentiert das Neue konstituiert. Das Aufeinandertreffen im Konflikt kann beispielhaft in Wilsons Text veranschaulicht werden, wenn der urbane Raum Kairos einerseits durch Krieg bestimmt ist und andererseits weiterhin als sozialer Interaktionsraum gefasst wird:

> It was astonishing to Rawlins how the city continued to go about its business. Here was a parade of the beaten and weary, at its head the field ambulances with their cargo of battered bodies and torn minds, but in Cairo, on the threshold of battle, destruction, and death, there was music every afternoon under the palm trees in the garden at Shepheard's and a floor show each night in the roof cabaret of the Continental. (HR, S. 63–64)

Dem Ausnahmezustand des Kriegs, in dem zerstörte Körper und traumatisierte Soldaten zur Fracht von Rettungswägen werden, steht die Alltäglichkeit des urbanen Lebens aus britischer Perspektive gegenüber. Hotels und Bars bieten weiterhin ihr Unterhaltungsprogramm, doch expliziert der Text selbst die Schwellenposition der Stadt („on the threshold"). Diese Durchdringung von Krieg und Normalität, zerstörerischer Ausnahmesituation und alltäglichem Leben etabliert eine weitere Bedeutungsschicht und zeichnet die Stadt als hybride Struktur.

Lotman beschreibt die Grenze gerade nicht als Trennlinie, deren einzige Funktion in der Distinktion zu suchen wäre. Vielmehr ist sie eine spatiale Struktur für sich: „Just as in mathematics the border represents a multiplicity of points, belonging simultaneously to both the internal and external space [...]."[36] In der Betrachtung der topologischen Organisation nimmt der Bereich der wechselseitigen Durchdringung eine

34 Lotman: *Innenwelt des Denkens*, S. 50.

35 Lotman: On the Semiosphere, S. 212.

36 Ebd., S. 208.

zentrale Stellung für die Beschreibung der semiotischen Dynamiken eines Systems ein.

Darüber hinaus ist zu beachten, dass, wie bereits ersichtlich wurde, die semantische Sphäre nach innen stark heterogen organisiert ist. Im Inneren bilden sich zahlreiche Substrukturen, die jeweils in Überlappung eigene Grenzräume konstituieren.

> Faktisch ist der gesamte Raum der Semiosphäre von Grenzen unterschiedlicher Niveaus durchzogen, den Grenzen einzelner Sprachen und sogar Texte, und der Innenraum jeder dieser Sub-Semiosphären hat ein eigenes semiotisches ‚Ich', das sich als Verhältnis einer Sprache, einer Gruppe von Texten oder eines einzelnen Textes […] zu einem sie beschreibenden metastrukturellen Raum realisiert.[37]

Hier wird die Öffnung des semantischen Systems in den Vordergrund gerückt. Jedes semantische System enthält unterschiedliche Subsysteme, die es gliedern und zugleich durch fortwährende Neuorganisation Mobilität gewährleisten. Es ist gerade die mobile Netzwerkstruktur, die Lotmans Modell im Kontext der Beschreibung sowohl literarischer Raumfigurationen als auch der Verräumlichung mnemonischer Inhalte als Instrument der Analyse nahelegt. In der Semiosphäre kann sowohl die zentrale Stellung von Mobilität als auch die Bedeutung von Perspektivierung in der Erfahrung von Räumlichkeit aufgegriffen und einer analytischen Beschreibung zugänglich gemacht werden. Insbesondere die Grenze bildet eine Struktur, in der Relationalität, Verzeitlichung (in fortwährender Re-Strukturierung) und Mobilität im hybridisierenden Aufeinandertreffen getrennter semiotischer Bereiche ihren Ausdruck finden. „Die Aktualität der Grenze wird namentlich durch ihre Beweglichkeit unterstrichen, also dadurch, dass sich bei einem Einstellungswechsel auf diesen oder jenen Kode auch die Struktur der Grenze ändert."[38] Im Hinblick auf die narrative Verfasstheit eines Textes bezieht Lotman die Perspektivierung in die Konstitution der semantischen Grenze mit ein. Die gewählte Erzählperspektive, sei diese nun figural oder narratorial,[39] ist demnach bestimmend für den Entwurf der semantischen Strukturierung des Textes. Jeder Wechsel der Erzählperspektive nimmt Einfluss auf die Ausgestaltung der semantischen Grenze und damit auf den literarischen Raum als Ganzes. Ersichtlich wird dies im Blick des Erzählers in *The Hiding Room* aus dem Fenster auf den urbanen Raum:

> From the window of my room I look out over the red-tiled roofs of a neighborhood called Nahla'ot, where narrow streets descend in steep steps and curves. There are courtyards full of garbage, where stray cats forage, and others where thin-stemmed wild roses clamber beyond tall grass. (HR, S. 5)

Aus der Perspektive der diegetischen Erzählinstanz figuriert offenbart sich die Stadt zum einen als Panorama in vertikaler Wahrnehmung, die das Gewirr der Straßen nachvollziehbar werden lässt. Zum anderen aber bleibt die Perspektive in der Zentrierung

37 Lotman: *Innenwelt des Denkens*, S. 184.

38 Lotman: *Kultur und Explosion*, S. 92.

39 In der Analyse der Erzählperspektive folge ich Wolf Schmid: *Elemente der Narratologie*. 2. verb. Auflage. Berlin / New York: de Gruyter 2008.

auf das erlebende Ich des Erzählers auf einen schmalen Ausschnitt beschränkt, wodurch Informationen über die weitergehende Einbindung ins relationale Netzwerk der Wahrnehmung vorenthalten sind.

Die Verortung einer Figur in der vom Text entworfenen semantischen Struktur der Semiosphären ist demnach von besonderem Interesse für die Textanalyse. Figuren lassen sich hinsichtlich ihrer Platzierung und ihrer Mobilität im Relationsgefüge beschreiben, wobei nach Lotman zunächst bewegliche Figuren, also solche, die semantische Grenzen überwinden können, von unbeweglichen Figuren zu unterscheiden sind.[40] Letztere verbleiben in ihrer anfänglichen Verortung und dienen der Bestätigung des textinternen semantischen Oppositionsgefüges. Mit der Beschreibung der Grenze als Hybridraum entwickelt Lotman zudem eine weitere Kategorie der Figur, die in der Peripherie verortet ist: „[...] a person who, by virtue of particular talent [...] or type of employment [...], belongs to two worlds, operates as a kind of interpreter, settling in the territorial periphery, on the boundary [...].“[41] Solche Figuren sind mit einem hohen Maß an Mobilität ausgestattet und vermögen sich ungehindert innerhalb der semantischen Sphärenstruktur zu bewegen. Mit ihnen ist, wie Lotmans Formulierung „interpreter“ nahelegt, der Akt der Übertragung verbunden, der mit Polyvalenz assoziiert wird. Im Kontext anlgo-jüdischen Schreibens, dem die Diaspora-Erfahrung immanent ist, wird sich gerade diese Grenzposition fortwährender kultureller Übertragungsprozesse als relevant erweisen.

Mit dem Sphärenmodell gelingt es Lotman, die Beschreibung der Semantisierung des literarischen Raums deutlich offener zu gestalten, als dies mit Hilfe von binären Teilräumen möglich ist. Die sich widersprechenden Raumaufteilungen – die „Polyphonie der Räume“[42] – werden in der Offenheit des Sphärenmodells fassbar. Weiterhin wird durch eine Einbindung des „Einstellungswechsels“[43], also der Erzählperspektive, in die Konstitution des literarischen Raums dieser in seinem Netzwerk-Charakter beschreibbar. Es lassen sich nun vermeintlich unvereinbar scheinende Verräumlichungen als ein System wechselseitiger Durchdringung begreifen. Mit der Auflösung der binären Struktur distinkter Teilräume durch eine hybride Position zwischen verschiedenen Semiosphären kann das Analysemodell des literarischen Raums entscheidend erweitert werden. Die Mittel der multiperspektivischen Gestaltung machen eine Rezeption aus einer einheitlich geschlossenen Perspektive von einem fixen Punkt aus unmöglich. Der literarische Raum wird von einem sich in Bewegung befindlichen Blick erfasst, d.h. in der künstlerischen Formung des Raums werden disparate Blickwinkel konstruiert, die in der Rezeption aufeinander geblendet werden und ein multiperspektivisches Bild ergeben. Der Rezipient ist damit selbst Teil der Raumkonstitution. Die spatiale Basis der Sujetkonstruktion muss also als ein Geflecht verschiedener semantischer

40 Vgl. Lotman: *Struktur literarischer Texte*, S. 338–340.

41 Lotman: On the Semiosphere, S. 211.

42 Vgl. Lotman: *Struktur literarischer Texte*, S. 328–329.

43 Lotman: *Kultur und Explosion*, S. 92.

Sphären gedacht werden, innerhalb dessen die Figuren einen unterschiedlichen Grad an Beweglichkeit aufweisen. Bevor die multiperspektivische Konstruktion des literarischen Raums als *fließender Raum* erneut aufgegriffen wird, ist es zunächst notwendig, den polyvalenten Grenzraum vor dem Hintergrund der hier konflikthaft aufeinandertreffenden Semantisierungen zu betrachten.

1.4 Hybridität des Relationsnetzwerks: *Third Space*

Der Terminus *Third Space* weist in seiner Verwendung innerhalb der Kultur- und Gesellschaftswissenschaften eine nicht zu verkennende Offenheit auf. Edward Soja beschreibt die Struktur des Third Space als in fortwährender Veränderung begriffen:

> In its broadest sense, Thirdspace is a purposefully tentative and flexible term that attempts to capture what is actually a constantly shifting and changing milieu of ideas, events, appearances, and meanings.[44]

Die hier hervorgehobene Wechselhaftigkeit deutet bereits auf den Raum der gegenseitigen Durchdringung hin, der von Lotman als Überlappung von semantischen Sphären gekennzeichnet wird. Dieser vermeintlich scheidende Grenzraum ist durch einen Zustand der Überlappung charakterisiert, denn er konstituiert sich durch das Aufeinandertreffen verschiedener semantischer Sphären und der sich hieraus ergebenden Fragmentierung. Auf diese Weise ist der Bereich der Peripherie einer andauernden Hybridisierung unterworfen.

> Eine Grenze grenzt immer an etwas und gehört folglich gleichzeitig zu beiden benachbarten Kulturen, zu beiden aneinandergrenzenden Semiosphären. Die Grenze ist immer zwei- oder mehrsprachig. Sie ist ein Übersetzungsmechanismus, der Texte aus einer fremden Semiotik in die Sprache „unserer eigenen" Semiotik überträgt; sie ist der Ort, wo das „Äußere" zum „Inneren" wird, eine filternde Membran, die die fremden Texte so stark transformiert, dass sie sich in die interne Semiotik der Semiosphäre einfügen, ohne doch ihre Fremdartigkeit zu verlieren.[45]

Die semantische Grenze ist somit auch Verortung von Marginalität in der Peripherie der Semiosphäre. Die Generierung des Hybrids ist das Ergebnis einer semiotischen Dynamik, die im Aufeinandertreffen der Semiosphären das Hervorbringen neuer Informationen gewährleistet. So wird in Feinsteins Text Sankt Petersburg durch die fortdauernde Präsenz literarischer Figuren im erlebten Raum zum Hybrid, in dem das Erlebte und das Produkt der literarischen Imagination ineinanderfließen. Der Verweis auf ein Gebäude, das die Polizeiwache sei, in der Raskol'nikov seine Verbrechen gestanden habe, löst eine Überblendung der Stadt mit einem geisterhaften Raum aus: „Ghosts everywhere, I thought. A city of ghosts. Even the characters in a novel have an afterlife here." (RJ, S. 14) In dieser Passage treffen der von Dostoevskij gestaltete literarische Raum sowie der von der Erzählerin imaginierte geisterhafte Jenseits-Raum

44 Edward Soja: *Thirdspace. Journeys to Los Angeles and Other Real-and-Imagined Places.* Malden, MA / Oxford / Carlton, Vic: Blackwell 1996, S. 2.

45 Lotman: *Innenwelt des Denkens*, S. 182.

mit dem konkret erfahrenen Raum der Stadt aufeinander. Der Text vollzieht hier eine Hybridisierung, die Brüche entstehen lässt, denn selbstverständlich hat Raskol'nikov niemals einen Fuß in das konkrete Gebäude gesetzt. Diese Polyvalenz lässt sich nicht auflösen und bleibt so in der Rezeption als Spannungsfeld der unterschiedlichen semantischen Sphären bestehen.

Im Folgenden wird eine Verknüpfung dieses raumsemiotischen Modells Lotmans mit dem (metaphorischen) Raumbegriff Homi Bhabhas angestrebt, die es ermöglichen soll, den Vorgang der Hybridisierung innerhalb des Semiosphärenmodells im Kontext marginalisierter Identitätskonstruktion näher zu bestimmen. Bei der Analyse marginalisierten Schreibens kommt kulturellen Prozessen in der Peripherie besondere Bedeutung zu, denn hier konstituieren sich kulturelle Gegenerzählungen mit subversivem Potential.[46] Es ist der Raum der Peripherie, der sich auch in der Generierung von Vergangenheit durch Intervention in die diskursive Produktion eines kollektiven Gedächtnisses als relevant erweist. Durch die interne Mobilität der Semiosphären und deren Kontakt zu anderen Semiosphären entsteht im Grenzbereich ein Raum der Polyvalenz, der vor dem Hintergrund des Third Space verstanden werden muss. Das Aufeinandertreffen der semantischen Sphären gestaltet sich nicht als homogenes Verschmelzen, sondern als Bruch und Dislokation. Dies beschreibt Soja unter dem Begriff des *Thirding*, das vor allem als Fragmentierung zu begreifen ist, durch die eine Auflösung nach bipolaren Mustern unmöglich wird:

> That is to say, it does not derive simply from an additive combination of its binary antecedents but rather from a disordering, deconstruction, and tentative reconstruction of their presumed totalization producing an open alternative that is both similar and strikingly different.[47]

Der Third Space ist demnach die Konstitution eines Dazwischen-Seins, das die Konstruktion kultureller Identität als Entscheidungsfrage (entweder-oder) bewusst verwirft. Rawlins kollektiver Identitätsentwurf in *The Hiding Room* wird durch den Kontakt mit jüdischen Flüchtlingen in Kairo (das bereits als Schwellenraum zwischen Normalität und Krieg gekennzeichnet wurde) einer Verunsicherung unterworfen: „But now Rawlins looked at him [*Livock*, M. K.] as if he were from another planet, and perhaps he was: the planet England." (HR, S. 86) Angesichts des erfahrenen Leids der Flüchtlinge wird der Freund Livock, ebenfalls britischer Soldat, zum Fremden, der nicht in den durch Verfolgung semantisierten Erlebnisraum Estas integriert werden kann.

Die Polyvalenz des Raums bietet die Möglichkeit der Artikulation von kultureller Differenz, die gerade nicht als Verschmelzung aufgelöst werden kann.

46 So beschreibt bell hooks eine bewusste Verortung im Grenzraum der Peripherie, der einen Raum radikaler Offenheit darstellt, als politischen Akt: „For me this space of radical openness is a margin – a profound edge. Locating oneself there is difficult yet necessary. It is not a 'safe' place. One is always at risk. One needs a community of resistance." (bell hooks: *Yearning: Race, Gender, and Cultural Politics*. Boston, MA: South End 1990, S. 149.)

47 Soja: *Thirdspace*, S. 61.

> These 'in-between' spaces provide the terrain for elaborating strategies of selfhood – singular and communal – that initiate new signs of identity, and innovative sites of collaboration, and contestation, in the act of defining the idea of society itself.[48]

Im Hinblick auf Lotmans Ausführungen zur Grenze als durchlässige Struktur verneint die hier immanente Polyvalenz einen klaren Repräsentationscharakter und macht die Bedingungen von Sinnkonstitution in ihrer diskursiven Produziertheit offensichtlich. Kulturelle Bedeutung muss als Produkt konflikthafter Platzierung im gesellschaftlichen Diskursgefüge begriffen werden.

> It is only when we understand that all cultural statements and systems are constructed in this contradictory and ambivalent space of enunciation, that we begin to understand why hierarchical claims to the inherent originality or 'purity' of cultures are untenable, even before we resort to empirical historical instances that demonstrate their hybridity.[49]

Die Präsenz des marginalisierten Anderen führt unweigerlich zu einer Hybridisierung, denn sie artikuliert im kulturellen Bedeutungsraum die Fragmentierung zwischen vermeintlicher Originalität und Differenz.[50] Wird in der gesellschaftlichen Äußerung von kultureller Identität diese als homogen aufgerufen, macht die Verleugnung der immanenten Differenz zugleich Brüche deutlich, die dem Zustand des Dazwischen-Seins innewohnen.

> Produced through the strategy of disavowal, the *reference* of discrimination is always to a process of splitting as the condition of subjection: a discrimination between the mother culture and its bastards, the self and its doubles, where the trace of what is disavowed is not repressed but repeated as something *different* – a mutation, a hybrid.[51]

In der Negation kultureller Differenz konstituiert sich das Hybrid als Durchdringung, ähnlich und doch nicht identisch, und stets noch als das Andere erkennbar.
Demnach ist der Raum der semantischen Grenze als kultureller Third Space auch ein Raum der Verhandelbarkeit von polyvalenter Identität. Hier wird kulturelle Verortung gerade in ihrer mehrdeutigen Offenheit markiert, die jedwede Vorstellung einer eindeutigen kulturellen Codierung verwirft.

> The intervention of the Third Space of enunciation, which makes the structure of meaning and reference an ambivalent process, destroys this mirror of representation in which cultural knowledge is customarily revealed as an integrated, open, expanding code.[52]

48 Homi K. Bhabha: *The Location of Culture*. London / New York: Routledge 2004, S. 2.

49 Ebd., S. 54–55.

50 Am Gegenstand der kolonialen Präsenz führt Bhabha aus: „Consequently, the colonial presence is always ambivalent, split between its appearance as original and authoritative and its articulation as repetition and difference." (Ebd., S. 153.) Die hier beschriebene Fragmentierung wird zwar deutlich auf die koloniale Identität bezogen, doch lassen sich gerade im Kontext interkultureller Identitätskonstruktion Parallelen erkennen, die eine Übertragung rechtfertigen.

51 Ebd., S. 159.

52 Ebd., S. 54.

Das Relationsnetzwerk als kultureller Bedeutungsträger ist in seiner polyvalenten Formierung zu fassen, was wiederum die Artikulation der Peripherie nachhaltig bestimmt. Aufgrund der Verfasstheit des semantischen Grenzbereichs erweist sich jedes kulturelle Zeichen als polyvalente Struktur, die einer diskursiven Ausdeutung bedarf.[53] Wie bereits an Übertragungsprozessen zwischen semantischen Sphären deutlich gemacht wurde, verweist gerade der Prozess der Übersetzung von einem semiotischen System ins andere auf eine Offenheit, in der Texte kontextualisiert und interpretiert werden. Vor dem Hintergrund der sichtbar werdenden Polyvalenz ist der Grenzraum auch der Ort, von dem aus sich Differenz artikuliert (auch im Sinne einer Intervention in bestehende Diskursgefüge hinein). Die Polyvalenz des Third Space bedingt in der Darstellung eine multiperspektivische Konstruiertheit („the space where all places are, capable of being seen from every angle“[54]), die von Soja zugleich mit Nicht-Fassbarkeit verknüpft wird.

Die verunsichernde Wirkung von Hybridisierungsprozessen wird deutlich, als Rawlins durch sein Eintreten in Estas Versteck in Kairo, wo sie vor den britischen Behörden untertaucht, seine Identität nicht länger bruchlos konstruieren kann. „And because he had been in that room, he was not the young Englishman who had set out for Africa anymore. How to understand it? Perhaps he never had been who he thought he was.“ (HR, S. 87) Das Versteck in einer nicht mehr genutzten Synagoge stellt im Aufrufen des Andern ein Gegen-Narrativ zu Rawlins bislang kohärent konstruierter Identität her. Die Verunsicherung geht sogar so weit, dass der Kontakt die eigene Vergangenheit als fragil und fiktional markiert.

Im Hinblick auf die künstlerische Darstellbarkeit des Third Space ist vor allem die Oszillation zwischen Multiperspektivität und Nicht-Wahrnehmbarkeit von Interesse, denn in der Erfassung der spatialen Hybridität kommt den Darstellungsmodi große Bedeutung zu: der Perspektivierung und Hybridisierung der Sprache. Der Third Space scheint aufgrund seiner semantischen Offenheit von allen Seiten zugleich erfassbar zu sein, was wiederum eine Vielzahl von Blickwinkeln und Beobachtungspunkten impliziert. Sich scheinbar gegenseitig ausschließende Blickwinkel vereinen sich zu einem multiperspektivischen Bild, das die Konflikthaftigkeit der Konstitution erschließt. Eine solche Darstellung verweigert sich einer Auflösung sowohl nach den Vorgaben einer Entweder-Oder-Entscheidung als auch einer Verschmelzung. Vielmehr wird ein Dazwischen konstruiert, in dem sich Brüche, die durch das Aufeinandertreffen semantischer Sphären entstehen, als kulturelle Differenz artikulieren können.[55] In Bezug auf die Darstellung künstlerischen Sprechens im Roman hebt Bachtin die dialogische

53 Wie auf S. 71–75 dargestellt wird, darf der kulturelle Erinnerungsraum einer Gesellschaft nicht als selbsterklärend verstanden werden. Die Konstitution von Historie und kollektiver Erinnerung im spatialen Relationsgefüge ist stets auf narrative Vermittlung, und somit Interpretation, angewiesen, um die Übermittlung mnemonischer Inhalte zu gewährleisten.

54 Soja: *Thirdspace*, S. 56.

55 In der Verwerfung binärer Auflösungsmuster von Differenz entwickelt Soja „an-Other set of choices“, dass die der Hybridität stets immanente Alterität des Dazwischens betont. Vgl. Soja: *Thirdspace*, S. 5.

Verfasstheit jeder Äußerung hervor, ist doch in jeder Artikulation die gedankliche Durchdringung des Objekts mit weitergehenden Semantisierungen enthalten.

> Der Gegenstand ist umgeben und durchdrungen von allgemeinen Gedanken, Standpunkten, fremden Wertungen und Akzenten. Das auf diesen Gegenstand gerichtete Wort geht in diese dialogisch erregte und gespannte Sphäre der fremden Wörter, Wertungen und Akzente ein, verflicht sich in ihre komplexen Wechselbeziehungen, verschmilzt mit den einen, stößt sich von den anderen ab, überschneidet sich mit dritten [...].[56]

Vor diesem Hintergrund erscheint die Darstellung kultureller Differenz als hybrides Sprechen, in dem unterschiedliche kulturelle Codes aufeinandertreffen und auf komplexe Weise zueinander in Beziehung treten. Es muss an dieser Stelle deutlich darauf hingewiesen werden, dass im Kontext der folgenden Analysen diese hybride Äußerung keineswegs als auflösendes Verschmelzen von Binaritäten verstanden wird. Fragmentierung und Zersplitterung als Folge des Aufeinandertreffens von Semiosphären sind grundlegend für ein Verständnis von Hybridität in diesem Rahmen.[57] In Feinsteins Text dient die Figuration eines solchen Bruchs zur Profilierung einer weiterführenden Hybridisierung des Raums, wenn die Erzählerin, nachdem ihr Portemonnaie gestohlen wurde, in eben jener Polizeiwache eine Anzeige aufgibt, die als Ort von Raskol'nikovs Geständnis markiert wurde. „In Raskolnikov's police station a screen saver swirled on the iMac, but the desk was littered with heaps of paper, wire trays, staplers and a Sellotape tin of cigarette butts." (RJ, S. 16) Die Durchdringung des im intertextuellen Verweis hergestellten literarischen Bezugsraums von Dostoevskijs Roman und dem von der Erzählerin erfahrenen Raum stellt eine fragmentierte Wahrnehmung her, in der sich Dostoevskijs literarischer Entwurf und das mit zeitgenössischen Büroutensilien angefüllte Zimmer gegenüberstehen.

1.5 Die Textualisierung des urbanen Raums

Spätestens seit der Industrialisierung nimmt die Stadt mit der Entstehung der großen Metropolen eine zentrale Rolle innerhalb der lebensweltlichen Wahrnehmung und deren ästhetischer Repräsentation ein. Der urbane Raum gewinnt für Sujetkonstruktionen zunehmende Wichtigkeit. In diesem Zusammenhang spricht Tobias Wachinger von einer Entwicklung, „in der Stadt und Romanform eine besonders enge Verbindung eingehen."[58] Der urbane Raum erscheint zunehmend als eng verflochtenes Gefüge, bestimmt durch komplexe medizinische, soziale und historische Relationen, das sich über vermeintliche Grenzen hinweg konstituiert. Die Organisation der Menschenmassen und die Gewährleistung des Warenflusses in den metropolitanen Handelszentren erfordert in immer größerem Ausmaß eine Disziplinierung des urbanen

56 Michail M. Bachtin: Das Wort im Roman (1934/1935). In: Ders.: *Die Ästhetik des Wortes*, hrsg. v. Rainer Grübel, aus d. Russ. v. Rainer Grübel / Sabine Reese. Frankfurt am Main: Suhrkamp 1979, S. 154–300, hier S. 169–170.

57 Bhabha benutzt in diesem Zusammenhang das Bild der geborstenen Scheibe: „[...] it is always the split screen of the self and its doubling, the hybrid." (Bhabha: *Location of Culture*, S. 162.)

58 Wachinger: Stadträume / Stadttexte unter der Oberfläche, S. 263.

Raums. Die architektonische Gestaltung der Stadt als konkret erfahrbare Organisation des spatialen Gefüges kann demzufolge auch unter dem Aspekt der Kontrolle verstanden werden:

> Die Sprache der Architektur ist *psychagogisch*: mit sanfter Gewalt [...] werde ich dazu gebracht, die Anweisungen des Architekten zu befolgen, der nicht nur Funktion bedeutet, sondern sie in Gang setzt und steuert [...].[59]

Eco hebt den performativen Aspekt der Architektur hervor, die sich als steuernde Gestaltung des Relationsgefüges zeigt. Doch greift ein Verständnis von Stadt zu kurz, das diese als nahezu völlig disziplinierten Raum beschreiben würde. „Die Sprache der Macht ‚urbanisiert sich' zwar, aber die Innenstadt ist widersprüchlichen Bewegungen ausgesetzt, die sich jenseits der panoptischen Macht ausgleichen und verbinden."[60] Folglich stellt der urbane Raum eine komplexe Struktur dar, die nicht einseitig als durch Planung und Disziplinierung geschaffen bestimmt werden kann. Darüber hinaus macht die kulturelle Heterogenität des urbanen Raums diesen zum Aushandlungsort, in dem sich Identität im Konflikt zum Anderen konstruiert.[61] Die alte Synagoge in Kairo, in der Esta in *The Hiding Room* Zuflucht findet, bildet einen Raum, der sich dem disziplinierenden Zugriff der britischen Armee zunächst entzieht. Dadurch bildet die Synagoge einen Gegen-Raum. Dieser artikuliert wiederum vor dem Hintergrund der Shoah ein Fortbestehen jüdischen Lebens und ruft zugleich mit der Ruine die Vernichtung auf.

Die Stadt ist also ein Gefüge, das sich aufgrund der sich fortdauernd artikulierenden Differenz als polyvalent beschreiben lässt, das formt und zugleich geformt wird, schreibt und geschrieben wird. Roland Barthes fasst die Stadt als Diskurs, der im Bewohnen selbst hervorgebracht wird.

> Die Stadt ist ein Diskurs, und dieser Diskurs ist wirklich eine Sprache: Die Stadt spricht zu ihren Bewohnern, wir sprechen unsere Stadt, die Stadt, in der wir uns befinden, einfach indem wir sie bewohnen, durchlaufen und ansehen.[62]

Durch den Begriff des Sprechens wird die Analogie von spatialem und sprachlichem Handeln (Sprechen und Gehen) deutlich, die de Certeau hervorhebt, indem er den Akt des Gehens als den „Raum der Äußerung" beschreibt.[63] Bewegung im Raum ist demzufolge ein Sich-in-Relation-Setzen, das Mobilität als raumschaffenden Akt versteht und in Entsprechung zum Sprechakt gesehen werden muss. Die fortwährende

59 Umberto Eco: *Einführung in die Semiotik*, aus dem Ital. v. Jürgen Trabant. München: Fink 2002, S. 332.

60 De Certeau: *Kunst des Handelns*, S. 185.

61 Zur semantischen Vielschichtigkeit spatialer Interaktion im urbanen Raum vgl. Joachim Schlör: *Nachts in der großen Stadt. Paris, Berlin, London 1840–1930*. München / Zürich: Artemis & Winkler 1991. Schlör hebt dort explizit die der Stadt innewohnende Konflikthaftigkeit hevor (ebd., S. 22–25).

62 Roland Barthes: *Das semiologische Abenteuer*, aus d. Franz. v. Dieter Hornig. Frankfurt am Main: Suhrkamp 1988, S. 202.

63 De Certeau: *Kunst des Handelns*, S. 189.

Veränderung des Netzwerks bedingt also eine Offenheit, die sich einem komplett vollzogenen Abschluss verweigert.

> If space is the sphere of multiplicity, the product of social relations, and those relations are real material practices, and always ongoing, then space can never be closed, there will always be loose ends, always relations with the beyond, always potential elements of chance.[64]

In Bezug auf den urbanen Raum ist diese Offenheit Ausdruck einer Hybridisierung, in der die Stadt unterschiedliche kulturelle Texte generiert. Diese diversen Codes wiederum markieren das urbane Relationsgefüge als polyvalenten semantischen Raum der Artikulation von kultureller, sozialer und historischer Differenz.

> Die Stadt als komplexer semiotischer Mechanismus und Generator von Kultur kann ihre entsprechende Funktion nur erfüllen, weil sie ein Schmelztiegel von unterschiedlich aufgebauten, heterogenen Texten und Codes ist, die verschiedenen Sprachen und Ebenen angehören. [...] Sie lässt verschiedene nationale, soziale und stilistische Codes und Texte aufeinandertreffen und fördert so Hybridisierung, Umkodierung und semiotische Übersetzungen.[65]

Die Stadt ist der polyvalente Grenzraum schlechthin, in dem sich verschiedene kulturelle Texte und Kodierungen wechselseitig durchdringen, was zu Fragmentierungen führt. So wird beispielsweise Moskau in *The Russian Jerusalem* unter dem Fokus jüdischen Schreibens semantisiert: „We walked in the burning cold across Red Square towards St Basil's, then over a bridge of the Moskva to Lavrushinsky, the distinguished writers' house where both Pasternak and Ehrenburg had lived in their time [...].“ (RJ, S. 117) Der Text ruft bekannte, mit der Stadt assoziierte Bauten auf (etwa die Basilius-Kathedrale) und profiliert zugleich intellektuelles jüdisches Leben sowie dessen Verfolgung als historischen Bezugsrahmen.

Die literarische Darstellung der modernen Metropole macht das lebensweltlich erfahrbare spatiale Relationsgefüge vor allem in Bezug zum Referenzpunkt des Anderen nachvollziehbar. Das Fremde, das Unbekannte, die Erfahrung der urbanen Masse im Spannungsfeld von Wahrnehmbarkeit und Unsichtbarkeit werden zu Erfahrungshintergründen, die die Konstitution des Textes selbst entscheidend mitbestimmen.

> Die Geschichte der literarischen Stadterfahrung zeigt: unter den realen Lebensverhältnissen der großen Stadt sind es vor allem die Wahrnehmungsformen, welche die literarische Phantasie angezogen haben – die gegenseitige Wahrnehmung der Passanten, der Blickwechsel, die Sichtbarkeit ebenso wie die Berührung durch den Blick der Anderen.[66]

Die prominente Stellung der Wahrnehmungsform beeinflusst die Figuration des Verhältnisses zwischen dem Selbst und dem Anderen, vor dem sich Identität im spatialen Gefüge herstellt. Aus diesem Grund ist die Perspektivführung der gewählten Texte von besonderem Interesse: Die den polyvalenten Grenzraum charakterisierende

64 Massey: *For Space*, S. 95.

65 Lotman: *Innenwelt des Denkens*, S. 276.

66 Heinz Brüggemann: *Das andere Fenster: Einblicke in Häuser und Menschen. Zur Literaturgeschichte einer urbanen Wahrnehmungsform*. Frankfurt am Main: Fischer 1989, S. 7.

Hybridität findet eine Entsprechung in multiplen Perspektiven und sich konflikthaft konstituierenden Erzählinstanzen. Aufgrund dieser narrativen Offenheit gelingt es Texten wie *The Russian Jerusalem*, das Raumgefüge über die Ebene des nachvollziehbaren Erfahrens hin zu erweitern: Ein Künstlercafé wird von der Erzählerin im narrativen Jetzt durch das Aufblenden von kollektiver Erinnerung als hybrider Raum markiert, in dem Vergangenheit und Gegenwart eng verflochten sind.

> A blink, and Osip Mandelstam, barely twenty years old is there, with his long lashes, and a lily of the valley in his buttonhole, sitting at a side table with Akhmatova, a melancholy young beauty with a black agate necklace. (RJ, S. 7)

Die beiden Dichter werden von der Erzählerin als rekonstruierte Vergangenheit des Raums aufgerufen. Dabei zeigt sich die Polyvalenz des Gefüges, denn unterschiedliche Zeitebenen und folglich auch divergierende Semantisierungen prägen gleichermaßen die Wahrnehmung. Selbstverständlich handelt es sich hier um einen fiktionalen Raum (auch intratextuell), der jedoch aufgrund seiner Verknüpfung mit dem lebensweltlichen Raum und die fortdauernde Präsenz der Dichter das Bild des Cafés mitformt.[67] Die Konstitution des lebensweltlichen Relationsgefüges ist eng mit künstlerischen Figurationen verbunden, so dass klare Abgrenzungen verschwimmen.

1.6 Fließende Räume: eine multiperspektivische Raumkonstitution

In den bisherigen Ausführungen ist deutlich geworden, dass Raum als komplexes, durch verschiedene semantische Durchdringungen angereichertes Netzwerk wechselseitiger Beziehungen zu beschreiben ist. Dieses befindet sich in andauernder Bewegung durch sich immer wieder neu zueinander verortende Bestandteile, die sich dem Betrachter in der Wahrnehmung von einem mobilen Standpunkt aus erschließen. Marina Cvetaevas Suche nach Mandel'štam in Moskau gestaltet sich dementsprechend in dem als Gedicht verfassten Kapitel von Feinsteins Roman als Bewegung im urbanen Raum, die versucht, den Freund durch Aufrufen einer gemeinsamen Vergangenheit zu platzieren:

> At night, in a sleepless city, Marina
> is searching for Mandelstam, her beautiful brother,
> looking in the snow for the very sledge
> they once travelled in under a rug together,
> past bell towers and cupolas. (RJ, S. 52)

Das Netzwerk des Raums wird in Bewegung erfahren und vergangene sowie gegenwärtige Bewegungen werden aufeinander geblendet, wodurch ein polyvalentes Bild der Stadt konstruiert wird.

Die Beweglichkeit des Relationsgefüges lässt erkennen, dass Raum und Zeit nicht als voneinander unabhängige, ja oppositionelle, Größen angesehen werden dürfen. Raum

67 Ähnlich beschreibt Halbwachs die Formung seiner Wahrnehmung Londons durch Charles Dickens' literarische Darstellung der Stadt (vor allem auch im Hinblick auf die Beeinflussung der kollektiven Erinnerung durch diesen Prozess). Vgl. Halbwachs: *Das kollektive Gedächtnis*, S. 3.

ist nicht der Stillstand, dem die Zeit als Bewegung und Veränderung gegenübergestellt werden kann. Zeit und Raum müssen vielmehr als sich gegenseitig bedingend begriffen werden.

> Just as time cannot adequately be conceptualised without a recognition of the (spatial) multiplicities through which it is generated so space cannot adequately be imagined as the stasis of a depthless, totally interconnected, instantaneity.[68]

Die zuweilen mit dem räumlichen Netzwerk assoziierte Unmittelbarkeit in einem temporalen Sinne erweist sich aufgrund der fortdauernden Veränderung des Relationsgefüges als nicht zutreffend, denn Raum konstituiert sich in der Zeit.[69] Demzufolge finden Masseys Grundannahmen der Raumbeschreibung (Relationalität, Mannigfaltigkeit, fortwährende Veränderung) Ausdruck in Lotmans Modell der Semiosphäre: Diese weist zwar ein gewisses Maß an Struktur auf – eine Teilung in Zentrum und Peripherie, sich überlappende Grenzbereiche –, jedoch ist sie in fortwährender Re-Konstitution begriffen. Zentrum und Peripherie befinden sich im Fluss, denn die nicht endende Bewegung zwischen den beiden Teilen lässt die semantische Sphäre nicht erstarren. Darüber hinaus manifestiert sich im Innen ein System sich ebenfalls durchdringender weiterer Sub-Semiosphären, so dass jede Sphäre durch eine Vielzahl weiterer Sphären gebildet wird.

> Since all levels of the semiosphere – from human personality to the individual text to the global semiotic unity – are a seemingly inter-connected group of semiospheres, each of them is simultaneously both participant in the dialogue (as part of the semiosphere) and the space of dialogue (the semiosphere as a whole) [...].[70]

Die Dialogizität des semantischen Raums, sowohl im Austausch zwischen Kern und Grenzbereich als auch unter den Sphären selbst, verdeutlicht die heterogene Struktur. Diese Hybridität des semantischen Sphärenraums ermöglicht es, ihn mit dem Third Space in Beziehung zu setzen: Die Verräumlichung kultureller Polyvalenz im Third Space findet Anknüpfungspunkte in der hybriden Struktur der Peripherie der Semiosphäre. Unter diesen Vorzeichen ist die Grenze Verortung einer fragmentierten Identität, die sich aus dem konflikthaften Aufeinandertreffen diverser kultureller Selbstbestimmungen, Codes und Texte konstituiert.

Die sich in der literarischen Formung eröffnenden zusätzlichen semantischen Dimensionen[71] bedingen im dargestellten Raum eine weitergehende Öffnung, die eine

68 Massey: *For Space*, S. 76–77.

69 So verwendet Massey den Begriff *time-spaces*, der die Verschränkung von Raum und Zeit deutlicher hervorhebt (vgl. ebd., S. 179). Die Betonung der wechselseitigen Bedingtheit scheint auch in Bachtins Chronotopos auf, mit dem die literarische Darstellung der Raum-Zeit-Beziehung beschrieben wird (vgl. Bachtin: *Chronotopos*, S. 7). Doch im Zusammenhang der vorliegenden Untersuchung wird auf eine Verwendung aufgrund der dem Begriff *Raum-Zeit* innewohnenden definitorischen Unschärfe zugunsten des erarbeiteten relationalen Raumverständnisses verzichtet.

70 Lotman: On the Semiosphere, S. 225.

71 Vgl. Lotman: *Innenwelt des Denkens*, S. 69.

Dynamik zwischen den semantischen Räumen – textintern, fiktional und lebensweltlich – mit sich bringt. Die Atmosphäre der Angst während der stalinistischen Säuberungen 1937 wird in *The Russian Jerusalem* durch ein Wohnhaus figuriert, wobei die figurale Perspektive Il'ja G. Erenburgs mit Wahrnehmungen anderer Bewohner verflochten wird.

> Now Ehrenburg listens to the lift going up and down in the Writers' House on Lavrushinsky, and every time the lift stops, with a jerk, he looks up. He understands. No one else is asleep either. The whole house of flats is listening. They are wondering when the next arrest will come, and who it will be. One day perhaps there will be a knock for him. He keeps a case packed with two changes of underwear. (RJ, S. 39)

In der Bewegung des Fahrstuhls wird die Gefahr für den aus Paris zurückgekehrten Dichter dargestellt, der erst in der kollektiven Semantisierung durch die Bewohner das volle Ausmaß der Bedrohung realisiert. Durch die Verschränkung des kollektiven Lauschens und Erenburgs in die Zukunft gerichteter Frage nach der eigenen Verhaftung findet eine Verortung der Figur innerhalb des Kollektivs der von Verfolgung betroffenen Intellektuellen statt.

Diese multiperspektivische Raumfiguration kann als Konstitution *fließender Räume* charakterisiert werden, die eine dem Raum immanente Mobilität in ihrer Relevanz für die ästhetische Repräsentation begreift. Diesen Begriff verwende ich nach Siegfried Giedion, der in der Rezeption von Architektur das Moment der Bewegung hervorhebt.[72] Hier entsteht demnach durch die Mobilität der Wahrnehmung ein Bild, das in Analogie zu kubistischer Perspektivführung unterschiedliche Blickwinkel in bruchhafter Verschmelzung ineinanderschiebt. Dieses Aufeinander-Blenden disparater Wahrnehmungen wird in literarischen Texten als Montage distinkter Perspektivierungen aufgegriffen, die ein multiperspektivisches, fließendes Bild entwerfen, ähnlich einem Erfassen des Raums von diversen beweglichen Standpunkten zugleich. Raum wird demnach nur in Mobilität erlebt, wie Giedion betont:

> Die Essenz des Raumes, wie er in seiner Vielfalt erfasst wird, besteht in den unendlichen Möglichkeiten seiner inneren Beziehungen. […] Um die wahre Natur des Raumes zu erfassen, muß der Zuschauer sich selbst in ihm bewegen.[73]

Erst durch die Flexibilität des Blickwinkels erschließt sich dem Rezipienten das spatiale Netzwerk. Der Einstein'sche Raumbegriff wird im Kubismus aufgegriffen, indem der Raum um die Dimension der Zeit erweitert wird: Raum wird in seiner Relation zu einem sich in Bewegung befindlichen Bezugspunkt dargestellt, gleichsam zerlegt und zu einem verzeitlichten, neuen Ganzen konstruiert. „Das Auge vermag den Komplex nicht mit einem Blick zu umfassen; es ist nötig, ihn von allen Seiten her zu umschreiten und ihn von oben sowie von unten zu betrachten."[74] Diese kubistische Zerlegung

72 Vgl. Siegfried Giedion: *Raum, Zeit, Architektur. Die Entstehung einer neuen Tradition*. München / Zürich: Artemis 1978, S. 282ff.

73 Ebd., S. 280.

74 Ebd., S. 313.

des Raums impliziert eine Wahrnehmung, die den Raum als fließend begreift und die bestimmt ist durch einen mobilen Blickwinkel.

2. Erinnerung in narrativer Konstruktion

Ein flüchtiger Blick auf die Vielzahl Metaphern, die zur Beschreibung des Gedächtnisses benutzt werden, verdeutlicht bereits die enge Beziehung, in die Erinnerung und Raum gestellt werden. Fasst Platon das Gedächtnis als Wachstafel, auf der Eindrücke hinterlassen werden, beschreibt Edmund Spenser es in *The Fairie Queene* als Bibliothek. Bei Thomas de Quincey findet sich das Modell des Palimpsestes der sich aufeinander ablagernden Schriften, die dauerhafter Natur sind, jedoch im Akt der Ablagerung unzugänglich werden. Sigmund Freud wiederum entwickelt anhand des „Wunderblocks" ein Gedächtnismodell, das sowohl Vergessen als auch dauerhafte Speicherung zu fassen vermag.[75] Trotz der Gemeinsamkeit einer verräumlichenden Organisation zeigt die Unterschiedlichkeit der verwendeten Bilder, dass Erinnerung und Gedächtnis mit verschiedenen Vorgängen verbunden werden: Das Gedächtnis erscheint als Archiv des Vergangenen, während bei der Erinnerung eher der Akt der Einschreibung im Vordergrund steht. Für die folgende Untersuchung sollen Erinnerung und Gedächtnis jedoch nicht als Opposition begriffen werden: Aleida Assmann beschreibt das Begriffspaar vielmehr als „komplementäre Aspekte *eines* Zusammenhangs […], die in jedem Modell gemeinsam auftreten."[76] Einschreibung und Rekonstruktion müssen stets zusammen berücksichtigt werden, sind sie doch Facetten desselben Prozesses.

Zunächst soll nun eine begriffliche Bestimmung des Erinnerungsvorgangs erfolgen, bevor das Gedächtnis in individueller und kollektiver Form beschrieben werden kann. Hier steht vor allem der prozessuale Charakter von Erinnerung im Vordergrund, der es ermöglicht, das Gedächtnis als Netzwerk von Verknüpfungen zu verstehen. Weiter soll das Trauma als psychische Wunde in der Struktur des Gedächtnisses ausgeführt werden. Anschließend beziehe ich den Akt des Erinnerns auf den Prozess des Erzählens und betrachte Spezifika der Gedächtnisbildung im Kontext jüdischer Narrativierungstraditionen, bevor ich zusammenfassend die Kategorie des Erinnerungsraums ausführe.

2.1 Erinnern als diskursiver Prozess

Zunächst ist festzuhalten, dass Erinnerung als ein von der Gegenwart ausgehender diskursiver Akt der Konstruktion von Vergangenheit begriffen wird, der auf einer Auswahl von Inhalten basiert. Da der Ausgangspunkt somit klar im Jetzt des erinnernden Individuums liegt, wird deutlich, dass Inhalte nie als solche wieder aus dem

75 Für einen Überblick zu Gedächtnismetaphern und ihre recht unterschiedlichen Konzeptionen vgl. Assmann: *Erinnerungsräume*, S. 151–178.

76 Aleida Assmann: Zur Metaphorik der Erinnerung. In: Dies. / Dietrich Hart (Hrsg.): *Mnemosyne. Formen und Funktionen der kulturellen Erinnerung*. Frankfurt am Main: Fischer 1991, S. 13–35, hier S. 14.

Gedächtnis hervorgeholt werden. Vielmehr handelt es sich beim Akt des Erinnerns um eine Rekonstruktion vergangener Ereignisse aus dem Blickpunkt der Gegenwart. Dabei ist es von Bedeutung, den performativen Aspekt des Gedächtnisses in den Vordergrund zu stellen: Dem Rechnung tragend, heben Esposito und Lotman unabhängig voneinander die generative Prozesshaftigkeit des Gedächtnisses hervor.[77]

> Das Gedächtnis lässt sich am ehesten als Generator denken, der die Vergangenheit produziert; es ist die Fähigkeit [...], eine imaginäre Realität zu generieren, die vom Bewusstsein in die Vergangenheit verlegt wird.[78]

Hier legt Lotman sowohl den prozessualen Charakter jedweder erinnernden Operation als auch die in der Gegenwart zu verortende diskursive Produktion im Kontext einer Fiktionalisierung dar. Dabei ist es unumgänglich, dass die gegenwärtige Verfasstheit des Erinnernden Einfluss auf Erinnerungsinhalte nimmt und es im Akt der Wiederherstellung zu „einer Verschiebung, Verformung, Entstellung, Umwendung, Erneuerung des Erinnerten"[79] kommt.

Erinnern kann nicht als bloße Aktualisierung von Gedächtnisinhalten beschrieben werden, sondern gestaltet sich als Prozess der (Re-)Konstruktion. Eine vergangene Gegenwart wird im Akt des erinnernden Aufrufens im Jetzt produziert und der Entwurf des Vergangenen hat als Erinnerung wiederum Einfluss auf die Gegenwart. Zudem ist jedes Erinnern auch ein Auswählen, denn, wie Esposito betont, schon der Akt der Wahrnehmung ist als selektiv zu charakterisieren und das Gedächtnis ist somit eine weitere Auswahl aus dieser Selektion. Erst vor dem Hintergrund dessen, was vergessen wird, erhält das Erinnerte seine Bedeutung.

> Man erinnert nicht, was gewesen ist, sondern liefert lediglich eine Rekonstruktion dessen, was man in der Vergangenheit – bereits selektiv – beobachtet hatte; nur das also, was man vor dem Hintergrund all dessen, was man vergessen hat, erinnert.[80]

Es wird nicht ein vergangenes Ereignis aus dem Gedächtnis wie aus einem Archiv aufgerufen, sondern die durch Selektion zustande gekommenen Eindrücke werden wiederum ausgehend von der Gegenwart selektiv rekonstruiert. Die sozialen Implikationen des Ausgangspunkts nehmen Einfluss auf diese Konstruktion, wodurch die diskursive Prozesshaftigkeit des Erinnerungsvorgangs erkennbar wird.

Die Gegenwarten, an die sich Menschen erinnern, sind ebenso wie die Gegenwarten, aus denen sie sich erinnern, soziale Konstruktionen einer bedeutsamen Welt des

77 Esposito benutzt hier die Metapher eines „computing device that does not include data but only procedures that generate the data again, and in a different way each time." (Elena Esposito: Social Forgetting: A Systems-Theory Approach. In: Astrid Erll / Ansgar Nünning (Hrsg.): *A Companion to Cultural Memory Studies.* Berlin / New York: de Gruyter 2010, S. 181–189, hier S. 185.)

78 Lotman: *Innenwelt des Denkens*, S. 375.

79 Assmann: *Erinnerungsräume*, S. 29.

80 Esposito: *Soziales Vergessen*, S. 12.

Erlebens und Handelns. Sie sind darauf angewiesen, kollektiv in Erinnerung gerufen und durch Erinnerung erhalten zu werden.[81]

Die vergangene Gegenwart wird beim Erinnern in ihrer sozialen Konstruiertheit erneut produziert und das Erinnerte in Redundanzbildung eine Bestätigung, die wesentlich für seinen Erhalt ist. Diese Festigung von Gedächtnisinhalten im Akt der diskursiven Konstruktion ist eng mit der Herstellung des Selbsts verknüpft, das sich vor dem Hintergrund seiner Vergangenheit in dialogischem Austausch mit dem Umfeld herstellt. Demzufolge ist im Hinblick auf die untersuchten Texte zu betonen, dass die Perspektive des Erinnernden in Auswahl und Formung der Vergangenheit eine bedeutende Rolle spielt.

Jedoch würde es zu kurz greifen, lediglich die soziale Konstruktion des Erinnerten durch die Gegenwart zu beschreiben. Vielmehr findet sich hier ein Zustand der gegenseitigen Durchdringung, in dem Erinnertes auch Einfluss auf unsere Wahrnehmung nimmt. Jede Wahrnehmung ist zugleich durchsetzt mit dem, was uns bereits zugestoßen ist. Henri Bergson beschreibt diesen Sachverhalt folgendermaßen:

> Die Wahrnehmung ist niemals bloß ein Kontakt des Geistes mit dem gegebenen Gegenstand; sie ist immer von Erinnerungsbildern durchsetzt, welche sie vervollständigen, indem sie sie erklären.[82]

Der Eindruck des Ereignisses oder der Gegenstände auf die Wahrnehmung wird mit Bildern verknüpft, die eine Erinnerung materialisieren und in der Wahrnehmung etablieren. Wenn sich etwa der Erzähler in *The Hiding Room* beim Anblick einer jungen Frau in der Küche eines Wohnhauses, die er von der Straße aus sieht, an die eigene Mutter erinnert, bietet die Erinnerung einen Interpretationsrahmen, mit dem das Wahrgenommene kontextualisiert wird.

> She [*the woman*, M.K.] smiled at me, and I saw my mother's young face hung like a moon in the kitchen window of our tiny suburban London house. I remembered standing outside in the garden, slamming a football against the wall, pretending indifference but glancing up every so often to make sure that my mother was still there. (HR, S. 8)

Vom Anblick im Jetzt ausgehend rekonstruiert der Erzähler das Bild der Mutter, das zugleich seine Wahrnehmung der jungen Frau beeinflusst. Deutlich wird, dass Gegenwart und Vergangenheit in ihren sozialen und historischen Implikationen im Prozess des Erinnerns eine Verbindung eingehen, die sich weitaus komplexer gestaltet als das Hervorholen aus einem Archiv. Folglich ist der Akt des Erinnerns ein Prozess, der auf einer Netzwerkstruktur basiert und in dem sich die konstruierte Vergangenheit und die formende gegenwärtige Aufrufung durchdringen und in der Herstellung gegenseitig beeinflussen.

81 Angela Keppler: Soziale Formen individuellen Erinnerns. Die kommunikative Tradierung von (Familien-)Geschichte. In: Harald Welzer (Hrsg.): *Das soziale Gedächtnis. Geschichte, Erinnerung, Tradierung*. Hamburg: Hamburger Edition 2001, S. 137–159, hier S. 137.

82 Henri Bergson: *Materie und Gedächtnis. Eine Abhandlung über die Beziehung zwischen Körper und Geist*, aus d. Franz. v. Julius Frankenberger. Jena: Diederichs 1919, S. 127.

Bereits Maurice Halbwachs hat die Erinnerung als systemische Verknüpfung – als Netzwerk – beschrieben, das Einfluss auf die Wahrnehmung nimmt.

> In Wirklichkeit trifft es genau zu, daß die Erinnerungen sich in Form von Systemen darstellen: nämlich weil sie im Geist assoziiert sind, weil sie sich gegenseitig hervorrufen und weil die einen gestatten, die anderen zu rekonstruieren.[83]

Erinnerungen werden auch durch die soziale Konstruiertheit der Gegenwart geformt und beeinflussen ihrerseits wiederum die Bedingungen des Aufrufens. Das Erinnerungsmodell des Netzwerks, das Esposito entwickelt, nimmt klar Abstand von einer Vorstellung, die das Gedächtnis als Stauraum begreift. Dagegen wird der performative Charakter des Erinnerns betont, indem über die Aktualisierung von Verknüpfungen sowohl dem Akt der aufrufenden Konstruktion als auch dem wechselseitigen Durchdringen Rechnung getragen wird:

> [S]tattdessen setzt sich ein performativer Ansatz durch, der eher danach ausgerichtet ist, Verknüpfungen aufrechtzuerhalten, als Inhalte zu bewahren – eher die Potentialität zur Produktion neuer Informationen fördert, als im voraus festgelegte Informationen. In dieser Hinsicht befindet sich der Sitz des Gedächtnisses nicht in den Büchern, sondern einzig im Katalog, d. h. in der Verknüpfung zwischen den möglichen Informationen.[84]

Die Verortung des Gedächtnisses in der systematischen Verknüpfung bietet wegen ihres Netzwerkcharakters analytische Anknüpfungsmöglichkeiten an das im vorigen Kapitel vorgestellte, auf relationalen Verflechtungen basierende Raumkonzept.

Es ist zu beachten, dass mit dem Vorgang der diskursiven Rekonstruktion von Vergangenheit unterschiedliche Operationen verbunden werden: Neben dem suchenden Sich-ins-Gedächtnis-Rufen ist zum einen das Memorieren, etwa von Reden, zum anderen das explizit gegen das Vergessen gerichtete Gedenken zu unterscheiden. Im Akt des Memorierens ist das Ziel, eine Rekonstruktion von Inhalten zu erreichen, die möglichst wenige Abweichungen von ursprünglichen Eindrücken aufweist. Unter Erinnern dagegen ist sowohl das plötzliche Auftauchen von Inhalten aus nicht bewusst zugänglichen Teilen des Gedächtnisses zu verstehen, als auch darüber hinaus das suchende Aufrufen von Vergangenem.[85] Paul Ricœur unterscheidet diese Operationen, indem er ihnen basierend auf Bergson unterschiedliche Gedächtnistypen zuweist: das Wiederholungs- und das Erinnerungsgedächtnis.[86] Beide Gedächtnistypen werden mit unterschiedlichen mentalen Operationen verknüpft, denn das eine zielt auf eine möglichst exakte Wiederherstellung, während das andere auf dem Vorgang der aufrufenden Konstruktion beruht, und von Ricœur auch als *vorstellendes*

83 Halbwachs: *Gedächtnis und seine sozialen Bedingungen*, S. 200.

84 Esposito: *Soziales Vergessen*, S. 339–340.

85 Bereits Aristoteles unterscheidet ein aktuelles Auftauchen von Inhalten (*mnēmē*) von einem aktiven sich in Erinnerung Rufen (*anamnēsis*). Vgl. Paul Ricœur: *Gedächtnis, Geschichte, Vergessen*, aus d. Franz. v. Hans-Dieter Gondek. München: Fink 2004, S. 55.

86 Vgl. ebd., S. 52ff.; Bergson: *Materie und Gedächtnis*, S. 68ff.

Gedächtnis gefasst wird.[87] Unter Gedenken ist eine gegen das Vergessen gerichtete kollektive (Selbst)Vergewisserung zu verstehen, die bei der Konstruktion von Identität von Bedeutung ist; zudem bildet das Gedenken als Imperativ innerhalb der jüdischen Erinnerungskultur ein zentrales Moment. Die Aufforderung zu Bewahren und zu Gedenken nimmt in der Konstitution des *Am Yisrael* (Volk Israel)[88] eine entscheidende Stellung ein.[89]

2.2 Individuelles und kollektives Gedächtnis

Die Bedeutung von Erinnern im Zusammenhang sozialer Gruppen wird von Halbwachs mit dem Begriff des *kollektiven Gedächtnisses* hervorgehoben. Hier wird Erinnerung im Allgemeinen als kollektiver Prozess gefasst, der eine Durchdringung von individuellen und kollektiven Erinnerungen voraussetzt. Wie Aleida Assmann verdeutlicht, muss das Gedächtnis auch in seiner Bedeutung bei der Konstruktion von Identität begriffen werden („Wir definieren uns durch das, was wir gemeinsam erinnern und vergessen.“[90]). Eine Identitätskonstruktion über geschlechtliche, ethnische und politische Positionierungen vollzieht sich demzufolge im Kontext einer Verortung in sozialen Zusammenhängen.[91] So ist auch individuelles Erinnern in einem kollektiven Kontext zu sehen, da der Akt des Erinnerns eingebunden ist in die Bezugnahme auf ein soziales Umfeld. Pasternaks Verortung in der eigenen Familiengeschichte wird in *The Russian Jerusalem* im Rahmen eines Gesprächs zwischen dem Dichter und einer Freundin der Erzählerin, Vera Traill, dargestellt: „And his father? His mother? Odessa Jews both, though the household was altogether secular. His father had refused to convert, even when it might have been an advantage to do so.“ (RJ, S. 46) Die in die Erzählerrede eingebundenen figural perspektivierten Fragen Veras stellen den kollektiven Rahmen her, in dem die Familiengeschichte von Pasternak narrativiert und zugleich in Bezug auf das Jetzt des Erinnerns semantisiert wird. Denn im Kontext der stalinistischen Verfolgung von jüdischen Intellektuellen erweist sich die Herkunft Pasternaks erneut als Gefahr, wodurch das Ineinandergreifen von Vergangenheit und Gegenwart im Prozess des Erinnerns deutlich wird.

Halbwachs hebt hervor, dass auch für Gruppen ein Gedächtnis beschrieben werden kann:

87 Die vorliegende Untersuchung beschränkt sich auf das Erinnerungsgedächtnis, weswegen die von Ricœur getroffene Unterscheidung im weiteren Verlauf der Argumentation nicht weiter angewendet wird.

88 Verwiesen sei an dieser Stelle auf die Konstitution Israels als Nation im Akt der Torah-Gabe (Ex 19,1–20,23). Auffallend ist hier der performative Aspekt der Konstruktion einer Nation. Wenn im Weiteren vom Volk Israel oder vom jüdischen Volk die Rede ist, so bezieht sich dies auf den explizit im Kontext der Konstitution innerhalb der Offenbarung am Sinai zu verstehenden Begriff des *Am Yisrael.*

89 Deutlich wird dies beispielhaft in dem Lied „Lekha dodi“, das Freitagabends zur Begrüßung des Schabbat gesungen wird: „Shamor w-zakhor b-dibur eḥad“ („Hüte und gedenke in einem Gebot“, meine Übersetzung, M. K.), zit. n. Andreas Nachama / Jonah Sievers (Hrsg.): *Jüdisches Gebetbuch. Schabbat und Werktage.* Gütersloh: Gütersloher Verlagshaus 2009, S. 151. Vgl. hierzu auch Assmann: *Das kulturelle Gedächtnis*, S. 30.

90 Assmann: *Erinnerungsräume*, S. 62.

91 Vgl. ebd.

> Im Vordergrund des Gedächtnisses einer Gruppe stehen die Erinnerungen an Ereignisse und Erfahrungen, die die große Anzahl der Mitglieder betreffen und die sich entweder aus ihrem Eigenleben oder aus ihren Beziehungen zu den ihr nächsten, am häufigsten mit ihr in Berührung kommenden Gruppen ergeben.[92]

Der diskursive Charakter der Gedächtnisbildung tritt in den Vordergrund und es wird erkennbar, dass in der kollektiven Struktur eines Gruppengedächtnisses die Positionsfindung innerhalb des Erinnerungsdiskurses umkämpft ist. Diese Diskurshaftigkeit beruht auf der bereits erwähnten Umfassung der individuellen Erinnerungen durch die kollektiven. Das kollektive Gedächtnis darf jedoch nicht als Summe individueller Erinnerungen verstanden werden, sondern es kann ein Zustand der Durchdringung beschrieben werden, dem eine wechselseitige Beeinflussung bzw. konflikthaftes Aufeinandertreffen immanent ist:

> Andererseits gilt es zu zeigen, daß die kollektiven Bezugsrahmen des Gedächtnisses nicht hinterher durch Kombination der individuellen Gedächtnisinhalte gebildet werden [...], daß sie im Gegenteil eben die Instrumente sind, derer sich das kollektive Gedächtnis bedient, um ein Bild der Vergangenheit wiederherzustellen, das sich für jede Epoche im Einklang mit den herrschenden Gedanken der Gesellschaft befindet.[93]

Durch Verschiebungen innerhalb der diskursiven Positionierung von Gedächtnisinhalten ist das kollektive Gedächtnis fortwährend potentieller Veränderung unterworfen. Darüber hinaus ist festzuhalten, dass durch eine multiple Gruppenzugehörigkeit der Mitglieder – schließlich sind wir stets Teil mehrerer Erinnerungszusammenhänge – das Gedächtnis als hybride Struktur zu fassen ist. Es wird also deutlich, dass nicht von *einem* kollektiven Gedächtnis gesprochen werden kann, vielmehr existiert eine Vielzahl solcher Gedächtnisse, je nach Anzahl der in den sozialen Bezugsrahmen gebildeten Erinnerungsgemeinschaften. Indem sowohl die individuellen Erinnerungen anderer Gruppenmitglieder als auch der kollektive Rahmen anderer Gedächtniszusammenhänge in einem Netzwerk verknüpft werden, erscheint das Gedächtnis als komplexe hybride Struktur, die sich einerseits der Erinnerungen der Anderen zur Stabilisierung bedient und die andererseits durch die Durchdringungen von eben diesen Erinnerungsinhalten geformt und verändert wird.[94] *The Russian Jerusalem* konstruiert vor dem Hintergrund unterschiedlicher Erinnerungsgemeinschaften ein komplexes Bild von Sankt Petersburg, in dem Historiographie, literarische Werke und individuelles Erleben der Erzählerin verflochten werden:

> This remains Peter's city, built on the tears and the corpses of his slave workers, who dragged earth on old sacks and bark matting so that the grand Rastrelli palaces could glow in the water of the River Neva. It's also the city of Pushkin's Queen of Spades, where poor Herman stood looking up at the Countess's window while large flakes of wet snow fell on his greatcoat; Akhmatova's city of granite and disaster; the Petropolis of Mandelstam's dreams, where the streetlights look as yellow as drops of cod liver oil in the sleety mist. (RJ, S. 5–6)

92 Halbwachs: *Das kollektive Gedächtnis*, S. 25.

93 Halbwachs: *Gedächtnis und seine sozialen Bedingungen*, S. 22–23.

94 Vgl. Halbwachs: *Das kollektive Gedächtnis*, S. 63.

Das Erleben des urbanen Raums vollzieht sich als Erinnerungsprozess, in dem zunächst ein historischer Diskurs aufgerufen wird, bei dem nicht etwa die Größe der Stadt profiliert wird, sondern die Brutalität in der Erbauung. Mit Puškins Erzählung „Pikovaja Dama" (Pique Dame) wird eine literarische Figur eingeführt und mit den poetischen Stadtentwürfen Achmatovas und Mandel'štams verbunden, wodurch ein auf Durchdringung basierendes erinnerndes Narrativ geschaffen wird, das den urbanen Raum in unterschiedlichen Gedächtniszusammenhängen reflektiert.

Das Gedächtnis, wie es von Halbwachs beschrieben wird, ist zeitlicher Begrenztheit unterworfen: Der Bestand des jeweiligen kollektiven Gedächtnisses ist auf das Fortbestehen der Gruppe angewiesen, da es in großen Teilen erst durch kommunikativen Austausch entsteht.[95] So unterscheidet Halbwachs strikt zwischen kollektivem Gedächtnis und Historie oder Tradition, denen er eine kollektive Formierung abspricht. An dieser Stelle ansetzend, formuliert Jan Assmann Erinnerungsmechanismen, die in der Lage sind, eine solche Begrenzung zu überwinden. Von dem durch direkte Kommunikation vermittelten *kommunikativen Gedächtnis*, das nur bis zu drei Generationen umfasst, wird ein *kulturelles Gedächtnis* abgegrenzt.[96] Die Vermittlung von Gedächtnisinhalten beruht hier auf einer zeitlich gedehnten Kommunikationssituation, die eine externe Speicherung, und damit die Entwicklung entsprechender Medien, voraussetzt.[97] Bei dem mit der Tradierung verbundenen Prozess der Bezugnahme auf die Erinnerungsgemeinschaft ist nach Lotman die Dialogizität des Gedächtnisses von Bedeutung, die sich wiederum als fortdauernder Austausch vollzieht:

> Die Wechselbeziehung zwischen dem kulturellen Gedächtnis und seiner Selbstreflexion basiert auf einem ständigen Dialog: Texte aus chronologisch früheren Schichten werden in die Kultur hineingetragen, sie wirken mit deren aktuellen Mechanismen zusammen und generieren ein *Bild* der historischen Vergangenheit, das von der Kultur in die Vergangenheit projiziert wird und von dort aus als gleichberechtigter Dialogpartner auf die Gegenwart wirkt.[98]

Lotman zeigt, dass die von Halbwachs betonte Trennung zwischen Historie und kollektiven Gedächtnisstrukturen nicht haltbar ist, indem er die Bedeutung kulturellen Erinnerns in der Konstitution von Geschichte hervorhebt. Nicht zuletzt aufgrund der diskursiven Formation von Historiographie in erzählerischen Auswahlmechanismen und der Verflechtung von Geschichte mit kollektiven Gedächtnisstrukturen erscheint es im Rahmen dieser Arbeit wenig sinnvoll, Erinnerung und Geschichtsschreibung als Opposition zu begreifen, beruhen doch beide auf diskursiven Prozessen, die eine Narrativierung beinhalten. Das kulturelle Gedächtnis ist zudem zentraler Bestandteil

95 Vgl. Aleida Assmann: *Der lange Schatten der Vergangenheit. Erinnerungskultur und Geschichtspolitik*. München: Beck 2006, S. 29. Zur kommunikativen Konstruktion von Vergangenheit vgl. ebenfalls Keppler: Soziale Formen individuellen Erinnerns, S. 142.

96 In Bezug auf das kulturelle Gedächtnis beschreibt Jan Assmann sechs grundlegende Merkmale: Gruppenbezogenheit, Rekonstruktivität, Geformtheit, Organisiertheit, Verbindlichkeit und Reflexivität, vgl. Assmann: Kollektives Gedächtnis und kulturelle Identität, S. 13–14.

97 Vgl. Assmann: *Das kulturelle Gedächtnis*, S. 22–23.

98 Lotman: *Innenwelt des Denkens*, S. 375.

der Identitätsbestimmung einer Gruppe und rückt zugleich eben diese Funktion in den Fokus der Betrachtung.

> Unter dem Begriff des kulturellen Gedächtnisses fassen wir den jeder Gesellschaft und jeder Epoche eigentümlichen Bestand an Wiedergebrauchs-Texten, -Bildern und -Riten zusammen, in deren „Pflege“ sie ihr Selbstbild stabilisieren und vermitteln, ein kollektiv geteiltes Wissen vorzugsweise (aber nicht ausschließlich) über die Vergangenheit, auf das eine Gruppe ihr Bewußtsein von Einheit und Eigenart stützt.[99]

Die Vergangenheit wird einer sinnstiftenden Interpretation unterworfen, in der Bezugspunkte der Stabilisierung des Selbstbilds verankert werden. Die Formation des kollektiven Gedächtnisses verweist hier sowohl auf die Bedingungen der kulturellen Vermittlung als auch auf Auswahlmechanismen des Erinnerns.[100]

Die Differenzierung des kollektiven Gedächtnisses in ein kommunikatives und ein kulturelles muss jedoch im Kontext moderner Massenmedien reflektiert werden: Gerade die alltägliche Kommunikation ist durchdrungen von medialen Vermittlungen, die den sozialen Rahmen des kollektiven Gedächtnisses nachhaltig beeinflussen:

> [I]n der heutigen Kultur dürfte die Trennung zwischen einer institutionalisierten außeralltäglichen und einer informellen alltäglichen Erinnerungspraxis fraglich geworden sein. So ist es bereits unrichtig zu sagen, das kommunikative Gedächtnis bewege sich ‚ausschließlich‘ auf der Ebene der alltäglichen Kommunikation, da es über die Massenmedien stets auf öffentliche Quellen zurückgreift, die den Alltag dieser oder jener lokalen Gemeinschaft immer bereits transzendieren.[101]

Vielmehr erscheint es im Rahmen der vorliegenden Untersuchung sinnvoll, den Begriff des kollektiven Gedächtnisses um die Funktionen des kulturellen Gedächtnisses zu erweitern und die von Assmann unterschiedenen Gedächtnisformen als sich gegenseitig durchdringend zu fassen. Trotzdem ist zwischen einer Vermittlung zu unterscheiden, die sich auf der alltäglichen Ebene vollzieht, und einer, die im Rahmen der zeitlich gedehnten Kommunikationssituation über kulturelle Bedeutungsträger stattfindet. Jedoch greifen beide ineinander und sind, wie Keppler ausführt, in der Erinnerungspraxis jeweils unauflöslich Bestandteil des anderen.

> Mir scheint es daher, dass die alltägliche Erinnerungspraxis in heutigen Gesellschaften einerseits mehr und mehr an generelle Erinnerungsmedien angeschlossen ist und daß andererseits diejenigen Manifestationen, die zum Träger einer zeitlich und räumlich weitreichenden kulturellen Erinnerung werden,

99 Assmann: Kollektives Gedächtnis und kulturelle Identität, S. 15.

100 Vgl. hierzu Nünning: „Der Begriff des kulturellen bzw. kollektiven Gedächtnisses verweist auf den gesellschaftlichen Rahmen von Kultur, auf die sozialen Institutionen bzw. Kulturträger, die die Voraussetzungen für die kulturelle Überlieferung schaffen, weil sie durch Selektion und Speicherung von Texten sowie durch die Kommunikation über sie die Aneignung und Tradierung des kollektiven Wissens sicherstellen.“ (Nünning: Literatur, Mentalität und kulturelles Gedächtnis, S. 181.)

101 Keppler: Soziale Formen individuellen Erinnerns, S. 158. Esposito beschreibt zudem Massenmedien als „System, das Kommunikationen einschließt und reproduziert, die eine Unterbrechung der Interaktion unter Anwesenden unter der Bedingung von Anonymität voraussetzen“ und so eine „zweite“ Realität, eine Folie von Hintergrundwissen etabliert, die in den Erinnerungsdiskurs einbezogen wird. Esposito: *Soziales Vergessen*, S. 255.

andererseits mehr und mehr einer alltäglichen Aneignung bedürfen, um ihre übergreifende Wirkung entfalten zu können.[102]

Angesichts der hier beschriebenen Vernetzung von alltäglichen und institutionalisierten mnemonischen Praktiken kommen wir nicht umhin, die Übermittlung von Gedächtnisinhalten als Montage zu verstehen, in die nicht nur unterschiedliche kommunikative Situationen einfließen, sondern in der darüber hinaus auch unterschiedliche narrative Verfahren und zeitliche Fragmente zueinander in Bezug gesetzt werden.[103]

In der Auswahl der für das kollektive Gedächtnis relevanten Elemente formt der soziokulturelle Bezugsrahmen die historiographischen Diskurse einer Gesellschaft. Gedächtnisbildung und Geschichtsschreibung sind folglich untrennbar miteinander verbunden. Postkoloniale Historiographien machen deutlich, dass Geschichte eine polyphone Narration ist, in der es marginale und zentrale Sprecherpositionen gibt und in der unterschiedliche Erinnerungsnarrative um Positionierung konkurrieren. Ein solcher Begriff von Polyphonie, in dem Erzählung und Gegenerzählung erst in der Konfrontation Bedeutung erzeugen, lässt auch eine Polyvalenz hinsichtlich der Funktion kollektiver Erinnerungen in historischen Diskursen erahnen.[104]

An dieser Stelle ist es notwendig, sich zu vergegenwärtigen, wie Inhalte im kollektiven Gedächtnis präsent werden bzw. wie ihre Konstruktion motiviert wird. Zudem gilt es, ein solches Modell an den psychischen Apparat anzubinden, um sich den durch Traumatisierung nicht zugänglichen Erinnerungen deskriptiv zu nähern. Dabei soll die von Aleida Assmann getroffene Unterscheidung zwischen einem aktiven Funktionsgedächtnis und einem passiven Speichergedächtnis mit dem Freud'schen Modell des Unbewussten und des Wahrnehmungsbewussten bzw. Vorbewussten verbunden werden.[105] Das Funktionsgedächtnis wird von Assmann als „bewohntes Gedächtnis“[106] bezeichnet, also ein Gedächtnis, das uns bewusst ist und auf dessen Inhalte permanenter Zugriff besteht. Dem gegenüber steht das von den historisch arbeitenden

102 Keppler: Soziale Formen individuellen Erinnerns, S. 158–159.

103 Vgl. Harald Welzer: Das gemeinsame Verfertigen von Vergangenheit im Gespräch. In: Ders. (Hrsg.): *Das Soziale Gedächtnis*, S. 160–178, hier S. 178.

104 So hebt Zerubavel die Formung von Historiographie durch Erinnerungsdiskurse hervor: „In fact, historians may not only share the basic premises of collective memory but also help to shape them through their work, as the history of national movements has shown.“ (Yael Zerubavel: *Recovered Roots: Collective Memory and the Making of Israeli National Tradition*. Chicago, IL / London: University of Chicago Press 1995, S. 5.)

105 Diese Anbindung nehme ich vor, um in der Analyse eine durch das Trauma bedingte Einschränkung von Mobilität im Erinnerungsraum erfassen zu können. Übertragen wir die von Freud beschriebenen Dynamiken auf kollektive Erinnerungsprozesse, so wird deutlich, dass auch hier ähnliche Bewegungen stattfinden, wie sie in Assmanns Modell beschrieben werden. Mit der Verbindung soll keine Äquivalenz nahegelegt werden, doch öffnet das Moment der Mobilität die Möglichkeit, beide Modelle zueinander in Bezug zu setzen, um sich dem Einschnitt, den das Trauma darstellt, zu nähern. Vgl. Sigmund Freud: Das Unbewußte (1915). In: Ders.: *Psychologie des Unbewußten. Studienausgabe*, Bd. III, hrsg. v. Alexander Mitscherlich / Angela Richards / James Strachey. Frankfurt am Main: Fischer 2001, S. 119–173.

106 Vgl. Assmann: *Erinnerungsräume*, S. 134.

Wissenschaften gebildete Speichergedächtnis, das ein „Gedächtnis der Gedächtnisse" darstellt.[107] Für diese Untersuchung schlage ich vor, Assmanns Eingrenzung auf ein historisch geformtes Gedächtnis auszuweiten und jede Form der nicht im Funktionsgedächtnis präsenten Erinnerung zu berücksichtigen, sind doch hier vor allem die Prozesse und die Mobilität zwischen den Strukturen relevant. Inhalte, die dem Funktionsgedächtnis aufgrund mangelnder Redundanzbeziehungen unzugänglich werden, bleiben im Speichergedächtnis erhalten, so dass Verknüpfungen, die nicht länger aktualisiert werden, dennoch potentiell rekonstruiert werden können. Auf der Ebene des bewussten Gedächtnisses werden Erinnerungen permanent verfügbar gehalten, „indem sie in eine Sinnkonfiguration gebracht werden".[108] Dies sichert eine Selbstbestimmung des Individuums ab und stellt zudem eine interpretierende Narrativierung dar, die fragmentierte Teile in einen Sinnzusammenhang einbindet. Dagegen ist außerhalb des bewussten Gedächtnisses eine Vielzahl heterogener Inhalte auf der Ebene des Speichergedächtnisses verortet, die sich der Verfügung durch das Bewusstsein entziehen, jedoch nicht von diesem zu trennen sind.[109] Die Abgrenzung zwischen den beiden Ebenen ist durchlässig, so dass fortwährend in beide Richtungen Inhalte neu verortet werden. Diese Mobilität gewährleistet ein Korrektiv für das momentane Funktionsgedächtnis.[110] So überwindet die Erzählerin in *The Russian Jerusalem* die Fremdheit, die sie zunächst gegenüber dem Schtetl des Ur-Großvaters empfindet, durch Aktualisierung von erinnerten Sinneseindrücken.

> These Jews of Rechytsa are strange to me. It is a foreign landscape. Suddenly, rounding a twist in a lane, I make out a wood shop, open to the street. And the smells are familiar. Creosote, wood shavings and boiling glue. I remember sitting as a school child in my father's factory, smelling those same pungent odours. (RJ, S. 83)

Der Geruch nach Teeröl und Klebstoff wird in ein Familiennarrativ eingebunden und dadurch wird für die britische Jüdin eine Verbindung zum Schtetl etabliert. Die Erinnerung an den Geruch der väterlichen Fabrik ist als Eindruck im Speichergedächtnis präsent und wird durch die Konstruktion des erinnernden Narrativs im Funktionsgedächtnis zur Einbindung des Wahrgenommenen in einen Sinnzusammenhang gestellt.

Das von Assmann entwickelte Modell bietet Parallelen zu Dynamiken in Freuds psychischen Apparat.[111] Hier steht dem Bewussten das Unbewusste gegenüber, dessen

107 Ebd.

108 Ebd.

109 Vgl. ebd., S. 135.

110 Vgl. ebd., S. 140.

111 Dies wird möglich, da Freud den Mechanismus der Verdrängung auf die kollektive Ebene überträgt: „Die Wiederkehr des Verdrängten vollzieht sich langsam, gewiß nicht spontan, sondern unter dem Einfluß all der Änderungen in den Lebensbedingungen, welche die Kulturgeschichte der Menschen erfüllen." (Sigmund Freud: *Der Mann Moses und die monotheistische Religion. Schriften über die Religion.* Frankfurt am Main: Fischer 1975, S. 130.)

Inhalte aus dem Zustand der Latenz ins Bewusste aufsteigen können.[112] Neben zeitweilig latenten Inhalten befinden sich im Unbewussten auch solche, die durch Verdrängung, etwa aufgrund eines Traumas, aus dem Bewusstsein ausgeschlossen werden. Zunächst sind Traumata als psychische Wunden zu beschreiben, als „Erregungen von außen, die stark genug sind, den Reizschutz zu durchbrechen".[113] Der Reizschutz, den Freud sowohl in Bezug zur Erinnerung als auch zum Wahrnehmungsbewussten setzt, hat die Funktion, ein gewisses Maß an Schutz gegenüber den von außen kommenden Eindrücken zu gewährleisten. Dieser wird von zu starken Reizungen durchbrochen und die so entstehende Wunde führt zur Verschiebung der Inhalte ins Unbewusste.[114] Das Gedächtnis hat nun keinen Zugriff mehr auf das Geschehene.[115] Daraus folgt, dass es sich beim Verdrängten nicht um etwas Gelöschtes handelt, denn die mnemonischen Verknüpfungen existieren nach wie vor, sie sind lediglich durch Gegenbesetzungen überlagert.

> Somit ist die Gedächtnisfigur des Traumas derart strukturiert, daß eine fremdkörperartige Erinnerung die Lücke *markiert* und den Bezug zu ihr, bzw. zu dem darin Fehlenden, zugleich verdeckt.[116]

Das Verdrängte ist im Gedächtnis als überlagerte Leerstelle immer noch präsent, obwohl es aus dem Bewusstsein ausgeschlossen ist. Aus dem Bereich des Unbewussten strebt das Verdrängte wieder ins Bewusstsein, was Freud unter dem Begriff der *Wiederkehr des Verdrängten* fasst.[117] Abschließend ist festzustellen, dass eine Verdrängung keinesfalls eine zwangsläufig totale ist, sondern auch nur als teilweise Verlagerung stattfinden kann.

> Es kann auch sein, daß gewisse Anteile des Verdrängten sich dem Prozeß entzogen haben, der Erinnerung zugänglich bleiben, gelegentlich im Bewußtsein auftauchen, aber auch dann sind sie isoliert, wie Fremdkörper außer Zusammenhang mit dem anderen.[118]

Unabhängig vom Grad der Zugängigkeit für die Erinnerung wird anhand dieser Charakterisierung deutlich, dass das Verdrängte einen Bruch innerhalb des Relationsgefüges der Erinnerung darstellt.

112 Vgl. Freud: Das Unbewußte, S. 126.

113 Sigmund Freud: Jenseits des Lustprinzips (1920). In: Ders.: *Psychologie des Unbewußten*, S. 213–272, hier S. 239. Zum Begriff des Reizschutzes vgl. weiterhin Freuds Gedächtnismodell des Wunderblocks: Sigmund Freud: Notiz über den „Wunderblock" (1925). In: Ebd., S. 363–369.

114 Freud hebt auch hervor, dass traumatische Erlebnisse vor der individuellen Verfasstheit betrachtet werden müssen, so „daß bei der einen Konstitution etwas als Trauma wirkt, was bei einer anderen keine solche Wirkung hätte". (Freud: *Der Mann Moses und die monotheistische Religion*, S. 82.)

115 Vgl. ebd., S. 82.

116 Sigrid Weigel: Télescopage im Unbewußten: Vom Verhältnis von Trauma, Geschichtsbegriff und Literatur. In: Dies. / Elisabeth Bronfen / Birgit R. Erdle (Hrsg.): *Trauma: Zwischen Psychoanalyse und kulturellem Deutungsmuster*. Köln / Weimar / Wien: Böhlau 1999, S. 51–76, hier S. 65.

117 Vgl. u. a. Sigmund Freud: Die Verdrängung (1915). In: Ders.: *Psychologie des Unbewußten*, S. 103–118, hier S. 114–115.

118 Freud: *Der Mann Moses und die monotheistische Religion*, S. 100.

2.3 Erinnern als Narration und das Gedächtnis der Texte

Für den Akt des Erinnerns ist nach Esposito die Wiederholung von grundlegender Bedeutung. Das Gedächtnis ist demnach „verkürzter Ausdruck für die Rekursivität von Operationen“[119]. Dieses Wiederaufrufen, das Verknüpfungen innerhalb des relationalen Erinnerungsnetzwerks stabilisiert und somit Erinnern gewährleistet, basiert auf Kommunikation.

> Speziell gesellschaftliche Formen von Gedächtnis können nur dann ausgebildet werden, wenn *Kommunikationstechnologien* […] zur Verfügung stehen. Diese sind vom Gedächtnis psychischer Systeme in zunehmenden Maße unabhängig geworden und markieren zugleich Ausweitungen der Gesamtkapazität von Gedächtnis.[120]

Gesellschaftliches Erinnern ist also an mediale Vermittlung gebunden, sei es über mündliche Vermittlung, Schrift, Druck oder elektronische Speichermedien. Doch stellt sich wie bei jeder Übermittlungssituation auch hier die Frage nach Lesbarkeit, was ersichtlich wird, wenn der Erzähler in Wilsons Roman versucht, Objekte seiner verstorbenen Mutter in einen Sinnzusammenhang zu stellen: „Is there a way for me to connect the articles on the bedside table: to link the rain hat to the buttons, the prayer book to the brooch?“ (HR, S. 100) Deutlich steht der Akt der Narrativierung im Vordergrund: Es ist der Erzähler im Jetzt, der zum Akteur wird und die Objekte, die hier als Medium der Kommunikation fungieren, interpretieren muss. Vor diesem Hintergrund liegt es nahe, Literatur als Medium der Erinnerungsproduktion zu begreifen, denn dem literarischen Werk ist der soziokulturelle Rahmen unweigerlich eingeschrieben. „Der Text generiert nicht nur neue Bedeutungen, er kondensiert auch das kulturelle Gedächtnis. Texte sind in der Lage, die Erinnerung an ihre früheren Kontexte zu bewahren.“[121] Die Rezeption eines Textes, die durch frühere Interpretationen und Relationen zu anderen Texten mitbestimmt wird, tritt in ein Wechselverhältnis zum kulturellen Gedächtnis.[122]

Erinnern gestaltet sich als mediale Formation einer Erzählung: Selektion des Erinnernswerten, dessen Formung und schließlich Übermittlung. Lachmann macht deutlich, dass bei der Vermittlung Gedächtnisinhalte einer narrativen Fixierung unterworfen werden, einerseits zum Zweck der Weitergabe, andererseits auch zur Formung und Stabilisierung des Selbstbildes des soziokulturellen Kollektivs.[123] Dass dabei narrative Varianten entstehen können, also unterschiedliche Erzählungen des Vergangenen, lässt *The Hiding Room* erkennen: In den von der Mutter bewusst unklar gefassten Erzählungen zur Identität des Vaters erscheint dieser mal als Mitglied der Haganah

119 Esposito: *Soziales Vergessen*, S. 24.

120 Ebd., S. 34.

121 Lotman: *Innenwelt des Denkens*, S. 28.

122 Vgl. ebd., S. 29.

123 Vgl. Renate Lachmann: Kultursemiotischer Prospekt. In: Dies. / Anselm Haverkamp (Hrsg.): *Memoria. Vergessen und Erinnern*. München: Fink 1993, S. xvii–xxvii, hier S. xxiv–xxv.

und mal als Begleiter von Estas Flucht aus Wien (vgl. HR, S. 9). So muss der Erzähler als Rezipient aus den Fragmenten ein schlüssiges Narrativ erst konstruieren.
Für die Produktionsbedingungen literarischer Texte lässt sich der bereits verdeutlichte relationale Charakter des Gedächtnisses in der Bezugnahme eines Textes auf ein Netzwerk von Prätexten wiederfinden, wie dies unter dem Begriff der Intertextualität u. a. von Lachmann ausgeführt wird.[124] Foucault beschreibt das Buch, und damit den Text, als Knoten innerhalb eines Netzwerks:

> Die Grenzen eines Buches sind nie sauber und streng geschnitten: über den Titel, die ersten Zeilen und den Schlußpunkt hinaus, über seine innere Konfiguration und die autonomisierende Form hinaus ist es in ein System der Verweise auf andere Bücher, andere Texte, andere Sätze verfangen: ein Knoten in einem Netz.[125]

Der Text existiert nicht ohne Verknüpfung zu anderen Texten, zu denen er sich unweigerlich in Beziehung setzt. In diesem Aufrufen wird einerseits der Prätext in einem modifizierten Kontext reproduziert, andererseits wird der Text selbst durch die Verknüpfung zu Prätexten kontextualisiert. Wenn die Dichterin Cvetaeva von der Erzählerin in *The Russian Jerusalem* als Virgil bezeichnet wird („She had been my Virgil, into the Russian twentieth century." RJ, S. 26), bildet der Text eine offene Relation zu Dantes Prätext, die ihn vergegenwärtigt. Zudem wird auf der narratologischen Ebene der Grenzübertritt der Erzählerin in eine Gegenwelt hervorgehoben, so dass ihr direktes Erleben der Ereignisse nicht länger einen Bruch der Möglichkeiten der erzählten Welt darstellt; dies erscheint nun vielmehr als erzählerische Konvention und ruft damit die Rezeptions- und Interpretationsgeschichte des Prätextes auf. Das zitierte Zeichen bricht also mit einem zuvor bestehenden Kontext und erzeugt in der zitathaften Reproduktion neue Kontexte:

> Jedes Zeichen (*signe*), sprachlich oder nicht, gesprochen oder geschrieben (im geläufigen Sinn der Opposition), als kleine oder große Einheit, kann *zitiert* – in Anführungszeichen gesetzt – werden; von dort aus kann es mit jedem gegebenen Kontext brechen und auf absolut nicht sättigbare Weise unendlich viele neue Kontexte zeugen.[126]

Im Rahmen dieses Erzeugens neuer Kontexte ist der Text in seiner Teilhabe an Prätexten zu beschreiben und stellt darüber hinaus ein kommentierendes Aufgreifen des anderen Textes dar. Auf diese Weise wird Literatur selbst zur Gedächtnishandlung, „die sich einem Gedächtnisraum einschreibt, der aus Texten besteht".[127] Intertextualität, so Lachmann, kann demnach als das Gedächtnis des Textes gefasst werden.[128] Wenn Isaak E. Babel' in Feinsteins Roman im Traum als Reiter erscheint, wird eine bewusste intertextuelle Verklammerung zu Babel's Text *Konarmija* (Die Reiterarmee)

124 Vgl. Lachmann: *Gedächtnis und Literatur*, S. 38–50.

125 Foucault: *Archäologie des Wissens*, S. 36.

126 Jacques Derrida: Signatur Ereignis Kontext, aus d. Franz. v. Werner Rappl. In: Ders.: *Die différance. Ausgewählte Texte*, hrsg. v. Peter Engelmann. Stuttgart: Reclam 2004, S. 68–109, hier S. 89.

127 Lachmann: *Gedächtnis und Literatur*, S. 36.

128 Ebd., S. 35.

aufgebaut: „In his dream, he is a horseman riding over a world of grass in July heat. He is riding with Kuban Cossacks, reckless men, who loot the little Jewish town they pass […].“ (RJ, S. 63) Hier wird einerseits die Biographie des Autors aufgerufen und andererseits die in seinem Werk dargestellten antisemitischen Gewalttaten der Armee als Bezugspunkt für die von der Erzählerin geschilderte Verfolgung etabliert.
Für den Modus der intertextuellen Bezugnahme unterscheidet Lachmann drei Modelle: das der Partizipation, das der Tropik und das der Transformation.[129] In der Partizipation vollzieht sich die bewusste Bezugnahme und dialogische Teilhabe am Prätext als wiederholendes Aufrufen, als offenes ins Gedächtnis-Rufen des anderen Textes, das deutlich als Gedächtnishandlung charakterisiert ist, wie im Falle der Verknüpfung zur *Konarmija*. Im Model der Tropik wird der andere Text, der sich im Akt der Produktion zwangläufig einschreibt, bewusst ausgeschlossen und weggewendet, wodurch in der sich distanzierenden Geste der Vorläufertext dennoch vergegenwärtigt wird. In der Transformation dagegen eignet sich der Text den Vorgänger in usurpierender Geste spielerisch oder unter Verschleierung an. Gleichwohl wird auch hier die Gedächtnisleistung des Aufrufens des Prätexts erbracht.
Im Sinne des Lotman'schen Semiosphärenmodells ist die intertextuelle Bezugnahme in dem Berührungspunkt unterschiedlicher Semiosphären zu verorten. Das Zitat bewirkt, wie bereits beschrieben, stets den kontextuellen Bruch und die Zeugung neuer Zusammenhänge. Dieser in der intertextuellen Interferenz ausgetragene Konflikt „läßt eine untilgbare semantische Differenz hervortreten, die vereindeutigende Lektüren hintertreibt“.[130] Im textimmanenten Aufrufen wird eine Oszillation erzeugt, die sich einer sie eindeutig aufzulösen suchenden Rezeption versperrt. Dies bedeutet aber wiederum, dass sich das literarische Werk im Akt der Rezeption auch als intertextueller Prozess manifestiert, als Gedächtnishandlung.

> Das heißt, der Text selbst konstituiert sich durch einen intertextuellen Prozeß, der die Sinnmuster der anderen Texte absorbiert und verarbeitet und einen Leseakt verlangt, der niemals ein einsinniges Einverständnis mit ihm erreichen kann.[131]

In der Durchdringung des Textes mit semantischen Schichten des Vorläufertexts wird ein Zustand der Polyvalenz hergestellt, der die Rezeption lenkt, hindert und maßgeblich formt. Im rekonstruierenden Aufrufen des anderen Textes, das immer ein Erinnern ist, entsteht gerade die Differenz zwischen den erzeugten neuen Sinnzusammenhängen und den dem Prätext eingeschriebenen Kontexten, zu denen im Akt des Zitierens ein Bruch etabliert wird.

129 Vgl. ebd., S. 38–39.
130 Ebd., S. 71.
131 Ebd., S. 73.

2.4 Erinnern in jüdischem Kontext

Wie aus den bisherigen Ausführungen deutlich geworden ist, stellt jeder Akt des Erinnerns eine von der Gegenwart ausgehende, interpretatorische, sinnstiftende Bezugnahme auf Vergangenheit und Zukunft dar. Geschehenes wird im Prozess der konstruierenden Aufrufung in der Gegenwart mit Sinn aufgeladen und ist demnach, wie Erll betont, Teil einer kulturellen Sinnstiftung:

> [K]ontingente Wirklichkeitserfahrung wird in Sinn überführt, Vergangenheit gedeutet und zu Gegenwart und Zukunft in Bezug gesetzt. Vergangenheit ist in Erinnerungskulturen angeeignete, symbolisierte Wirklichkeit, die Arbeit am kollektiven Gedächtnis ein fortwährender Prozess kultureller Sinnbildung.[132]

Vor dem Hintergrund dieser bei der Konstruktion von Identität relevanten Funktion soll nun kurz der spezifische Kontext jüdischen Erinnerns nachgezeichnet werden. James E. Young hebt die zentrale Position von Erinnerung als Teil jüdischer Religiosität und der Konstruktion jüdischer Identität hervor:

> To this day, history continues to assert itself as the primary locus of Jewish identity, memory as a primary form of Jewish faith. Moreover, in cultivating a ritually unified remembrance of the past, we continue to create a common relationship to it.[133]

Der starke Bezug auf eine kollektive Erinnerungspraxis ist im Kontext der Jahrhunderte währenden Geschichte von Verfolgung zu sehen, so dass dem kollektiven Gedächtnis in seiner stabilisierenden und identitätsstiftenden Funktion besondere Bedeutung zukommt.[134] Vor dem Hintergrund der Verfolgung in der UdSSR 1936–1938 nimmt Babel' in Feinsteins Text eine direkte Verknüpfung zur Zerstörung des Ersten Tempels vor: „We escaped from the *stetl*, cut off our sidelocks and turned to Revolution and Poetry. And it has come to this. Nothing has changed since they first destroyed the Temple." (RJ, S. 66) Es wird eine Linie bis zur Gegenwart konstruiert, mit der persönliches Erleben in Bezug zum Kollektiv gestellt wird. In der Darstellung der gegenwärtigen Gegebenheiten dient das kollektive Erinnern der Zerstörung des Tempels als Rahmen, in dem eine gemeinsame Erfahrung darstellbar wird.

Doch wie die zentrale Rolle von Erinnerungspraktiken im Rahmen der Konstruktion eines kollektiven wie individuellen Selbsts nahelegt, darf das Gedächtnis im Kontext jüdischer Religion und Kultur keinesfalls bloß vor dem Hintergrund der Verfolgungsgeschichte gesehen werden. Die narrative Vermittlung von Gedächtnisinhalten – wie sie beispielsweise im Rahmen des Pessach-Fests stattfindet[135] – macht deutlich, dass

132 Erll: Erkenntnistheoretische Literaturwissenschaft, S. 116.

133 James E. Young: The Arts of Jewish Memory in a Postmodern Age. In: Bryan Cheyette / Laura Marcus (Hrsg.): *Modernity, Culture and "the Jew"*. Oxford: Polity 1998, S. 211–225, hier S. 211–212.

134 Dies betont u. a. Anne-Katrin Hillebrand: „Die Geschichte des jüdischen Volkes, die eine der Verfolgung und Vertreibung ist, bedingt die starke Rolle der Erinnerung, die notwendig ist, um die kollektive Identität eines Volkes im Exil zu bewahren und zu kontinuieren." (Anne-Katrin Hillebrand: *Erinnerung und Raum. Friedhöfe und Museen in der Literatur*. Würzburg: Königshausen & Neumann 2001, S. 123.)

135 Die Untersuchung mnemonischer Strukturen im Kontext jüdischer Kultur und Religion ließen sich

die Erzählung des Gewesenen auch eine interpretatorische Aufrufung ist, die im Prozess der Kommunikation stabilisierend kollektive Identität in der Zeit vergegenwärtigt. In Bezug auf die religiöse Dimension hebt das Erinnerungsgebot[136] hervor, dass hier im Aufrufen und in der Interpretation Geschichte in ihrer Relevanz für die Gegenwart lesbar gemacht wird. Im Kontext des Pessach-Fests wird etwa das Selbst in direkten Bezug zum Exodus gesetzt: „In jedem einzelnen Geschlecht ist jedermann verpflichtet, sich selbst anzusehen, als ob er aus Ägypten ausgezogen wäre."[137] Die Erinnerung wird folglich sowohl über Generationen hinweg weitergegeben als auch das einzelne Individuum in direkten Bezug zum Geschehenen gesetzt. Jeder ist angehalten, das Vermittelte als Teil der eigenen Erfahrung anzusehen. Vor diesem Hintergrund entwirft der Erzähler in *The Hiding Room* ein Bild von Mea Shearim, einem orthodoxen Viertel Jerusalems, das von einem vermeintlichen Stillstand geprägt ist: „Here nothing has changed. The Hasidim amble to prayer, kerchiefed women pull in their washing, the proprietor of a hatshop hurriedly closes his shutters." (HR, S. 98–99) Die chassidische Gemeinschaft[138] wird durch die zentrale Stellung des religiösen Erinnerungsnarrativs außerhalb des Zeitverlaufs[139] imaginiert, was die figurale Perspektive der Erzählinstanz markiert.

Jan Assmann beschreibt den Exodus als Erinnerungsfigur: „Die *Herausführung* des Volkes aus Ägypten ist der Gründungsakt schlechthin, der nicht nur die Identität des Volkes, sondern vor allem auch des Gottes begründet."[140] Die Erinnerung an die Erlösung aus der Sklaverei und der Bundesschluss am Sinai bilden in der Konstruktion der religiösen und kulturellen Identität einen zentralen Bezugspunkt. So formt sich Israel hier einerseits als Volk, das im Exodus durch sein Umfeld Anerkennung einfordert,[141] andererseits manifestiert sich Israel auch als Glaubensgemeinschaft. Die dieser Erinnerungsfigur immanente Verortung erhält vor der Folie der Diaspora-Identität als Aufrufung des Erinnerungsraums *Erets Yisrael* (das Land Israel) identitätsstiftende

selbstverständlich ausweiten, doch beschränkt sich die Darstellung im Folgenden beispielhaft auf den Exodus und die tradierte Erinnerung im Rahmen des Pessach-Festes.

136 *Zakhor*, vgl. die Benennung des Erinnerns als Gebot im bereits erwähnten Lied „Lekha dodi" (S. 58, Anm. 89).

137 Mischna Pesachim 10,5, zit. n. *Die Mischna. Das grundlegende enzyklopädische Regelwerk rabbinischer Tradition*, hrsg. v. Dietrich Correns. Wiesbaden: Marix 2005, S. 206. Auch im weiteren Verlauf folgende Zitate aus der Mischna beziehen sich auf diese Ausgabe.

138 Chassidismus ist eine von Israel ben Elieser im 18. Jahrhundert begründete Bewegung innerhalb des Judentums, die eine strenge Befolgung der Halacha, der Religionsgesetzte, einfordert und Mystizismus betont.

139 Zum Spannungsfeld sakraler und säkularer Zeitkonzeptionen im Kontext jüdischer Erinnerungsnarrative vgl. Dan Diner: Ubiquitär in Zeit und Raum – Annotationen zum jüdischen Geschichtsbewusstsein. In: Ders. (Hrsg.): *Synchrone Welten. Zeiträume jüdischer Geschichte*. Göttingen: Vandenhoeck & Ruprecht 2005, S. 13–36. Da das von mir vorgeschlagene Erinnerungsmodel auf einer Durchdringung unterschiedlicher Semantisierungen beruht – und damit einer Verschränkung sakraler und profaner Schichten – werden Anstäze wie der von Diner hier nicht weiterverfolgt.

140 Assmann: *Das kulturelle Gedächtnis*, S. 202.

141 Vgl. Feldt: Dis/orientations, S. 101

Bedeutung. Auf diese Weise erscheinen die kanonischen Schriften nicht allein als gegen das Vergessen gerichtete Erinnerungsfiguren, sondern werden, wie Yerushalmi beschreibt, etwa im Mittelalter zur Quelle von Archetypen, die zur Interpretation von Geschichte schlechthin dienen.

> The relevant past, however, other than that which may have been experienced directly and personally, was clearly the remote past. What had happened long ago had determined what had occurred since, and even provided the fundamental explanations for what was still transpiring.[142]

Die rabbinischen Schriften rücken ins Zentrum des kollektiven Gedächtnisses und Ereignisse, die in der Torah berichtet werden, erhalten Modellcharakter für die Interpretation von Geschichte im Allgemeinen. Zwischen der bekannten biblischen Vergangenheit und der als gesichert geltenden messianischen Zukunft[143] wird die Vergangenheit zur Auslegung der Gegenwart.

> Das jüdische Gedächtnis wird in den Jahrhunderten nach der Zerstörung des zweiten Tempels in den ahistorischen rabbinischen Schriften repräsentiert. Die in der Bibel erzählten Begebenheiten werden zu Archetypen für jedes historische Geschehen.[144]

Vor der deutlich werdenden a-historischen Bezugnahme auf kanonische Texte, die einer Historiographie entgegenstehen, wird gelebte Erinnerung von Generation zu Generation weitergegeben, so dass der enge Bezug zu Gedächtnis und Geschichte erhalten bleibt.[145] Mit der im 19. Jahrhundert einsetzenden Säkularisierung beschreibt Yerushalmi den Aufstieg einer modernen jüdischen Geschichtsschreibung[146], mit der er jedoch auch den Verfall eines sich aus gelebter Tradition manifestierenden jüdischen Gedächtnisses verbindet.[147] Im Rahmen dieser Analyse kann die von Yerushalmi hervorgehobene Opposition zwischen Historiographie und a-historischer Tradition jedoch vernachlässigt werden, denn die sich im kollektiven Gedächtnis formierenden kulturellen Erinnerungsprozesse erweisen sich als durchdrungen von Inhalten, die tief im religiösen Kontext verwurzelt sind. Aufgrund dieser Verschränkung wird deutlich, dass die klare Abgrenzung eines sakral und zirkulär begriffenen religiösen Zeitverständnisses von einem als linear und säkular gedachten im Kontext des hier vorgestellten Erinnerungs- und Gedächtnisbegriffs nicht in der Lage ist, die zum Tragen kommenden wechselseitigen Durchdringungen und Formungen weltlicher und religöser Narrative zu erfassen.

142 Yerushalmi: *Zakhor*, S. 34.

143 Vgl. ebd., S. 24.

144 Erll: *Kollektives Gedächtnis und Erinnerungskulturen*, S. 43.

145 Vgl. Yerushalmi: *Zakhor*, S. 26.

146 Beispielhaft sei hier verwiesen auf Heinrich Graetz' *Geschichte der Juden von den ältesten Zeiten bis auf die Gegenwart* sowie auf Semjon M. Dubnovs *Weltgeschichte des jüdischen Volkes* (aus d. Russ.).

147 Vgl. ebd., S. 81–103.

2.5 Erinnerungsraum und Selbstlozierung

Jede Wahrnehmung ist in Zeit und Raum verankert, wie auch in der Literatur jedwedes Sujet einer temporal-spatialen Verortung bedarf. Jan Assmann hebt hervor, dass die Semiotisierung des Raums in der Erinnerungskultur für das Erschließen von Gedächtnisinhalten von entscheidender Bedeutung ist. Auf diese Weise wird die Verräumlichung zum Medium und Raum erscheint als Zeichen, das gleich einem Text ‚gelesen' und entschlüsselt werden kann.[148] Auch Halbwachs hält für das kollektive Gedächtnis eine Durchdringung von Raum und Erinnerung fest: Dem spatialen Relationsnetzwerk wird große Bedeutung für die (Re-)Produktion von Vergangenheit zugeschrieben, die formend auf den Raum zurückwirkt.

> Dem Raum, unserem Raum, in dem wir leben, den wir oft durchmessen, [...] und den unsere Einbildungskraft oder unser Denken auf jeden Fall jederzeit zu rekonstruieren fähig ist, müssen wir unsere Aufmerksamkeit zuwenden; auf ihn muß unser Denken sich heften, wenn eine bestimmte Kategorie von Erinnerungen wiederauftauchen soll.[149]

Erinnerungen werden so motiviert durch das räumliche Netzwerk konstruiert. Doch darf auch hier Raum nicht als Behälter der Erinnerung verstanden werden, vielmehr muss die prozesshafte Konstruktion von Vergangenheit in Verbindung mit spatialen Relationen beschrieben werden, wobei Raum die Qualität eines Bedeutungsträgers erhält, der gedeutet werden muss. Gut nachvollziehbar wird diese diskursiv hervorgebrachte Einschreibung im Gedenkort, etwa der Ruine. Hier wird Geschichte als abgebrochener, vermeintlich geschlossener Komplex verräumlicht und in der spatialen Manifestation interpretiert.[150] Doch auch Orte, die scheinbar nicht in direkte Beziehung zum historischen Geschehen gesetzt werden können, sind eng mit dem individuellen wie kollektiven Gedächtnis verbunden. Jeder Raum kann als imaginierter Schauplatz, als Verortung von Vergangenheit in der Konstruktion von Erinnerung mit semantischen Schichten angereichert werden. „Selbst wenn Orten kein immanentes Gedächtnis innewohnt, so sind sie doch für die Konstruktion kultureller Erinnerungsräume von hervorragender Bedeutung."[151] Freilich besitzen Orte oder gar der Raum an sich kein Gedächtnis im eigentlichen Sinne. In der Konstitution als spatiales Netzwerk zeigt sich allerdings, dass dieses mit individuellen wie kollektiven Konstruktionen von Vergangenheit angereichert ist. Erinnern als Organisation von Gedächtnisinhalten nach Redundanz (Wiederholung des zu Erinnernden) und Varianz (Vergessen als Voraussetzung für die Aufnahme neuer Inhalte) ist in den Relationsbeziehungen als semantische Ebene präsent, die aus der Gegenwart in die Vergangenheit verweist.[152]

148 Vgl. Assmann: *Das kulturelle Gedächtnis*, S. 59–60.

149 Halbwachs: *Das kollektive Gedächtnis*, S. 142.

150 Vgl. Assmann: *Erinnerungsräume*, S. 309.

151 Ebd., S. 299.

152 Zur Bedeutung von Redundanz und Varianz in der Formierung von Gedächtnis vgl. Esposito: *Soziales Vergessen*, S. 24–32.

Weiter ist zu betonen, dass sich diese Manifestation gesellschaftlicher Erinnerungsdiskurse im Raum nicht selbsterklärend darstellt. Es lässt sich eben keine objektive historische Wahrheit im Raum ablesen. Vielmehr wird der Erinnerungsraum auch durch die Stellung der in einer Gesellschaft konkurrierenden Diskurse hervorgebracht.

> Denn mit der Aufgabe und Zerstörung eines Ortes ist seine Geschichte noch nicht vorbei; er hält materielle Relikte fest, die zu Elementen von Erzählungen und damit wiederum zu Bezugspunkten eines neuen kulturellen Gedächtnisses werden. Diese Orte sind allerdings erklärungsbedürftig; ihre Bedeutung muß zusätzlich durch sprachliche Überlieferung gesichert werden.[153]

Aleida Assmann verweist auf die zentrale Bedeutung der Narrativierung im Erinnerungsdiskurs. Raum spricht nicht für sich selbst, sondern Vergangenheit wird als fiktionalisierte Lozierung, also Verortung, von Geschehenem – sei dies die eigene Kindheit oder Handlungen von historischer Bedeutung für die gesamte Gemeinschaft – generiert und somit in ein spatiales Relationsgefüge eingebunden. Einige Diskurse stehen dabei in zentraler Stellung und prägen folglich die kollektive Erinnerung einer Gemeinschaft nachhaltig, während andere aus der Peripherie nach Wahrnehmbarkeit streben. So kommt es regelmäßig zu Verschiebungen in der Positionierung von Erinnerungsdiskursen. Durch den Verfall von Vermittlungszusammenhängen können Orte nicht mehr für die Interpretation verfügbar gemacht werden oder ein bislang marginalisierter Erinnerungsdiskurs rückt in eine zentrale Position und etabliert sich als Interpretation.[154] Damit wird deutlich, dass ein kollektives Gedächtnis – wie die Kultur selbst – sich in einem Zustand der permanenten Veränderung befindet.

> Bei Kultur handelt es sich nämlich um eine Instanz, die die Selbstbeschreibung der Gesellschaft reflektiert und damit Kontingenz projiziert; daraus ergibt sich eine Art heterarchischer Konstruktion, deren Ausgangslage immer beweglich ist, ihre räumliche Lage (je nach gewählten Bezügen) und ihre zeitliche Lage (in Form eines historischen Relativismus) ändert und selbst dazu dient, eine Pluralität alternativer Hierarchien zu konstruieren und miteinander zu verketten.[155]

Kultur wie auch das kollektive Gedächtnis einer Gemeinschaft stellen sich also nicht als geschlossene Systeme dar, stattdessen muss der diskursive Prozess betont werden, in dem der gesellschaftliche Erinnerungsraum geformt wird. Aus diesem Grund ist der Erinnerungsraum auch im Kontext des Third Space zu betrachten. Bereits die Vermittlungssituation in der Generierung von Erinnerung erzeugt einen Raum der Polyvalenz:

> The fact of interpretation is never simply an act of communication between the I and the You designated in the statement. The production of meaning requires that these two places be mobilized in the passage through a Third Space, which represents both the general conditions of language and the specific implications of the utterance in a performative and institutional strategy of which it cannot 'in itself' be conscious.[156]

153 Assmann: *Erinnerungsräume*, S. 309.

154 Vgl. ebd., S. 317.

155 Esposito: *Soziales Vergessen*, S. 318.

156 Bhabha: *Location of Culture*, S. 53.

Die polyvalente Struktur dieses hybriden Raums lässt erkennen, dass das Netzwerk des Erinnerungsraums nicht eindeutig ist. Es wird durch fortwährende Mobilität zwischen marginalen und zentralen Positionen hervorgebracht. Diese Asymmetrie des Erinnerungsraums verweist auf die Stabilisierung zentraler Diskurse und die erhöhte Mobilität marginaler Erinnerungsnarrative, die Lotman bezogen auf die Semiosphäre hervorgehoben hat.[157] Demzufolge sind dem semantischen Raum stets Gedächtnisstrukturen eingeschrieben:

> The semiosphere has a diachronic depth, since it is allotted by virtue of a complex memory system without which it cannot function. The mechanism of memory occurs not only in individual semiotic sub-structures, but in the semiosphere as a whole.[158]

Es ist zu beachten, dass Lotman die diachrone Tiefe des Erinnerungssystems im gesamten spatialen Relationsgefüge verortet. Raum ist auch stets als Erinnerungsraum zu denken, an dem sich Inhalte als diskursiv generierte Vergangenheit artikulieren.

Wie stark disparate Semantisierungen sichtbar werden, lässt die Erinnerung des Militärrabbis Mendoza an die Auswirkungen eines Bombenangriffs auf das Londoner East End in *The Hiding Room* erahnen: „Teams of men were shoveling mounds of broken glass onto the backs of trucks. The glass sparkled and shimmered in the flushed autumn sunlight. It was one of the terrible beauties that war threw up.“ (HR, S. 126) In der Rekonstruktion wird eine Ästhetisierung des durch Krieg zerstörten urbanen Raums vorgenommen, vor der die Schrecken des Bombenkriegs kurzzeitig zu verblassen scheinen, wodurch unterschiedliche Perspektiven in der Erinnerung konfrontiert werden.

Genauere Beachtung verdient die Konstitution des Erinnerungsraums im Kontext jüdischen Erinnerns. Die Diaspora wirkt sich auf vielfältige Weise auf die Verräumlichung von Erinnerung aus, denn das direkte lebensweltliche Umfeld ist hier geprägt von Dislokation und einer durch die Umgebung zugeschriebenen Alterität. Zwar existieren natürlich unmittelbare Bezugspunkte für ein kulturelles Gedächtnis (etwa das Schtetl, die Torah-Schule o. ä.), doch ist die Erinnerungsgemeinschaft mit einer Ortlosigkeit im Sinne eines Nicht-Erreichen-Könnens des ersehnten Ortes konfrontiert, die zum festen Bestandteil des Erinnerungsdiskurses wird. Die Diaspora verweist vor einem religiösen Hintergrund sowohl auf die gegenwärtige Abwesenheit eines Raums der Zugehörigkeit als auch auf die zukünftige (messianische) Konstruktion eines neuen Bezugsraums. So hat beispielsweise Jerusalem als Erinnerungsort innerhalb der jüdischen Kultur eine zentrale Stellung. Die Formel „Nächstes Jahr in Jerusalem“ am Ende des Sederabends ruft die Stadt als imaginierten Erinnerungsraum auf und verweist zugleich in Vergangenheit und Zukunft, in der ein Ende der Diaspora als Rückkehr verortet wird. Im religiösen Kontext ist darüber hinaus zu berücksichtigen, dass die Präsenz Gottes nicht an einen konkreten Ort gebunden ist, denn erst David bringt

157 Vgl. Lotman: *Innenwelt des Denkens*, S. 169.

158 Lotman: On the Semiosphere, S. 219.

die Bundeslade nach Jerusalem.[159] Vielmehr werden die Gesetzestafeln und die Torah zu mobilen Erinnerungsorten und vor allem letzterer kommt in der Diaspora zentrale Bedeutung für die Herstellung des kollektiven Gedächtnisses zu. Torah und Talmud werden zur Verräumlichung kultureller Inhalte gegen die der *Galut*, dem Exil, immanente Gefahr des Vergessens.[160]

Nach der Vernichtung des europäischen Judentums ist es auch die Leerstelle im Erinnerungsraum, die die Generierung von Vergangenheit beeinflusst. Das Gedenken an die Shoah wird nach Sicher zum Gedenken der Abwesenheit: „[…] a memory of a blank: a memory of not remembering, a turning in the void of an erased cultural identity."[161] In diesem Zusammenhang figuriert *The Russian Jerusalem* in der Aufrufung des Familiennarrativs der Erzählerin eine spürbare Lücke:

> Once the Jewish population made up half the little town [*Rechytsa*, M.K.]. In the twenty-first century there are no Jews, and few signs Jews ever lived there. Soviet policy destroyed their synagogues and *yeshivas* even before the Germans arrived to kill all those who could not run away. (RJ, S. 80)

Die Leerstelle im Erinnerungsnarrativ wird von der Erzählerin hervorgehoben und die Erinnerung an die Abwesenden als Gegendiskurs aktualisiert. Durch die Weitergabe des Geschehenen an die nachfolgende Generation wird das Gedächtnis abgesichert und zugleich das Gedenken an die Toten, gegen den Versuch des in der Vernichtung enthaltenen vollkommenen Verschwinden-Lassens durch die Täter, weitergereicht und als Mahnung des Sich-Erinnerns in der kulturellen Identität verankert.

Abschließend ist es nun notwendig, kurz den Terminus der Identität für die vorliegende Analyse zu umreißen. Hier wird vor allem die Bedeutung von Raumwahrnehmung und Selbstverortung im spatialen Gefüge sowie die relationale Bezugnahme zur Vergangenheit und, durch die Konstruktion einer kollektiven Vergangenheit, zu sozialen Zusammenhängen im Mittelpunkt stehen. Unter Identität wird ein Konstitutionsprozess verstanden, der sich als ein In-Bezugsetzen von ‚Innen' und ‚Außen' vollzieht.[162] Bereits George Herbert Mead hebt in Bezug auf die Konstruktion des Selbsts hervor, dass hier nicht von einer quasi angeborenen Qualität ausgegangen werden darf:

> [I]t is not initially there, at birth, but arises in the process of social experience and activity, that is, develops in the given individual as a result of his relations to that process as a whole and to other individuals within that process.[163]

159 Vgl. Assmann: *Erinnerungsräume*, S. 305–306.

160 Auch die Texte in Mesusot, den Schriftkapseln an Türrahmen, und Tefillin, den Gebetsriehmen, sind in diesem Kontext zu begreifen. Vgl. u. a. Assmann: *Erinnerungsräume*, S. 121.

161 Efraim Sicher: *The Holocaust Novel.* London / New York: Routledge 2005, S. 157.

162 Vgl. Thomas Ahbe / Wolfgang Gmür / Renate Höfer / Heiner Keupp / Beate Mitzscherlich / Wolfgang Kraus / Florian Straus: *Identitätskonstruktionen. Das Patchwork der Identitäten in der Spätmoderne.* Reinbek: Rowohlt 1999, S. 28.

163 George Herbert Mead: *Mind, Self, and Society from the Standpoint of a Social Behaviorist.* Chicago, IL / London: University of Chicago Press 1967, S. 135.

Es kommt darin zum Ausdruck, dass sich Identität in einem fortwährenden Dialog konstruiert, der ein Ich in Bezug zur Gesellschaft herstellt.[164] Geht Mead davon aus, dass Identität in der Interaktion eines ‚wirklichen' Ichs gebildet wird, stellt Stuart Hall die Fragmentierung eines jeden Identitätsentwurfes in den Mittelpunkt.[165] Demzufolge ist nicht länger von einem kohärenten, in sich geschlossenen Selbst auszugehen, vielmehr ist es notwendig, den Prozess der Herstellung von Identität zu betrachten. Hier wird deutlich hervorgehoben, dass dieser Prozess nicht abgeschlossen werden kann, sondern sich ständig fortsetzt, was darauf verweist, dass Identität sich in ihrer Artikulation diskursiv herstellt.[166] Sie ist demzufolge als ein Vorgang fortdauernder Beziehungsbildung zu charakterisieren, die sich selbstverständlich nicht konfliktfrei vollziehen kann. „Identität wird bestimmt als relationale Verknüpfungsarbeit, als Konfliktaushandlung, als Ressourcen- und Narrationsarbeit."[167] In dieser Bestimmung klingt bereits an, dass dieser Vorgang der Verknüpfung als Lozierung innerhalb eines Netzwerks zu verstehen ist. Folglich ist Raum im Kontext der Identitätsbildung nicht rein metaphorisch zu verstehen, ist doch die (räumliche) Distanz in der Konstruktion des Anderen eine Grundvoraussetzung. „Erst über räumliche Distanz erkennt ein Körper sich als sich, erst aus veräußertem Raum entsteht eine sich aus der Differenz begreifende Identität."[168] Das räumliche Nicht-Identisch-Sein kann so als Basis angesehen werden, auf der sich die Differenz, die jeder Identitätsbildung zugrunde liegt, manifestiert. Die kollektive Konstruktion von Vergangenheit dient auch der Stabilisierung von sozialen Zusammenhängen und die Teilhabe an unterschiedlichen Gruppen führt zu multiplen Lozierungen innerhalb des sozialen Gefüges.[169] Die Bestimmung einer gemeinsamen Vergangenheit ist also ein nicht zu vernachlässigender Faktor in der Bildung von sozialen Bezügen und damit der prozessualen Herstellung von Identität, die sich stets in Bezug zum gesellschaftlichen Erinnerungsraum vollzieht.

164 Vgl. ebd., S. 175.

165 Vgl. Stuart Hall: Die Frage der kulturellen Identität, aus d. Engl. v. Matthias Oberg. In: Ders.: *Rassismus und kulturelle Identität. Ausgewählte Schriften*, Bd. 2, hrsg. Ulrich Mehlem / Dorothee Bohle / Joachim Gutsche / Matthias Oberg / Dominik Schrage. Hamburg: Argument 1994, S. 180–222, hier S. 182.

166 Vgl. Stuart Hall: Kulturelle Identität und Diaspora, aus d. Engl. v. Joachim Gutsche / Dominique John. In: Ebd., S. 26–43, hier S. 26.

167 Ahbe / Gmür / Höfer / Keupp / Mitzscherlich / Kraus / Straus: *Identitätskonstruktionen*, S. 189.

168 Andreas Mahler: Semiosphäre und kognitive Matrix. Anthropologische Thesen. In: Jörg Dünne / Hermann Doetsch / Roger Lüdeke (Hrsg.): *Von Pilgerwegen, Schriftspuren und Blickpunkten. Raumpraktiken in medienhistorischer Perspektive*. Würzburg: Königshausen & Neumann 2004, S. 57–69, hier S. 57.

169 Vgl. Halbwachs: *Das kollektive Gedächtnis*, S. 65.

Dynamische (Erinnerungs-)Räume – Fragmentierte Vergangenheit

Die in dieser Untersuchung gewählte Frage nach Möglichkeiten einer literarischen Repräsentation des räumlichen Netzwerks im Kontext der erinnernden Konstruktion von Vergangenheit soll im Folgenden an sechs Romanen nachvollzogen werden. Bei der Auswahl des Korpus wurden aus diesem Grund Texte berücksichtigt, die in der Darstellung jüdischer Identität sowohl auf das spatiale Netzwerk – die konkrete Verortung von Figuren im Raum und seinen Semantisierungen – als auch auf die Relationsbildung im Prozess des Erinnerns zurückgreifen. Aus der zeitgenössischen jüdischen Literatur Großbritanniens wurden deshalb Romane gewählt, die meine Fragestellung in ihrer Vielschichtigkeit repräsentieren können. Obgleich beispielsweise in den Texten Howard Jacobsons die Darstellung einer anglo-jüdischen Identität vielfach im Zentrum des Sujetentwurfs steht, so fehlt hier die erinnernde Verortung der Figuren in einem breiten Netzwerk, das ein kollektives Gedächtnis der Gemeinschaft repräsentiert. Des Weiteren grenzen die auf ein jüdisches Gedächtnis ausgerichteten Figurationen der hier berücksichtigten Texte die entwickelte Raumdarstellung deutlich von anderen, postmodernen Repräsentationen des Raums ab. In der Entwicklung des Sujets zeigen die Texte trotz der noch auszuführenden Dekonstruktion kohärenter Identitätsentwürfe, trotz der multiperspektivischen Darstellung des Raums und trotz der Infragestellung eines einzigen verbindlichen Gedächtnisses auf der Darstellungsebene eine konventionellere Erzählweise, die an der Vermittlung eines klaren Handlungsentwurfs interessiert ist. Aus diesem Grund sind die betrachteten Romane im Kontext von Gedächtnistradierung und damit einer Diskussion um unterschiedliche Narrative der Vergangenheit zu verorten.

Durch die Auswahl kann ein Spannungsfeld in der literarischen Repräsentation eines kollektiven jüdischen Gedächtnisses erfasst werden. Die Texte Grants gehen von einem kulturell säkularen Identitätsentwurf aus und gestalten das Jüdisch-Sein der Figuren im Kontext marginalisierten Schreibens und widerständiger Selbstverortung im Erzählen. Yellins Verständnis von jüdischem Erinnern dagegen bezieht einen reichhaltigen Raum von religiösen Legenden mit ein und setzt sich bewusst zu Auslegungstraditionen des Judentums in Bezug. Das Erzählen entwickelt sich hier vor der Folie eines vielschichtigen Raums der Midraschim, der narrativen Interpretationen und Kommentierungen zum kanonischen religiösen Text. Alderman situiert ihren Text wie Yellin innerhalb der religiösen Gedächtnisgemeinschaft. Vor dem Hintergrund einer orthodoxen Erinnerungswelt entfaltet der Roman Raumsemantisierungen, die wiederholt Fragen der Selbstkonstruktion der Protagonisten und der Verbindlichkeit von Erinnerungsnarrativen stellen.

In der Analyse der Texte erweisen sich die entwickelten Raumgefüge, die Bezugnahmen der Figuren auf diese Netzwerke und die kommentierende Gestaltung von Vergangenheit im Kontext der Konstruktion eines anglo-jüdischen Selbsts folglich als relevante Fragen, die wiederum die Darstellung eines jüdischen Erinnerungsraums nachhaltig beeinflussen. Ausgehend von der Charakterisierung dieser grundlegenden Figurationen des Raums, richtet meine Analyse den Blick auch auf die Einordnung des Erzählens in das Netz erinnernder Narrative. Die Position der Erzählinstanzen und zentralen Protagonisten im Erinnerungsraum sowie im Narrativ stellt dabei eine Ausgangsposition stark in Frage, die Identität als ‚natürlich' gegeben und kohärent ansieht.

1. Linda Grant – Identitätskonstruktion im Erinnerungsraum

Im Zentrum der Romane Grants steht eine identitätskonstruierende Bezugnahme sowohl zum spatialen Relationsgefüge als auch zum diskursiv konstituierten Erinnerungsraum. Dabei entwickeln ihre Texte unterschiedliche Vorgehensweisen, die Verortung der Protagonisten vor dem entworfenen Geflecht von Raum und Erinnerung zu verhandeln. *When I lived in Modern Times* nimmt eine rekonstruierende Herstellung von Erinnerung vor, in der die Protagonistin ihre als Zerrissenheit empfundene Hybridität als englische Jüdin in der Re-Lozierung durch Immigration in das britische Mandatsgebiet Palästina aufzuheben sucht. Dieses Unterfangen erweist sich als erfolglos, denn der Text artikuliert die multiplen Verortungen der Figuren als Spannungsfeld, das sich nicht in die Konstruktion kohärenter Identitäten überführen lässt. Die Zugehörigkeit zu verschiedenen Räumen und Gedächtnisgemeinschaften macht immer wieder die Konflikthaftigkeit polyvalenter Relationsbildung sichtbar, die der Text auch in der Erzählperspektive und der Verhandlung narrativer Autorität aufgreift.

Still Here stellt seine zentralen Protagonisten – beide etwa 50 Jahre alt und mit der Notwendigkeit konfrontiert, den Prozess des Alterns in der Herstellung des eigenen Selbsts zu reflektieren – in Bezug zu deren jeweiligen Praxis des Raumschaffens, die beide professionell umsetzten. Die formende Kraft des Architekten wird der interpretativen Gestaltung der Historikerin gegenüber gestellt. Hier steht nicht die Reise in einen ersehnten Erinnerungsraum im Vordergrund, sondern die Bezugnahme des

Individuums auf das spatiale Netzwerk. Dabei wird der marginalisierte Erinnerungsdiskurs auf unterschiedliche Weise zum urbanen Erinnerungsraum in Beziehung gesetzt: als Neubestimmung, als Selbstverortung, als Artikulation erfahrener Marginalisierung, als Verhandlungsraum erlebter Traumata und nicht zuletzt als Bezugsrahmen in der Herstellung eines kollektiven Gedächtnisses.

Im letzten der hier berücksichtigten Texte der Autorin, *The Clothes on Their Backs*, ist der urbane Raum die Verortung einer nahezu fließenden Identität und wiederum Artikulationsort, von dem aus sich diese Identität zum Narrativ der Erinnerung in Beziehung setzen kann. Die vermeintliche Geschichtslosigkeit der Protagonistin wird in der Tradierung von Familiengeschichte durch den Onkel aufgehoben. Darüber hinaus findet eine Selbstverortung der jungen Frau im Erinnerungsdiskurs statt, die das erzählte, also vergangene, Ich in der Darstellung des Erlebten zum bedeutend älteren erzählenden Ich der Erzählerin in Beziehung setzt, wodurch ein komplexes Geflecht von Erinnerungsnarrativen entworfen wird.

Alle drei Texte nehmen die Relationsbildung von Individuum und Erinnerungsraum zum Ausgangspunkt, entwickeln jedoch im narrativen Entwurf unterschiedliche Strategien und Optionen von Mobilität (sowohl im intratextuell lebensweltlichen Raum als auch im Erinnerungsraum). So strebt die Bewegung zuweilen nach einer als kohärent imaginierten Neuverortung – mal wird die Verortung betont und die Bedingungen marginaler Selbstverortung rücken ins Zentrum, oder der urbane Raum wird zur Verortung eines komplexen Prozesses von Einschreibung und Artikulation im Erinnerungsdiskurs.

1.1 Perspektivierte Hybridität: *When I Lived in Modern Times*

Der Roman entwirft die Selbstverortung der Protagonistin Evelyn Sert in einem soziokulturellen Beziehungsgefüge, das die jüdische und englische Identität Evelyns zunächst als Opposition begreift, die zunehmend in der Hybridität des Selbstentwurfs aufgelöst wird. Aufgewachsen in Soho als Tochter einer alleinerziehenden Mutter, sieht sich Evelyn im stark durch Immigration geprägten Stadtteil zunächst als Differenz zu einer monolithisch und geschlossen erscheinenden englischen Kultur. Diese Differenz empfindet Evelyn als Spaltung, so dass sie nach dem Tod der Mutter auf der Suche nach kohärenter Zugehörigkeit in das britische Mandatsgebiet Palästina einwandert. Aufgrund der restriktiven britischen Immigrationspolitik nimmt Evelyn dabei die Identität einer christlichen Pilgerin an und so beginnt für sie ein Spiel mit Anschein und Sein, mit Selbst- und Fremdverortung, das sich durch den gesamten Text zieht und die Ambivalenz der Identitätskonstruktion stets in Bezug zu spatialen Relationen setzt.

Nachdem Evelyn das Leben in einem Kibbuz als Anknüpfungspunkt in der stark durch Diversität bestimmten Umgebung verwirft, in der sich Juden aus allen Teilen der Welt versammeln, wird Tel Aviv zum Zentrum ihres Lebens. Hier, in der modernen, durch den Bauhaus-Stil geprägten Metropole findet ihr Streben nach einer neuen kohärenten Bestimmung ihrer selbst einen Austragungsort. Sie findet Arbeit im Friseur-Salon von Mrs. Kulp, in dem sie vor allem auf britische Kundinnen trifft. Die Kunst der äußeren Veränderung durch einen neuen Haarschnitt wird immer wieder mit der durch äußere Umstände erzwungenen Neugestaltung von Evelyns Identität verwoben. Durch ihren Liebhaber Johnny Reynolds (alias Levi Aharoni) kommt Evelyn in Kontakt mit der Untergrundorganisation Irgun, an die sie, trotz Ablehnung der von der Irgun praktizierten Methoden, Informationen weitergibt, die sie von den Kundinnen des Friseur-Salons bekommen kann. Schließlich gerät sie ins Visier der britischen Behörden und taucht unter, wird aber erkannt und aus dem Mandatsgebiet ausgewiesen. Jahrzehnte später kehrt Evelyn nach dem Tod ihres Ehemanns nach Tel Aviv zurück. Mit ihrer ehemaligen Nachbarin Mrs. Linz kommt es zu einer Gegenüberstellung des erinnerten urbanen Raums mit dem momentan gelebten Raum der israelischen Metropole.

Entwurf und Dekonstruktion von Bispatialität

Evelyns Kindheit ist stark mit dem Gefühl der Nicht-Zugehörigkeit assoziiert. Durch die Erinnerungen der Mutter, die der Tochter wieder und wieder die Herkunft aus Lettland, die Dislokation der Großeltern in Whitechapel und deren Unfähigkeit zur Verortung in der neuen Umgebung bewusst machen, sieht sich Evelyn in Opposition zu ihrer Umgebung, was von ihr als Zerrissenheit und Identitätsfragmentierung empfunden wird: „In the end, all I had to know myself by was a fragment of something and I was trying to find out what was the main whole it had broken off from." (MT, S. 11) Die englische Mehrheitsgesellschaft erscheint sozial und kulturell abgeschlossen, so dass ein Beitrag oder gar eine Formung durch Einwandererkulturen nicht vorgesehen oder gewollt ist. „I was a Jewish child in a country where, unlike America, there was no contribution I could make to the forging of the national identity. It was fixed already, centuries ago." (MT, S. 12) Die englische Kultur wird hier als kolonisierend erlebt, etwa wenn im Schulunterricht Palästina auf christliche Bezugsorte reduziert wird oder der Tanach, die Hebräische Bibel, in der kulturell verorteten Übersetzung der King James Bible verschwindet. Diese hegemoniale Überformung bildet zunächst Evelyns einzigen Bezugspunkt, um ihr Jüdisch-Sein innerhalb der englischen Gesellschaft als Alterität zu verhandeln. „I was a Jew. How did I know? Because of the tales they told me, of Poland and Latvia, and also the times we lived in when anti-Semitism was a wolf roaming the world." (MT, S. 11) Evelyns Konstruktion von Identität ist von einem *Othering* durch die Mehrheitsgesellschaft bestimmt, innerhalb dessen sie als Differenz zum englisch bestimmten Raum Londons festgeschrieben wird. Darüber hinaus ist die spatiale Relationsbildung in Bezug auf den prozessualen Entwurf einer jüdischen Identität durch eine doppelte Dislokation geprägt: Zum einen als Diaspora-Gemeinschaft, die in religiös-kulturell gefasster Zerstreuung lebt, zum anderen als durch Immigration hervorgerufene Neuverortung. Israel, Polen und Lettland werden so zu unerreichbaren Orten, zur Verräumlichung des Imaginären, die jedoch bei Evelyn lediglich ein Gefühl der Nicht-Zugehörigkeit erzeugen, das sie im weiteren Verlauf des Textes aufzulösen sucht.[1] Die hier deutlich werdende marginalisierte Position jüdischer Identität in einem englischen Umfeld, kann nach Axel Stähler als interne Kolonisierung beschrieben werden.

> In den Ländern der westlichen Diaspora führen – häufig nicht voneinander zu trennen – Diskriminierung, Antisemitismus und Orientalismus sowie das aus diesen resultierenden Phänomen des „jüdischen Selbsthasses" als Manifestation eines internen Kolonialismus zu Erfahrungen jüdischer Kolonialität.[2]

Erinnerung verweist durch Verortung stets auf jenen anderen Ort, der nicht (mehr) erreichbar scheint: Osteuropa, das auf der Flucht vor antisemitischer Verfolgung verlassen wurde, aber das in kollektiven Erinnerungsnarrativen als fiktionalisierter spatialer Bezug weiter besteht. Da Evelyns jüdische Identität nicht als religiöse, sondern vielmehr kulturelle Selbstverortung zu lesen ist, liegt es nahe, dass sie sich schließlich zur klandestinen Immigration nach Palästina entschließt, verspricht doch der Aufbau der neuen jüdischen Nation eine Auflösung jener Marginalitätserfahrung, die durch die innere Kolonisierung hervorgebracht wird.
In London kann Evelyn zwar nicht die ersehnte Aufhebung ihrer als Spaltung empfundenen hybriden Identität finden, jedoch erweist sich in der narrativen Darstellung die Stadt als Raum, in dem unterschiedliche soziokulturelle Entwürfe aufeinandertreffen. Daher verweist die Sehnsucht nach einer Auflösung von Brüchen innerhalb der eigenen Identität stark auf die perspektivierte Wahrnehmung Evelyns.

> Within those few streets off Shaftesbury Avenue und Charing Cross Road it was acceptable to be different, it was *normal*. We were all ethnics, from somewhere else. Everyone had their own churches and social clubs, little colonies in which we preserved the customs of the place we had come from, as my mother and I had the synagogue on Dean Street we attended three times a year, for the most important high days and holidays. (MT, S. 11)

Die Narration unterläuft also bereits an dieser Stelle den vermeintlich bispatialen Entwurf der Erzählerin. Wie später Tel Aviv ist auch Soho eine Verräumlichung von Diversität, die wiederum eine wechselseitige Durchdringung mit sich bringt – wenn etwa die italo-englische Katholikin Gabriella der anglo-jüdischen Evelyn zur Nachahmung einer anglikanischen Pilgerin ein goldenes Kreuz und einen Rosenkranz gibt, um Evelyn die Einreise ins Mandatsgebiet zu ermöglichen. Doch, wie im Verlauf des Textes deutlich wird, ist es die perspektivische Wahrnehmung und selektive

1 Darüber hinaus stellt die Assoziation des Antisemitismus mit einem Wolf einen intertextuellen Bezug zu Peretz Smolenskin her. Der russisch-jüdische Schriftsteller und Zionist schreibt in seinem Artikel „Let Us Search New Ways" 1881 im Zusammenhang mit Pogromwellen im zaristischen Russland: „The mob, the ravenous wolf in search for prey, has stalked the Jews with a cruelty unheard of since the Middle Ages." (Peretz Smolenskin: Let Us Search New Ways (1881), aus d. Russ. v. Arthur Hertzberg. In: Arthur Hertzberg (Hrsg.): *The Zionist Idea. A Historical Analysis and Reader*. Philadelphia, PA: The Jewish Publication Society 1997, S. 148–153, hier S. 148.)

2 Stähler: *Literarische Konstruktion jüdischer Postkolonialität*, S. 69.

Bewertung, und damit auch Platzierung innerhalb der relevanten Diskurse, die die hybride Verfasstheit Sohos entscheidend von der Tel Avivs unterscheidet.
Evelyn sucht an dieser Stelle die eigene Polyvalenz durch Migration aufzulösen. Als sie sich die Erlaubnis zur Einreise ins Mandatsgebiet besorgt, sieht sie die eigene Fragmentierung im Kontext einer Mimikry, die sie selbst mit Spionage assoziiert und die das Motiv der Personifikation vorwegnimmt.

> What could an immigrant child be, except an impersonator? I felt like a double agent, a fifth columnist. And I knew that as long as I lived in this country it would always be exactly the same. I walked among them and they thought they knew me, but they understood nothing at all. It was *me* that understood, the spy in their midst. (MT, S. 27)

Durch die stark figural begrenzte Erzählperspektive wiederholt Evelyn an dieser Stelle Stereotypisierungen, die im Kontext des Zweiten Weltkriegs sicherlich den Diskurs bestimmt haben. Doch bleibt unklar, zu wem sich Evelyn als Spionin loyal verhalten soll, ist doch der englische Bedeutungsraum der einzige, zu dem sie sich irgendwie in Bezug setzen kann. Vielmehr gibt sie dem Gefühl der marginalisierten Diskursposition einen Ausdruck, die auch auf die Nicht-Wahrnehmbarkeit eines anglo-jüdischen Erinnerungsnarrativs zurückgeführt werden kann. Wie sich in Israel zeigen wird, ermöglicht ein gemeinsamer soziokultureller Raum gerade keine Synthese der kulturellen Polyvalenz, denn die ‚Jeckes' – die Juden aus Deutschland – erscheinen ihr zuweilen fremder als die britischen Kolonisatoren.
Es wird deutlich, dass Identität hier auf der Basis der diskursiv und kulturell bestimmten Wahrnehmung konstruiert wird, wie Marion Berghahn in Bezug auf Identitätsformierung allgemein ausführt:

> In other words, if we accept that perception, i. e. viewing reality through a culturally specific value system is the ultimately unifying factor, the organizing system of the individual, then we must assume also that it is at work at all levels of identity formation.[3]

In ihrer Identitätskonstruktion ist es Evelyn unmöglich, die ihr eingeschriebene Alterität anders zu fassen denn als aufzulösende Dislokation. So beinhaltet die Einwanderung auch das Versprechen von Kohärenz, dem ein vermeintliches Ende der fortwährenden Neu-Formation von Identität innezuwohnen scheint. „And all the dissembling had just that very moment ended with me because I had come to the place where no Jew needed ever invent himself again or pretend to be someone he wasn't." (MT, S. 30) Evelyn sieht sich zur steten Täuschung gezwungen, die erst in einem Umfeld aufgegeben werden kann, das die eigene Hybridität in Synthese aufzulösen vermag. Ein Unterfangen, das ohne Zweifel bereits an dieser Stelle vom Text als zum Scheitern verurteilt charakterisiert wird, bildet doch der hybride Hintergrund Sohos einen deutlichen Gegenpool, der betont, wie Bahbha darstellt, dass die kulturelle Verortung innerhalb eines Nationalstaats wie Großbritannien eben nicht entweder als

3 Marion Berghahn: *Continental Britons. German-Jewish Refugees from Nazi Germany*. New York: Berghahn 2007, S. 10.

absolute Alterität oder als absolute Einheit verstanden werden kann: „The 'locality' of national culture is neither unified nor unitary in relation to itself, nor must it be seen simply as 'other' in relation to what is outside or beyond it."[4]
Jedoch erweist sich der von Evelyn erhoffte Raum der Neubestimmung als spatial wie soziokulturell polyvalent. Die Darstellung erstreckt sich im Entwurf des Relationsgefüges von der Abgeschiedenheit und dem Pragmatismus des Kibbuz bis zur architektonischen Moderne der Bauhaus-Stadt Tel Aviv, in der Evelyn die Spatialisierung ihres Verlangens nach Neuformierung in einem als modern empfundenen Umfeld zu finden scheint. Auffällig ist, dass der Hauptbezugspunkt einer kolonialen Raumkonstitution, Jerusalem, als mythischer wie politischer Erinnerungsort und Machtzentrum vom Text lediglich in der Figurenrede entworfen wird, und auch hier in Opposition zu Tel Aviv. Während Jerusalem eine Stadt ist, die beispielsweise Evelyns Liebhaber und Irgun-Mitglied Johnny als museal empfindet, ist es die Metropole am Mittelmeer, die einen modernen jüdischen Raum darstellt: Verortung eines zeitgenössischen, nicht-religiösen jüdischen Lebens, das sich gestaltend und schöpferisch im Raum artikuliert.

> But they're anti-Semites, you know. They don't think they are but their distaste for Tel Aviv tells you everything. Find me a goy who loves Tel Aviv. Yerushalayim, easy. That's the Holy Land, but here, there's nothing distracting them from Jewishness. We've got no sites of antiquity to offer them, no beautiful landscapes, no places of pilgrimage. Nothing but Jews. Jewish everyday life. [...] The Jew-haters think Tel Aviv is just a city with too many Jews making a mess in their precious desert. (MT, S. 157)

Anders als Jerusalem verschließt sich der urbane Raum Tel Avivs durch seine Lozierung in einem jüdisch bestimmten Erinnerungskontext der Usurpation durch christliche Relationsbildung, die auf religiöser Aneignung und Umcodierung basiert.
So ist es auch nicht verwunderlich, dass in der narrativen Bestimmung Tel Avivs unterschiedliche Verortungen von Individuum und Vergangenheit miteinander kontrastiert werden. Obwohl von Evelyn als vollkommen neue Stadt beschrieben, scheint sich die Architektur dennoch in einer Oszillation zwischen Vergangenheit und Moderne zu befinden:

> At first, the houses seemed uncertain, vacillating between the old homelands and the new one. I saw a red-tiled roof. I saw green shutters. I saw the domes of the Orient. I saw a frieze of tile camels from a caravan, stepping above gables. (MT, S. 71)

Das konflikthafte Aufeinandertreffen des zurückgelassenen Erinnerungsraums und der gestalteten Neuverortung schafft im urbanen Relationsgefüge einen Raum der wechselseitigen Durchdringung, einen Grenzraum, in dem Vergangenheit und Gegenwart sowie unterschiedlich geformte Erinnerungsgemeinschaften einen kulturellen Third Space artikulieren. Hebräisch, in religiösem Kontext allein dem Gebet

4 Homi K. Bhabha: Introduction: Narrating the Nation. In: Ders. (Hrsg.): *Nation and Narration*. London / New York: Routledge 1990, S. 1–7, hier S. 4.

vorbehalten, ist die Sprache der Leuchtreklame, und die Cafes der Stadt bieten Kuchen, gebacken nach Traditionen Österreichs, Polens und Russlands an.
Wie stark der Konflikt von generierter Vergangenheit und moderner Neubestimmung sich im Raum manifestiert, wird beispielsweise in der Gegenüberstellung von Evelyns Apartment und dem ihres Vermieters Blum deutlich. Die Wohnung des aus Deutschland geflohenen Blum stellt aus Evelyns Perspektive eine Rekonstruktion des Erinnerungsraums der Weimarer Republik dar.

> Blum opened the door of a ground-floor apartment and with one pace I left Palestine. A clock was ticking in its walnut case. Dark wood cast a pall of gloom on the white walls. Carved wooden chairs with high backs and maroon velvet upholstery were arranged like soldiers in lines around a table whose legs imitated the feet of lions. [...] Along one wall was a row of walnut glass-fronted bookcases and the spines of the volumes, in German and English, matched the uniform brownness of everything else. A chandelier strung with necklaces of crystal beads and drops hung from the ceiling, almost reaching the table as if it were made for taller rooms than this. (MT, S. 88)

Der in der Architektur der Stadt dominierenden Farbe Weiß stehen in Blums Wohnung dunkle Brauntöne gegenüber. Die Einrichtung wirkt zu schwer und betont auf diese Weise den erzwungenen Charakter der Migration. In der Perspektivierung durch Evelyn scheint die Wohnung allein durch die Vergangenheit eines anderen Ortes bestimmt zu sein, eine Vergangenheit, die im Raum neu und zugleich erneut konstruiert wird. Der Akt der erinnernden Generierung des Geschehenen wird so in der Figuration von Blums Wohnung als in der Gegenwart stattfindender Prozess der (Wieder-) Herstellung dargestellt. Evelyns Wohnung ist demgegenüber durch Pragmatik charakterisiert, die von ihr mit Moderne im Allgemeinen assoziiert wird. Diese Pragmatik ist Ausdruck von Evelyns Sehnsucht nach völliger Neubestimmung, die das Vergangene ausschließt oder zumindest so einzubinden weiß, dass keinerlei Brüche entstehen. „I had four rooms and every one was completely square and painted white and there were no cornices to soften the edges of things. There were no curtains at the windows, but grey metal venetian blinds." (MT, S. 87) Erscheint Blums Wohnung überfrachtet, so ist Evelyns Wohnung kantig und spärlich eingerichtet, und bietet so eine Leinwand für den kulturellen Neuentwurf.
Die diskursive Repräsentation von individueller wie kollektiver Vergangenheit findet in Bezug auf die jüdischen Einwanderer innerhalb des Raumgefüges einen Artikulations- und Aushandlungsort. Im Kibbuz dient die Konstruktion einer gemeinsamen Vergangenheit vor allem der Festigung des Kollektivs, etwa durch das Wandgemälde, mit dem Evelyn Neuankömmlingen die Geschichte des Kibbuz verbildlichen soll. Meier, einer der Bewohner, verweist auf die Notwendigkeit dieser Selbstverortung: Ohne den Kibbuz wäre der aus der Sowjetunion geflohene Meier eine *Displaced Person*, ohne Vergangenheit und Zukunft, gefangen im Nicht-Ort des britischen Internierungslagers.
Vergangenheitskonstruktion vollzieht sich oft vor dem Hintergrund einer auf die Zukunft ausgerichteten Formung der Gegenwart. Der Kampf um den eigenen Staat ist der Kontext, in dem sich für Evelyn Erinnern vollzieht, zwischen den Polen eines

sich bewussten Verschließens gegenüber dem Vergangenen, der Unmöglichkeit, das Vergangene aus dem sich der Repräsentation verschließenden Trauma zu lösen, und der Nutzbarmachung von Vergangenheit in der Formung der Gegenwart.

> It was a country of so-what people. So-what you are cold and hungry? You want to know about cold and hunger? Let me tell you where *I* have been. *I* know cold and hunger. So-what you miss your mother? *My* mother was gassed. And my father and my grandparents and my sisters and brothers. So-what you want your boyfriend? *My* boyfriend was murdered by British soldiers. I was never going to outdo them. (MT, S. 211)

Evelyns Selbstverortung im Erinnerungsdiskurs gestaltet sich problematisch, denn sie sieht sich auch in einer Erinnerungsgemeinschaft mit den Vertretern der Kolonialmacht und erfährt damit zunehmend die eigene hybride Verfasstheit. Doch ist es gerade diese Hybridität, die Evelyn in einer kohärenten Konstruktion von Zugehörigkeit auflösen möchte. Die traumatische Vergangenheit der deutschen und osteuropäischen Juden macht der britischen Jüdin deutlich, dass Kohärenz in einem geschlossenen Erinnerungskollektiv nur bedingt zu erreichen ist.
Die Perspektivführung des Textes unterläuft hier erneut das Streben der Protagonistin. Denn obwohl Tel Aviv als jüdisch bestimmter Raum figuriert wird, ist die Stadt doch ein Hybrid, „a mongrel metropolis of aliens among aliens“ (MT, S. 254). Das konflikthafte Aufeinandertreffen von Einwanderern aus dem Jemen, aus Polen, Russland, Deutschland, Großbritannien und Lettland findet keine Synthese, die zu einer Auflösung der daraus resultierenden Spannung führt. Evelyns Nachbarin Mrs. Linz sieht in Tel Aviv die Versammlung der ortlos gewordenen kulturellen Elite des Berlins der Vorkriegszeit und äußert sich abfällig über ‚Ostjuden‘[5], also über die jüdischen Einwanderer aus Osteuropa. Diese empfindet Linz wegen deren Religiosität als rückständig. Aufgrund der lettischen Herkunft ihrer Mutter identifiziert sich nun Evelyn als „Ostjüdin“ (vgl. MT, S. 118) und entwirft so eine performativ lozierte Identitätskonstruktion, die, zwischen Lettland und Großbritannien, in Tel Aviv ihren Platz findet. Diese Verortung kann sich freilich nur als Fragmentierung vollziehen, wie sie von Evelyn im Alltag allerorts beobachtet wird: „I saw shops stocking everything, run by people who came from everywhere, and though they spoke to each other in Hebrew *everyone*, I noticed, counted out money in their own language.“ (MT, S. 179) Die Neuverortung vollzieht sich, wie hier an der Wahl der Sprache deutlich wird, eben nicht als ein völliges Ineinanderaufgehen. So ist Tel Aviv ein Grenzraum, der durch wechselseitige Durchdringung unterschiedlicher semantischer Sphären charakterisiert und durch die daraus entstehende Hybridität bestimmt wird.

5 Der von Linz hier absichtlich gewählte und abwertend gemeinte Begriff ‚Ostjuden‘ verweist auf die starken Spannungen, die zwischen akkulturierten Juden und Einwanderern aus Osteuopa, die, was Kleidung und religiöse Praxis betrifft, in Teilen bedeutend traditioneller sind, im Berlin der Vorkriegszeit entstehen. Zur antisemitischen Konnation des Begriffs vgl. Steven E. Aschheim: Caftan and Cravat: The „Ostjude“ as a Cultural Symbol in the Development of German Anti-Semitism. In: Seymour Drescher / David Sabean / Allan Sharlin (Hrsg.): *Political Symbolism in Modern Europe: Essays in Honor of George L. Mosse.* New Brunswick, NJ: Transaction 1982, S. 81–99.

> Where life was chaotic, because that is what life is. Where the past was murky and tragic and the future had to be grasped by the throat. Where Europe ended and the East began and the people tried to live inside that particular, crazy contradiction. (MT, S. 221)

Wenn der Text nun betont, dass die unzähligen Widersprüche sich nicht auflösen lassen, findet auch die endgültige Verwerfung eines bispatialen Modells statt. Ein Modell, das bereits in der räumlich-narrativen Gestaltung Sohos unterlaufen wird. Soho ist auch im weiteren Textverlauf mit Evelyns neuem Wohnort in der Mapu Street assoziiert, deren Bewohner alle aus unterschiedlichen Teilen Europas stammen. So ist Tel Aviv als hybrider Raum figuriert, der sich einer Synthese bewusst verschließt und Evelyns Streben nach Kohärenz sowie ihre bispatialen Bedeutungsräume als unzulänglich charakterisiert.

Konstruktion des hybriden Selbsts und erinnernde Bewegungen

Die Polyvalenz der Identitätskonstruktion wird im Text bereits durch eine Verunsicherung der Namensgebung etabliert, so dass die Figuren nicht nur innerhalb des literarischen Raums mobil erscheinen, sondern auch die Selbstentwürfe fluide und beweglich werden. Dabei zeigen sich unterschiedliche Motivationen: Evelyns Mutter ändert nach der Einreise in Großbritannien ihren Namen von Miriam Chernovsky in Marguerite Sert. Der hebräische Vorname (Mirjam) wird im frankophonen Namen Marguerite aufgelöst. Damit wird das Bestreben der Immigrantin, in der neuen Umgebung nicht aufzufallen, auf der Referenzebene aufgegriffen. Während Evelyns Vater namenlos bleibt, zeigt sich bei ihrer Mutter bereits eine Ambivalenz in Bezug auf die referentielle Selbstverortung. Im Mandatsgebiet nimmt Evelyn mehrere Namen an, die von äußeren Umständen bedingt werden: Im Kibbuz wird der englisch markierte Vorname zum biblischen Eve; um der Ausweisung als Jüdin zu entgehen, färbt sich Evelyn blond und nimmt die britische Identität Priscilla Jones an, angeblich Frau eines in Palästina stationierten Polizeibeamten. Im Spiel der Namen findet die doppelte Zugehörigkeit Evelyns einen Ausdruck.

Bereits in London ist ihr bewusst, dass sie unfreiwillig multiple Selbstverortungen aufweist: „I learned that I belonged in part to another country, another continent even, where things were done differently […]" (MT, S. 8). Diese partielle Zugehörigkeit zu einem von Evelyn nicht näher bestimmbaren Raum des Anderen führt zu einer Vereinzelung der jungen Frau, was deutlich wird, als sie für die Beerdigung ihrer Mutter einen *Minjan*[6] aus Fremden zusammenstellen muss. Diese Vereinzelung artikuliert einen individuellen Verlust von Vergangenheit, wobei eine kollektive Vergangenheit im Sinne eines Erinnerungskollektivs gemeint ist, in dem sich das Selbst verorten kann.

6 *Minjan* bezeichnet die vorgeschriebene Zahl von zehn Juden, die zum Abhalten von Gottesdiensten oder für das Sprechen einiger Gebete notwendig ist.

> I was a girl without a past: my mother had dwelt in a twilight land between the tenses; my grandparents were unknown to me and where they had come from, apart from the name of the place (Latvia! two syllables, that's all), was also unknown; all of English history just a storybook. (MT, S. 42)

Sämtliche Verortungsangebote erscheinen Evelyn unzureichend, da ein Bezug zur Erinnerungsgemeinschaft nicht hergestellt werden kann. Durch den Tod der Großeltern ist eine Vermittlung von Erinnerung nahezu unmöglich, denn die Erzählungen der Mutter können von Evelyn nicht mit dem eigenen Selbst verbunden werden. Auf diese Weise ist der Herkunftsraum der Großeltern als mnemonischer Bezugspunkt in der Konstruktion eines Erinnerungs- und damit auch individuellen Referenzraums untauglich. Das englische Narrationskolletkiv ist Evelyn ebenfalls unzugänglich, denn die Geschlossenheit der national formierten Erinnerungsgemeinschaft definiert die Jüdin als das Andere, das lediglich in Abgrenzung aufgerufen wird. So hat eine englische Vergangenheit für Evelyn nur den Charakter einer Erzählung, verweigert sie sich doch an diesem Punkt der Erkenntnis, dass jedwede vermittelnde Konstruktion von Vergangenem stets nur den Charakter des Narrativen haben kann. Ihr Streben nach einer kohärenten Konstruktion von Selbst und Historie lässt Evelyn in der zionistischen Staatenbildung eine synthetische Auflösung der eigenen Fragmentierung suchen. Dabei erkennt sie weder die eigene Hybridität an noch die Vorstellungen eines jüdischen Kollektivs, das Jüdisch-Sein in Polyvalenz zu begreifen vermag. Ein derart mehrdeutiger Begriff würde, wie Jon Stratton ausführt, eine monolithische Definition als kulturelle Einheit, die in Zuschreibung von außen stattfindet, in Frage stellen.

> 'The Jew' is a gentile, Western Other, as much a construct as, and indeed often a part of, the construct of the 'Oriental' or 'Asiatic'. Yet, 'the Jew' is also ambivalently considered to be White, Western, and European. Constructing 'the Jew' as a unified entity has led to an attempt to think of Jews as having a common culture.[7]

Die deutlich werdende Ambivalenz jüdischer Identität findet sich auch in der Fremdbestimmung wieder, mit der die britische Kolonialmacht in Palästina ihre Subjekte zu klassifizieren sucht. Dabei stellen die jüdischen Bewohner die Disziplinarmacht vor Probleme, die von den Vertretern lediglich rassistisch in der Konstruktion des Anderen aufgelöst werden können.

> 'Are the Jews coloured?' I asked. 'They're certainly gaudy enough,' his wife said. 'Some of the women on Allenby, they remind me of the overdressed types you see in London, on the Strand.' [...] 'Don't mistake me,' Bolton replied. 'Jews, Arabs, in the end, they're all wogs.' (MT, S. 109–110)

In der pejorativen Zuschreibung „wogs" wird das kolonisierte Andere konstruiert und der disziplinierenden Autorität der Kolonialmacht unterworfen. Doch zeigt sich in der Unsicherheit ob der Frage nach dem Status von Juden eine Polyvalenz, die verstärkt wird, wenn etwa die Allenby Street in Tel Aviv mit der Londoner Strand verknüpft wird, beide Kristallisationspunkte des urbanen Handels. Auf diese Weise werden

7 Jon Stratton: *Coming Out Jewish. Constructing Ambivalent Identities.* London / New York: Routledge 2000, S. 3.

urbane Räume aus Kolonie und Zentrum aufeinander projiziert, was Abgrenzungen unsicher werden lässt. Diese Verunsicherung wird zusätzlich verstärkt, als Evelyn aufgrund des gemeinsamen Humors ihre eigene britische Sozialisation mit eben jenen Menschen bewusst wird, die sie kurz darauf – unwissentlich – als das Andere aufrufen. „They were the enemy and the paradox of my life was that the ways of the enemy were partly mine too." (MT, S. 106) Die Erfahrung der eigenen multiplen Verortung artikuliert eine Hybridität, die das Selbst als von Fragmentierungen gekennzeichnet begreift.

Diese Hybridität äußert sich gerade auch in der Unmöglichkeit, einen Neubeginn ohne Vergangenheit zu realisieren. Das Vergangene wird auf der individuellen wie kollektiven Ebene in der Selbstverortung der Protagonisten rekonstruiert, so dass sich Evelyn zwischen der nach vorne gerichteten Modernität Tel Avivs und der Vergangenheit der Bewohner gefangen sieht.

> Everyone in Palestine had a tale of some kind and they were prepared to tell it to you at the drop of a hat. In a country with its face turned towards the future, our stories sat on our shoulders like a second head, facing the way we had come from. We were the tribe of Janus, if there is such a thing. (MT, S. 94)

Auf der Ebene der intertextuellen Bezugnahme etabliert der Text hier eine Repräsentation der von der Protagonistin empfundenen Polyvalenz, wenn die Stämme Israels in Bezug zur römischen Gottheit Janus gesetzt werden.

Jedoch unterwirft die multiple kulturelle Verortung alle Individuen einer Hybridisierung, so dass auch die britischen Vertreter polyvalent gezeichnet werden. Als die Angehörigen der britischen Truppen aus Tel Aviv abgezogen werden, erfährt eine Britin die Rückkehr nach England als erzwungene Dislokation, die sie in einen Raum versetzt, den sie nicht kennt und mit dem sie nichts verbindet.

> 'Palestine is my *home* you know,' a woman told a baker. 'I've been here since I was a girl. My father was in Kenya before he came out. They're sending me back to England. I hardly know it. I'm going into exile, but you people know all about that.' (MT, S. 228)

Sowohl Kolonialisierte als auch Kolonisatoren sind der Hybridisierung unterworfen, die eine Annäherung hervorbringt. Die Versetzung ins koloniale Zentrum ist hier Dislokation, die mit der Galut verknüpft wird. So entwirft der Text in der Verhandlung von Hybridisierungsprozessen verschiedene Spielarten einer fragmentierten Identitätskonstruktion und hinterfragt dabei entworfene Polaritäten, die vor allem als Disziplinierung zu fungieren scheinen.

Dass jedoch der polyvalente Hintergrund, vor dem Evelyn ihre Identitäten formt, auch bewusst eingesetzt werden kann, wird bereits an ihrer Einreise ersichtlich. Grants Text stellt bei den Bedingungen der kolonialen Mimikry vor allem die immanente Option des Widerstandes in der Hybridität der Protagonisten in den Vordergrund. Das koloniale Verlangen nach einem erkennbaren und doch reformierten Anderen, erzeugt disziplinierend die Mimikry als ein „*same, but not quite*“.[8] Dabei ist Mimikry hier gerade nicht als assimilierte Nachahmung zu verstehen, sondern sie stellt eine doppelte Artikulation dar, die der Problematik der kolonialen Differenzierung, die oben bereits am Text beschrieben wurde, Ausdruck verleiht.

> The authority of that mode of colonial discourse that I have called mimicry is therefore stricken by an indeterminacy: mimicry emerges as the representation of a difference that is itself a process of disavowal.[9]

Die sich als Verleugnung der Differenz manifestierende *Double Vision* birgt stets auch die Gefahr, die koloniale Autorität nachhaltig in Frage zu stellen und zu unterlaufen,[10] wie Grants Text deutlich erkennen lässt. Dabei ist es wichtig, sich zu vergegenwärtigen, dass Mimikry somit über die Verunsicherung des Kolonisierenden zu einer Destabilisierung des gesamten Systems führt, das die Differenz nicht ohne die Bipolarität eines Entweder-Oder abzusichern vermag. Gerade der nicht auflösbare Zustand der fragmentierten Selbstkonstruktion birgt hier das destabilisierende Potential. Der Situation der kolonialen Mimikry gar synthetisierende Kräfte zuzuschreiben, wie Stähler dies tut, greift im Verständnis der sich einer solchen Synthese verschließenden konflikthaften Durchdringung zu kurz: „It [*mimicry*, M. K.] *levels* the symmetries and dualities of Self and Other by *synthesising* the disparate identities of coloniser and colonised subject through an irreversible reciprocity [...]“[11]. Vielmehr etabliert der Text zunehmend, und vor allem im Kontext einer die Vergangenheit generierenden Lozierung der Protagonisten, eine Repräsentation dieser nicht aufzulösenden Brüche in der Konstruktion von kollektiver wie individueller Identität.

Evelyn und ihr Liebhaber Johnny werden beide im Kontext der Mimikry dargestellt. Dies geschieht zum Teil durch das Außen, etwa wenn der in Palästina geborene Johnny aufgrund seiner Sprachbegabung für einen britischen Soldaten gehalten wird, während die britische Jüdin Evelyn wegen ihrer dunklen Haarfarbe den Briten als ‚Einheimische‘ gilt (MT, S. 75–76). Weiterhin wird die Taktik der Impersonifikation erst durch die Mimikry der beiden Protagonisten ermöglicht. Dabei ist es wichtig, sich das im obigen Zitat von Bhabha hervorgehobene „not quite“ erneut vor Augen zu führen: Die Verunsicherung durch Mimikry beruht ja gerade auf dem Bewusstsein der Differenz, die verleugnet wird – eine Verunsicherung, die im Text von Evelyn bei ihrem ersten Treffen mit Johnny selbst erfahren und die in der Darstellung durch die figurale Perspektivierung des erzählten Ichs intensiviert wird. „He was just the sort I had wanted to get away from when I came to Palestine. The banal Englishman who loved his pint of beer [...]“ (MT, S. 64). Als Johnny ihr schließlich seine Begabung offenbart, Akzente nachzuahmen, zeigt sich an Evelyns Wahrnehmung der verunsichernde Effekt: „It was English, I suppose, but it had lost any sense of place and class. If I'd

8 Vgl. Bhabha: *Location of Culture*, S. 122.

9 Ebd.

10 Vgl. ebd., S. 126.

11 Stähler: Metonomies of Jewish Postcoloniality, S. 35 (Hervorhebungen M.K).

met him at home I'd have been at a loss to know where he was from.“ (MT, S. 67) Die Unmöglichkeit, den Akzent zu verorten, betont die durch Mimikry geschaffene Verunsicherung. Johnny wird zum Ortlosen, was auf der Ebene der Namensgebung fortgeführt wird, die sich bis zum Ende einer Eindeutigkeit verweigert: Evelyn nennt ihn aufgrund ihres schlechten Hebräisch weiterhin Johnny, er selbst stellt sich ihr als Levi Aharoni vor, und im Zeitungsartikel anlässlich seiner Verhaftung werden weitere Aliase genannt. So bleibt Aharonis Name auch weiterhin mit Unsicherheit verknüpft. Als Angehöriger der Irgun lenkt er das verunsichernde Potential der Mimikry in die Bahn der Personifikation, wo sie zwar einerseits ihre Ambivalenz zu verlieren scheint, aber andererseits einen direkten Angriff auf die Kolonialmacht darstellt.

Dieser Angriff zeigt seine direkte Wirkung, indem es den Vertretern der britischen Regierung nicht möglich ist, Nationalitäten voneinander zu unterscheiden. Da jüdische Einwanderer, was die nationalstaatliche Normierung angeht, multiple Zugehörigkeiten besitzen, steht der Polizeibeamte Mackintosh bei Kategorisierung der kolonialen Subjekte vor einer schier unlösbaren Aufgabe: „You can't get the nationalities straight at all. Where they came from, I mean. Some of them can switch between Russian and Polish and Yiddish. And German, too […]“ (MT, S. 133).

Als Friseurin setzt Evelyn die Mimikry zur Absicherung des eigenen Aufenthaltstatus und zur Informationsbeschaffung für die Irgun ein. Jedoch empfindet sie die Doppelung, die mit der verleugneten Differenz der Mimikry artikuliert wird, als Destabilisierung eines nach Kohärenz strebenden Selbsts und dessen Beziehungen zu anderen Individuen, deren Verortung sich als ebenso unsicher und flüchtig erweist:

> How can you know someone if you don't know their name? How can you love them if you cannot even fix them long enough to say, with any certainty, who they are? If everything is fluid and in the process of self-invention how can you make a home for yourself in your own life? (MT, S. 210)

Die durch fortwährende Neuformung bedingte Verunsicherung von Beziehungen und Identitäten verdeutlicht, dass die kohärente Auflösung der eigenen Bruchhaftigkeit Evelyns zum Scheitern verurteilt ist. Demzufolge kann Evelyn die Stabilisierung des eigenen Selbsts, die sie als identitätsstiftende Festschreibung mit dem Zionismus assoziiert, nicht umsetzen, denn die fortdauernde Notwendigkeit zur Neubestimmung macht dies unmöglich.

Die vom Text entworfenen Figurationen von Erinnerungen bilden oft ein Gegen-Narrativ, das zuweilen konträr zu den Ausführungen der Erzählerin verläuft. Bereits kurz nach Evelyns Ankunft im Mandatsgebiet erweist sich ihre Semantisierung der beiden Räume, die nun Bezugspunkte für sie darstellen, nämlich London und der Kibbuz, als nicht haltbar: „I had escaped from the brown days in London when the skies were coffee-coloured, days that oppressed my spirit, to a land where the sun would not let you be.“ (MT, S. 37) Die hybride Identität Evelyns verunmöglicht ihr in beiden Räumen eine Existenz, die nicht fortwährend durch die Erfahrung von Differenz geprägt ist. Das drückende Braun Londons weicht lediglich der aggressiven Sonne im Kibbuz. Darüber hinaus fordert diese Neuverortung ein Aufgehen des Individuums in der Gemeinschaft, werden doch mit den Fotos der Bewohner des Kibbuz auch die Erinnerungen zu einem Ganzen kollektiviert.

In London stehen die Erinnerungen Evelyns im Kontext der Nicht-Verortung. Das Leben der Vorfahren in Lettland ist in der Narration der Mutter nur bedingt erfahrbar. Weiter lässt Evelyns Vermittlung auch keinen Zweifel an der Ermordung der eigenen Verwandten, die allerdings im Text nicht direkt mit der Shoah verbunden wird: „[…] shouting and cursing in Yiddish to each other, their words freezing in the icy air, then dissolving into white clouds of vapour. Where were they now? Followed their language, become mist.“ (MT, S. 8) Die Vernichtung des europäischen Judentums ist hier spatiale, körperliche Auflösung, die den sprachlichen Äußerungen der Menschen folgt. Durch die Anbindung der Vernichtung an das Verschwinden der Worte als Nebel in kalter Luft, verweist der Text im Versuch der Repräsentation des nicht darstellbaren Traumas auf die narrative Erinnerung der Ermordeten, die allerdings auch durch Instabilität geprägt ist. Die direkte Wahrnehmung der Shoah durch Evelyn bleibt im Text auf die figural perspektivierte Darstellung der Nachrichtenpräsentation im Kino beschränkt („May 1945. The war over. The camps liberated.“ MT, S. 20). Der telegrammartige Stil von Schlagzeilen manifestiert eine emotionale Distanzierung der Protagonistin, die später in Palästina immer wieder mit den Erinnerungen von Überlebenden konfrontiert werden wird.

Im Mandatsgebiet angekommen, wird Evelyns Erinnerung zunehmend mit einer englisch konnotierten Identität assoziiert, und sowohl London als auch Brighton, wo sie Ferien verbracht hatte, werden zu Erinnerungsorten, die zu Bezugspunkten für Evelyns Hybridität werden. Zunächst manifestiert sich dieses konflikthafte Aufeinandertreffen in einer sprachlichen Spaltung zwischen dem durch Evelyns mangelhafte Hebräischkenntnisse geprägten Alltag im Kibbuz und Erinnerungen in englischer Sprache, die immer wieder den urbanen Raum aufrufen: Tottenham Court Road, Goodge Street Underground Station oder die Feuer der Guy Fawkes Night auf dem Primrose Hill (MT, S. 54). Dem Blick auf das Mittelmeer in Tel Aviv stellt Evelyn den Strand von Brighton gegenüber, wobei das Weiß der Architektur in Tel Aviv zum Grau von Himmel und Meer in Brighton in Opposition steht.

Sind es zu Beginn vor allem die gedämpften, dunklen Farben Londons, die mit der Sonne und der ‚weißen Stadt‘ kontrastiert werden, ruft die Diversität Tel Avivs auch ein hybrides London in der Erinnerung auf:

> I dreamed of the smells of foreign food from the Italian cafés and of the dappled spring skies over Hyde Park, the air smelling of rain, the breeze fresh on my face. I dreamed of buying new sheets and towels at John Lewis on Oxford Street before the war […]. I dreamed of the smell of cigars on Uncle Joe's suits […]. I dreamed of jam tarts and my mother's laughter […]. I dreamed of the two of us listening to the wireless for the war news […]. (MT, S. 144)

Durch die Repräsentation als Traum ist die erinnernde Bewegung Evelyns der Ebene des Faktischen enthoben, und doch werden die aufgerufenen Momente als Erinnerungen gekennzeichnet. Die hier deutlich werdende Spannung innerhalb der

Erinnerungskonstruktion Evelyns wird umso mehr betont, als die erinnernde Bewegung London einer Neubewertung unterzieht. Waren es oft dunkle Farbtöne und herbstliches Laub, die von Evelyn aufgerufen wurden, so ist der erinnerten Hybridität Sohos, die metonymisch in den italienischen Cafés sichtbar wird, der Frühling in der Stadt zur Seite gestellt. Der Duft des Regens und die frische Brise bilden einen Gegenpol zur monolithischen, nahezu erstickenden Wahrnehmung Londons durch Evelyn kurz vor und kurz nach ihrer Ankunft in Palästina. Die Isolation der eigenen englisch geprägten Identität, die etwa im Kibbuz mit der Benennung „Evelyn" ins Innen verlegt wird, während das Auftreten nach außen von „Eve" bestimmt ist, und die damit einhergehende Aufteilung der Person werden zunehmend in Frage gestellt. Im Zuge dessen vollzieht das Aufrufen von Erinnerungsorten eine Bewegung hin zu einer intimen Vergangenheit, etwa zu gemeinsamen Momenten mit der Mutter.

Eine zweite mnemonische Bewegung, die kontrastiv zur Repräsentation von Evelyns Aufenthalt im Mandatsgebiet verläuft, ist die Rückkehr der gealterten Evelyn nach Israel. Wieder werden die Möglichkeiten der Einreise durch Dokumente bestimmt: Musste Evelyn früher ihr Jüdisch-Sein verschweigen, so ist nun dessen Nachweis erforderlich. In Tel Aviv werden in Evelyns Wahrnehmung die rekonstruierte Vergangenheit und die erlebte Gegenwart miteinander konfrontiert, und beide scheinen sich zu überlagern, so dass durch Evelyns Erinnerung das generierte Damals im Jetzt aufscheint.

> The Tel Aviv of the Mandate days was still there, as the ruins of Ancient Rome are still there, fragments of another, underground city, like the bones of the dead sticking up above the ground but it wasn't sand which had buried it. Like Troy or Pompeii, it lay beneath archaeological layers of advertising billboards, peeling plaster, graffiti, forests of electrical wiring, naked neon lights, natural gas tanks, dumpsters, air conditioning motors, transformers and air grates. Brown air. Brown buildings. (MT, S. 238)

Durch das Aufrufen der Ruine, dem prototypischen Erinnerungsort, wird das erinnerte Bild der Stadt, die Evelyn ja als die modernste der Welt ansah, in Bezug zu den Überresten antiker Bauwerke gesetzt. Die einst ersehnte Moderne mit dem Versprechen der Neubestimmung eines jüdischen Selbsts scheint nun überlagert von einer neuen Formierung des urbanen Raums: Reklametafeln und Neonlichter formen eine weitere Schichtung und führen die der Stadt bereits von Beginn an eingeschriebene Hybridisierung fort.

Diese Hybridiserung schlägt sich im Erscheinungsbild der Stadt nieder und stellt sie erneut in Beziehung zu London. War London in Evelyns Erinnerungen immer wieder durch die Farbe braun bestimmt, so sind es nun die ehemals weißen Gebäude Tel Avivs, die durch die Einwirkung des Klimas braun geworden sind. Stähler sieht in der Verfärbung der Gebäude die symbolische Repräsentation eines moralischen Verfalls des zionistischen Projekts, der so in der Architektur der Stadt wiedergegeben werde: „Like the modernist Bauhaus architecture of Tel Aviv, which is corroded from the inside, the Jewish state has fallen short of the ideals it promised."[12] Vor dem Hintergrund der hybriden Verfasstheit der Stadt scheint mir jedoch die moralische Implikation Stählers an dieser Stelle wesentliche Verklammerungen innerhalb des Textes außer Acht zu lassen, wenn die Architektur des Bauhaus und ihre Veränderungen im Kontext der Stadtbildung und -entwicklung auf Symbole „auch für die kolonialistische Hegemonie westlicher Ideen, die fremden Kontexten aufgezwungen werden"[13], reduziert werden. Natürlich findet sich in der durch Evelyn perspektivierten Darstellung der Stadt eine Abkehr von einer idealistisch herbeigesehnten Neubestimmung und Neuformierung. Jedoch fordert gerade die strikt figural geführte Erzählperspektive hier eine genaue Betrachtung von Evelyns Verständnis von Identitätskonstruktion. Ihrer auf Kohärenz und Auflösung von hybrider Selbstformierung hin ausgerichteten Sehnsucht nach Ganzheit wird im urbanen Raum ein Entwurf von wechselseitiger Durchdringung gegenübergestellt: Dieser macht deutlich, dass sowohl Evelyns Verlangen nach Kohärenz als auch eine Lesart der Stadt als kolonialistische Überformung eines zuvor vermeintlich ‚natürlich' semantisierten Bedeutungsraums fehl schlagen müssen. Zu deutlich steht die Veränderung der Stadt mit der streng figural geführten Perspektive in Verbindung, so dass Evelyns Konstruktion von Erinnerung nicht als Verhalten zur Hegemonialität von Ideen gelesen werden kann, ohne die vom Text vorgenommene Fokussierung auf das Erleben der Figur gänzlich auszublenden. Die durch die Äquivalenzbeziehung zu London hervorgehobene hybride Relationsbildung darf auch nicht als Versprechen einer Auflösung der Konflikthaftigkeit oder gar Verschwinden der sich zwangsläufig ergebenen Brüche verstanden werden. Der urbane Raum selbst verschließt sich hier eindimensionalen Zuschreibungen. Die Perspektivführung des Texts pointiert gerade ein Spannungsfeld von persönlichem Wahrnehmen und dessen Unterlaufen durch die Begrenztheit figuralen Erlebens in der polyvalenten Kontextualisierung der Stadt.

Die auf Geschlossenheit des Selbstentwurfes hin ausgerichtete Identitätskonstruktion wird der zurückkehrenden Evelyn als erinnertes Selbst gegenüberstellt:

> Her platinum blonde hair was a terrible colour. The pencilled-in eyebrows were just awful. I wish I could be that age again, with all the advantages we have now of subtler shades and a less aggressive use of make-up. (MT, S. 259)

Deutlich wird ein Kontrast zum erinnerten Ich entworfen, der metonymisch anhand des äußeren Erscheinungsbilds entwickelt wird. Evelyns erinnernder Rückbezug sucht die Lösung in der Hybridisierung. Nicht die Jugend und die Entschlossenheit werden von ihr ersehnt, sondern die Jugend mit den Vorteilen der Erfahrung, wodurch Durchdringung als Ideal angestrebt wird.

Diesem Ideal liegt auch eine Perspektivierung zugrunde, die in Bewegung den Raum in seinen diversen semantischen Verknüpfungen nachzuvollziehen sucht. Wie sich zunächst erinnerndes und erinnertes Ich gegenüberstehen und in eine Hybridisierung

12 Stähler: Metonomies of Jewish Postcoloniality, S. 34.

13 Stähler: *Literarische Konstruktion jüdischer Postkolonialität*, S. 193.

überführt werden, die unweigerlich die Brüche des Aufeinandertreffens artikuliert, so schreibt Evelyn in der Aufrufung der kubistischen Portraits Picassos dem Text eine multiperspektivische Konstruktion von Figuren ein. Diese wird auf der Ebene der Erzählung vor allem über die erinnernden Bewegungen der Figuren etabliert.

> By showing the human face as a series of disjointed planes and angles, Picasso had demonstrated that who or what a person was depended entirely on your point of view. The new way of looking at things, apparently, reflected the relativity of the Einsteinian science and of the age we lived in which lacked a single, unifying truth or belief but saw life as fragmented and discontinuous. (MT, S. 140)

Hervorgerufen durch Johnnys Beharren auf einer kohärenten Identität, wird Evelyns Sehnsucht nach Auflösung der eigenen Fragmentiertheit mit der kubistischen Darstellung kontrastiert und so in einen soziokulturellen Kontext gestellt. Doch signalisiert die Bewertung des Verlusts von Einheit, die aus der Perspektive des erzählenden Ichs wiedergegeben wird, einen Bruch zum erzählten Ich: Das erinnerte Ich nimmt die eigenen Polyvalenz zwar wahr, verneint aber ihre Hybridität im Versuch, durch eine simple spatiale Neuverortung die Spannungen der Mehrdeutigkeit aufzulösen. Ihre erinnernden Bewegungen stehen diesem Versuch gegenüber und unterlaufen das Bestreben immer wieder in der Etablierung von hybriden Formationen vor allem in Bezug auf den urbanen Raum Tel Avivs (und auch Londons).

Narrative Autorität und Perspektivierung des Selbst

In der Vermittlung etabliert die Erzählinstanz gleich zu Beginn eine narrative Autorität, die durch einen deutlichen Bezug auf das Ich die Vergangenheit für sich reklamiert. Dabei begreift sich die Erzählstimme als Teil einer Gemeinschaft, die sich eng mit narrativer Vermittlung – dem Erzählen von Geschichten – in Beziehung setzt.

> This is my story. Scratch a Jew and you've got a story. If you don't like elaborate picaresques full of unlikely events and tortuous explanations, steer clear of the Jews. If you want things to be straightforward, find someone else to listen to. (MT, S. 1)

Durch die Charakterisierung der Geschichten wird der Kontext der Erinnerung indirekt aufgerufen. Die orale Vermittlung eines gemeinsamen Gedächtnisses ist einer der zentralen Stabilisierungsmechanismen des Kollektivs. Vergangenheit wird narrativiert und als Erzählung über die Generationen hinweg weitergegeben. Bewusst lässt der Text an dieser Stelle die Grenze der oralen Vermittlung zur schriftlich Fixierung und künstlerischen Überformung als Literatur verschwimmen. Die erzählten Geschichten werden in die Tradition des pikaresken Romans gestellt, dessen unvermutete Wendungen eine Fiktionalisierung aufrufen, die sogleich in Beziehung zu autobiographischen Lebenserzählungen gestellt wird. Der Prozess der Fiktionalisierung in der Generierung von Vergangenheit ist dem Text auf diese Weise gleichsam vorangestellt. So wird auch ein Akt der Selbstermächtigung betont, der mit der Konstruktion des literarischen Ichs aus einer marginalisierten Sprecherposition verbunden ist. Die Inanspruchnahme narrativer Autorität durch das erzählende Ich sollte jedoch nicht, wie Stähler dies tut, als Unzuverlässigkeit verstanden werden: „Durch den so etablierten

Fiktionalitätsindikator wird die Zuverlässigkeit ihrer Erinnerung und deren narrativer Wiedergabe von vornherein in Frage gestellt."[14] Stählers Ausführung lässt vermuten, dass hier von einer originären ‚authentischen' Erinnerung als mimetischem Abbild des Geschehenen ausgegangen wird. Dieses Verständnis kann Erinnerung nicht als grundsätzlich fiktionalisierte (Re-)Konstruktion der Vergangenheit aus der Gegenwart erfassen und muss folglich die zentrale Rolle der Narrativierung verkennen. Erinnerung und ihre Vermittlung sind aufgrund ihrer Perspektivierung immer mehr oder weniger zuverlässig. Freilich ist jede autodiegetische Erzählung durch die Konstruktion des eigenen Selbsts mit dem Schatten der Unzuverlässigkeit behaftet, doch lässt die Selbstverortung, die Evelyn vornimmt, keinen Zweifel daran, dass es nicht um eine vermeintlich objektive Vermittlung von Historie gehen kann, sondern um einen Akt der Selbstermächtigung, eine Aneignung von narrativer Autorität über das eigene Leben. Dabei ist Grants Text im Kontext marginalisierten Erzählens zu sehen: Auch in den US-amerikanischen *Slave Narratives* nimmt die Verortung des eigenen Selbsts als Aneignung von Autorität aus einer marginalisierten Artikulationsposition eine wichtige Stellung ein.

Diese Selbstermächtigung überträgt Evelyn vor dem intertextuellen Hintergrund der Klagelieder Jeremias von der Literatur auf die Weltpolitik:

> We were going to force an alteration in our own future. We were going to drive the strangers out, bury the blackened dead, destroy the immigration posts and forget our bitterness. There would be no more books of lamenting. Nothing like that was going to happen to us again. [...] I was a daughter of the new Zion [...]. (MT, S. 3–4)

Nur indirekt wird die Shoah in dieser Passage aufgerufen, die Evelyns Selbstautorisierung innerhalb des Kollektivs verortet. Doch konstruiert der Text eine Interferenz zwischen Erzähltempus und Perspektive, die die Hybridität der Protagonistin betont. Während die figurale Perspektive des erinnerten Ichs den Argumentationsverlauf in seiner Entschlossenheit und Wortwahl charakterisiert, verortet die Wiedergabe der auf die Zukunft hin ausgerichteten Passage diese beim erzählenden Ich. Diese Interferenz lässt die Erzählebenen oszillieren und verunsichert eine Rezeption, die das Erzählen des eigenen Lebens als die Wiedergabe objektiver Fakten zu lesen versucht.

Geschichte wird als Netzwerk von Erzählungen begriffen, die durch ihre Verknüpfungen die Erinnerung des Kollektivs formieren:

14 Stähler: *Literarische Konstruktion jüdischer Postkolonialität*, S. 182. Stähler geht im Verlauf seiner Argumentation von einem Unterschied von erlebter und erinnerter Geschichte aus (vgl. ebd., S. 183). Demzufolge ist davon auszugehen, dass seine Vermutung von Unzuverlässigkeit auf der Annahme einer Möglichkeit zur Wiedergabe des objektiv ‚tatsächlich' Geschehenen beruht, die allerdings vor den ausgeführten theoretischen Grundannahmen der menschlichen Wahrnehmung und der Generierung von Erinnerung im Kontext dieser Arbeit verworfen werden muss. Doch auch außerhalb dieses Kontexts ist, folgen wir Stählers Argumentation, jede Form des Erzählens zwangsläufig unzuverlässig, handelt es sich doch immer um eine Fiktionalisierung.

> Look at it this way, we are the people of the Book. It is the first thousand years of Jewish history and though we have no second volume for the next two thousand years, each story a Jew tells is part of that book. (MT, S. 239)

Die Verortung von Erinnerung wird innerhalb eines hybriden Raums der Fiktionalisierung vorgenommen, der sich als polyvalentes Ganzes manifestiert. Die Konstitution dieses kollektiven Erinnerungsraums ist eng mit der Diaspora verknüpft, der sowohl Dislokation als auch eine hieraus erwachsende Notwendigkeit der Neulozierung im Rahmen eines imaginären Erinnerungsraums immanent sind.
Angesichts der Verortung des Erlebten in der Tradierung von kultureller Identität verwundert es nicht, dass sich Evelyn, was die Vermittlung des eigenen Lebens und der damit einhergehenden Konstruktion von Identität betrifft, als Herausgeberin begreift. Vor allem die mit der Edition verbundenen Prozesse der Selektion, die in der Konstruktion von Erinnerung und in der ästhetischen Formung der Erzählung von entscheidender Bedeutung sind, werden nun zum selbstschöpfenden Prozess.

> Always I have edited my life, leaving out whole sections, or changing or embroidering details. Who doesn't? Tell someone your life story and what you have is exactly that, a story. We cannot help this. You're not loading a video tape which will play back the past. (MT, S. 68)

Die narrative Autorität der autodiegetischen Vermittlung integriert die Bedingungen der Produktion von Erinnerung und deren Fassung als autobiographischer Erzählung in die narrative Verfasstheit des Textes. Jedwede identitätskonstruierende Verortung in Bezug auf eine kollektive Vergangenheit bringt unweigerlich eine Fiktionalisierung mit sich, die bereits auf die Flüchtigkeit des Erlebten und die Vieldeutigkeit des mnemonischen Netzwerks verweist, in dem unterschiedliche Erinnerungsdiskurse divergierende Konstruktionen des Vergangenem artikulieren.
Es sind gerade die erinnernden Bewegungen durch den literarischen Raum, die im Roman zur Selbstverortung der Protagonisten benutzt werden und an denen die Erzählstimme die eigene narrative Selbstermächtigung nachvollzieht. Diese Mobilität im entworfenen Erinnerungsraum schreibt dabei die von Evelyn empfundene Verfasstheit ihres Selbsts dem spatialen Beziehungsgefüge ein. Durch die Führung der Erzählperspektive werden Bewegungen zum Aushandlungsort, in dem erzähltes und erzählendes Ich konflikthaft zueinander in Beziehung treten. Das Gefühl der Nicht-Zugehörigkeit erweist sich dabei sowohl in London als auch im Mandatsgebiet als zentral. Als Jüdin in einer christlichen Umgebung macht etwa die Stille des Sonntags die Fremdheit Evelyns nachvollziehbar:

> This was my home, but I always knew I was a Jewish child growing up in a Christian country. That I woke up, every Sunday morning, to the sound of church bells ringing across the whole of Christian England and when I heard them I was not summoned to God. After the bells, silence. (MT, S. 12)

Doch auch Palästina konfrontiert die Protagonistin mit dem Gefühl, aufgrund ihres englischen Hintergrunds nicht hierher zu gehören. Die Gerüche auf dem Markt sind ihr unbekannt, die Hitze der Sonne bringt ihren Körper an die Grenze der

Belastbarkeit und der eigene Erinnerungshintergrund scheint weit entfernt von dem der europäischen Shoah-Überlebenden oder dem der im Mandatsgebiet geborenen Juden, die in der Staatsformung die Befreiung von der britischen Fremdherrschaft suchen. Die ganze Welt ist in Umwälzungen begriffen, die von Evelyn als Bewegung über Kontinente hinweg gefasst werden.

> We were moving like tides across the continents and the seas [...]. The roads and railways were engorged with human, sweating, shivering, stinking, parched or pissing flesh, travelling not for adventure or for pleasure or to take a rest cure or to acquire a tan or out of boredom or to find romance or to cure a broken heart – but because they had a hunger for the good earth of home under their feet. (MT, S. 28)

Die Motivierung der Bewegung ist deutlich mit einem Rückkehrmotiv verbunden, das die von Evelyn ersehnte Neuverortung eines jüdischen Selbsts in die Tradition der Aufhebung der Galut stellt. Doch ist es hier nicht ein messianisches Heilsversprechen, sondern die von Evelyn mit der Moderne assoziierte Neubestimmung, die von zentraler Bedeutung ist. Ihr Sehnen wird als Semantisierung immer wieder dem literarischen Raum eingeschrieben, der jedoch auch zur Brechung von Evelyns Wahrnehmung genutzt wird. Die Gebäude Tel Avivs werden zur Manifestation einer Idee: „They were houses like machines, built of concrete and glass, not houses at all, they were ideas." (MT, S. 71) In der Assoziation mit der Maschine und der abstrakten Idee wird der urbane Raum zum Sinnbild einer auf die Zukunft ausgerichteten Moderne, wobei die Häuser jede Verbindung mit organischen Materialien verlieren.

Eine Brechung dieser Wahrnehmung wird vorgenommen, als Evelyn das jemenitische Viertel der Stadt entdeckt. Die Bewegung der Figur ist hier auch eine Bezugnahme zu einer dem Land eingeschriebenen, durch die Zeit fortdauernden jüdischen Präsenz.

> I saw dusty alleys of crumbling houses and trees with leaves like feathers, bearing red flowers, and some kind of vegetation spilled out over walls with more red flowers of a different kind and I couldn't put a name to anything I had seen. (MT, S. 105)

Beton und Glas wird ein Überwuchern der Gebäude durch unbekannte Pflanzen gegenübergestellt, das einerseits die Platzierung Evelyns in einem fremden Kontext aufgreift und andererseits die Hybridität der Stadt selbst im Raum fassbar macht.

Evelyns Weg durch die Stadt und die figurale Erzählperspektive verankern die Darstellung in einer horizontalen Raumwahrnehmung. Der Überblick aus der Vertikalen verschließt sich der eingewanderten Evelyn, und so ist ihre Erzählung bestimmt durch die performative Position des Fußgängers, der sich nach und nach den Raum erschließt und diesen dabei formt. Die narrative Vermittlung orientiert sich an dem von de Certeau als Sprechakt beschriebenen Weg, dem die Karte als Manifestation vertikaler Autorität gegenübergestellt wird.[15]

15 Vgl. de Certeau: *Kunst des Handelns*, S. 220–226.

Der Konflikt zwischen Performativität und Autorität in der Decodierung des urbanen Textes findet auch in der Konfrontation von erinnerndem und erinnertem Ich Ausdruck. Bereits das erste Kapitel hebt im ersten Satz die der narrativen Situation immanente Distanz zwischen erzähltem und erzählendem Ich hervor: „When I look back I see myself at twenty.“ (MT, S. 1) Der in die Vergangenheit gerichteten Bewegung wird eine doppelt perspektivierte Bestimmung dieses erzählten Ichs zur Seite gestellt.

> I know that people regarded me in those days as many things: a bare-faced liar; an enigma; or a kind of Displaced Person like the ones in the camps. But what I felt like was a chrysalis, neither bug nor butterfly, something in between, closed, secretive, and inside some great transformation under way as the world itself [...] was metamorphosing into something else, which was neither the war nor a return to what had gone before. (MT, S. 2–3)

Die Fremdbestimmung durch das Außen ist vor allem durch die Verunsicherung von festgefügten Identitätskonzepten gekennzeichnet. Als nicht einzuordnendes Rätsel, als Lügnerin, als das Andere ist Evelyn ein Weder-Noch, ein Hybrid, das der eigenen Vieldeutigkeit Ausdruck verleiht. Doch konstruiert der Text an dieser Stelle ein komplexes Gefüge von Perspektiven, denn in der Darstellung durchdringen sich figurale und narratoriale Perspektive, erzähltes und erzählendes Ich, gegenseitig. Das Bild der Transformation greift die von Evelyn anfangs ersehnte Aufhebung der eigenen Zerrissenheit auf, doch schreibt die Hervorhebung der Chrysalis und des ihr eigenen Zustandes zwischen den Polen, des Weder-Noch, der figural perspektivierten Passage zugleich die narratoriale Perspektive der erzählenden Evelyn ein. Fragmentiertheit und ersehnte Auflösung durch transformierende Neubestimmung wechseln so innerhalb eines Satzes in schneller Folge, bevor der Zustand der Unbestimmtheit schließlich auf die Welt als Ganzes übertragen wird. Der Zweite Weltkrieg bildet eine historische Zäsur und ist aus der Sicht der jungen Evelyn Auslöser tiefgreifender, jedoch noch nicht absehbarer Veränderungen.

Die Frage nach der Identität der erzählten Evelyn zu Beginn des zweiten Kapitels wird von der Erzählerin folglich auch mit dem Verweis auf ihre Unbestimmtheit versehen: „Who *was* Evelyn? [...] Just a work-in-progress, not even that; a preliminary sketch for a person.“ (MT, S. 5) Legt die im Präteritum formulierte Frage eine Distanzierung und damit die Vermutung nahe, die erzählende Evelyn sei ‚abgeschlossen‘, so formuliert der Text durch die immer stärker in den Vordergrund tretende Hybridität der Protagonistin dazu einen stark pointierten Gegenentwurf. Die finale Gegenüberstellung von erzähltem und erzählendem Ich aus narratorialer Perspektive entwirft eine hybride Struktur: das erzählte Selbst mit dem Wissen des erzählenden. Die Erfahrung der eigenen Polyvalenz wird darüber hinaus in die nächste Generation fortgeschrieben, denn Evelyns Tochter Naomi reist nach Lettland, um in der erschließenden Bewegung durch den Raum die Geschichte der Großeltern zu rekonstruieren.

Sowohl in der erinnernden Mobilität im literarischen Raum als auch in der Selbstermächtigung der hergestellten narrativen Autorität nehmen selegierende Prozesse eine zentrale Stellung ein. *When I Lived in Modern Times* verweigert sich der Annahme einer vermeintlich objektiven Faktizität von Vergangenheit. Geschichte existiert lediglich in der narrativen Formung als Erzählung, wobei der fiktionalisierende Charakter der Erinnerungskonstitution direkt thematisiert wird. Trotz der Autorität des Ichs im Erzählakt findet die vom erzählten Ich herbeigesehnte Auflösung der Fragmentierung im Sinne einer Komplettierung keine Umsetzung, macht doch die hybride Verfasstheit polyvalenter Identitäten gerade einer solchen Überführung in eindimensionale Lesarten unmöglich. Im Entwurf des literarischen Erinnerungsraums vollzieht der Text folglich eine Vielzahl von konternden Bewegungen, die den meist in figuraler Perspektive dargestellten Bemühungen um Kohärenz die Unmöglichkeit dieses Unterfangens zur Seite stellen. So bleibt als letzter Entwurf die hybride Durchdringung von Erinnertem und Gegenwart, den die nachfolgende Generation in eigenen Bewegungen durch den Erinnerungsraum zu erfahren und sinnstiftend auszulegen sucht.

1.2 Interpretierende Bewegung im Erinnerungsraum: *Still Here*

Im Zentrum des Romans stehen die Protagonisten Alix Rebick und Joseph Shields, beide Ende Vierzig. Der Text verhandelt die komplexen Beziehungen, die sich von den beiden Figuren ausgehend in der individuellen Konstruktion und Bewertung von Vergangenheit entfalten. Darüber hinaus sind beide eng mit der Fromung des spatialen Relationsgefüges verbunden, denn Joseph ist als Architekt eine raumschaffende und -gestaltende Kraft, während Alix nach dem erzwungenen Ende ihrer akademischen Karriere als Kriminologin ihren Lebensunterhalt damit verdient, im Dienst einer Stiftung zerstörte Synagogen in Europa zu finden. Bei der Erschließung der Bauwerke im Kontext eines gestalterischen Eingriffs in den europäischen Erinnerungsraum erweist sich Alix so als gleichermaßen gestaltende Kraft.

Doch figuriert der Roman ausgehend von der Gegenwart auf vielfältige Weise die Rekonstruktion individueller wie kollektiver Vergangenheit. Nicht nur in Bezug auf die zentralen Figuren, sondern auch für eine Vielzahl von Nebenfiguren gestaltet der Text, der abwechselnd von Alix und Joseph als autodiegetische Erzählung vermittelt wird, Erinnerung als von der Gegenwart in die Vergangenheit zurückreichende gestalterische Bewegung.

So erzählt Alix, die wegen ihrer schwer erkrankten Mutter nach Liverpool zurückkehrt, nicht nur die Geschichte der Eltern und Großeltern, der Rebick- und der Dorf-Familie, sondern rekonstruiert auch die eigene Lebensgeschichte aus der Perspektive einer mit dem Prozess des Alterns konfrontierten Frau, die sich als gestalterische Kraft in der Konstruktion des eigenen Lebens begreift. Dabei sieht sie sich auch mit Veränderungen in Bezug auf Optionen der Konstruktion von Identität – und vor allem sexueller Identität – konfrontiert. Bei der Erfüllung des letzten Willens der Mutter, die von den Großeltern unter Zwang an die Nazis verkaufte und damit enteignete Fabrik wieder in Familienbesitz zu bringen, erschließt Alix bislang unbekannte Teile der Familiengeschichte. Hierbei erfährt sie von bislang unbekannten Cousins in den

USA und trifft schließlich eine Tante, von deren Existenz sie zuvor nichts gewusst hatte. Diese ist das uneheliche Kind von Alix' Großvater mütterlicherseits und hält durch ihren ganz eigenen Beitrag zur Familiengeschichte nicht nur die Kosmetikfabrik im Besitz der Dorf-Familie, sondern führt durch die Tradierung ihrer Erlebnisse an Alix auch eine Rekonstruktion des erinnernden Narrativs herbei.
Joseph Shields soll in Liverpool ein Hotel bauen, das von Stadtplanern mit der Hoffnung auf eine Neugestaltung des Images der Stadt verbunden wird. Die Prinzipien der architektonischen Formung des urbanen Raums überträgt Joseph nahezu ungebrochen auf die Konzeption des eigenen Lebens. Gerade diese Gleichsetzung der Raum- und Lebenskonstruktion erweisen sich für Joseph als immer weniger tragbar. Als seine Frau Erica ihn verlässt, gerät sein wohl durchdachtes Leben zunehmend aus den Fugen. Seine verdrängten Erfahrungen als Soldat der Israel Defence Forces während des Jom-Kippur-Kriegs (1973), sein unklares Begehren in Bezug auf Alix und sein schwindendes sexuelles Verlangen nach seiner Ehefrau, das eine Reaktion auf ihre Schönheitsoperationen darstellt, machen eine kohärente Konstruktion von Erinnerungen als in sich geschlossenes Ganzes unmöglich. Die von Joseph entworfene Erzählung der Familiengeschichte wird zunehmend gebrochen. Schließlich begleitet er Alix, die ihn bei der Umsetzung seines Bauprojektes tatkräftig unterstützt, auf der Suche nach ihrer Tante nach Dresden, wo er sich sein sexuelles Verlangen nach Alix eingesteht. Doch lässt der Text die Option einer endgültigen Trennung von Erica und einer Liebesbeziehung mit Alix bewusst offen und profiliert lediglich die Fragen, die sich Joseph nach der ersten Liebesnacht mit Alix in Bezug auf die Konzeptionalisierung seines Lebens stellen.

Konzeptualisierung des urbanen Erinnerungsraums

Beim Entwurf der spatialen Ausgangssituation figuriert *Still Here* bereits zu Beginn die Stadt als Grenzraum, als Verortung einer wechselseitigen Durchdringung: Als Hafenstadt bildet Liverpool den Raum des Aufeinandertreffens von Irischer See und Festland. Dieses Aufeinandertreffen wird vom Text in einem komplexen Spiel mit der Lozierung der Perspektivführung ausgebreitet. Das Motiv der Hybridisierung wird auf diese Weise hier in der narrativen Konstruktion des Textes etabliert.

> From the river the city seemed like a colossus. The sky was heavy with rain and the wind was sharp. Salt and tar were in our throats, our eyes were stinging. Seabirds were screaming in the sky and the ships' horns boomed along the estuary; behind us was the emptiness of the sea. […] The city bore down on the shore, the dock brought the water into land and closed in on it four-square. (SH, S. 1)

Durch den unsicheren Bezugspunkt der narrativen Perspektive geraten die Grenzen zwischen den distinkten Räumen Meer und Land ins Wanken. In der Darstellung des erzählenden Selbsts bestimmen Assoziationen mit dem Meer das Erzählen: Salz, Teer, das Geschrei der Seevögel. Dennoch ist der Bezugspunkt nicht das Meer, das im Rücken der narrativen Instanz loziert wird, sondern der Fluss, von dem aus die Stadt wahrgenommen wird. Die sich hier bereits abzeichnende Durchdringung, die dem

Grenzraum zueigen ist, wird im Text weitergeführt und intensiviert. Die Docks der Stadt bringen das Wasser in den urbanen Raum und umschließen es zugleich. Feste Umgrenzungen werden zwar angedeutet, doch nur um sie sogleich in Frage zu stellen und ihre Untauglichkeit hervorzuheben. Denn die starke Profilierung der See in der Darstellung lässt den Einschluss als unvollkommen und unzulänglich erscheinen. Die Stadt selbst erhält dadurch eine Offenheit, die auf der semantischen Ebene der Hafenstadt als Ein- und Ausgang für Menschen und Waren stets immanent ist. Diese hier durch die in Liverpool geborene Alix dargestellte Offenheit verbindet die Stadt über den Mersey mit der gesamten Welt:

> For the Mersey ran out to Liverpool Bay, and our bay led to the Irish Sea, and our sea opened up to the Atlantic Ocean and our ocean touched the shores of Mexico and all the way down to the bottom of the world. (SH, S. 15)

Von Liverpool aus vollzieht die Erzählinstanz eine Aneignung von Raum, bei der dieser durch Kontiguität als der eigene reklamiert wird. Weiterhin ist dem Text auch eine Migrationsbewegung eingeschrieben, die in Aus- und Einwanderung die Hafenstadt im Relationsgefüge verortet. Vom Mersey aus entwickelt der Text eine Bewegung durch Irische See, Atlantik, nach Mexiko und in eine unbestimmte Weite. Durch die vorgezeichnete Richtung und die Praxis der narrativen Aneignung von Raum wird Liverpool deutlich in den Kontext von Mobilität gestellt. Die Stadt ist demnach gerade auch ein Grenzraum im Lotman'schen Sinne: ein Raum der Durchdringung und des Austauschs.

In der Semantisierung, die der Text mit der Konstruktion des spatialen Gefüges vornimmt, wird Liverpool als konkrete Verortung der Rebicks den Vereinigten Staaten gegenübergestellt. Die USA nehmen dabei die Position eines ersehnten Raums ein, der jedoch nie erreicht wird. Großbritannien dagegen wird als Durchgangsstation empfunden, als vorübergehende Platzierung innerhalb einer Bewegung, die auf die USA hin ausgerichtet ist: „We cannot get over the feeling that England is an interim stage America!" (SH, S. 2) Liverpool wird als Raum gezeichnet, der durch die Industrie der Docks dominiert wird, was auch in den Baumaterialen Ausdruck findet. Die Architektur ist bestimmt durch Stein, Beton und Stahl; wegen der Feuergefahr wurde auf Holz als Baustoff verzichtet. Das Erscheinungsbild der Stadt schildert Alix als brutal und massiv:

> It was always a harsh landscape, high brick walls separated the pedestrians from the warehouses [...], and no wood anywhere in order to prevent a stray match turning the bales of tobacco and cotton into a fireball. Nothing on the Liverpool waterfront gave itself to beauty or to grace. There was Palladian architecture, but that was inland and, even then, built on a massive, bullying scale. Everything was about power and money and brutality and dominance [...]. (SH, S. 137–138)

Dominanz und Macht, die zunächst dem Hafen zugeschrieben werden und die Bedeutung Liverpools innerhalb des britischen Kolonialismus als Folie aufrufen, werden darauf auf die gesamte Stadt ausgedehnt. Der urbane Raum ist auf diese Weise durch die Massivität der Bauten auch Artikulation eines imperialen Machtanspruchs.

Dieser Anspruch wird jedoch als in historischem Bewusstsein rekonstruiert markiert, denn obwohl die Bedeutung Liverpools als Durchgangsstation in Migrationsbewegungen und als Nadelöhr des kolonialen Handels deutlich hervorgehoben wird, lässt das Liverpool der Gegenwart lediglich noch Spuren dieser Vergangenheit im Raum erkennen. Die zentrale Stellung der Stadt gehört der Vergangenheit an, der Hafen hat seine Bedeutung verloren, und so wird Liverpool von Alix, die zurückkehrt, um bei ihrer sterbenden Mutter sein zu können, als sterbende Stadt figuriert.

> Everything I saw was dying, the city's population thickly flowing south. The Docks and Harbours Board and the docks themselves, the insurance buildings, the blackened, blasted warehouses along the waterfront, the cranes and piers, and a mile or so inland, those hulking brutes, the two cathedrals, all dead entities. (SH, S. 35)

Wie die Lebensenergie den sterbenden Körper der Mutter verlässt, trocknet Liverpool durch den Wegzug der Bewohner aus. Auf diese Weise entsteht das Bild einer Stadt, die hauptsächlich durch Erinnerung an die Vergangenheit des urbanen Raums bestimmt wird und die keine Zukunft zu haben scheint, denn durch die starke Assoziation mit Tod hat die Gegenwart eine kaum existierende Perspektive. Lediglich das Fortschreiten des Verfalls scheint sich im urbanen Raum zu entfalten.

Die enge Verknüpfung Liverpools mit Geschichte, in der allein die Bedeutung der Stadt innerhalb eines größeren Relationsgefüges sichtbar wird, ist von Alix als internationales Handelsnetz dargestellt. Der Hafen verbindet Liverpool mit anderen Häfen: von Norwegen, Spanien, dem Baltikum bis in die USA. Damit verknüpft ist stets die Konstruktion von wirtschaftlicher und politischer Macht („Riches overflowing, a great community, a vast empire. Power." SH, S. 135). Anhand des Verfalls von politischer und fiskaler Relevanz etabliert der Text den Zerfall des Britischen Empire als Hintergrund, vor dem im Verlauf der Narration unterschiedliche Facetten von Liverpools Geschichte innerhalb des spatialen Netzwerks aufgerufen werden: die kulturelle Vergangenheit (Liverpool als Stadt der Beatles), die Geschichte sozialer Auseinandersetzungen (die Toxteth Riots 1981) und die jüdische Geschichte der Stadt.

Aus der Perspektive des US-amerikanischen Architekten Joseph wird ganz England im metonymischen Verfahren zum Land der Beatles. Abgesehen von seiner vergangenen Relevanz hat Liverpool für Joseph lediglich als Hafen Bedeutung, von dem aus neun Millionen Menschen ihren Weg in die USA fanden. So verbindet Joseph auch sein Hotelprojekt mit einer semantischen Neubestimmung der Stadt, innerhalb derer sein Gebäude als künstlerische Artikulation von Vergangenheit und Gegenwart des urbanen Raums verstanden werden muss, wie meine Analyse der raumgestaltendenden Praxis Josephs verdeutlichen wird. Anhand der Toxteth Riots, die Alix's Bruder Sam innerhalb des von Joseph erzählten Teils des Textes schildert, schreibt sich die Konflikthaftigkeit des Bedeutungsverlusts der Stadt in den Text ein und stellt die Stadt darüber hinaus als hybriden Raum dar. Die Straßenschlachten zwischen Angehörigen ethnischer Minderheiten und der Polizei machen das im Rassismus der Mehrheitsgesellschaft sichtbar werdende konflikthafte Aufeinandertreffen unterschiedlicher

kollektiver Identitätsentwürfe wahrnehmbar. Sam, Anwalt der an den Unruhen Beteiligten, vermittelt so eine interpretierende Rekonstruktion der mit dem Stadtteil Toxteth verbundenen Sozialgeschichte Liverpools.
Weniger präsent im öffentlichen Diskurs ist dagegen die jüdische Geschichte Liverpools, die vom Text an unterschiedlichen Stellen aufgerufen wird. Hierdurch wird die von Soja hervorgehobene Spatialität von Geschichte vom Text profiliert.

> Every history that is not merely a chronicle or a fable must presume to be intrinsically spatial, to be about spatiality, in much the same way that history is presumed to be intrinsically social, about the sociality of human life.[16]

Geschichte als diskursiv kanonisierte Konstruktion kollektiver Vergangenheitsartikulation hat somit unweigerlich spatiale und soziale Qualitäten, und verknüpft beide eng miteinander. Die Artikulation von Identität als Sich-in-Bezug-Setzen zum sozialen System ist, folgen wir Soja, auch immer Ausdruck einer Verortung. Im Fall der jüdischen Geschichte Liverpools haben wir es hier mit einer nicht diskursiv dominant repräsentierten Vergangenheit zu tun. Vielmehr artikuliert Grants Text diese als Äußerung aus der Peripherie der Semiosphäre, denn Alix als Erzählinstanz nimmt innerhalb des semantischen Feldes der Identitätskonstruktion in Großbritannien als Jüdin einen marginalisierten Sprechort ein. Dabei greift die so verdeutlichte jüdische Präsenz in Liverpool den Titel des Romans auf: *Still Here*, immer noch da. Trotz Migrationsbewegungen, trotz der eigentlich ersehnten Re-Lozierung in den USA ist Liverpool eben auch Ort jüdischen Lebens, das sich nach wie vor im urbanen Raum manifestiert: Neben den zwei Kathedralen, die die Skyline der Stadt prägen, ruft Alix zu Beginn des Textes die dahinter gelegene Synagoge auf (vgl. SH, S. 1). In der historischen Perspektivierung dient unter anderem Joseph als Referenzpunkt, aus dessen Blickwinkel die Stadt eben gerade kein jüdischer Raum ist. Joseph ist überrascht, überhaupt Juden in Liverpool zu finden: „But what I had never expected in England, and certainly not in Liverpool, were Jews." (SH, S. 43) Sam wird für Joseph, wie auch bei der Vermittlung der Toxteth Riots, zu der Instanz, die die Vergangenheit rekonstruiert. „He [*Sam*, M. K.] talked over dinner about the Jews of Liverpool, how everyone lived around a street called Brownlow Hill and everyone had a house with a shop so they could make a living [...]." (SH, S. 61) Die Aneignung des urbanen Raums durch jüdische Immigranten wird auch von Alix als raumgestaltende Praxis beschrieben, innerhalb derer der Stadt Spuren eingeprägt werden.

> Wherever they colonised a new neighbourhood, moving outwards from Brownlow Hill, inching into the suburbs, they built themselves a synagogue [...]. Not bound by any class system, for when the workers told them that they knew their place, they thought, But I have no place. They were immigrants. (SH, S. 10)

Die spatiale Dislokation des Immigranten äußert sich als Mobilität im urbanen wie auch im sozialen Raum. Synagogen repräsentieren die Gegenwart der anglo-jüdischen

16 Soja: *Thirdspace*, S. 171.

Gemeinschaft im Bild der Stadt. Im Jetzt lassen sich bei der Rekonstruktion von Vergangenheit durch die Gebäude diese Bewegungen im urbanen Raum nachvollziehen. Im Kontext der populärkulturellen Geschichte Liverpools werden Juden als den historischen Raum gestaltend dargestellt. Sam als Anwalt wird beispielsweise mit Brian Epstein assoziiert, „another Yid who put Liverpool on the map" (SH, S. 213).
Im synekdochischen Verfahren wird die Artikulation jüdischer Geschichte am Beispiel des Altenheims, in dem Alix's Mutter gepflegt wird, in der aus wechselseitiger Durchdringung resultierenden Hybridität dargestellt. Das Gebäude wird von Alix als Erzählinstanz zunächst mit der Handelsgeschichte Liverpools verbunden:

> [A] red sandstone monstrosity knocked up with fake turrets and crenellations, built, according to a plaque in the entrance hall, by a cotton merchant around the time that the city was engorged with wealth, when the river was full of masted schooners and the first steam liners [...]. (SH, S. 7)

Türme und Zinnen assoziieren das Gebäude mit einer feudalen Vergangenheit Englands, doch wird die Originalität dieser historischen Verknüpfung durch die Erzählinstanz sofort als falsch gekennzeichnet, wodurch das Gebäude als Raum der Grenzverwischung etabliert wird. Schließlich spielt die Architektur des Pflegeheims offensichtlich mit Epochengrenzen, was durch die Semantisierung, die der Text vornimmt, noch verstärkt wird. Durch den Erbauer ist das Gebäude mit dem Höhepunkt von Liverpools Reichtum und damit auch dem Zenit der politischen Macht und der Relevanz der Stadt verbunden. Einst Teil der Produktionskette der Baumwollindustrie, ist das Haus nun Pflegeheim für Juden. Im Inneren wird das Gebäude durch die Repräsentation von Erinnerung weiter hybridisiert: Die anglo-jüdische Gemeinschaft wird im Raum durch religiöse Gegenstände sichtbar gemacht und zugleich verweist der Text erneut auf Bewegung, indem die Herkunft der Objekte in einem vergangenen Europa verortet wird.

> A mahogany sideboard holds numerous silver menorahs and Friday-night candlesticks, some brought over on the boat from the Old Country by the mothers of the inmates, wrapped in a linen tablecloth, rolled up in the bottom of a cardboard suitcase and preserved right through to the far end of the century when the silver has been polished down to the brass. (SH, S. 9)

Der Text ruft zwei Objekte von symbolischer Bedeutung auf: die Menorah und die Halter der Schabbat-Kerzen.[17] Doch unterstreicht die Benennung der Gegenstände die Heterogenität des Raums, denn hier zeigt sich eine auffällige Diskrepanz innerhalb der Erzählinstanz: Während die Menorah mit dem hebräischen Namen genannt wird, fällt die Nicht-Nennung des Schabbat in diesem Kontext besonders auf (stattdessen wird mit „Friday-night" quasi eine Übertragung in einen anderen kulturellen Kontext angeboten). Die bruchhafte Durchdringung zweier semantischer Kontexte – zweier unterschiedlicher Semiosphären – wird auf der Ebene der Wortwahl aufgegriffen und profiliert die dargestellte Hybridität auf der Ebene der narrativen Vermittlung. Es handelt sich um eine Hybridisierung, die als Erinnerung das Leben

17 Die Menorah, der siebenarmige Leuchter, gehörte zum Inventar des Stiftzelts (Ex 25,31–40).

der Vorfahren in Europa innerhalb des Raums als konflikthaftes Aufeinandertreffen repräsentiert.

Die Präsenz dieser Erinnerung im urbanen Raum wird von Alix anschließend auf die ganze Stadt ausgedehnt, wobei erneut das Immer-noch-Dasein, das bereits im Titel des Romans an prominenter Stelle aufgerufen wird, hervorgehoben ist: „It was the same with the city: it was hanging around long after anyone had no further use for it." (SH, S. 16) Und ganz wie die Synagogen, die Alix ausfindig macht, bezieht sie dieses Motiv auch auf sich selbst, die ja nicht in die USA ausgewandert ist, oder, wie Joseph, einige Zeit in Israel verbracht hat, sondern stets wieder nach Liverpool zurückkehrt, das für Alix immer noch ‚ihre' Stadt ist. „I am still here, as my city is, and as those few surviving synagogues, by some miracle, are still there too, and the Jews of Cochin." (SH, S. 18) Der Romantitel wird als Motiv in einer narrativen Bewegung zunächst auf die jüdischen Bewohner des Pflegeheims bezogen, um dann auf Liverpool und schließlich auf die Erzählerin ausgedehnt zu werden. In diesem Kontext bezieht Alix auch Synagogen weltweit als spatiale Spuren der jüdischen Gemeinschaft und schließlich diese selbst (repräsentiert durch die jüdische Gemeinde von Kochi, Indien) mit ein. Diese Erzählbewegung verknüpft Menschen eng mit ihrer räumlichen Verortung und impliziert dabei stets wirkliche und angestrebte Bewegungen. Während Alix immer noch in Großbritannien ist, wird die fortgesetzte Präsenz der Synagogen in den Kontext des Überlebens gestellt. Mittel der Sichtbarmachung ist in allen Fällen die Konstruktion und Narrativierung von Vergangenheit. Die Geschichte Liverpools bildet auf vielfältige Weise den Hintergrund, vor dem Alix's Verharren rezipiert wird. Im Fall der alten Synagogen bildet eine einst belebte Vergangenheit, in der diese als Orte des Gebets und der Versammlung genutzt wurden, die Folie, vor der ihre Präsenz figuriert wird. Die innerhalb des spatialen Netzwerks rekonstruierbare Vergangenheit verweist dabei jedoch stets auf eine Hybridisierung: Innerhalb des Raums durchdringen sich unterschiedliche Semantisierungen, und diskursiv hergestellte Interpretationen von Raum und kollektiver (wie individueller) Erinnerung treffen konflikthaft aufeinander.

Doch beschränkt der Text die Figuration eines vor dem Hintergrund der Erinnerung hybridisierten Raums nicht auf die Darstellung jüdischen Lebens in Liverpool. Der von Soja beschriebene unweigerlich räumliche Charakter von Geschichte zeigt sich auch in der alltäglichen Raumpraxis. Sams Wohnung beispielsweise befindet sich in den Docks, das alte Dockgebäude wurde saniert und bietet nun neue Apartments, die in ihrer architektonischen Gestaltung die zweckmäßige Form des Hafenraums aufrufen. Dadurch werden sie selbst zum hybriden Raum, in dem sich Neugestaltung und vorherige Nutzung durchdringen.

> In Sam's new flat, in the dockside development, we came up in the lift [...]. If I [*Alix*, M. K.] was back living in the *shtetl*, he had moved straight into the sweatshop. They hadn't even painted the brick walls. Iron columns held the place up. The furniture was the kind you looked at rather than sat in. (SH, S. 33)

Die unverputzten Backsteinwände und Eisensäulen verweisen auf die praxisorientierte Bauweise der Hafengebäude, während Sams Mobiliar von Alix als sich der Benutzung bewusst verschließend wahrgenommen wird. Doch auch an dieser Stelle bildet jüdische Geschichte einen Referenzpunkt, von dem aus Vergangenheit im Kontext der Gegenwart in Bezug auf spatiale Verortung aufgerufen wird. Sam betrachtet Alix's Rückzug in ein kleines französisches Dorf als Rückkehr ins Schtetl. Alix dagegen ruft bei Sams Wohnung die Migrationsgeschichte der jüdischen Einwanderer am Ende des 19. und zu Beginn des 20. Jahrhunderts auf, die in Sweatshops arbeiteten und damit sowohl räumlich wie sozial Bestandteil der industriellen Produktionskette waren.

Dass Migrationsbewegung jedoch auch immer mit Dislokation verbunden ist und durch die mit ihr einhergehende Hybridisierung eine Neubestimmung in der prozessualen Identitätskonstruktion auslöst, verdeutlicht Melanie, Sams Ehefrau, in Bezug auf Lotte Rebick, die Mutter von Sam und Alix. Als in Deutschland aufgewachsene Jüdin bleibt Lotte in Liverpools jüdischer Gemeinschaft deplatziert.

> So she was neither one thing nor the other, your mother. [...] But how could she be *from* Liverpool when she never knew who was related to who and couldn't make any sense of the seating plan at a wedding or a bar mitzvah. Didn't know a word of Yiddish, didn't know what they said about her behind her back. (SH, S. 131)

Mangelnde Kompetenz innerhalb des sozialen Raumgefüges Liverpools wird zum Ausdruck von Lottes multipler Verortung, die sich am Wissen über das räumliche wie soziale Gefüge zeigt. So verbleibt Lotte im jüdischen Liverpool disloziert, denn die heterogene Identitätsformation als Immigrantin und in Deutschland sozialisierte Jüdin erweist sich als Konflikt, den Lotte nicht aufzulösen vermag. Ebenso findet sich Alix in einer scheinbar unüberbrückbaren Distanz zu ihren Großeltern wieder.

> We had no common language, my grandparents and I. I said, '*Guten Tag, Oma. Guten Nacht, Opa.*' And they replied with nods, looking across a continent that separated me from them, which was in fact only one end of the room to the other. (SH, S. 328)

Die Distanz, die sich am fehlenden kulturellen Code einer gemeinsamen Sprache zeigt, wird im narrativen Entwurf des Textes in den Raum hin ausgedehnt, der somit einer Semantisierung unterworfen wird. In dieser Semantisierung wird das Fehlen von kollektiven Erinnerungen (eine gemeinsame Sprache ist schließlich die Voraussetzung für die Vermittlung von Vergangenheit über die Generationengrenze hinweg) als räumliche Distanz dargestellt, innerhalb derer wenige Meter in einem Zimmer zu einem ganzen Kontinent werden. Die Entfernung von Dresden und London wird so zur semantischen Distanz zwischen Alix und ihren Großeltern.

In der Konstruktion des urbanen Raums als Erinnerungsraum entwirft Grants Text unter dem Fokus der rekonstruierten Vergangenheit ein breites Panorama, das den gegenwärtig erfahrenen Raum stets vor dem Hintergrund seines historischen Entworfen-Seins figuriert. Liverpool ist ein auf unterschiedlichen Ebenen hybrider Raum, in dem unterschiedliche Profilierungen, die bei der Narrativierung von Vergangenheit vorgenommen werden, ein heterogenes Bild ergeben, das Konflikte aufruft. Während aus der Perspektive Josephs die Stadt zunächst als kohärent englischer Raum gezeichnet wird, in erster Linie bestimmt durch seine historische Bedeutung bei der Auswanderung in die USA und die Geschichte der Beatles, wird diese Wahrnehmung sowohl durch Alix als Erzählinstanz als auch durch die zahlreichen Erzählungen von Vergangenheit durch andere Figuren, wie Sam und dessen Frau Melanie, in Frage gestellt. Dabei ergibt sich ein komplexes Bild des urbanen Raums, der durch eine Vielzahl von semantischen Schichten angereichert ist. Auf diese Weise wird Erinnerung innerhalb des spatialen Relationsgefüges zu einem polyphonen Konstrukt, das durch den Sprechort des Erzählenden bestimmt ist. Ähnlich wie die Wahrnehmung des Raums mit der Bewegung des Beobachters verknüpft wird, ist auch Erinnerung eng an die Perspektive des Erinnernden gebunden. Erinnern wird so zur Interpretation des Erinnerungsraums, dessen Rezeption in einem selegierenden Prozess zustande kommt. Es werden nur bestimmte Aspekte der verräumlichten Vergangenheit narrativiert, während andere als marginal und deshalb nicht erwähnenswert betrachtet werden. Dieses Verfahren ist im Kontext der Assoziation von raumschaffenden Praktiken, der Konstruktion einer hybriden Identität und des Prozesses der Perspektivierung im narrativen Entwurf des Textes zu sehen, wie ich im Folgenden weiter ausführen werde.

Raumpraxis und Identitätskonstruktion

Die beiden zentralen Protagonisten des Textes, die auch als narrative Instanzen fungieren, zeigen sowohl im Beruf als auch in der Herstellung des eigenen Selbsts eine enge Angebundenheit an die Konstitution des räumlichen Relationsgefüges. Darüber hinaus entwickeln beide in der Verortung des eigenen Selbsts im sozialen Bezugsrahmen spezifische Raumkompetenzen, um ihre Identität in Bezug zum Erinnerungsraum zu setzen. An dieser Stelle sollen diese unterschiedlich ausgerichteten Praktiken im Raum dargestellt und auf ihr gestalterisches Potential hin befragt werden, denn es wird sich zeigen, dass innerhalb des Textes beide Protagonisten eine Verknüpfung der Gestaltung des Raums und mit der des eigenen Lebens vornehmen.

Die Lozierung von Alix im narrativen Entwurf des Textes erweist sich als polyvalent. Sie hat mehrere Wohnorte und ist rein geographisch in London, Liverpool und in einem Dorf in der Nähe von Bergerac im Périgord[18] verortet. Die Abgeschiedenheit des letzteren Wohnorts wird von ihrem Bruder Sam mit der eines Schtetls assoziiert. Dabei impliziert er eine Umkehrung der Migrationsbewegung der Großelterngeneration (aus dem Schtetl nach Großbritannien) durch den Rückzug der Schwester aus dem urbanen Raum in den ländlichen. Die Londoner Wohnung von Alix befindet sich in einem von dem jüdischen Architekten Berthold Lubetkin[19] in den 1930ern erbauten

18 Die historische Bedeutung des Périgord als Grenzgebiet zwischen England und Frankreich im Hundertjährigen Krieg assoziiert den Raum semantisch mit einem polyvalenten Bedeutungsraum.

19 Berthold Lubetkin emigirierte 1931 nach Großbritannien.

Wohnblock, was diese Verortung ebenfalls in den Kontext von Migrationsbewegungen stellt. Auch im Erscheinungsbild sticht das Gebäude aus der Umgebung hervor: „It was constructed in the Modernist style and painted white so that it stands out like a sore thumb next to the red-brick houses that surround it.“ (SH, S. 200) Die prominente Stellung des Hauses, sein Hervorstechen, wird jedoch durch die Assoziation mit einem verletzten Daumen, mit einer Wunde, verbunden, wodurch die durch Verfolgung bedingte Immigration von Juden nach Großbritannien als historischer Hintergrund der architektonischen Gestaltung des urbanen Raums aufgerufen wird.
Der Erinnerungsraum der Großelterngeneration wird von Alix aufgrund von dessen unsicherer Bestimmung als Leerstelle wahrgenommen:

> [B]efore Liverpool, before the century that has just ended, there's nothing. Only the tiniest scrap of memory handed on and torn, so that the ink of writing fades and the creases in the paper wipe out whatever was once there and we must fill in the blanks with our own imaginations and what we know from the historians who went to eastern Europe after the collapse of Communism and resurrected towns and villages from the ashes of history. (SH, S. 10–11)

Die Leere, die eine Unterbrechung der oralen Tradierung von Erinnerung zwischen den Generationen deutlich macht, lässt die Zeit vor der Einwanderung nach Großbritannien und damit die identitätsstiftende Verortung innerhalb der Generationenfolge verschwimmen. Dies wird auch in spatialer Unsicherheit sichtbar: Die akademisch-historische Rekonstruktion jüdischen Lebens in Osteuropa bleibt der einzige Bezugspunkt für Alix. Darüber hinaus wird hier die Konzeption von Erinnerung (und Geschichte) als fiktionalisierende Herstellung von Vergangenheit in der Gegenwart hervorgehoben. Das Nicht-Tradierte, die Leerstelle im Narrativ der Erinnerung, muss gefüllt werden. Lotman beschreibt das Gedächtnis als einen die Vergangenheit produzierenden Generator[20]; diese Konzeption von Erinnerung wird an Alix im Kontext von Dislokation innerhalb der eigenen Selbstverortung als Verfahren der Produktion eines kollektiven Geschichtsnarrativs nachvollzogen. Die Imagination füllt die Leerstellen im Versuch, sich zu den vorhergehenden Generationen und zu einer kollektiven jüdischen Identität in Beziehung zu setzen. Europa wird zu einem Raum der Leere und der schmerzlich erfahrenen Abwesenheit, die der Text mit bitterer Ironie aufgreift: „A place where a lot of people got lost.“ (SH, S. 22) Dabei ruft der Text den historischen Hintergrund der Shoah im Wahrnehmen der Leere auf.[21] Europa ist ein Raum des Traumas, das sich in der Nichtherstellbarkeit von Gedächtnis äußert und die Weiterreichung des Bruchs im historischen Narrativ über Generationen hinweg repräsentiert. „Insofern ist die Figur des ‚Transgenerationellen‘, mit der sich traumatische Bedeutungen in das kollektive Gedächtnis einschreiben, genau jenes Moment der Störung von ‚Geschichte‘ […].“[22] Dieses in Alix' Darstellung dem Raum immanente

20 Vgl. Lotman: *Innenwelt des Denkens*, S. 375.

21 Sicher charakterisiert die Shoah im Erinnerungskontext als „a memory of a blank: a memory of not remembering, a turning in the void of an erased cultural identity.“ (Sicher: *Holocaust Novel*, S. 157.)

22 Weigel: Télescopage im Unterbewußten, S. 66.

traumatische Moment wird im Zuge ihrer Reise nach Dresden, die im nächsten Kapitel genauer betrachtet wird, einer Narrativierung durch Bewegung unterzogen.
Genau der oben beschriebenen Rekonstruktion eines kollektiven Erinnerungsraums widmet sich Alix, indem sie vergessene Synagogen ausfindig macht und diese wieder im Erinnerungsdiskurs platziert. Dabei wird diese Raumpraxis von Alix auf unterschiedliche Weise semantisiert: Einerseits stellt ihre Intervention in Erinnerungsdiskurse eine Artikulation des traumatischen Bruchs dar, der so durch Narrativierung zugänglich gemacht und nicht länger verdrängt wird („[…] *We can resurrect something from the ashes of history, we can make it live again.*“ SH, S. 17–18), andererseits begründet sie ihr Handeln auch religiös: „It is a *mitzvah*, what I do, a good deed.“ (SH, S. 17) Da Alix selbst sich nicht als gläubig begreift, ist die Verwendung des Begriffs *Mitzvah* als Bewahrung und Herstellung eines kulturellen Gedächtnisses zu verstehen, das in der Stabilisierung auf das religiöse Gebot als identitätstiftenden Faktor zurückgreift.
Diese Raumpraxis, die als Bestandteil der Herstellung einer kollektiven Identität zu lesen ist, steht in deutlichem Widerspruch zu Alix' Zögern, als es um den letzten Willen ihrer Mutter geht, die Fabrik der Dorfs wieder in Besitz der Familie zu bringen („Why not leave it where it is? Why dig up the past?“ SH, S. 115). Diese Zurückhaltung verweist auf die Schwierigkeit der Selbstverortung, mit der Alix bei der Konstruktion der eigenen Identität konfrontiert ist. Die Intervention innerhalb des europäischen Erinnerungsraums, die Alix zu ihrem Beruf gemacht hat, und die Anwendung der damit verbundenen Raumpraktiken, werden von ihr an dieser Stelle noch nicht in den Kontext der eigenen Geschichte und der damit verknüpften Herstellung kollektiver Familienerinnerungen gesetzt. Wie die Ausführungen im nächsten Kapitel zeigen werden, ist es eben die Konfrontation mit einem polyvalenten Erinnerungsgefüge, die auf die hybride Verfasstheit der eigenen Identitätsherstellung verweist.
Bei der Suche nach Synagogen wird Alix mit der Vielschichtigkeit des spatialen Netzwerks konfrontiert, die sie hier zu faszinieren vermag. Unter den Schichten der Gegenwart kann im Erinnerungsdiskurs das Verdeckte (und Vergessene) wieder zugänglich gemacht werden. „A synagogue with frescoes had been discovered in a remote village in Romania, where it had been used since the end of the war as a warehouse for storing plums […].“ (SH, S. 19) Auch die Verfolgungsgeschichte der Großeltern väterlicherseits, die diese zur Flucht nach Großbritannien zwingt, vermag Alix im Erinnerungsraum zu lokalisieren.

> Kishinev! Where it all started, the landslide of Jews leaving the east after two pogroms […] my father's parents among that flight, and even here there is still, I had found out, a Jewish community. (SH, S. 19)[23]

23 Kišinev, Chişinău, ehemals eines der Zentren jüdischen Lebens im russischen Zarenreich, war 1903 und 1905 Schauplatz blutiger Pogrome. Unter der deutsch-rumänischen Besatzung fielen Zehntausende Juden Kišinevs dem organisierten Massenmord durch die Nationalsozialisten zum Opfer.

Sie kontextualisiert ihre Suche somit innerhalb des dem Roman unterliegenden Motivs der verdeckten Gegenwart: Trotz Zerstreuung und Verfolgungsgeschichte findet sie Spuren jüdischer Gemeinden oder sogar aktives jüdisches Leben.
Durch diese Bezugnahme auf die väterliche Migrationsgeschichte wird die Dislokation der Mutter zusätzlich betont. Durch Liverpool assoziiert sich Alix auch mit dem Vater, der die Stadt als Verortung beansprucht. „Liverpool made me. My father's city was mine too. Be tough, survive. The message came in two voices, from the mouth of the Mersey and the mouth of Saul Rebick […].“ (SH, S. 223) Dabei erweist sich diese geradezu trotzige Geste des Reklamierens von Raum, von Alix durchaus wörtlich gemeint, als wiederkehrendes Motiv der Protagonistin, die auch als Erzählinstanz Textraum für sich beansprucht. „At twenty, at Oxford, I had vowed to take up as much space as I could in the world – in fact that was who I was planning to be, a taker of space […].“ (SH, S. 100) Stellt Alix durch ihre diskursive Intervention im Erinnerungsraum eine gestaltende Kraft dar, bleibt sie in Bezug auf sich selbst hinter ihren Ansprüchen zurück: Eine reine Ausdehnung auf möglichst große Teile des Relationsgefüges erweist sich eben nicht als tragbare Verortung eines hybriden Selbsts, die in der Bezugnahme zur mütterlichen Geschichte (und deren Verortung in Dresden) erst hergestellt werden muss.
Josephs raumgestaltende Praxis manifestiert sich weniger als Konstruktion eines diskursiven Erinnerungsraums, denn vielmehr in der konkreten Formung des urbanen Raums. Sein an einer gestalterischen Wahrnehmung orientierter Blick zeigt sich in seiner Darstellung Liverpools, die Gebäude der Stadt aus der Bewegung heraus perspektiviert:

> A main façade, which is a honeycomb of plate-glass oriel windows held together by a skeleton frame of stone designed to look like cast iron, and these windows give back to the street the reflection of a building next to it, a hive of windows reflecting another hive. I pushed my way along the alley at the side to examine a courtyard elevation of plain, undecorated windows cantilevered out around two and a half feet from the H stanchion frame. (SH, S. 82)

Die Darstellung offenbart nicht allein den gestalterischen Blick der Erzählinstanz durch professionelles Vokabular, sondern assoziiert Josephs Perspektive auch mit dem schöpferischen Akt des Architekten. In der wechselseitigen Reflektion der Gebäude scheinen diese nahezu ineinander zu fließen, wodurch eine Verunsicherung der Grenzen im spatialen Netzwerk etabliert wird. Dabei wendet die Architektur selbst Zitiertechniken an (das Wabenmuster der Fenster, das Skelett der Steine, die wie Gusseisen aussehen), die unterschiedliche Materialen und Stofflichkeiten sich wechselseitig durchdringen lassen. Im künstlerischen Blick Josephs ist der urbane Raum als Ganzes einer Ästhetisierung unterworfen, was darauf hindeutet, dass Joseph gestalterische Prinzipien der Architektur auf die Konstruktion seines Lebens und seines Selbsts ungebrochen zu übertragen sucht. Die Autorität der Gestaltung, die der Architektur nach Eco stets innewohnt,[24] wird als Folie aufgerufen, vor der die Figur ein Erlangen

24 Vgl. Eco: *Einführung in die Semiotik*, S. 332.

von Kontrolle über die eigene Identitätsformation anstrebt. Doch wird sich zeigen, dass Joseph hier einem Fehlschluss aufsitzt. Architektur ist eben nicht allein Anweisung und Strukturierung, sondern birgt stets ein dialogisches Verhältnis in sich: die Möglichkeit von der vorgegebenen Anweisung abzuweichen, antwortende Gesten im Raum zu etablieren und diesen in der de Certeau'schen Praxis des Fußgängers umzuschreiben. So betont Eco auch den kommunikativen Charakter von Architektur: „In diesem Sinne bewegt sich die architektonische Information zwischen einem *Maximum an Zwang* […] und einem *Maximum an Verantwortungslosigkeit* […].“[25]
Während Alix also in der Wahrnehmung des Raums von einer diskursiven Herstellung von Erinnerungsnarrativen ausgeht, ist Josephs Perzeption von den ästhetischen Prämissen des Architekten und der praxisorientierten Frage nach optimaler Gestaltung des urbanen Raums bestimmt. Im Straßenbild Liverpools sieht er folglich in erster Linie bemerkenswerte Gebäude (etwa das Royal Liver Building, das er als Prototyp des Wolkenkratzers charakterisiert, vgl. SH, S. 81) und das Potential an Kunden und Konsumenten, das bislang in Liverpool noch nicht annähernd ausgeschöpft sei (vgl. SH, S. 57).
Die spatialen Prämissen, die Josephs Wahrnehmung allgemein bestimmen, lassen beispielsweise die Darstellung seiner Ehe mit Erica unter räumlichen Vorzeichen erscheinen, die allerdings in den Kontext eines kollektiven Gedächtnisses gestellt werden. Das rituelle Zertreten eines Glases unter der Chuppah bei Hochzeiten, das an die Zerstörung des Tempels erinnert, wird unter raumgestaltenden Vorzeichen mit der Konstruktion des eigenen Lebens assoziiert: „[I]t was in my mind that my old life as a single man was what I was really breaking, that what lay ahead of me was the building of a new temple, which was to be a family […].“ (SH, S. 192) Die Gründung einer Familie wird zum schöpferischen Akt, zur Errichtung eines Tempels, und zugleich wird der kollektive Erinnerungsraum des *Imaginary Homeland*, der messianischen Vision des wieder aufgebauten Tempels in Jerusalem, ins eigene Leben verlagert. Zum einen werden so Selbstentwürfe unter architektonischen Vorzeichen mit der ihnen immanenten Autorität vorgenommen, andererseits findet auch eine Individualisierung kollektiver mnemonischer Inhalte statt. Die kollektive Selbstvergewisserung der messianischen Sehnsucht wird im Privaten re-loziert.
Folglich erscheint auch das von Joseph für die Familie entworfene Haus als Verbindung der eigenen ästhetischen Prinzipien mit einer Erica zugeschriebenen Sinnlichkeit:

> It's built of glass and steel, in the manner of Mies van der Rohe, but his interior minimalism I have considerably softened to suit the needs of a family and the hand of my wife is freely seen in the homeliness and sensuality of the things she's chosen: the colours umber, dark green and red are here in the velvet of the fabric of the couches and the lacquered wood of the furniture. She has created something that almost seems voluptuous, encased in the hard steel skeleton that protects us from a hostile world. (SH, S. 196)

25 Ebd., S. 333.

Joseph ruft ebenfalls die in der Darstellung Liverpools mit Härte assoziierten Baumaterialen auf (Glas und Eisen). Doch finden sich hier im Inneren auch organische Stoffe (Holz), die mit Erica verknüpft werden. Von Joseph als vermeintliche Verbindung wahrgenommen, lässt die Aufteilung der von den Ehepartnern gestalteten Bereiche jedoch Zweifel aufkommen. Zum einen folgt sie einer traditionellen Gender-Konstruktion, die das Innen (das Heim, das durch „homeliness" auch direkt aufgerufen wird) als weibliche und das Außen (die *Public Sphere*) als männliche Sphäre artikuliert. Das von Joseph als Schutz für die Familie dargestellte Haus wird zum anderen auf unterschiedliche Weise polyvalent. Seine Wortwahl (Skelett) verweist zwar auf die stützende Funktion des Knochengerüsts für den Körper, bringt jedoch weiterhin Assoziationen mit Tod mit sich, die im Kontext der Entfremdung des Paares Josephs Darstellung in Frage stellen. Darüber hinaus fungiert die als Schutz gestaltete Hülle aus Stahl und Glas auch als Einschluss des Innen, das mit Erica verbunden wird. In ähnlicher Weise ist Erica in einer Privatisierung von kollektiven mnemonischen Bezugspunkten eines religiösen Gedächtnisses als Josephs ganz eigenes „Gelobtes Land" figuriert („She was my Promised Land flowing with milk and honey." SH, S. 350). Erica wird hier einer Kommodifizierung unterworfen, die sie als Person zitathaft im Kontext kollektiver Erinnerungen aufruft (die Verheißung des Gelobten Lands), sie jedoch als eigenständige, von Joseph distinkte Identität zum Verschwinden bringt.

Die zunehmende Entfremdung des Ehepaares wird von Joseph ebenfalls unter spatialem Fokus dargestellt. Probleme in der Ehe können demzufolge durch Bewegung im Raum, Umgehen oder Klettern, überwunden werden („you can go around it or climb over it" SH, S. 163). Auffällig ist jedoch, dass gerade hier die gestalterische Option der Veränderung des Raums für ihn nicht existiert. Eine Überwindung des Problems wird so zur reinen Vermeidung: „And if you turn around it's still always going to be there […]." (SH, S. 163) Diese bemerkenswerte Limitierung der eigenen Handlungsmöglichkeiten verweist bereits auf die Traumatisierung Josephs im Jom Kippur Krieg. Aufgrund dieser Traumatisierung muss eine Lösung von Problemen (gerade mit Erica, die innerhalb seiner Trauma-bedingten Neubesetzung eine zentrale Stellung einnimmt) durch Bearbeitung ausgeschlossen werden. Denn eine solche Lösung würde eine Konfrontation beinhalten, die jedoch wiederum durch die Verdrängung im Freud'schen Sinne gerade vermieden werden soll.

So schließt Joseph seine Familie, und besonders Erica, von seinen Kriegserfahrungen aus. Fragen nach seiner Zeit bei den Israel Defence Forces werden ausweichend oder mit Schweigen beantwortet. In Josephs Erinnerung nimmt vielmehr das Kennenlernen von Erica in Tel Aviv die Position ein, durch die das zuvor als Soldat Erlebte mehr und mehr überlagert wird. So stehen der Sex mit Erica und die durch Krieg verwüstete Landschaft innerhalb des Textes direkt nebeneinander, wie sie sich auch in Josephs Wahrnehmung durchdringen: Schließt er die Augen, sieht er den Traumaraum des Kriegs, öffnet er sie, sieht er Erica, mit der er gerade schläft (vgl. SH, S. 296). Es zeigt sich deutlich, dass das Erlebte dissoziiert wird, denn es erscheint als die

Vergangenheit eines anderen. Die Narrativierung der verdrängten und solchermaßen abgespaltenen Erinnerung steht dem gegenwärtigen Joseph folglich nicht zu: „[...] I don't have the right to pass off someone else's stories as my own." (SH, S. 293)
Die Wüste wird aufgrund des Kampfeinsatzes für Joseph zum Raum des Traumas, der später bei Familienurlauben weiter gemieden wird. Die Negev und der Sinai lösen schon vor dem Einsatz sowohl Angst als auch Bewunderung aus.[26] Der Gefahr des Orientierungsverlusts, den Joseph bei einem Manöver auch selbst erfährt, steht die aus der Perspektive des Architekten und Schöpfers figurierte Bewunderung gegenüber („I felt whoever built this place really was somebody I wanted to meet." SH, S. 161). Im Jom Kippur Krieg verwandelt der Artilleriebeschuss der ägyptischen Armee den Sinai in eine Mondlandschaft, und der Gefahrenraum der Wüste (die menschliches Leben unter bestimmten Bedingungen allerdings zulässt) wird nun zu einem Raum, innerhalb dessen Leben völlig unmöglich erscheint. Krieg wird in der Semantisierung der Differenz von Erde und All, die Joseph vornimmt, allerdings aus dem semantischen Raum menschlichen Einflusses herausgelöst, wodurch die Hilflosigkeit des einzelnen Soldaten profiliert wird:

> [E]verything was cratered like we had left earth and were wandering lost in the debris and devastation of a dry dead planet bombarded by comets and meteors. Stars and solar systems and galaxies rained down on us and the desert shrugged, shifted its shape and our dead vanished beneath its surface. (SH, S. 352)

Vor der Gewalt der Detonationen, die als brutale Kraft den Raum verändern und sogar verletzen, ist der Einzelne vollkommen schutzlos. Dieses Gefühl wird in der sich steigernden Metaphorik der Geschosse deutlich: Aus Granaten werden Sterne, Sonnensysteme und schließlich ganze Galaxien, die in der Wüste einschlagen. Die Toten werden vom Raum verschluckt, ähnlich wie auch die Erinnerung Josephs vom Bewussten ins Unbewusste verdrängt wird. Der Raum überdeckt hier die traumatische Erfahrung. Es ist das spatiale Netzwerk, das erinnert werden kann, nicht aber das Gesicht eines ägyptischen Soldaten, den Joseph im Nahkampf erschießt. „I can't conjure him up at all, though I can still feel the heat of the sun on my back and smell of the palm groves and the dust in my mouth and the ever-present stench of decaying flesh heavy in the air." (SH, S. 354) Die sinnliche Wahrnehmung des Raums überlagert die traumatische Situation, entweder getötet zu werden oder selbst zu töten. Der Bruch dieser Überlagerung findet dann in einer Umkehrung des räumlichen Verschwindens der Toten statt, die Joseph als schlimmstes Kriegserlebnis benennt: Beim Ausheben einer Abfallgrube entdeckt seine Einheit die Leiche eines ägyptischen Soldaten, den sie zuvor unwissentlich mit Müll bedeckt hatten.
Im Zuge des ersten Erzählens von Kriegserlebnissen im Gespräch mit Alix findet eine Neubewertung der Übertragung von architektonischen Prinzipien auf menschliches Leben statt. Architektur als Gestaltung des Raums bietet Joseph Sicherheit und die

26 Eine Rezeption im Kontext des Sublimen, das eine Durchdringung von Furcht und Erfurcht bedingt, ist sicherlich vom Text intendiert.

Möglichkeit der Kontrolle, die Vorhersehbarkeit herstellen soll. Dass Menschen sich der Übertragung verweigern, empfindet Joseph als schmerzlichen Konflikt: „People are very unlike buildings: they're clumsy, the wrong shape, they sometimes smell. I just stick to bricks and mortar and concrete and glass, which I can form according to my will." (SH, S. 356–357) Macht bereits Josephs Trauma und die damit verbundene Stasis deutlich, dass seine Projektion zum Scheitern verurteilt ist, wird zunehmend klar, dass Joseph unfähig ist, Konflikte zu lösen. Der Ansatz der architektonischen Lebensgestaltung fordert die Autorität eines Gestalters, die in der Interaktion mit anderen keine Umsetzung finden kann.

> I thought about the house in Chicago, the kids, my parents, the whole edifice of what I'd built since I came back to America like it was one of my own projects, and it seemed to me to be riddled with faults, as my buildings were not, and this didn't matter, but what mattered was that it was no longer rooted in the solid foundations of the erotic desire I had felt for Erica these past twenty-seven years. (SH, S. 370)

Immer noch sieht Joseph in der architektonischen Formung des Raums das Ideal, jedoch erkennt er die Unmöglichkeit der Umsetzung. Auch verschiebt sich innerhalb dieses Ideals der Fokus: Die „Fehler" in der Gestaltung werden als weniger wichtig bewertet, dagegen sieht er das fehlende Fundament des erotischen Verlangens als grundsätzlich problematisch an. Das Verharren innerhalb der durch Architektur und gestaltende Kontrolle geprägten Semiosphäre mag Zweifel an einer nachhaltigen, ereignishaften Veränderung in Josephs Wahrnehmung aufkommen lassen, doch weist die Verschiebung des Fokus – auch wenn diese innerhalb des semantischen Felds stattfindet – auf eine Hybridisierung Josephs hin.

Verortung von Hybridität im Erinnerungsraum

Hinsichtlich der unterschiedlichen Praktiken, mit denen sowohl Alix als auch Joseph den Raum formen, wird deutlich, dass beide die Raumgestaltung – sei es der urbane Raum oder ein Erinnerungsraum – mit der Konstruktion von Vergangenheit verknüpfen. Alix macht durch ihre Arbeit das nicht mehr Wahrgenommene wieder sichtbar, was von ihr als Artikulation der semantischen Peripherie begriffen wird:

> My concern is that in those places the people who live there need to know that once there were Jews among them and that they built something and that it endured for hundreds of years until it was destroyed by hatred and fanaticism and racism. [...] What I save and restore is a symbol. [...] That we will always return. (SH, S. 53)

Die Gestaltung des erlebten Raums durch Bauwerke wird von Alix als Einschreibung in den Erinnerungsdiskurs gedeutet, die durch Interpretation zugänglich gemacht werden kann. Dabei wird diese Bestimmung des Raums zum Ausgangspunkt, von dem aus sich ein gesellschaftliches Erinnern vollzieht. Die Verknüpfung von Gebäude und Erbauer wird zur Artikulation der fortdauernden Präsenz der jüdischen Gemeinschaft, die an dieser Stelle zudem mit dem Motiv der Rückkehr verbunden wird.

Josephs Gestaltung des Raums dagegen greift Bestehendes auf und unterzieht es durch architektonische Umgestaltung einer Neudefinition: Er errichtet seine Gebäude in ehemaligen Industriegebieten, die er durch seine Hotels umformt, indem die Vergangenheit als Standortfaktor unter den Vorzeichen einer kapitalistischen Verwertbarkeit begriffen wird. Es wird deutlich, dass es im Kontext von Josephs Raumpraxis nicht um ein Lesbarmachen von marginalisierten Diskursen geht. Seine oben dargestellte kontrollierende architektonische Gestaltung des städtischen Raums stellt ihn in Opposition zu seinem Vater, der als Rabbi und Gelehrter keine Verortung findet (etwa in einer Yeshiva) und der auch keine Gemeinde hat. Da Josephs Vater zu den Torahkommentaren von Moses Maimonides veröffentlicht, findet seine Lozierung allein im abstrakten Raum der akademischen Auseinandersetzung und der Gestaltung des kollektiven jüdischen Erinnerungsraums Ausdruck.
Bei genauerer Betrachtung der Ehe von Joseph und Erica fällt auf, dass hier der Ausdruck von Hybridität und die Neubestimmung des eigenen Selbsts zu Konfliktpunkten werden: Erica befindet sich in jeder Beziehung in einem Zustand permanenter Veränderung, der Joseph nur solange zu folgen vermag, solange diese sich an ihm orientiert. Für Joseph konvertiert Erica zum Judentum und zieht von Kanada in die USA: „She had reinvented herself as an American, as a citizen of the great city of Chicago, had reinvented herself as a kind of Jew." (SH, S. 170) Die Hybridität, die Migration und Konversion zwangsläufig innewohnt, wird von Joseph als kohärente Neugestaltung begriffen. Dabei versucht er, die Bruchhaftigkeit in der Konstruktion des Selbsts zum Verschwinden zu bringen. Er konstruiert etwa Kanada als Nicht-Ort in Bezug auf die Herstellung von Identität: „But maybe that's what Canadians are, neither one thing nor the other, forever capable of becoming something else." (SH, S. 169) Jedoch sieht Joseph Erica nicht als gleichwertige Jüdin an, für ihn ist sie lediglich „a kind of Jew". Folglich bleibt es Joseph unmöglich, in Ericas Neubestimmungen und ihrem fluktuierenden Selbst etwas anderes zu erkennen als Verwüstung; dies wird besonders deutlich, als er seine Frau nach ihrer Schönheitsoperation als zerstörten Körper beschreibt. Dabei schließt er die Option der Neubestimmung völlig aus, indem er sich nach einer ‚wahren' und ‚wirklichen' Erica sehnt:

> I had assumed that the Erica I was married to was the real, the one and only, the true Erica and that what had gone before was merely a draft version, scrapped, abandoned, thrown out, that she did not become a person, become *herself* until she met me. (SH, S. 309)

Joseph konstruiert Erica, was den Prozess der Identitätsbildung angeht, in vollständiger Abhängigkeit von sich selbst. Aufgrund der Projektion raumgestalterischer Prinzipien auf sein eigenes Leben versteht Joseph die Veränderung Ericas nach der Heirat als Verwerfen eines fehlerhaften Entwurfes. Als seine Frau schließlich eine Operation durchführen lässt und dies mit ihrem eigenen Empfinden des Alterungsprozesses begründet, kann Joseph Ericas Neubestimmung nicht länger als Verbesserung ansehen. Die von Joseph in Bezug auf Architektur zum Prinzip erhobene modernistische Neugestaltung findet keine Anwendung auf Ericas Handeln, so dass die von Erica

angestrebte Aussöhnung der Ehepartner nun von Joseph nicht angenommen wird, obwohl er diese zuvor selbst noch angestrebt hat.
Es bleibt Joseph auch unbegreiflich, wie Alix auf die notwendige Neubewertung der eigenen Familiengeschichte reagiert, als er mit ihr Alix' bislang unbekannte Tante aufsucht.

> I can't believe that nothing could have been disrupted inside her – after all, here was a whole family history having to be completely reorganised, your own past shifting like tectonic plates inside your head – but she just sat there and took it. (SH, S. 360)

Erneut zeigt sich Josephs Streben nach klar organisierten Raumstrukturen – seien diese nun erfahrbar oder, wie in diesem Fall, ein Erinnerungsraum. Die Bildlichkeit des Erdbebens, die er aufruft, birgt wiederum etwas Zerstörerisches, das von Joseph stets mit nicht von ihm gestalteten Veränderungen assoziiert wird. Die Reise nach Dresden führt für Joseph zu einer Öffnung gegenüber Alix und er erzählt von traumatischen Erlebnissen während des Jom Kippur Kriegs. Die Einordnung des Liebesverhältnisses zu Alix bleibt aber offen, was andeuten könnte, dass die oben beschriebenen architektonischen Prinzipien für Joseph an Wirkmächtigkeit verloren haben. Jedoch ist an dieser Stelle eine Klärung vom Text nicht intendiert und wird konsequent verweigert.
Die Hybridisierung von Alix, die in multiplen Verortungen in der Peripherie der Semiosphäre zum Ausdruck kommt, ist bereits der Mutter Lotte Rebick eingeschrieben. Der deutschen Jüdin bleibt der mit Vernichtung assoziierte Raum ihrer Geburtsstadt Dresden ein imaginärer Bezugspunkt. Ihre Besuche bei den in London lebenden Eltern („to satisfy in herself a hunger to be German once more." SH, S. 119) dienen der scheinbaren Rekonstruktion eines zerrissenen Selbsts. Denn in der jüdischen Gemeinde Liverpools bleibt Lotte Außenseiterin, die nicht in das Erinnerungskollektiv integriert wird. „Lotte Rebick was no Jew because she didn't have a pedigree, she hadn't come over on the boat from Poland with the Braslavkys and the Rosenblatts and the Ginsbergs. Who was she? Who knew?" (SH, S. 130) Wie hier von Melanie betont wird, ist Lotte nicht Teil der erinnernden Gemeinschaft, da ihr die als konstitutiv empfundenen Bestandteile der Vergangenheit fehlen. Sie war nicht Teil der Migrationswelle aus Osteuropa, sondern kam mit den Kindertransporten nach Großbritannien. Ihre Familie ist nicht in das Gedächtnisgeflecht der Liverpooler Gemeinschaft eingebunden, so dass ihr ein Kollektiv im Sinne von Halbwachs nicht zur Verfügung steht. Zudem ruft sie durch die Kindertransporte das Trauma der Shoah auf, das im anglo-jüdischen Erinnerungskollektiv lange keinen Artikulationsort fand, wie Melanie an gleicher Stelle verdeutlicht:

> You know as well as I do that our parents' generation were ashamed of the Holocaust, they didn't even have a name for it, didn't want to talk about it, didn't want to know. Talk about Israel, talk about how you'd been on holiday to Eilat, talk about our brave soldiers in the Sinai, talk about anything but *that*. And then one day someone who has had a direct experience of *that* turns up in Liverpool [...]. (SH, S. 131)

Lottes Präsenz wird zur Artikulation des Nicht-Erzählbaren, das als traumatische Wunde im kollektiven Erinnerungsdiskurs aufgerufen wird. Die komplexe Beziehung der Herstellung des eigenen Selbsts zum verräumlichten Erinnerungsgeflecht beschreibt Alix' Mutter in der Hybridität der mehrfach verorteten Exilantin, deren Identität sich gerade vor dem Hintergrund ihrer Bruchhaftigkeit herstellt.
Dass der Erinnerungsraum stets polyvalent ist, macht der Text deutlich, als Sam und Alix das Haus der verstorbenen Mutter ausräumen. Die Bewegung im Raum löst dabei eine Narrativierung des Vergangenen aus. Melanie erinnert sich etwa, ausgelöst durch das Haus ihrer Schwiegermutter, an das eigene Zuhause: „And smelt again the frying of fish in the kitchen and touched the smooth, cold marble of the fireplace in the lounge and saw herself, at seventeen [...]." (SH, S. 250) Der semantisierte Raum des Rebick-Hauses vermag hier sensorisch die Vergangenheit eines Melanie nicht länger zugänglichen Erinnerungsraums – dem Haus der eigenen Eltern, in dem nun andere wohnen – erfahrbar zu machen.
Die Bedeutung des Hauses wird zusätzlich hervorgehoben, indem die Route der Geschwister im Text genau wiedergegeben wird (SH, S. 250). Gleich einer exakten Wegbeschreibung werden die Straßen, die von Sams Wohnung zum Haus der Eltern führen, aufgezählt und so in der Rezeption als Verortung des literarischen Raums im erlebten Raum nachvollziehbar gemacht. Ebenfalls gleich einer Karte erfolgt das Ausräumen der Habseligkeiten der Eltern nach einem nachvollziehbaren Schema: beginnend in der Küche, den Zimmern von Sam und Alix, dem Schlafzimmer der Eltern (repräsentiert durch Lottes Kleiderschrank), bis hin zum Badezimmer (SH, S. 252–265). Die Verwaltung verräumlichter Vergangenheit führt zu einer Neubewertung des konkreten Raums, indem sich das Netzwerk ausdehnt und die Leere eine Vergrößerung herbeiführt: „The house grew emptier, the rooms grew lager. We did not know the space we once had." (SH, S. 265) Ebenso wird der Erinnerungsraum der Rebick-Familie einer Neubestimmung unterzogen, als Sam von den unzähligen Affären des Vaters erzählt:

> She [*Lotte Rebick*, M. K.] wanted to put an ocean between her and Germany and he wouldn't let her, not because he was committed to the Cause but because he had so many women on the go he could never extricate himself from all of them. (SH, S. 259)

Die Darstellung Saul Rebicks als ein der Arbeiterklasse Liverpools verpflichteter Arzt wird mit seiner Untreue kontrastiert, und die bruchhaft aufeinandertreffenden Bilder ergeben in der Erinnerung ein hybrides sowie komplexeres und vollständiger wirkendes Bild des Vaters.
Die Verwaltung des elterlichen Besitzes wird zur Gestaltung eines familiären Erinnerungsraums, wobei die Auflösung des Hausstands auch Demontage des Lebens der Eltern und der eigenen Jugend ist („[...] dismantling thirty-nine years of our parents' marriage and the whole of our own childhood [...]." SH, S. 253). Bei der Gestaltung des Erinnerungsraums durch eine Re-Organisation des erlebten Raums konfrontieren sich die Geschwister mit disparaten Wahrnehmungen bezüglich der Verortung

von Alix' Selbst. Ihre Identifizierung mit Liverpool bindet Alix eng an die Stadt, was jedoch durch ihre Wohnorte – London und ein französisches Dorf – unterlaufen wird. Alix betont dennoch wiederholt ihre räumliche Zugehörigkeit, gerade vor dem Hintergrund der Immigrationsgeschichte der Familie:

> That everything I knew was about history and how you were rooted and where, and that was true even of an immigrant family who could say every year, "'Once we were slaves in the land of Egypt.'" (SH, S. 237)

Das Sich-in-Bezugsetzen als kulturelle Praxis verweist auf die hybride Konstitution von Verortungen: Selbstverortung, die sich aufgrund multipler Zugehörigkeiten immer als Konflikt gestaltet, betont die Polyvalenz von Kultur und Gemeinschaft an sich. Zugehörigkeit wird zu einer performativen Relationsbildung gegenüber einer Vergangenheit, die hier Liverpool und den Exodus als Bestandteil eines jüdischen Gedächtnisses zu einander in Beziehung setzt. In Alix' Inszenierung des eigenen Selbsts treffen die von ihr der Stadt zugeschriebene Härte und die eigene multiple Verortung als Kind von Immigranten aufeinander.

> I came from a tough family and a tough city. [...] I was one hell of a tough Jew in a world where knowing how to look after yourself, how to survive, was as important as your nose being able to breathe in oxygen [...]. (SH, S. 207)

Bei der Auflösung des elterlichen Besitzes stellt Sam diese Selbstwahrnehmung in Frage. Dabei zeigt sich, dass für ihn die erinnernde Verortung von Liverpool losgelöst von einem diskursiven Erinnerungsprozess ist und die Stadt so bloße Hülle wird, in der etwa die Visionen von Joseph einen Hintergrund finden. Darüber hinaus setzt sich Sam mit seinem Verbleiben in Liverpool in Opposition zu Alix' multiplen Verortungen, die dadurch als Versuch markiert werden, die Bruchhaftigkeit der Hybridität wieder in eine kohärente Formel zu überführen. „The reason you think I belong here is so you can belong somewhere else. One of us had to stay and you were damned sure it wasn't going to be you. Why is any of us still in Liverpool?" (SH, S. 261) Sam sieht sich als Anker der Schwester, die sich Liverpool zwar zugehörig fühlt, sich jedoch mit ihren Wohnungen in London und in Frankreich im räumlichen Relationsgefüge breit verortet. Sam ruft auch Zweifel an der Notwendigkeit einer kohärenten Zugehörigkeit auf, so dass sich für Alix die Frage stellt, ob ihre Vorstellung von Verortung (*Rootedness*) nicht zugunsten eines komplexeren und weniger eindeutigen Gefüges aufgegeben werden muss. Denn, so führt Beate Neumeier aus, die Konstruktion von Identität in der Diaspora bedarf der fortdauernden Neudefinition und Relationsbildung über die Grenzen der Semiosphäre hinweg:

> The identity-formation of diasporic communities involves the development and constant reconsideration of collective memory as well as the definition and constant redefinition of the relation to the host country.[27]

27 Beate Neumeier: *Kindertransport*: Memory, Identity and the British-Jewish Diaspora. In: Monika Fludernik (Hrsg.): *Diaspora and Multiculturalism. Common Traditions and New Developments*. Amsterdam / New York: Rodopi 2003, S. 83–112, hier S. 86.

Dieser Prozess, dem sich Alix beispielsweise durch die anfängliche Weigerung, nach Dresden zu fahren, zu entziehen sucht, bedingt, dass die Herstellung einer kohärenten Verortung unmöglich ist oder höchstens vorübergehenden Status haben kann. Alix vermag zunächst die Hybridität ihrer Mutter nicht in ein Erinnerungsnarrativ zu integrieren, bis sie schließlich in einer Reise der Vergangenheit der Mutter nachgeht.
Dabei wird Dresden als Erinnerungsraum der Dorfs im synekdochischen Verfahren durch die Fabrik repräsentiert, in der Kosmetikartikel hergestellt wurden. Für Alix erscheint diese Fabrik zunächst als reine Fiktion, der sie anders als der Migrationsgeschichte der Rebick-Familie kaum Bedeutung für die Konstruktion eines eigenen Selbsts einräumt. Gerade vor dem Hintergrund ihrer aktiven Gestaltung des Erinnerungsraums in der Wahrnehmbarmachung alter Synagogen ist es auffällig, wie sehr sie sich vom Erinnerungsraum der Mutter distanziert. Dies deutet auf eine Ungleichgewichtung innerhalb der eigenen Konstitution von spatialer Erinnerung hin. „So who cared about a pile of bricks? The factory in Dresden was, to me, a myth, a fairy story. It constituted the oral history of our family, virtually fiction, its power was only in the story." (SH, S. 116–117) Die Fabrik als Ort, der auf das Leben der Mutter vor der Immigration nach Großbritannien verweist, wird in seiner Relevanz für Alix in den Bereich des Mythischen verschoben und damit zunächst geleugnet. Dabei greift Alix' Wahrnehmung die von Lotte erfahrene Unerreichbarkeit der Fabrik auf: Zwar ist die Fabrik der einzig verbliebene Erinnerungsort für Lotte, da das Wohnhaus der Familie nicht mehr existiert, doch bleibt sie für die britische Staatsbürgerin unerreichbar, da die DDR jegliche Entschädigung für erlittenes Unrecht oder Rückerstattung ablehnt (vgl. SH, S. 126).
Die semantische Grenze zwischen Lottes Neuverortung in Liverpool und der in die Erinnerung verlagerten ehemaligen Verortung in Dresden wird schließlich von der Tochter überschritten und einer Neubestimmung unterzogen. „There comes a time when one must cease all resistance and submit, so I am going to Germany, the child of the *émigrée* retraces her mother's steps." (SH, S. 312) In der räumlichen Erschließung der Stadt dient die Familie der Mutter als Folie: Museen und der Zwinger werden in Verbindung zu Bewegungen der Großeltern gebracht („[...] where my grandparents had walked among the pictures as law-abiding German citizens [...]", SH 315). Auf diese Weise wird von Alix in der Gegenwart der Erinnerungsraum Dresden aus der Perspektive der Großeltern aufgerufen und mit der Jetzt-Erfahrung kontrastiert.
Die Suche nach Marianne Koeppen, die Entschädigungsansprüche in Bezug auf die Fabrik bei der Regierung der Bundesrepublik angemeldet hat, bedingt eine Konfrontation von Alix mit einem bislang unbekannten Teil der Familiengeschichte, die ein weitaus komplexeres Bild der Vergangenheit hervorbringt. Es stellt sich heraus, dass es sich bei Marianne um die uneheliche Tochter von Lottes Vater handelt, deren Kontaktaufnahme durch die eigene Tochter sabotiert wurde. Im Bestreben, den jüdischen Großvater aus der Erinnerung der Familie zu löschen, hat sie Mariannes Briefe an Sam und Alix nicht abgeschickt. Dresden wird erneut als Raum des Traumas semantisiert, dieses Mal jedoch aus der Perspektive der erinnernden Frau, die der Enkelin

von der Bombardierung der Stadt erzählt. Dieses orale Erinnern bringt Alix in direkten Kontakt mit einem Erinnerungsraum, von dem sie sich bislang zu distanzieren suchte. Die Tante nimmt dabei in mehrfacher Hinsicht eine Position innerhalb des Grenzraums ein: Zum einen ist sie im halachischen Sinne keine Jüdin – sie hat nur einen jüdischen Vater[28] – dennoch muss sie ihre jüdische Herkunft im Nationalsozialismus verheimlichen. Zum anderen steht Marianne in enger Verbindung zur Fabrik der Dorfs, in der sie früher gearbeitet hat. Alix erinnert sich auch an Lottes Erzählung von Marianne, doch war Lotte die Verwandtschaft mit Marianne zu diesem Zeitpunkt nicht bewusst. Das komplexe Geflecht der Familiengeschichte muss einmal mehr um semantische Schichten erweitert werden, denn durch Marianne erschließt sich der bislang unzugängliche Erinnerungsraum Dresdens. Dieser wird nicht allein durch Alix' Erinnerungsreise erschlossen, sondern auch indem Mariannes Narrativ als Teil des kollektiven Gedächtnisses in die Familiengeschichte integriert wird. Dadurch wird die Prozesshaftigkeit der Generierung von Erinnerung im narrativen Entwurf des Romans betont und in seiner Bewegung sowie fortdauernden diskursiven Neubestimmung kenntlich gemacht.

Es erscheint nur folgerichtig, dass die Fabrik als konkreter Ort, den Alix und Joseph aufsuchen, gerade nicht eine Kohärenz von Erinnerung, eine Epiphanie als plötzliches Klarwerden der Vergangenheit, hervorbringt, sondern, ganz im Gegenteil, die Polyvalenz disparater, sich gegenseitig überlagernder und durchdringender Bestandteile hervorhebt, was in der Darstellung des Gebäudes bereits aufscheint:

> Row of twenty windows, three boarded up. The glass is bearded with dust and dirt. Through them, peering inside, metal vats, a rudimentary production line. A stack of empty glass jars. A broom upright in a corner. Tiles hanging from the roof. Weeds with yellow flowers growing up in front of the padlocked door. Nettles. Ants. Smells of rot. Warm damp patch on the grass. Odour of urine. Remains of a fire. Charred bones. A couple of dozen flattened cola cans tied together with wire. A child's emerald green coat eaten by moths. (SH, S. 340)

Das Gebäude wird als Raum der Durchdringung von Unbelebtem (Fließband, Metall, Gläser) und Belebtem (Blumen, Bart aus Staub und Schmutz) dargestellt und verweigert sich so einer eindeutigen Zuordnung. Es ist angefüllt mit verräumlichten Spuren der Vergangenheit, die teilweise von Alix eingeordnet werden können – etwa das Fließband oder die Gläser, in denen die Produkte abgefüllt wurden – und solchen, die sich einer Interpretation verschließen oder nur vage gedeutet werden können (die Feuerstelle oder der Uringestank). Die Knochen und der von Motten zerfressene Kindermantel rufen jedoch eine tiefere semantische Schicht auf und etablieren Assoziationen zu Flucht und physischer Vernichtung und damit dem Schicksal der jüdischen Besitzer. Die stark gebrochene Aufzählung im Erzählstil betont zusätzlich das konflikthafte Aufeinandertreffen der Eindrücke, die eben nicht als kohärentes, eindeutig semantisiertes Ganzes wahrgenommen werden. Vielmehr werden sie in ihrer Disparatheit

28 Als Jude gilt nach der Halacha, den jüdischen Religionsgesetzen, nur, wer als Kind einer jüdischen Mutter geboren wird oder zum Judentum konvertiert.

und gleichzeitigen Durchdringung in einem Relationsgefüge dargestellt, das sich einer monokausalen Erschließung verweigert.
Wie Marion Gymnich hervorhebt, ist die Herstellung von Identität unweigerlich eng mit der Konstitution individueller Erinnerung verbunden, die den Bezugsrahmen herstellt, innerhalb dessen sich das Selbst verorten kann.

> Individuelle Erinnerung, in der das Individuum Aspekte seiner Vergangenheit im Licht seiner aktuellen Situation reflektiert, und individuelle Identität, d.h. Akte, in denen das Individuum sich selbst identifiziert, erscheinen auf das engste miteinander verknüpft; individuelle Erinnerung und individuelle Identität durchdringen und bedingen sich gegenseitig.[29]

Dieses gegenseitige Bedingt-Sein lässt sich auf die Relation von kollektiver Erinnerung und Identität ausweiten: Alix setzt die Polyvalenz des Erinnerungsraums und des familiären Gedächtnisnarrativs in Bezug zur Formation des eigenen Selbsts, denn sie nimmt Abschied von der Vorstellung einer in sich geschlossenen, kohärenten Identität:

> What's the resolution? The resolution is that there is no resolution, no catharsis, no moving on, no release. [...] The revelation of your life is that you're going to have to live with pain that is not consolable. (SH, S. 342)

Die klar räumliche Bezugnahme von Alix in der Herstellung des eigenen Selbsts, die stark auf ihre Semantisierung Liverpools fokussiert war und die die Vergangenheit lediglich in anonymisierter Form als Immer-noch-hier-Sein zu integrieren vermochte, wird hier mit der Unmöglichkeit eines solchen Entwurfes konfrontiert. Zu komplex ist das Geflecht diskursiv hergestellter und interpretationsbedürftiger Schichtungen in der Konstitution des Gedächtnisses, als dass sich dessen Polyvalenz in Kohärenz überführen ließe.

Narrative Selbstbestimmung und Autorität im Gedächtnisnarrativ

Wenn nun abschließend die narrative Verortung der Erzählinstanzen genauer betrachtet werden soll, fällt auf, dass gerade im Hinblick auf die Bestimmung des erzählenden Selbsts Joseph und Alix in deutlicher Opposition zueinander stehen. Zwar lässt der Entwurf beider Instanzen Binnenerzählungen zu, die anderen Figuren eine Stimme im Erzählprozess ermöglichen, doch ist festzuhalten, dass Josephs Vermittlung weitaus geschlossener und auf das eigene Selbst bezogen zu sein scheint, während Alix' Abgrenzungen innerhalb ihres Erzählentwurfs in unterschiedlicher Weise thematisiert und hinterfragt werden. Dabei wird die Hybridität, die bei Alix weitaus deutlicher hervortritt und bei Joseph zwar angedeutet aber nicht weiterverfolgt wird, auf der Ebene der narrativen Vermittlung aufgegriffen. Da Josephs Darstellung weniger bruchhaft erscheint, ist im Folgenden besonders Alix' Erzählstrang von Interesse für die Analyse.

29 Marion Gymnich: Individuelle Identität und Erinnerung aus Sicht von Identitätstheorie und Gedächtnisforschung sowie als Gegenstand literarischer Inszenierung. In: Dies. / Erll / Nünning (Hrsg.): *Literatur – Erinnerung – Identität*, S. 29–48, hier S. 29.

Schon die Vermittlung durch zwei unterschiedliche Stimmen weitet die dem Roman ohnehin zueigene Dialogizität auf eine weitere Ebene aus.[30] Darstellungen werden aus den Blickwinkeln zweier Figuren vorgenommen, wobei ein heterogenes Bild entsteht. Alix und Joseph stellen wechselseitig Innen- und Außenwahrnehmung dar, wodurch die Opposition unterschiedlicher Perspektiven dem Roman als organisierendes Prinzip übergeordnet wird: Der Text wird durch die beiden Erzählinstanzen, die sich abwechseln, in acht Teile geordnet, die jeweils nach der entsprechenden Erzählstimme benannt sind.

Wie bereits erwähnt, ist die Erzählung Josephs als streng autodiegetische Darstellung zu beschreiben, die nur wenige Brüche in der Perspektivierung zulässt. Die Begrenztheit des traumatisierten Joseph sowie sein Unvermögen zu erzählen werden so in der Vermittlung aufgegriffen. Die Annäherung an das Trauma findet in einer langsam voranschreitenden Darstellung statt; schließlich fallen Josephs Öffnung gegenüber Alix, als er vom Auffinden der Leiche berichtet, und die erzählerische Vermittlung der traumatisierenden Kriegserlebnisse zusammen. In der Darstellung Josephs scheint die Bezugnahme auf eine kollektive amerikanisch-jüdische Identität folglich auch kohärenter. Jedoch machen seine Immigration nach Israel (um dem Vietnamkrieg zu entgehen), seine Rückkehr in die USA nach dem Jom Kippur Krieg und die aus dem Krieg resultierenden seelischen Wunden deutlich, dass Josephs Selbstkonstruktion nicht so bruchlos ist, wie seine Darstellung dies zunächst nahelegt. Der von Alix vermittelte Erzählstrang weist dagegen einen Bezug zu einer anglo-jüdischen Identität auf, deren Hybridität sich deutlich der Vermittlung einschreibt. Diese Polyvalenz wird auf der Erzählebene durch ein komplexes Spiel mit Perspektiven und Bezugnahmen durch die Erzählstimme aufgegriffen, die im Folgenden zu beschreiben sind.

Bereits zu Beginn des Textes stellt Alix durch die Verwendung der ersten Person Plural einen Bezug zu einer kollektiven Identität her, die wiederum, wie oben bereits ausgeführt, hinsichtlich ihrer Verortung unsicher bleibt. Perspektiviert der Romananfang Liverpool von einem Blickwinkel, der sich im Grenzraum zwischen Festland und Meer befindet, wird die Polyvalenz der Ortsbestimmung auch in Bezug auf kulturelle Zugehörigkeit aufgegriffen.

> Yet for all we had here, some of us felt a wrench when we looked westwards out to sea towards the Atlantic. We were yearning for something even bigger still. We had inconsolable longings in us for the city across the ocean. We were its blueprint. It was our completion. Some of us went, some of us stayed, but even separated, we were part of the same need to turn away from England. For a hundred years my family has been trying to get to America. (SH, S. 2)

Der Wir-Bezug verortet die Erzählinstanz innerhalb des anglo-jüdischen Kollektivs und artikuliert zudem indirekt die Sehnsucht nach einer Auflösung der Diaspora. Doch ist hier nicht die Rückkehr nach Jerusalem die ersehnte Neuverortung, sondern

30 So setzt jede Artikulation ein Gegenüber, eine Antwort, voraus. Nach Bachtin hat die Formung dieser stets dialogischen Sprache im Roman besondere Bedeutung: „Der Romancier […] nimmt die Redevielfalt und die Sprachvielfalt von literarischer und außerliterarischer Sprache in sein Werk auf, ohne sie abzuschwächen, ja, er betreibt sogar ihre Vertiefung […].“ (Bachtin: Wort im Roman, S. 189.)

die Immigration in die USA. England wird zu einem Exilraum in Bezug zur Sehnsucht nach New York, das indirekt als spatiale und semantische Entsprechung etabliert wird. Ausgehend von dieser Verortung ist das Verbleiben der Familie eine gescheiterte Emigration. In ähnlicher Weise stellt Alix auch im Rahmen ihrer Arbeit Bezüge zu einem kollektiven Gedächtnis her, als sie in der Synagoge im indischen Kochi die erste Zeile des *Sh'ma Yisrael*[31] auf Hebräisch *und* Englisch im Text aufruft.
In Alix' Erzählstrang werden unterschiedliche Perspektiven repräsentiert und dadurch zueinander in Bezug gesetzt beziehungsweise miteinander konfrontiert. Durch dieses Verfahren wird die Heterogenität von Erinnerung und der Herstellung von Identität im Text hervorgehoben, zugleich wird die oben bereits als polyvalente Relationsbildung zu einem kollektiven Gedächtnis deutlich gewordene Vielschichtigkeit innerhalb des narrativen Verfahrens wieder aufgenommen. Alix sieht sich im Zuge ihres Erzählstrangs beispielsweise mit ihrem erzählten Ich in unterschiedlichen Altersstufen konfrontiert, wodurch Konflikte in der Herstellung von Erinnerung direkt wiedergegeben werden. So sind ihre Erfahrungen als Kind in figuraler Perspektive dargestellt: „Words. New or familiar. What is bean? Like in soup. Where is the cow? Here. Bad giant. Yes. Smack him. Yes, he has a broken head. Kiss it better? No, we don't kiss bad giants better.“ (SH, S. 6) Das Erzählen des Märchens *Jack and the Beanstalk* ist aus der Perspektive des Kindes in die Narration eingearbeitet. Die Konfrontation zweier Erzählperspektiven führt zu einer Oszillation, wenn sich erzählendes und erzähltes Ich durch den schnellen Wechsel der Perspektive durchdringen. In ähnlicher Weise ruft sich Alix die medizinische Versorgung ihrer Eileiterschwangerschaft im Alter von 36 Jahren in Erinnerung:

> I feel a sharp pain, grow cold, icy sweat on my face. Can't stand, breathing shallow. [...] The clock says 7.10 p.m. One, two, thr ... Dreams rushing back into blackness like time reversed, of tall buildings, cities, powerlines, freeways. Cold. Incredibly cold. [...] Panic in the voices. Someone is dying. Eyes opening. The clock says 8.50 p.m. (SH, S. 209)

Die kurzen, abgehackten Sätze machen zum einen die zunehmend unzusammenhängende Wahrnehmung erfahrbar und greifen zum anderen den Sprechstil einer verletzten Person in der Darstellung auf. Folglich entzieht sich die eigentliche Operation dem Erzählen, die Narration gleitet beim Zählen des Anästhesisten in eine Traumdarstellung ab, die von urbanen Bildern geprägt ist.
Bewegungen durch den urbanen Raum werden darüber hinaus von Perspektivierungen begleitet, die das erzählende Ich reflektieren. Wenn am Ende des ersten Kapitels Alix sich selbst im Kontext ihres Verliebt-Seins aus einer erzählerischen Distanz betrachtet, wird nicht nur proleptisch der Handlung vorausgegriffen, sondern es findet auch eine Verschränkung von Eigenbewertungen Eingang in den Text: „When I came back to see my mother I fell in love. Me – the arrogant, angry, wilful, sarcastic daughter of Liverpool and of Saul and Lotte Rebick.“ (SH, S. 16) Die Stadt wird an

31 „Höre Israel“, Dtn 6,4, die erste Zeile des gleichnamigen Gebets, das morgens und abends gesprochen wird.

dieser Stelle nicht nur in eine Reihe mit den leiblichen Eltern gestellt, vielmehr erhält der urbane Raum durch die Nennung an erster Stelle eine hervorgehobene Position. Alix betont so die enge Verbindung der Konstruktion des eigenen Selbsts mit dem spatialen Netzwerk, indem sie sich als Tochter der Stadt beschreibt, wie sie sich auch im weiteren Verlauf immer wieder als Produkt des Raums charakterisiert.

Solchen narratorialen Perspektivierungen werden Passagen gegenübergestellt, in denen etwa die zurückgekehrte Alix mit der Präsenz eines historischen, in der Erinnerung generierten Ichs konfrontiert wird: beispielsweise, als sie direkt nach ihrer Ankunft in Liverpool mit Sam durch die Stadt fährt und im Raum, durch den sie sich bewegt, Erinnerungen aufruft.

> I saw myself at fifteen walking these streets, not afraid of anything [...] and the girl I was then turned sharply to look at me [...]. She was still here, still in Liverpool! I hadn't known, I thought she'd died long ago, and been replaced by the successive stages of a self that even then was itching to move on, move away, because it was in the nature of this place on the edge of the Atlantic to promise that if you were a restless girl not a tree – had legs instead of roots – somewhere else was waiting for you. (SH, S. 37)

Das erinnernd vergegenwärtigte jugendliche Ich erhält ein Eigenleben und ist immer noch im spatialen Netzwerk der Stadt enthalten. Doch wird deutlich, dass das erzählende Ich in der perspektivischen Bezugnahme das jugendliche Ich erst herstellt und mit der in der eigenen Identitätskonstruktion wahrgenommenen Ruhelosigkeit auflädt. Die Sehnsucht nach dem anderen Ort, der wieder jenseits des Atlantiks liegt, ist durch das erinnerte Mädchen dargestellt. Darüber hinaus wird Beweglichkeit eng mit dem eigenen Ich verbunden und zu einer stabilen Verortung (Verwurzelung) in Opposition gesetzt. Die Mobilität, die sich bei Alix auf semantischer wie auch narratologischer Ebene zeigt, wird damit durch die Figuration eines *alter ego* thematisiert, eines Stadiums der Identitätsbildung, das im Raum aufgerufen und damit wahrnehmbar gemacht wird. Die Hybridität von Alix' Identität nimmt auf diese Weise direkten Einfluss auf die Vermittlung des Erzählstrangs. Durch ein komplexes Geflecht von Perspektiven, die miteinander kontrastiert werden und sich gegenseitig durchdringen, werden Bedingungen hybrider Identitätsbildung aufgegriffen, wie sie Neumann erläutert:

> An die Stelle der kollektiven Identität und des kollektiven Gedächtnisses rücken mithin heterogene und in sich differenzierte Identitäts- und Gedächtniskonstruktionen, die einander überlagern und wechselseitig perspektivieren und mit denen sich Einzelne in Abhängigkeit von Situation und Kontext identifizieren können.[32]

Alix' Praxis, sich zu einander durchdringenden Gedächtnisentwürfen in Bezug zu setzen, muss im Kontext der von Neumann beschriebenen wechselseitigen Perspektivierung unterschiedlicher Entwürfe von Vergangenheit und Selbst gesehen werden. Diese heterogenen Konstruktionen von Gedächtnis und Identität werden in der

32 Neumann: Literatur als Medium (der Inszenierung) kollektiver Erinnerungen und Identität, S. 64.

Erzählperspektive aufgegriffen, wodurch sich eine enge thematische Verklammerung zur Aushandlung von Alix' Selbstbestimmung etabliert.
Der Mobilität der Perspektive werden in Alix' narrativem Entwurf wiederholt Reflexionen zur Seite gestellt, in denen die eigene Vermittlung auf einer Metaebene zum Thema wird. Dabei grenzt Alix etwa das eigene Erzählen explizit von der literarischen Tradition des Magischen Realismus ab, die auch die Artikulation marginalisierter Stimmen impliziert.

> In my story there is no magic realism, no flights of butterflies above a grave, no unicorns, no mermaids, no ghosts, no demons, no fairies, no wizards, no sorcerers, no spirit world at all. Here in the port and on the river there is only the iron law of the tides and the weather. (SH, S. 35)

Alix reklamiert hier deutlich narrative Kontrolle, denn es handelt sich um *ihre* Geschichte und diese steht in Opposition zu den grenzverwischenden und verunsichernden Verfahren des Magischen Realismus. Weiterhin wird die Lozierung („In my story") durch die syntaktische Positionierung am Satzanfang in eine Äquivalenzbeziehung zur Verortung der Geschichte („Here in the port and on the river") gesetzt. Die Unabänderlichkeit von Gezeiten und Wetter als Naturphänomenen ist damit auf die Konstruktion des eigenen Narrativs bezogen, wodurch die von Alix immer wieder hervorgehobene Rauheit und Härte des Raums aufgegriffen wird: „[...] this is Liverpool, where there is no room for fairy stories [...]" (SH, S. 39). Dies wird zusätzlich unterstrichen, indem sämtliche übernatürlichen Elemente explizit aus dem eigenen Erzählentwurf ausgeklammert werden. Diese Aneignung von narrativer Autorität und Verlässlichkeit (schließlich orientiert sich das Erzählen ja vermeintlich an Naturgesetzen) steht jedoch in Opposition zum Aufrufen vergangener Selbstentwürfe – zum Beispiel dem jugendlichen Ich – die immer noch in der Stadt präsent sind. Die Strategie narrativer Grenzverwischung findet eben nicht Ausdruck durch das Infragestellen der Grenze zwischen Realität und Übernatürlichem, sondern vielmehr indem Raum- und Erinnerungsentwürfe in ihrer hybriden Formation sichtbar gemacht werden.
Die Autorität, mit der Alix den Rahmen der eigenen Erzählung absteckt, findet auch Eingang in den Handlungsverlauf und etabliert damit ein weiteres Verschwimmen vermeintlich disparater Ebenen. Die Fabrik der Dorfs begreift sie als Märchen, das durch die Mutter im Gedächtnisnarrativ der Familie verankert wird: „The factory I had never really believed in – a fairy tale, Mamma's fantasy, my bedtime story [...]." (SH, S. 244) Damit wird ihr Widerwille, sich den Erinnerungsort der Fabrik in Dresden zu erschließen, in Bezug zur narrativen Selbstbestimmung als Erzählinstanz gestellt, und zugleich wird der eigene Anspruch an klare, unumstößliche Regeln des Erzählens in Frage gestellt, denn schließlich findet ja eine Erinnerungsreise statt, bei der dieser Ort erschlossen wird. Die Akzeptanz der Fabrik als erfahrbarer Raum ist auch, wie Alix feststellt („How had I diminished my own mother by my rejection of her past?" SH, S. 244), eine Anerkennung von Lottes Geschichte, die sich im Erinnerungsort manifestiert. Doch grenzt Alix nach wie vor die Relevanz der Fabrik von der Bedeutung der von ihr aufgespürten Synagogen ab: „[...] it's of no significance in

and of itself. It's not like the buildings I'm involved in restoring, there's nothing here. [...] In the end it's just a pile of bricks." (SH, S. 340) Bedeutung wird an dieser Stelle ausschließlich in Bezug auf ein größeres Kollektiv konstruiert; so erhalten Synagogen als Verortungen eines jüdischen Gedächtnisses größere Bedeutung, als es einer Fabrik, die sich einstmals im Besitz einer jüdischen Familie befand, möglich wäre.

Doch wie die narrative Autorität der Erzählinstanz mit spatialisierten vergangenen Selbstentwürfen konfrontiert ist, erweist sich auch hier der Erinnerungsraum als hartnäckig, da sich, gegen den Willen der Erzählerin, eben doch eine enge Verbindung der Fabrik zu den Synagogen, dem Erinnerungsraum Liverpools und schließlich zur fluktuierenden Verortung des eigenen Selbsts manifestiert.

> What is it with this place, that it won't disappear? All around it there are flats: flats flung up after the war when the urgent need was to house the thousands of homeless; flats executed in the sixties brutalist style as a statement of the supremacy of the workers [...]; flats built since the Wende in glass and brushed steel [...]. Some things go on surviving long after they served their purpose yet here we still are. (SH, S. 342)

Durch die Verbindung der die Fabrik umgebenden Wohnblöcke mit historischen Epochen verräumlicht die Erzählstimme geschichtliche Entwicklung und artikuliert eine Bewegung im Fortschreiten der Zeit. Dagegen wirkt die Fabrik als statisches Überbleibsel, das einerseits den Charakter eines Mahnmals erhält, das jedoch aufgrund der Auslöschung der Erinnerungsgemeinschaft, die Sinnzusammenhänge herstellen könnte, nicht mehr entziffert werden kann. Andererseits ist die Fabrik eine fortbestehende Wunde, die vor dem Hintergrund der sich verändernden Gebäude ringsum die Vernichtung eines jüdischen Gedächtnisses artikuliert. Durch das gewaltsame Zum-Verschwinden-Bringen der Erinnerungsgemeinschaft verliert der Ort Bezüge zum kollektiven Gedächtnis. Obwohl Alix der Fabrik eine die Vergangenheit generierende Relevanz abspricht, verleiht sie eben diesem Prozess in der Narrativierung Ausdruck. Durch ihren Besuch in Dresden findet nicht nur eine Neubewertung des Familiengedächtnisses statt, indem die neue Stimme der Tante integriert werden muss, sondern es findet sich auch eine Kontextualisierung von Lottes Geschichte statt, die bislang von Alix nicht akzeptiert war.

Die Neugestaltung des Erinnerungsraums, der als intertextuelle Betonung Alix' Lektüre von Ovids *Metamorphosen* zur Seite gestellt wird (SH, S. 316), mündet schließlich in der direkten Ansprache der Erzählinstanz an die verstorbene Mutter:

> Mamma, listen. I've done what you asked, I got the factory back for you. Are we finished, is the tragic past over and done with? [...] We are property owners in Germany once more; the Dorfs can hold their heads up high as they step out through the streets of Dresden, because here we are, back in the heart of Europe, where we belong – let them try to get rid of us a second time. (SH, S. 343)

Die Rekonstruktion der Vergangenheit erfüllt deutlich den von Alix in Bezug auf Synagogen beschriebenen Zweck: Sie macht jüdisches Leben von einst wahrnehmbar und profiliert seine den Raum gestaltende Kraft, bevor es durch Auslöschung im Erinnerungsdiskurs zum Verschwinden gebracht wurde. Alix' Unterscheidung bezüglich der

Relevanz im kollektiven Gedächtnis wird damit vom Text unterlaufen und als verkürzt gekennzeichnet. Es zeigt sich auch hier, dass die fortdauernde Präsenz der Vergangenheit im Raum innerhalb eines kollektiven Gedächtnisses durch Narrativierung artikuliert werden kann. Zudem zeigt sich, dass es gerade die emotionale Nähe zum eigenen Selbst ist, die Alix hatte zögern lassen. Die Frage, ob die schmerzliche Vergangenheit nun abgearbeitet sei, verweist auf die Wunde, die Europa als Raum des Traumas kennzeichnet, schließlich geht dieser Frage direkt das Begreifen voraus, dass mancher Schmerz zu stark ist, um durch Trost Linderung zu finden. Die Vernichtung eines ganzen Erinnerungskollektivs kann eben nicht aufgehoben werden, sondern verbleibt als Wunde, als Leere und Lücke im Gedächtnisnarrativ.

Beim Hinterfragen vermeintlich kohärenter Identitätsentwürfe und der damit verbundenen Konstitution von Raum- wie Erinnerungsnetzwerk entfaltet der Text, nicht zuletzt aufgrund seiner narrativen Vermittlung, unterschiedliche Verfahren, die zueinander in Beziehung gesetzt werden. Während sich Josephs Selbstbestimmung ganz an den Prinzipien der architektonischen Formung des Raums und dem der Architektur immanenten Moment der kontrollierenden Schöpfung orientiert, wird dieser Versuch durch die Leerestelle des Kriegstraumas im Kontext der Entfremdung zu seiner Ehefrau in Frage gestellt. Josephs Erzählstrang erweist sich als eng durch die Erzählinstanz perspektivierte diegetische Darstellung. Dem steht die weitaus offener gefasste Erzählung von Alix gegenüber. Besonders in Bezug auf die Möglichkeiten der Narrativierung von Vergangenheit zeigt sich, dass Interventionsoptionen im Erinnerungsdiskurs fester Bestandteil von Alix' Identitätsbestimmung sind. Vergangenheit wird als Erzählung in der Gegenwart verortet, von der aus die interpretierende Relationsbildung innerhalb des Raumgefüges vollzogen wird. Erzählerisch findet dies Ausdruck in der erhöhten Beweglichkeit der Erzählperspektive, die oft Momente der Oszillation im Text etabliert, sowie einer direkten Reflexion von narrativer Autorität und von Bedingungen des Erzählens. Doch erweist sich die Offenheit von Alix's Entwurf dennoch als die eigene Hybridität verleugnend, denn Teile des Familiengedächtnisses, etwa das mit dem Trauma der Auslöschung und Vertreibung assoziierte Dresden, werden von Alix aufgrund einer geringeren Relevanz vom kollektiven Erinnern ausgeklammert. Hier ist es die Erzählung selbst, die im Widerspruch zur Erzählinstanz die Polyvalenz im Text wahrnehmbar macht. Die narrative Autorität der Erzählstimme, die deutlich in einer Äquivalenzbeziehung zu Alix' beruflicher Gestaltung des Erinnerungsraums steht, wird in Konterungen durch die Erzählperspektive in Frage gestellt, was in Bezug auf die Kohärenz der narrativen Gestaltung wie auch der Semantisierung, etwa der Fabrik, deutlich wird. Der Text gestaltet ein multiperspektivisches Bild, in dem sich sowohl die Polyvalenz des Raumgefüges als auch die hybriden Bedingungen der Konstitution eines Erinnerungsnarrativs manifestieren. Der narrative Entwurf folgt dabei der von Alix artikulierten Unmöglichkeit einer kohärenten Auflösung der durch die hybride Verfasstheit des Erinnerungsgefüges bedingten Brüche, die sich nicht in eine Synthese überführen lassen; und so verschließt sich auch der Text eines auf Abgeschlossenheit ausgerichteten Sujets. Entwicklungen sind angedeutet, jedoch bleibt deren Nachhaltigkeit zweifelhaft, oder es wird gerade die Unmöglichkeit kohärenter Auflösung im Text durch Kontrastierung hervorgehoben.

1.3 Erinnernde Selbstlozierung im Raum: *The Clothes on Their Backs*

Auch der dritte untersuchte Romane von Linda Grant entwirft eine Selbstverortung der Protagonistin Vivien Kovaks vor dem Hintergrund unterschiedlicher erinnernder Narrative, die sich wechselseitig zueinander in Bezug setzen. Bestimmt wird der Text durch zwei Erzählstimmen: Vivien selbst ist als diegetische Erzählerin die dominante Stimme, mit Ausnahme des vorletzten Kapitels. Dieses wird von ihrem Onkel Sándor Kovacs erzählt, dessen Erinnerung ansonsten als Binnenerzählung in den Text eingefügt wird.

Nach dem Tod ihres Vaters kehrt Vivien in die Wohnung der Eltern in Benson Court, London, zurück, um den Haushalt der Eltern aufzulösen. Dabei löst das Erleben des Raums Erinnerungen an ihre Kindheit und die verstorbenen Eltern aus, deren Geschichte vor der Immigration nach Großbritannien Vivien erst als 24-Jährige durch ihren Onkel erfährt. Sándor, der Bruder ihres Vaters Ervin, fungiert auf diese Weise als Instanz, die zum einen die eigene Lebensgeschichte erzählt und zum anderen der jungen Frau eine Familiengeschichte erschließt, die Vivien in ihre Identitätskonstruktion integriert. Da Sándor wegen seiner Verbindung zum organisierten Verbrechen von Ervin abgelehnt wird, kommt der Kontakt zu Vivien erst im Erwachsenenalter zustande. Dem Onkel verbirgt Vivien anfangs die verwandtschaftliche Beziehung und wird von diesem als Schreibkraft eingestellt, die ihm beim Verfassen einer Autobiografie behilflich sein soll. Sándor erzählt ihr sein Leben, angefangen von der Geburt im ungarischen Dorf Mád, seinem Überleben der Shoah, bis hin zu seiner berüchtigten Laufbahn als Londoner Miethai, die schließlich in einer mehrjährigen Gefängnisstrafe endet. Die Aufnahmen dieser Gespräche, die Vivien anfertigt, werden von ihr bei der Auflösung der elterlichen Wohnung wiederentdeckt. Die Bänder motivieren einen Erzählstrang, in dem Vivien nach ihrer Rückkehr nach London im Jahr 2006 ihre Selbstverortung als junge Frau in Bezug zu einem sich entfaltenden Familiennarrativ rekonstruiert.

Darüber hinaus bewirkt das Erinnern narrative Bewegungen, die Viviens isolierte und von der Angst der traumatisierten Eltern bestimmte Kindheit sowie Erinnerungen an ihre erste Ehe darstellen, die tragisch durch einen Unfall auf der Hochzeitsreise endet. Die trauernde junge Frau begreift sich selbst zunehmend als geschichtslos und verloren, bis sie sich auf die Suche nach dem vom Vater tabuisierten Onkel macht. Dabei stellt sich heraus, dass sie nicht nur durch den Onkel eine Verortung in der eigenen Familiengeschichte erhält, die ihr die Eltern verweigern, sondern dass sie auch für den Onkel in der oralen Vermittlung zum Träger von Erinnerung wird, die so ins kollektive Gedächtnis eingebracht wird.

Daneben entfaltet sich der Erzählstrang um eine Affäre mit Claude, einem der Mieter ihres Onkels. In diesem Teil der Erzählung wird die traumatisierende Erfahrung der Abtreibung nach dem Tod ihres ersten Ehemannes, Alexander, erzählt. Vor dem Hintergrund der Liebesbeziehung mit Claude entwirft Vivien ein Selbst, das sich stark in Bezug zur Erfahrung der Metropole London setzt. Schließlich endet die Affäre tragisch, als Sándor in der Annahme, er müsse Vivien vor gewalttätigen Angriffen Claudes beschützen, diesen mit einem Messer attackiert und anschließend im Gefängnis stirbt.

Diese Erinnerungsstränge, die unter anderem von der Rezeption der Bänder in der Wohnung der Eltern motiviert werden, entwickeln sich in paralleler Konstruktion; sie stoßen sich gegenseitig an, erzeugen Brüche und durchdringen sich wechselseitig. Schließlich bringt Vivien die Bänder mit Sándors Erzählung zu seiner Verlobten Eunice, die ein Bekleidungsgeschäft betreibt, das ebenfalls aufgelöst wird. So übergibt die Nichte, deren Anzeige den Onkel ins Gefängnis brachte und damit der Verlobten raubte, die Lebensgeschichte Sándors an Eunice. Die Begegnung der beiden Frauen rahmt die Erzählung ein und bildet sowohl den Anfang als auch das Ende des Romans.

Entwürfe urbaner Hybridität

In *The Clothes on Their Backs* wird eine spatiale Ausgangssituation entworfen, in der die Großstadt als Vielschichtigkeit vor allem im Hinblick auf die konstruierten Erinnerungsnarrative profiliert wird. Der Text verzichtet auf die Darstellung eines lebensweltlichen Gegenraums (wie etwa in *When I Lived in Modern Times*) und verweigert sich der Figuration eines imaginären Alternativraums, wie er in *Still Here* in den USA hergestellt wird. Dem urbanen Raum ist dennoch ein Außen gegenübergestellt, zu dem sich die Protagonisten auf unterschiedliche Weise in Beziehung setzen: Der Raum des Erinnerten, der rekonstruierten und narrativierten Vergangenheit, fungiert innerhalb des Sujets als Bedeutung generierender Raum, in dem Alternativen entworfen werden und der das Jetzt beeinflusst und durchdringt. Dabei entwickeln sich Anknüpfungspunkte für die Figuren, um den eigenen Identitätsentwurf in einem kollektiven Gedächtnisnarrativ zu verorten.

Die Bewegung durch die Straßen Londons gibt Vivien immer wieder Anlass, Vergangenheit zu erzählen und hierin immer neue Relationen zum räumlichen Gefüge Londons herzustellen. Auf dem Weg zur Wohnung der verstorbenen Eltern ist Vivien im Jahr der Rahmenerzählung wegen Polizeisperren gezwungen, einen Umweg zu nehmen. Auf diesem durch Absperrungen von einem Außen vorgeschriebenen Weg wird die Erinnerung an die Anschläge von 2005 generiert und proleptisch zu den noch zu erzählenden Ereignissen vor fast 30 Jahren in Bezug gesetzt: „Last year there were blasts, deep in the tunnels, just as Claude had predicted nearly thirty years ago, the stench of burning flesh, then rotting bodies deep down in the Piccadilly line." (CB, S. 10) Besonders die sinnlichen Eindrücke erweisen sich in der Herstellung des Erinnerten als bedeutsam: Aufgerufen werden das Geräusch der Explosionen und der Gestank der Verbrennungsopfer. Auch als Vivien die Wohnung der Eltern betritt, sind es Sinneseindrücke, die eng mit dem Akt des Erinnerns verbunden werden: „Silence. Dust. Smells. Memory." (CB, S. 11) Der Text entwirft hier nur eine grobe Erzählstruktur in der schlaglichtartigen Nennung von vier Substantiven, von denen drei auf das Erleben der Figur rekurrieren – das Hören, Sehen und Riechen Viviens –, ohne dies weiter auszuführen. Als logische Folge steht am Ende der Reihung das Gedächtnis, wobei impliziert wird, dass jede Wahrnehmung mit Verknüpfungsprozessen in einem kollektiven Gedächtnisrahmen verbunden ist. Auch kleine Kollektive, wie hier die dreiköpfige Familie, entwickeln Narrative, vor denen sich Erinnerung vollzieht.

Der Raum wird also durch unterschiedliche Erinnerungsdiskurse geprägt. Dass dies auch in kleinen Gedächtnisgemeinschaften der Fall ist, und dass das Erinnerte sich teilweise in divergenten Semantisierungen konstruiert, zeigt der Aufzug des Hauses in Benson Court. Auf dem Weg in die Wohnung erinnert sich Vivien an den Tod einer Bewohnerin im Lift:

> A tenant died in there last year. My father pressed the button to go downstairs and a corpse ascended, sitting upright with her shopping – the retired ballerina, dead with her head becomingly to one side. (CB, S. 11)

Dem Sterben werden gegenläufige Bewegungen – die intendierte Bewegung des Vaters nach unten und das Aufsteigen der Leiche – zur Seite gestellt, wodurch eine räumliche Äquivalenz als nichtzeitliche Verklammerung hergestellt wird. Auch die Beschreibung der Leiche, die der Körperhaltung der ehemaligen Tänzerin große Aufmerksamkeit schenkt, verbindet den toten Körper mit einer Lebendigkeit, die ein Nebeneinander von Leben und Tod betont. Diese Semantisierung wird weiter ausgedehnt, denn der Aufzug ist der Ort von Viviens Geburt. Alexander bezeichnet ihn gar als Mutterleib und Inkubator: „This womb, […] this incubator of you." (CB, S. 41) Beginn und Ende des Lebens durchdringen sich im selben Raum; darüber hinaus tritt in Alexanders Formulierung der Aufzug an die Stelle der Mutter.[33] In der Verknüpfung von Inkubator und Körper wird das Organische eng an die Maschine angebunden, was auf der semantischen Ebene weitere Polyvalenzen bedingt.

Noch deutlicher wird die Verbindung von Körperraum und Stadt, als Vivien, nachdem sie Claude wegen ihrer Abtreibung zurückweist, durch die verlassenen Straßen Londons läuft:

> The sky gradually lightened as the dark broke over London. City of towers and steeples, railway lines, wormed with tunnels, and the closer I got home, the faster I went until I broke into a run, running through Chalk Farm until the whole bright day dawned […]. (CB, S. 251)

Während der Morgendämmerung befindet sich Vivien in einem Grenzraum, in dem sich Tag und Nacht konkret wechselseitig durchdringen und so zwei distinkte Sphären ineinander übergehen. Die Nacht, assoziiert mit Schlaf und Inaktivität, weicht

33 Wie auf S. 147 weiter ausgeführt wird, ist das Werk von Charles Dickens in der intertextuellen Bezugnahme des Romans von Relevanz. Durch die Ersetzung von Mensch und Raum wird hier die Titelheldin von *Little Dorrit* als Bezugnahme aufgerufen, die als „daughter of the Marshalsea" ebenfalls in einer quasi körperlichen Genealogie des Raums steht.

dem Tag, der mit Aktivität verbunden wird. Diese Polyvalenz wirkt sich auch auf die Darstellung des urbanen Raums aus. London ist geprägt durch Türme, die eine Aufwärtsbewegung in den Text einschreiben, zugleich durch die Bahnen, die den Raum zerteilen, und schließlich die Tunnel, die durch die Assoziation mit Würmern nach unten ins Innere der Erde verweisen. Das spatiale Relationsgefüge wird nach unterschiedlichen Richtungen hin erfasst und hierbei zum Ausgangspunkt für Viviens Entwurf einer möglichen Welt: einer im lebensweltlichen Raum modellierten fiktiven Vergangenheit, die keinerlei Verknüpfung mit Erfahrungen Viviens hat, außer der, einen Gegenentwurf zu bilden:

> If I'd kept that baby, she would have most of the things she needed to become a real person by now. A head, legs, arms, hands, hair, and she would be developing feet and fingerprints. Her brain would be starting to receive messages and form memories of her time in the womb, which she would later forget, because everyone forgets. [...] The DNA would be working out what it was going to send on into the future – the code string could reach back east to the village in the Zémplen, with the rabbis and plums, or to the country towns of western England, their churches and oak trees. My body would be a busy machine turning out this brand-new person. (CB, S. 251)

Erneut wird der Körper als Maschine semantisiert, die neues Leben hervorbringt. Das von Alexander (um dessen Kind es hier geht) aufgerufene Bild des Inkubators wird hierbei aktualisiert und damit auch die Durchdringung von Natur und Maschine. Doch geht der Text an dieser Stelle noch weiter: Die Entwicklung des Körperraums ist mit verschiedenen Gedächtnisnarrativen (zwei unterschiedlichen Familiengeschichten) verbunden. Die Stränge der DNS werden zu Erinnerungssträngen, die sich im Körper des Kindes durchdringen. Es verknüpfen sich also nicht nur genetische Informationen von Vater und Mutter, sondern auch der Erinnerungsraum West-Englands und Ungarns, des Anglikanismus und des Judentums. Im imaginären Körper des ungeborenen Kindes manifestiert sich eine Hybridität, die im Aufeinandertreffen unterschiedlicher Narrative ihren Ursprung hat. Der Prozess der Durchdringung, der eine Bezugnahme Viviens zur Familiengeschichte der Kovacs darstellt, wird von ihr auch am eigenen Körper erfahren, wenn sie etwa die Erzählungen Sándors als in den Körper eindringend beschreibt: „As if my pores were full of my uncle, I tried to expel him with each breath." (CB, S. 115) Der Versuch, den Körperraum von den Erzählungen des Onkels zu reinigen, die auch zur eigenen Identität in Beziehung stehen, ist an dieser Stelle zunächst noch eine Negation des eigenen hybriden Selbsts.

Jedoch verweigert sich der Text dem Versuch einer Auflösung von Polyvalenz. Beispielsweise verschwimmen die Grenzen von Mensch und (Wohn-)Raum, wenn die Worte der Mutter mit den Geräuschen im Haus verbunden werden.

> Her words murmured like the sounds of Benson Court itself: the coughing pipes, the floorboards' creak, the doors along the hall opening and closing, the panting ascent of the lift and the according pleats of its metal cage opening and closing, the life and soul of the building. (CB, S. 49)

Der Lebensraum der Familie wird vor der Folie menschlicher Körpervorgänge und organischer Prozesse dargestellt, wobei nicht allein eine Personifizierung des Hauses stattfindet, das als lebender Organismus mit Seele erscheint, sondern die Hybridität der Kovacs Familie wird in Äquivalenz zum Verschmelzen von Haus und Mensch betont. Sichtbar ist diese hybride Verfasstheit vor allem in der Wohnung der toten Eltern, in der Polyvalenz und Dislokation in der Repräsentation des Apartments aufgegriffen werden („Things were in the fridge that didn't belong there, books and pens my father used to write his bizarre letters […].“ CB, S. 11). Die Dislokation der Eltern wird an der Platzierung von Büchern im Kühlschrank nachvollzogen. Der alte Herd wird als keuchend („gas wheezing through its pipes“, CB, S. 11) mit einem Körperraum verbunden und hebt die Durchdringungsprozesse zusätzlich hervor.

Zudem ist die Wohnung für die Eltern ein Rückzugsraum vor dem Trauma, das der Antisemitismus der 1940er Jahre und die Ermordung ihrer Familienangehörigen ausgelöst haben. Aus diesem Grund zeigt sich in der Erfassung des urbanen Raums durch die Eltern eine starke Beschränkung auf die eigene Wohnung, die mit Sicherheit assoziiert wird. Es ist jedoch eine Sicherheit, die mit Stasis, mit dem Erhalt eines Status Quo, verbunden ist. Das Leben der Eltern richtet sich folglich an einem Ideal der Nicht-Wahrnehmbarkeit aus. So kann Veränderung nur als bedrohlich empfunden werden, scheint ihr doch stets die Bedrohung des eigenen Lebens immanent zu sein.

> My father was terrified of change. […] that any small disturbance in his circumstances would bring everything down – the flat, the wife, the job, the new daughter, London itself, then England, and he would slide down the map of the world, back to Hungary […]. (CB, S. 14–15)

Ungarn ist hier ein Raum des Traumas, der als negative Folie neben England steht. Die Angst der Eltern schränkt die Tochter stark ein, was Vivien in Isolation aufwachsen lässt. Mit der Adoleszenz begibt sie sich in den von den Eltern als bedrohlich empfundenen Raum des Außen: „They saw me descending into the world, which seemed to them to be a dark forest of fairy tales, prowled by wolves, bad elves, and other creatures of the Middle European night.“ (CB, S. 31) In diesem Außen durchdringen sich Angst vor realer Bedrohung (etwa durch gewalttätige Angriffe durch Anhänger der rechtsextremen *National Front*) und ein aus der Perspektive der Tochter entwickelter Raum der mythischen Gefahr. Auf diese Weise entsteht ein angstbesetzter Gegenraum, der durch Ungeheuer und Monstren zusätzlich hybridisiert wird.

Das Ideal der Eltern, das Nicht-Wahrnehmbarkeit mit Sicherheit gleichsetzt, isoliert nicht nur die Tochter, sondern enthält ihr auch den Bezug zu ihrer Familiengeschichte vor, was durch die Opposition zwischen Ervin und Sándor unterstrichen wird.

> My parents had brought me up to be a mouse. Out of gratitude to England which gave them refuge, they chose to be mice-people and this condition of mousehood, of not saying much […] was what they hoped for for me, too. And whatever Uncle Sándor was, he was no mouse. (CB, S. 54)

Die Verbindung der Familie mit Mäusen – mit Ausnahme Sándors, der in Negation der Maus-Existenz[34] den Eltern gegenübergestellt wird – artikuliert einerseits die

34 Eine intertextuelle Bezugnahme auf Art Spiegelmans Graphic Novel *Maus. A Survivor's Tale* ist sicherlich als vom Text intendierte Folie zu betrachten, vor der sich Viviens Charakterisierung vollzieht.

Angst der Immigranten vor erneuter Vertreibung und verleiht andererseits apologetischen Tendenzen in der anglo-jüdischen Geschichte Ausdruck. Jedoch erweist sich die Metapher als polyvalenter, als dies zunächst erscheinen mag. Nicht zuletzt ist die Maus ein Lebewesen, dessen Existenz eng mit dem urbanen Raum verbunden ist. Mäuse bewegen sich ungehindert in dem räumlichen Netzwerk der Metropolen und erschließen sich in nahezu unbegrenztem Ausmaß vor allem periphere Gegenräume wie U-Bahn-Schächte und Tunnel.

Aufgrund der erlebten Verfolgung versuchen Berta und Ervin ihre jüdische Identität zum Verschwinden zu bringen. Zwar feiert die Familie keine christlichen Feste, jedoch kann sich Vivien dies erst vollständig erklären, als sie durch Sándor von ihrem jüdischen Hintergrund erfährt. Weiter lassen die Eltern Vivien taufen, um ihr als Mitglied der anglikanischen Kirche die Erfahrung von Verfolgung zu ersparen und ihr durch den Taufschein Sicherheit zu garantieren („My parents had me baptised because you got a piece of paper at the end of it [...].“ CB, S. 99). Diese vermeintliche Sicherheit ruft das Phänomen des *passing*[35] auf, des unerkannten Durchgehens für einen Angehörigen der gesellschaftlichen Majorität. Stratton beschreibt die Bedeutung der sozialgesellschaftlichen Unsichtbarkeit, die Viviens Eltern als Praxis umzusetzen suchen, folgendermaßen:

> Invisibility may involve elements of assimilation and of passing but its primary concern for the migrant or minority group is to enable them to live unnoticed, unremarked on, within the general population.[36]

Assimilation ist nicht das Ziel, das die Eltern durch ihr Schweigen und die Taufe der Tochter anstreben. Vielmehr suchen sie ein unbemerktes und deshalb sicheres Leben in der Mehrheitsgesellschaft. Dieses Verschwinden im Raum erweist sich jedoch als unvollständig, denn das Auftauchen Sándors artikuliert eine tabuisierte Vergangenheit, gleich einer Wiederkehr des Verdrängten. Dies löst eine Bezugnahme Viviens auf ein Gedächtnisnarrativ aus, in dem nicht nur Sándors Erleben ins Kollektiv der Erinnerungsgemeinschaft eingeschrieben werden soll, sondern auch eine Neubewertung der Beziehung von Tochter und Eltern ihren Anfang nimmt. „For the whole heavy weight of history that fell across my family, the Kovacs, meant that we were deeply implicated in the world, even though my father thought he could bar the doors and live anonymously.“ (CB, S. 164) Erinnern ist also eine aktive Bezugnahme auf das spatiale Relationsgefüge, zu dem sich Vivien neu verortet.

Dabei wird London selbst als Ort hybrider Durchdringung gezeichnet, in dem unterschiedliche semantische Schichten vermeintlich nebeneinander existieren, sich jedoch immer auch gegenseitig beeinflussen, ineinander übergehen und so die Hybridität des urbanen Raums erfahrbar machen. Die Verschränkung von Stadt und Natur im Raum des Parks formiert so einen Ausdruck von Polyvalenz und zugleich ist der Park als

35 Verwiesen sei an dieser Stelle beispielsweise auf Nella Larsens Roman *Passing*, in dem die Identitätspraxis der Mimikry zentral verhandelt wird.

36 Stratton: *Coming Out Jewish*, S. 102.

hybrider Raum Schauplatz des ersten Treffens von Vivien und Sándor. Die beginnende Bezugnahme Viviens zum Onkel und zu ihrer eigenen polyvalenten Verfasstheit nimmt hier ihren Anfang. Ein weiterer Durchdringungsraum ist das System der Londoner U-Bahn. Durch Claude, der als Angestellter semantisch eng mit der *London Undergound* verbunden ist, erhält Vivien eine Verknüpfung zu dem von ihr als Gegenraum entworfenen Netzwerk:

> [T]he people who drove the trains and blew the whistles and closed and opened the doors saw the city differently from those of us who lived above ground. They were always in motion and lacked our mental limitations. (CB, S. 159)

Mobilität bestimmt hier ein alternatives Erfahren des urbanen Raums. Die Bewegung der Bahnen formt die Identität des Beobachters, dessen Beweglichkeit wiederum auch ein Überschreiten mentaler und semantischer Grenzen ist. Das Erleben der Fahrt führt zu einer Hybridisierung der Stadterfahrung, bei der Karte, erlebter Raum und Schema des Schienensystems ineinander übergehen.

> You go down into the darkness, you emerge into the light, this is the nature of a subway system, and when you arise, you are in another place. You don't see the transitions. The map turns the city into a grid, a diagram, you don't have any sense of the distance between stops, it's all relative. (CB, S. 175)

Die Fortbewegung innerhalb des schematisch im Plan der Underground wiedergegebenen Streckennetzes macht die relationale Verknüpfung des Raums direkt erfahrbar. Zugleich wird die auf Autorität und Fiktionalisierung basierende Festschreibung der Karte in Frage gestellt, die allein auf der vertikalen Wahrnehmung des Planers beruht. Die horizontale Bewegung wird durch das Verschwinden von Anhaltspunkten, und damit dem Empfinden von Distanz, zu einer semantisch polyvalenten Erfahrung. Das Streckennetz der U-Bahn ist auf diese Weise Ausdruck relationaler Raumkonstitution schlechthin, womit dem in Bezug zum kollektiven Gedächtnis figurierten Raum der Großstadt eine weitere Schichtung hinzugefügt wird, die mit fortwährender Bewegung verbunden ist.

Auch in Bezug auf Sándor zeigt sich eine erhöhte Performanz innerhalb des spatialen Netzwerks: Während Ervin versucht, im Raum nicht wahrnehmbar zu sein, begreift sich sein Bruder als Akteur, der sich aktiv verortet. Vor allem das Wissen um die Verfasstheit des Raums und dessen semantischer Implikationen wird für Sándor zur Praxis, die sein Überleben sichert. Zunächst ist es seine Tätigkeit für Vermieter in Budapest, die ihm die Kenntnis des urbanen Raums verschafft („I get to know Pest like the back of my hand, every street." CB, S. 126). Schnell entwickelt er daraus weitere Möglichkeiten, seinen Lebensunterhalt zu bestreiten, etwa indem er Menschen leerstehende Wohnungen für geheime Liebesaffären und Prostituierten Räumlichkeiten für Treffen mit Freiern zur Verfügung stellt: „But where do they meet? Not his place, not her place. But I know where there is empty apartments, and I have the keys." (CB, S. 128) Auch, nachdem Sándor wegen der antisemitischen Politik der ungarischen Regierung nicht länger als Makler arbeiten kann, ermöglicht sein Erwerb als Zuhälter (ein Begriff, auf den er selbst sehr ablehnend reagiert) nicht nur ihm selbst, sondern auch seiner Familie ein weiteres finanzielles Überleben, bis er schließlich als Zwangsarbeiter verschleppt wird:

> […] I am someone who knows how to keep his head above water, and more and more my business is putting together girls and apartments, because I still manage to know what apartment or room is empty and I still manage to have the keys, because I don't do things the official way. (CB, S. 130)

Das Wissen vom Raum und dessen kreative Nutzung in Opposition zu dessen offizieller Ordnung gewährleistet so das Auskommen der Familie. Dabei ist es vor allem Sándors Mobilität, die es ermöglicht, bürokratische Wege zu umgehen, und die Bewegung als Praxis spezifischer Sinnzuschreibung nutzt, um trotz der staatlichen Politik weiter zu überleben.

Dass gerade alternative Räume die Möglichkeiten bieten, sich dem disziplinierenden Zugriff der staatlichen Ordnungsmacht zu entziehen, verdeutlicht Sándor an den Cafés von Budapest, in denen er das Wissen um die Bedeutungsschichten der Stadt erlangt („The cafés were full of wonderful people, journalists, writers, politicians, crazy people. […] *This* was my education, not university, in the cafés of Budapest." CB, S. 126–127). Das Café ist ein Gegenraum, in dem sich alternative Diskurse artikulieren. So macht Sándor bei Ervins Emigration eine weitere Bedeutungsschicht sichtbar, denn in der Sphäre der Cafés ist nicht die antisemitische Verfolgung der Beweggrund, sondern die Angst, seine Verlobte Berta könnte von Ervins Besuchen bei einer Prostituierten erfahren:

> So it becomes known, through the neighbourhood, that Ervin Kovacs and his fiancée Berta are leaving Hungary, fleeing the Jewish persecution. But in the cafés it's another story. In the cafés, Ervin Kovacs is leaving Budapest because he is terrified that his fiance [*sic*] will find out he slept with a prostitute. (CB, S. 133)

Im Raum entwickeln sich unterschiedliche Interpretationen von Ervins Handeln, die durch die streng figurale Perspektive und die Frage der Zuverlässigkeit von Sándors Erzählung – die von Vivien als Erzählinstanz immer wieder angezweifelt wird – konflikthaft nebeneinander stehen und nicht ineinander überführt werden können. Hier lässt der Text erkennen, dass jedes Erinnerungsnarrativ stets auf Interpretation basiert und unterschiedliche Konstruktionen von Vergangenheit sich häufig nicht zu einer kohärenten Version verbinden lassen.

Konstitution des Erinnerungsraums als Narrativ

In dem literarischen Raum, der so bereits als polyvalent semantisiert charakterisierten wurde, entwirft der Text verschiedene Erzählstränge, in denen Erinnerungsnarrative entwickelt werden, die sich wechselseitig durchdringen und den diskursiv konstruierten Erinnerungsraum als hybrides Gefüge artikulieren. An dieser Stelle sollen beispielhaft Sándors und Viviens Entwürfe von Vergangenheit nachvollzogen und in ihren wechselseitigen Bezugnahmen beschrieben werden.

Die Motivation Sándors ist eine gegen das Vergessen gerichtete Verortung des eigenen Erlebens im Narrativ des kollektiven Gedächtnisses durch Weitergabe an die nächste Generation: „I have many memories […]. That's what I'm writing, I want to put everything down, so there's a record, so they will know." (CB, S. 73) Die Vermittlung des Erfahrenen als Artikulation des Selbsts im Gedächtniskollektiv ist vorrangiges Ziel: Der Onkel will Erinnerungen an die Nichte weitergeben und die Gespräche, in denen Vivien Sándors Geschichte auf Kassetten aufnimmt, konstituieren als orale Tradierung ein kommunikatives Gedächtnis zwischen den Generationen. Dabei unterscheidet Sándor als narrative Autorität bewusst zwischen Historiographie, die das Produkt diskursiver Konstruktion ist und stets die Frage nach der Diskursmacht in sich birgt, und den eigenen Rekonstruktionen von Vergangenheit. Letztere werden von ihm mit der Authentizität des Erlebens ausgestattet – Diskursivität im Generieren von Erinnerung wird von Sándor ausgeblendet. So kann er von „real history" (CB, S. 100) sprechen, die er offiziellen Gedächtnisformierungen gegenüberstellt. Diese ‚echte Geschichte' gilt es, an die Nichte weiterzugeben, um die eigene Stimme im kollektiven Erinnerungsnarrativ vor dem Verstummen zu bewahren. Gegenüber Berta betont Sándor sein Bedürfnis nach Sichtbarkeit, wäre er doch sonst nur durch Ervins Schweigen und die Medienberichte über seinen Prozess repräsentiert: „Yes, I don't have a daughter like you. I got nothing to go forward into the future, I want to set the record straight." (CB, S. 216) Vivien, die als Autorin Sándors Geschichte erzählen soll, wird zur Trägerin der Stimme des Onkels. Dieser verweist auf die Zentralität des Narrationsakts bei der Gedächtniskonstruktion, wie sie von Sicher an anderer Stelle beschrieben wird, wenn er die Notwendigkeit der Erzählinstanz betont:

> Memory, which can be preserved only by being encoded in narratives whose meaning will endure, requires a narrating consciousness who makes sense out of the confusion of history and makes the reader imagine being there.[37]

Die Erzählung der eigenen Vergangenheit wird so der Nichte überantwortet, die Geschichte wird an die nachfolgende Generation übergeben, um diese als Text zu formen. Dabei steht für Sándor die Funktion der Bezugnahme zu denjenigen, die das Erlebte nicht teilen, im Vordergrund, um so dem eigenen Selbst Gehör zu verschaffen. Doch haben die Gespräche von Nichte und Onkel weitergehende Bedeutung für beide: Für Vivien etwa stellen sie eine Verortung des eigenen Selbsts in einem weiteren Gedächtniszusammenhang her, der ihr bislang verschlossen war. So finden die beiden zuvor getrennt lozierten Charaktere im fiktionalisierten Erinnerungsraum der Erzählung zusammen.

> He must have felt that we were best in the past, me and him, not the present, for back there he was an unknown quantity and had something he knew I wanted, that mysterious life which was lived before I was born, by people who would not take me back into that life, who denied me this gift. (CB, S. 107)

37 Sicher: *Holocaust Novel*, S. 113.

Die Konflikte des Jetzt, etwa bezüglich moralischer Implikationen von Sándors Mietpolitik, existieren im Erinnerungsraum nicht. Die Weitergabe des Gedächtnisses innerhalb des Kollektivs der Familie ist ein beide Seiten motivierendes Ziel der Kommunikation. Für Sándor erhält dieser Kommunikationsakt einerseits die Bedeutung der Artikulation des eigenen Selbsts. Doch andererseits findet hier auch eine Bezugnahme auf die eigene Familie statt, indem Sándor ein Verhältnis zu Vivien aufbauen kann, obwohl sich Ervin dem Familienbezug zu Sándor wegen dessen Verbindung zur Unterwelt immer verweigert hat. Einen konkreten Ausdruck im lebensweltlichen Raum findet diese Beziehung, als sich Vivien nach der Beerdigung des Onkels entscheidet, für einige Zeit in dessen Wohnung zu leben.

Die von Sándor narrativierte Lebensgeschichte entwirft zunächst das ungarische Dorf Mád als Erinnerungsraum, der Vivien in spatialen Bezug zur tabuisierten Herkunft des Vaters setzt und die von Sándor angestrebte Relationsbildung der Nichte zu dem von ihm selbst Erlebten in Gang setzt. Das idyllisch beschriebene Dorf („Quiet, peaceful. The air fragrant, a lovely smell over everything […].“ CB, S. 90) wird als jüdischer Raum semantisiert, wobei Vivien erfährt, dass ihr Großvater als Winzer Kiddusch-Wein[38] hergestellt hat. Durch die von Sándor entworfene Harmonie des Dorfes nimmt es die Position eines Gegenraums sowohl zu Budapest, das auch einen Raum der Verfolgung bildet, als auch zu London ein, in dem Sándor weiterhin um seinen Lebensunterhalt kämpfen muss. Vivien erhält durch den Onkel eine Genealogie, zu der sie sich mehr und mehr in Beziehung setzt, obwohl die Geschichte ihr zunächst fern erscheint.

Sándor figuriert Mád als abgeschiedenen, abgeschlossenen Raum, der nicht Teil der politischen Entwicklungen Ungarns ist. Vielmehr spielt der Konflikt zwischen der Religiosität von Viviens Urgroßvater und der Säkularität des Großvaters eine zentrale Rolle. In der Vermittlung einer Vergangenheit, die mit Fragen jüdischer Identität verbunden wird, steht Sándor in einer kulturellen Tradition, die der Konstitution eines kollektiven Erinnerungszusammenhangs große Bedeutung zumisst, wie Young in anderem Zusammenhang ausführt: „Memory of historical events and the narratives delivering this memory have always been central to Jewish faith, tradition, and identity.“[39]

Während Mád und Budapest in ihren spatialen Relationen eng an das Erinnerte geknüpft werden, sind Sándors Erinnerungen an die Zwangsarbeit in der Ortlosigkeit des Traumas loziert („At a place whose name Sándor said he didn't know […].“ CB, S. 171). Hier wird zunehmend die Erfahrung des Körpers zum Raum, zu dem sich das Erinnern in Relation setzt: Den Tod seines Vaters erlebt Sándor als Spaltung des körperlichen Selbsts, was als physische Halluzination dargestellt wird, womit die vom Trauma bedingte Dissoziation im Körperraum Ausdruck findet: „He thought that his

38 Koscherer Wein über dem an Schabbat und Feiertagen abends und morgens der Segen, Kiddusch, besprochen wird (von hebr. *kadosh*, heilig).

39 James E. Young: *The Texture of Memory: Holocaust Memorials and Meaning*. New Haven, CT / London: Yale University Press 1993, S. 209.

body had somehow been divided in half, and that the lower part was someone else.“ (CB, S. 170) In der Narrativierung des Traumas stellt Sándor als Shoah-Überlebender eine Verbindung zwischen dem traumatischen Raum des Erlittenen und dem der nachfolgenden Generation her.[40]

Seine Narben bilden folglich eine dem Körper eingeschriebene Vergangenheit, die auch bei Eunice den Schmerz einer kollektiven Erinnerung aufrufen, wenn sie bei deren Anblick die Sklaverei in Ägypten aufruft: „*Oh, Sándor* […] *you and me were slaves in the land of Egypt.*“ (CB, S. 137) Dabei wird eine Durchdringung zweier Gedächtnisnarrative sichtbar: Zum einen wird der Exodus und seine zentrale Bedeutung innerhalb des jüdischen Erinnerns als Folie für Sándors Leid etabliert. Zum anderen betont Eunice auch die Verbindung zum eigenen, afro-karibischen Gedächtniskollektiv, das in Bezugnahme zum Exodus eine Verbindung von marginalisierten Identitätsentwürfen betont.

Nach Sándors Tod nimmt der Text eine polyphone Vermittlungsposition ein, wenn am Grab Eunice und Sándors Geschäftspartner Mickey Elf den Verstorbenen in Relation zum eigenen Erleben setzten. Die Verlobte ruft den Körper auf, dessen Wunden sie wusch; Mickey artikuliert die Dislokation des Immigranten in Erinnerung an den Toten. Schließlich schildert Berta im persönlichen Gespräch mit Vivien ihre Wahrnehmung Sándors („He was a charming, dangerous man […].“ CB, S. 276). Auf diese Weise verbindet der Text multiple Darstellungen im Erinnern des Verstorbenen, indem mehrere Stimmen Aspekte ins kollektive Gedächtnisnarrativ einspeisen.

Viviens eigener Erinnerungsraum konstituiert sich zunächst vor dem Hintergrund des Verlusts: Der Besuch in der Wohnung der verstorbenen Eltern wird zum Ausgangspunkt für die Generierung von Vergangenheit, womit der erlebte Raum mit der Verortung der Verstorbenen im Jenseits verbunden wird. So etwa, wenn der Herd der Eltern die Erinnerung an den verstorbenen zweiten Ehemann Vic hervorruft, der an diesem Herd ein Omelett zubereitet hat. Vivien entwirft eine Vereinigung mit dem Verstorbenen in einem Gegenraum, in dem beide wieder jene gemeinsame Mahlzeit teilen werden („I'll have one again, some day, in that place, that other place.“ CB, S. 11). Auch in Bezug auf Sándor verweist Vivien zuvor schon auf ein Wiedertreffen im Raum des Jenseits, „*yane velt*“ (CB, S. 2), wobei der Gebrauch des Jiddischen eine Verbindung zum jüdischen Gedächtniskollektiv herstellt. Die Wohnung wird in mehrfacher Weise mit Verlust und mit dem Erinnern an die Toten assoziiert: Sie ist der ehemalige gelebte Raum der Eltern und ruft zugleich die Erinnerung an Vic wach. Darüber hinaus ist sie der Ort, an dem Vivien die Schachtel mit Kassetten findet, auf denen Sándors Lebensgeschichte aufgezeichnet ist. So taucht hier die Präsenz des Onkels in gleicher Weise aus dem Raum auf, wie sich seine Existenz für die zehnjährige Vivien aus dem Nichts heraus manifestiert hat, als Sándor seiner Nichte einen Besuch abstattet, der jedoch vom Vater unterbunden wird.

40 Zur verknüpfenden Funktion historischer Zeugenschaft vgl. Assmann: *Der lange Schatten der Vergangenheit*, S. 86.

> When he turned up on the doorstep [...], I was struck dumb by his existing at all, appearing out of the void (and he had been in a void, as I was to discover, a terrifying emptiness, as close to death as death itself, like death, darker than it, and irradiated with fear). (CB, S. 73)

Das plötzliche Auftauchen des Onkels aus dem Abgrund wird mit dem Finden der Kassetten durch die erwachsene Vivien verklammert und zugleich zum Trauma des Onkels in Beziehung gesetzt, das er der 24-jährigen Vivien erzählt. Unterschiedliche Schichtungen werden auf diese Weise im spatialen Netzwerk bei der Konstruktion von Erinnerung miteinander verwoben; die Erzählungen von Nichte und Onkel werden in enger Durchdringung gezeichnet, womit der Prozess der wechselseitigen Relationsbildung im kollektiven Gedächtnis der Kovacs-Familie betont wird. Vivien erhält in den Gesprächen mit dem Onkel die Möglichkeit, sich fragend dem Familiengedächtnis anzunähern.

> There were a thousand questions I wanted to ask, about my mother and father and about their past in Budapest as young people without a care in the world, before they became the reclusive refugees who hid behind their front door and were timidly grateful for any kindness. After all those blanks and silences I had grown up having to take for granted, I was going to get the answers on a plate. (CB, S. 83)

Durch Sándor erhält Vivien eine Verbindung zu einem bislang unerreichbaren Bedeutungsraum, der von den Eltern bewusst vor ihr verschlossen gehalten wurde. Der Onkel versetzt sie in die Lage, die elterlichen Selektionsmechanismen zu umgehen. Die Relevanz solcher Auswahlprozesse für die Systemstabilisierung beschreibt Esposito folgendermaßen:

> Die Familie [...] verfügt ihrerseits über ein eigenes Gedächtnis, das auf einer äußerst privaten Selektionsgeschichte [...] basiert und wie alle Gedächtnisformen mit dem Fortgang der Ereignisse ständig neu interpretiert wird, gleichzeitig aber, solange es funktioniert, als Kohärenzbezug für die Selbstreflexion des Systems fungiert.[41]

Im Dialog von Onkel und Nichte wird innerhalb des Kollektivs, das hier das Bezugssystem bildet, eben diese von Espostio beschriebene Neu-Interpretation vorgenommen, in der durch die Eltern ausgeklammerte Elemente ins Narrativ integriert werden.

Immer wieder sind Erinnerungen, die im spatialen Gefüge ihre Motivation finden, Ausgangspunkt für weitere Erinnerungsstränge, die sich mit den zuvor etablierten verflechten, etwa wenn bei Sándors Beerdigung das Begräbnis von Viviens erstem Ehemann erzählt wird. „They had him [*Sándor*, M. K.] buried in the Jewish cemetery in Bushey. I had only been to one funeral, Alexander's, the Anglican service in the same chapel where we had got married [...]." (CB, S. 273) Zwei Todesfälle werden unmittelbar miteinander in Relation gesetzt, was auch die Polyvalenz des Raums betont: Der jüdische und der christliche Friedhof werden miteinander verbunden, die Kapelle ist zugleich Ort der Hochzeit wie auch der Beerdigung.

41 Esposito: *Soziales Vergessen*, S. 308.

Bei der Darstellung der eigenen Kindheit orientiert sich Vivien ebenfalls am Raum, den sie ins Zentrum ihres Erzählens stellt. „What I remember, when I think back, is not a childhood, but Benson Court itself, and me in the corridors and the communal garden, or in my room […].“ (CB, S. 18) Das Erinnern ist eng an das Wahrnehmen des Selbsts im Raum gebunden und betont die Bedeutung der Perspektive in jeder Erfahrung von Raum. So erinnert Vivien vor allem Erfahrungen, in denen der Raum in seiner weiteren Ausdehnung erlebt wird. Das Streben der Eltern nach Nicht-Wahrnehmbarkeit führt zu einer Isolation der Tochter. Als sie die Begrenzung des elterlichen Raums mehr und mehr verlässt, rücken Bewegungen in den Fokus des Erzählens. Mrs. Prescott, älteste Bewohnerin von Benson Court, und ihre nächtlichen ziellosen Streifzüge durch London stehen dabei anfangs im Zentrum. Zunächst nimmt das erzählte Ich die Nachbarin durch Geräusche ihrer Bewegungen im Gebäude wahr. Dieser Ausschnitt wird erweitert, wenn Prescotts Wege sich auf den urbanen Raum ausdehnen.

> Until mid-afternoon she slept, unless she was lying, eyes wide open, memorising what she had witnessed on her voyages across the city. She had been seen as far as Kilburn, climbing the streets, heading further and further north, before dropping with exhaustion as the light rose. (CB, S. 27)

Die nicht nachzuvollziehende Motivation der Bewegung in der Stadt stellt die Nachbarin in den Kontext des Flaneurs, dessen nicht zielgerichtete Bewegung vom Raum selbst geleitet wird.[42]

Dass sich Viviens Erinnern in enger Bindung zum Raum vollzieht, ja sie sich sogar in erster Linie an den Raum erinnert, zeigt sich auch an der Darstellung der Abtreibung, die Vivien nach Alexanders Tod vornehmen lässt. Erneut ist der Raum das Erinnerte, von dem ausgehend sich dann das Erzählen entfaltet.

> I remember the tilted clinic, the green waiting room, the frightened girls, my mother's hand wiping the sweat from my neck, the bus, the smell of the plastic seats, the awful pain. But who can really remember pain? It's impossible, you don't remember it, you only fear it returning. (CB, S. 249)

Das sensorische Erleben des Raums wird über den Geruchssinn in das Erinnerungsnarrativ eingebunden. Die so etablierte Verknüpfung von Erlebtem und körperlicher Wahrnehmung wird in der Verschränkung von urbanem Raum und Körperraum weiter verstärkt. Die Rekonstruktion der Abtreibung betont die Versehrtheit des eigenen Körpers und dessen Verwundung, die sich, gleich Narben, dem Körper tief einschreibt.

> What does the body know? It understands very well that it has been invaded, whether by a fused cell or a tube that aspirates away the clump of living matter. It will *never* let you forget. There were holes in my body. (CB, S. 249)

42 „Den Flanierenden leitet die Straße in eine entschwundene Zeit.“ (Walter Benjamin: *Das Passagen-Werk*, Band I, hrsg. v. Rolf Tiedemann. Frankfurt am Main: Suhrkamp 1983, S. 524.) Benjamin verweist hier auf ein Eintauchen in das spatiale Netzwerk und dessen raum-zeitliche Verfasstheit, das aus der Ziellosigkeit der Bewegung resultiert. Diese enge Verbindung lässt sich in der Wahrnehmung Prescotts durch Vivien nachvollziehen.

Der Körper hat eine ganz eigene Form des Erinnerns: Er erscheint als spatiales Gefüge, in dem semantische Schichtungen Ausgangspunkte bieten, die Vergangenheit aufzurufen. Dabei bildet der Schmerz eine traumatisierende Wunde, die sich der bewussten Wahrnehmung entzieht. So entstehen Löcher im Körper – Leerstellen im Gedächtnis –, die vom Eindringen in den Körperraum hervorgerufen werden und fortbestehen.

Raumpraxis in Erinnerung und Körper
In diesem Abschnitt gilt es Bezugnahmen der Identitätskonstruktion zum spatialen Netzwerk im Allgemeinen und zum Erinnerungsraum im Besonderen nachzuvollziehen – beispielhaft in erster Linie an Vivien. Dass der Körperraum für ihr Erinnern eine hervorgehobene Stellung einnimmt, ist bereits dargestellt worden. Dies wird zusätzlich betont durch den Bezug zu Kleidung, den die Figur mit der Konstruktion des Selbsts verbindet. Kleidung wird als raumformende Praxis begriffen, da sie mit dem Körperraum verschmilzt und diesen in seiner Ausprägung gestaltet: „[…] the dress acquired a life of its own, taking charge of my body, rearranging it to assume a completely different shape. Breasts *up*, waist *in*. I looked at least ten pounds slimmer." (CB, S. 7) Das Kleid wird zum Akteur, dem gestaltende Kraft über den Körper innewohnt, während das Selbst die Kontrolle an dem formenden Eingriff in den Körperraum abgibt. Die Trennung zwischen Körper und Kleid wird aufgehoben: Das Kleid ist Bestandteil des Körpers („The dress dissolved and mingled with my flesh." CB, S. 8). Diese Verschmelzung von Körper und Material profiliert zusätzlich die bereits beschriebene Verschränkung unterschiedlicher Assoziationsräume. Das so gestaltete Selbst wird auch entsprechend von der Umgebung gelesen und interpretiert, etwa wenn der Konflikt von urbanem Raum (Regent's Park) und seinen sozialen Implikationen in Konflikt mit dem formierten Kleidungs-/Körperraum Viviens steht („jeans, boots, leather jacket", CB, S. 3). Die Bedeutung von Kleidung, die sowohl den Körper als auch das Selbst formt, tritt auch hervor, wenn Sándor als Zwangsarbeiter seine Würde mit einem mentalen Bild stützt, das ihn als gut gekleideten Besucher der Budapester Cafés zeigt.
Als Rückversicherung der eigenen Artikulation von Identität bedarf das Ich der Rezeption, die von Vivien über das Beobachten Anderer hergestellt wird sowie über die Wahrnehmung des eigenen Selbsts in der Spiegelung der Schaufenster.

> In adolescence I acquired self-consciousness and began to look at myself in the windows of shops […]. I started to observe others […] and acquired the trick of being part of the rest of the human race. (CB, S. 20)

Mit der Betrachtung des Selbsts wird die Verortung im Spannungsfeld einer Gemeinschaft vorgenommen, und „die Positionierung des Selbsts im Spiegel macht die Existenz des Selbsts vor dem Spiegel kognitiv bewusst".[43] Die Selbstvergewisserung über

43 Mahler: Semiosphäre und kognitive Matrix, S. 60–61.

Differenz und Identität vollzieht Vivien in der gestalterischen Formung des Körperraums, die sich im urbanen Raum platziert: Schaufenster werden zum Spiegel des Selbsts. Die Suche nach dem Kleidungsstück, das Teil des Selbsts werden kann („Sometimes you put a dress on and it becomes you, it is your flesh and blood […].“ CB, S. 149), wird vom Text als Bewegung entworfen. Die Bezugsquellen dieser speziellen Kleider sind im Netzwerk der Stadt versteckt und bedürfen eines besonderen räumlichen Wissens: „[…] certain addresses were passed around, quietly, as if they were the hideouts of drug dealers.“ (CB, S. 34) Der bewusstseinsverändernde Stoff der Droge wird in eine Äquivalenzbeziehung zu dem den Körper und das Selbst formenden Stoff des Kleids gestellt, wodurch die Kraft des Ausdrucks durch Kleidung auch mit dem Moment der gestalterischen Veränderung verbunden wird.

Neben der Gestaltung des Körperraums durch Kleidung ist auch die Bezugnahme zum Raum als performative Verortung der Identität von Bedeutung. Wie schon Alix in *Still Here*, zeigt auch Vivien eine starke Bindung an bestimmte semantische Schichten der Stadt.

> My territory. I grew up here, these are my streets. I am a Londoner. I accept this city with all its uncontrollable chaos and dirty deficiencies. It leaves you alone to do what you like, and of where else can you say that with such conviction? (CB, S. 10–11)

Vivien formuliert hier als erwachsene Frau eine Aneignung des soziokulturellen Bedeutungsraums, die auch eine Platzierung im Kollektiv vornimmt. Im Gegensatz zu den Eltern, die sich stets nur im Außen zu sehen vermochten, reklamiert die Tochter wiederholt den semantischen und lebensweltlichen Raum Londons für sich. Erneut verschmelzen Figur und Raum, wenn Köper und Stadt sich wechselseitig durchdringen:

> The dirt of London was under my nails and the dust of its pavements under the soles of my shoes. These were my streets, this was my territory. The slight incline of a hill beneath the concrete slabs of civilisation, a hill with an old stream, a meadow buried under traffic got inside my own body's navigation system. I had a right, I felt, at last to say that I belonged here. To belong to a place, now that is really something. No Kovacs ever felt that before! (CB, S. 187)

Der vom erzählenden Ich formulierte Besitzanspruch, der sich auf das erzählte Ich im Alter von 24 Jahren bezieht, verdeutlicht die enge Zugehörigkeit, in der Figur und Raum gesehen werden. Das Geflecht von Körper und Stadt motiviert den Akt der Selbstermächtigung des Kindes ungarischer Immigranten, die Stadt für sich zu reklamieren. Die von Vivien empfundenen Ortlosigkeit der Kovacs-Familie findet in der aktiven Selbstlozierung ein Ende. Doch in Bezug auf die Eltern und Sándor wird diese Auflösung vom Text immer wieder angezweifelt.

Während sich selbst Berta gegenüber der Tochter als marginalisiert charakterisiert („[…] life is very hard for people like us […]. The outsiders.“ CB, S. 52), weist Vivien jede Marginalität von sich. Hier zeigt sich ein Bestreben, die eigene Hybridität zu negieren, was als Äquivalenz zu Sándors Versuch, sich eine ungarische Identität zu konstruieren, zu lesen ist. „I wanted to be a Magyar, like all the rest. This was very important to me, to be Hungarian, not a Jew. To speak their language, not Yiddish which we spoke in our childhood." (CB, S. 109) Im Bestreben, das eigene Jüdisch-Sein aufzulösen, versucht sich Sándor dem Spannungsfeld eines jüdischen Bedeutungsraums zu entziehen, dessen diskursive Konstruktion Stratton in anderem Zusammenhang beschreibt:

> Rethought in the terms of the discourse of identity which has pervaded western modernity and post-modernity, the Jews have been constructed ambiguously as both the similar, that is to say, as a version of 'us', and the Other, as another group of 'them'.[44]

Die hier beschriebene bispatiale Verortung, als Identität und Differenz, kann im Versuch, sich sprachlich wie kulturell vollkommen der Umgebung anzugleichen, scheinbar aufgelöst werden. So ändert sich auch der Name: aus Sándor Klein wird Sándor Kovacs.[45]

Die Negation hybrider Identität, vor der Sándor ungarisch sein möchte und Vivien einen marginalisierten Status zurückweist, zeigt sich auch in der Überidentifikation, die bei Vivien gegenüber Sándor in Bezug auf den Begriff „fair" deutlich wird. „Fair" wird von der Angehörigen der zweiten Generation einer Immigrantenfamilie völlig kritiklos zum Inbegriff der englischen Gesellschaft konstruiert und der Geschäftspraxis des Onkels, als einem Vertreter der ersten Generation, gegenüberstellt. Doch zeigen Angriffe von Anhängern der *National Front* ebenso wie antisemitische Untertöne in der Berichterstattung zu Sándors Prozess, dass sich England keineswegs als semantisch kohärenter Bedeutungsraum beschreiben lässt.

Es ist vor allem das Erschließen des durch Sándor erzählten Erinnerungsraums, das in der Herstellung eines Familiengedächtnisses Viviens Vereinzelung aufhebt und sie in Bezug zum Onkel setzt. Weiterhin wird die Aufrechterhaltung einer geschlossenen Identität aufgrund von Viviens Hybridität zunehmend problematisch. So stellt die Nichte sich schließlich in direkten Bezug zu Sándor („I am like him." CB, S. 192). Der Onkel ist auch derjenige, dem Vivien von Alexanders Tod erzählt, wodurch sich eine zunehmende Intimität zwischen Sándor und Vivien zeigt.

In Bezugnahme auf ein kollektives Gedächtnis der Familie löst sich auch die durch die Tabuisierung der Vergangenheit bedingte Isolation.

> Because my parents never answered any questions about the past [...] I learned to stop asking, and eventually I forgot all about wanting to ask. Suddenly, a treasure chest had opened and out spilled all these precious objects. (CB, S. 95)

Das Schweigen, das bislang Viviens Bezug zur Vergangenheit bestimmt hatte, wird durch den Onkel gebrochen. Zudem integriert die Erschließung dieses kollektiven Gedächtnisrahmens Viviens Hybridität in den Identitätsbildungsprozess. So entwirft

44 Stratton: *Coming Out Jewish*, S. 53.

45 Um sich von seinem Bruder zu distanzieren, dessen Prozess die Medien füllt, ändert Ervin ein weiteres Mal den Familiennamen von Kovacs zu Kovaks. Auch Vivien benutzt gegenüber Sándor zunächst ein Alias, um die eigenen Identität zu verbergen. Das vielfältige Spiel mit Namen trägt zu einer Verunsicherung von Verortungen bei.

sie ein Bild des abgetriebenen Kindes in einem Bedeutungsraum zwischen dem jüdisch geprägten Dorf Mád und Alexanders anglikanischer Tradition. Für die Tochter von Immigranten, die in einem Akt der Aneignung London als Zugehörigkeitsraum reklamiert, schafft der Erinnerungsraum des Onkels einen weiteren Bezugspunkt. Die Relationsbildung zu Sándor und Mád ermöglicht eine Verortung, die zwar bestehende Brüche nicht auflöst, jedoch durch Einbindung in ein kollektives Gedächtnis artikulierbar macht. Zuvor empfindet Vivien Unentschlossenheit in der Herstellung des eigenen Selbsts: „I was a kind of embryo that can't make its mind up if it's going to be a chicken, a carrot or an Australian bushman. It keeps acquiring feathers, then turning orange, then growing skin." (CB, S. 188) Die Fluidität des Selbsts wird also nicht aufgelöst, doch bietet das kollektive Gedächtnis einen Bezugspunkt, von dem ausgehend Vivien sich entwerfen kann. Folglich begreift sie die Kassetten mit Sándors Stimme als Geschenk, mit dem der Onkel ihr eine Vergangenheit gibt, die über das selbst Erinnerte hinausweist.

> He gave me my grandparents, the village in the Zémplen, the plum trees, the vines, the horse shit in the streets, the cafés in Budapest, my mother sitting with her stick in a café on the banks of the Danube, her brown hair around her face, her raisin eyes, her cleft chin. Whether they are true or false (and I have no cause to doubt them), this past is the only one I've got, there is no other available. (CB, S. 283)

Vivien entwirft hier ein Panorama, das einen Erinnerungsraum ausgehend von Mád nach Budapest konstruiert. Dabei integriert sie die Mutter, deren Verortung aufgrund der Traumatisierung Bertas durch den Verlust der eigenen Familie unmöglich war. Die dörfliche Idylle – vor allem die Pflaumen, die Sándor erwähnt – wird von der Nichte aufgegriffen, und es zeigt sich, dass die Familie über ein gemeinsames Gedächtnisnarrativ verfügt, das weitergegeben wird. Dies ist umso bedeutsamer, da der hier von Vivien narrativierte Raum ein rein fiktionaler bleiben muss: nicht nur, weil die Rekonstruktion von Vergangenheit stets nur Fiktionalisierung ist, sondern eben auch, weil nach der Shoah dieses jüdische Erinnerungsnarrativ ein Narrativ des Traumas ist, das auf eine Wunde im kollektiven Gedächtnis verweist.

Erzählerische Autorität in der Konstitution des Gedächtnisnarrativs

Obwohl *The Clothes on Their Backs* mit Ausnahme des vorletzten Kapitels durchgängig von Vivien erzählt wird, finden sich in Bezug auf die von der Narration konstituierte Autorität mehrfach Brüche, welche diese in Frage stellen. Die in der Vermittlung durch eine Stimme nahegelegte Kohärenz und die damit verbundene erzählerische Autorität werden auf diese Weise reflektiert, so dass die diskursive Herstellung eines Gedächtnisnarrativs in der Rezeption des Textes erfahrbar gemacht wird.

Ausdruck dieses polyphonen Erzählens ist beispielsweise das Eindringen fremder Stimmen in den Erzählfluss. Bereits zu Beginn verschafft sich die Vergangenheit durch die Stimme Sándors Gehör, als Vivien nach Jahrzehnten Eunice wieder trifft: „*You never went so see how Eunice was?* my uncle's voice cried out, in my head." (CB, S. 2)

Proleptisch wird Sándor noch vor seiner Einführung durch die Erzählinstanz im Text verortet. Überdies ist er bereits hier in einem hybrid formierten mentalen Raum platziert, nämlich der Erinnerung der Nichte. Zudem nimmt Vivien an der Stimme Sándors eine figurale Perspektivierung des Onkels vor, denn der Text gibt keinen Anhaltspunkt, dass die Äußerung intratextuell über Faktizität verfügt. Da es sich eben nicht um die Stimme des Toten handelt, ist es die Stimme der Erzählerin, die hier den Eingriff aus der Perspektive der anderen Figur vornimmt. Weiterhin stellt das Eindringen Sándors an dieser Stelle eine unzeitliche Verklammerung zu seinem tatsächlichen plötzlichen Auftauchen an der Wohnungstür der Familie dar.
Wie Vivien die Schlüssel zur Wohnung der Eltern zurückgibt und damit die Autorisation innerhalb des gelebten Raums verliert („And for the rest of my life I would walk past Benson Court without the key to unlock the front door, without authorisation to ascend the lift." CB, S. 12), gibt sie an verschiedenen Stellen die narrative Vermittlung an andere Figuren ab, sei es in einzelnen perspektivierten Einschüben oder schließlich für ein komplettes Kapitel. Dabei bleiben einige Passagen in ihrer zeitlichen und perspektivischen Zuordnung ambivalent, so etwa wenn der Blick auf Vivien im Bad durch Alexander perspektiviert wird:

> *So there you were, lying next to that vase of poppies on the washstand [...]. Everything was covered in steam and you were smoking a cigarette with your wet fingers, lipstick on the stub and splashing the water with your other hand.* (CB, S. 38)

Der Text wird durch die Kursivsetzung als der einer anderen Stimme markiert. Doch der Gebrauch der Vergangenheit als Erzähltempus verweist auf eine Vermittlung, die dieses Bild erinnernd narrativiert. Die Auswahl des Erzählten und der perspektivische Blick auf die Szenerie lassen auf Alexander schließen, denn die Eindrücke verweisen auf die emotionale Perspektive des Geliebten. Da Alexander jedoch zum Zeitpunkt des Erzählens tot ist, verunsichert die Vergangenheitsform die Darstellung, denn es bleibt unklar, ob Vivien Alexanders Worte erinnernd rekonstruiert oder ob, ähnlich wie oben im Fall von Sándor, Vivien in der Gegenwart des Erzählens den Text des Verstorbenen als im Jetzt generierte Fiktion gestaltet. Durch die Verschränkung von zeitlich und perspektivisch disparaten Verortungen wird die Ambiguität des Erzählens erhöht und an mehrdeutige Prozesse in der Generierung von Erinnerungen angebunden. Dass auch Viviens eigene Narration stark durch die emotionale Verfasstheit des erzählten Ichs beeinflusst wird – eine perspektivische Verschränkung von erzählendem und erzähltem Ich – zeigt sich, als der Schmerz ob des Verlusts von Alexander als zyklische Wiederholung der Phrasen „you won't" bzw. „he won't" dargestellt ist (CB, S. 58–59). Der Tod manifestiert sich als Negation, als all das, was nun nicht mehr passieren kann: gemeinsame Spaziergänge, Reisen, Küsse, kleine alltägliche Gesten der Zuneigung. Das Gefühl des Gefangenseins im Verlust findet in der Wiederholungsstruktur seinen Ausdruck: Die strukturelle Ebene des Textes wird einer Formung durch die emotionale Verfasstheit der Figur unterworfen. In der Darstellung kommt es so zu einer Oszillation zwischen der Perspektive des erzählten und der des erzählenden Ichs.

Neben Vivien ist Sándor die zweite Erzählinstanz des Textes: Er vermittelt ein eigenes Kapitel und ist über längere Strecken Erzähler einer Binnennarration. Auf einer Metaebene wertet Vivien das Narrativ Sándors als kunstvoll:

> He was a fantastic talker, he could bring every moment alive, he had the seducer's gift of the gab. I could picture with my inner eye his description of the arrival at the railway station, and all the people he saw – only at the synagogue on the high holidays had he seen so many – and everyone walking up and down as if they had urgent business they had to see to, jumping on and off trams and running around like dogs and cats. A whole city alive! (CB, S. 108)

Die Ankunft des jungen Sándor in Budapest wird von Vivien in figuraler Perspektive dargestellt, die sein Erleben mit Viviens Erzählen verschränkt, wodurch das entworfene Panorama in unterschiedlichen Erzählebenen verortet ist. Sándor wird von der Nichte als begabter Erzähler beschrieben, der es schafft, sie in seinen Bann zu ziehen und dem es gelingt, Erinnerungen auf eine Weise zu fiktionalisieren, dass sie aufgrund der lebendigen Ausgestaltung einen Bezugspunkt für die nachfolgende Generation bieten. So versichert sich die orale Tradierung des Familiengedächtnisses des Kommunikationsakts, der unter Einbeziehung beider Partner – Onkel und Nichte – im Text figuriert wird. Doch stellt Viviens Vater, als er von Sándors Erzählen erfährt, die Berechtigung des Erzählers in Frage („What right have you to tell her such things? Who gave you permission?" CB, S. 216), denn die Kommunikation zwischen Nichte und Onkel entwickelt ein Gegennarrativ zur Tabuisierung der Vergangenheit, die Ervin aufrechtzuerhalten sucht.

Die Verschränkung der beiden Erzählstimmen in der Kommunikation zwischen Onkel und Nichte wird auch im vorletzten Kapitel sichtbar, in dem Sándor eine narrative Selbstverortung vornimmt. Die Überschrift „My uncle's story, in his own words" (CB, S. 278) ist eindeutig als Text Viviens markiert, wobei eine intertextuelle Verortung des Folgenden vorgenommen wird, die maßgeblich als Folie der Rezeption zu beachten ist. Durch den Zusatz „in his own words" stellt auch Vivien die Erzählung in den Kontext der Slave Narratives. Auf diese Weise werden zentrale Genremomente – die Selbstermächtigung im Artikulieren mit eigener Stimme, die Bezugnahme auf einen dominanten Diskurs, der das selbst Erlebte nicht repräsentiert – mit Sándors Geschichte verbunden. Sándor benennt hier faktische Daten seiner Immigration („I got here, December 1956, from Hungary." CB, S. 279) und verortet sich im Geschichtsverlauf Großbritanniens. Das Wann, Wo und Woher werden im Text an prominenter Stelle dargestellt, wodurch das Nachfolgende die Faktizität des Erlebten beansprucht. Das Erzählen des eigenen Selbsts fordert narrative Autorität ein und ist ein Akt der Selbstermächtigung aus einer marginalisierten Position heraus. Die Verortung in London wird damit in ähnlicher Weise zu einer Beanspruchung von Raum, wie auch Vivien räumliche Zugehörigkeit für sich reklamiert. Sándor reflektiert weiter die prekäre Position des Immigranten in der Peripherie der Semiosphäre: „An immigrant is very different from a native-born person. Nothing is owed to you, you have no expectations. You have to take what you can, as soon as you see it." (CB, S. 280) Hier negiert Sándor gerade die vielen Migrationsnarrativen eingeschriebene Erwartungen einer besseren Zukunft.

Sichtbarkeit im Erinnerungsdiskurs der Majorität ist die Motivation des Erzählens, denn als Sándor in den Medien Spekulationen darüber hört, dass er gar nicht existiere („[...] Kenneth Tynan, [...] he has degrees from Oxford University, he says I don't live nowhere, I don't exist, I'm a figment of the national imagination, like the Loch Ness monster." CB, S. 281), erhält das Vergessen als tatsächliches Verschwinden des selbst Erlebten bedrohliche Qualität. Damit ist Sándors Narration auch eine deutlich gegen das Vergessen gerichtete mnemonische Bewegung, in der durch orale Tradierung an nachfolgende Generationen eine Intervention in den hegemonialen Erinnerungsdiskurs stattfindet. Die narrative Autorität des Immigranten setzt sich so in einem Akt der Behauptung des eigenen Selbsts zum Diskurs des kollektiven Gedächtnisses in Beziehung.

In Viviens Erzählen zeigen sich weiterhin vielfältige intertextuelle Verortungen, die den Text in ein Netzwerk kultureller Bedeutungsträger einordnen, was im Sinne Lachmanns eine Relationsbildung im literarischen Gedächtnis darstellt.[46] Virginia Woolf und George Eliot werden von Vivien explizit als Bezugspunkte aufgerufen. Darüber hinaus ist das Werk von Charles Dickens eine Referenz, die sie wiederholt verwendet. Dabei finden sich direkte Bezüge, etwa durch Viviens akademische Arbeit zum Autor oder wenn die Figur Fagin verwendet wird, um eine von Ressentiment bestimmte Perspektive auf Sándor zu reflektieren. Gerade letzteres macht auch Viviens eigene Wertungshaltung deutlich, wenn sie den Onkel wegen seiner Mietpolitik als parasitär schildert („I thought of him as Fagin, who fed on the flesh of his gang of street kids [...]." CB, S. 84), was jedoch in der fortschreitenden Konstitution des Familiengedächtnisses vom Text unterlaufen wird. Weiter entfaltet der Text indirekte Bezugnahmen auf Dickens, unter anderem auf *Our Mutual Friend*, wenn das Erleben der Themse durch Vivien und Claude vor der literarischen Vorlage gestaltet wird: Claudes Beschreibung von im Fluss treibenden Leichen, deren Habseligkeiten gestohlen wurden („When we were kids we used to steal their wallets and dry the notes in front of the fire." CB, S. 164), stellt eine Verbindung zu Gaffer und Lizzie Hexam her, die als Leichenfledderer ihren Lebensunterhalt im Raum der Themse finden. Dabei etabliert der Roman eine Verortung zu Bezugspunkten des englischen Kanons, die, in Äquivalenz zur Selbstlozierung Viviens in London, das Einfordern eines Platzes im literarischen Gedächtnis formuliert.

In der Gestaltung der Erzählperspektive konstruiert der Text eine mulitiperspektivische Erzählsituation. Dabei wird Geschehenes an unterschiedlichen Stellen im Text wiederholt dargestellt und so verschiedene Profilierungen und Interpretationen miteinander kontrastiert. Das erste Treffen der zehnjährigen Vivien mit dem Onkel an

46 Vgl. Lachmann: *Gedächtnis und Literatur*, S. 35.

der Tür der elterlichen Wohnung dient dabei etwa mehrfach als Ausgangspunkt: In der ersten Wiedergabe durch Vivien wird die Erfahrung von Alterität als Verweis auf die eigene Hybridität in der Darstellung artikuliert, wenn Ervin im Streit mit dem Bruder ins Jiddische wechselt und der bislang unbekannte Onkel als Übersetzer für Vivien (und den Leser) fungiert. Dabei wird bereits seine Rolle als Verbindung zur Vergangenheit der Eltern angedeutet. In einer zweiten Schilderung der Situation benutzt Vivien eine Verschränkung unterschiedlicher Erzählperspektiven: „A little girl had stood with her small fingers clutching the frame of a front door, looking up at her uncle, while her father screamed abuse at him in a foreign language." (CB, S. 127) Der Blickpunkt befindet sich hier außerhalb der Wohnung, doch deutet die Fremdheit, mit der das Jiddische hier dargestellt wird, auf einen Bezugspunkt hin, der eben nicht in der Elterngeneration zu suchen ist. Dabei verschränken sich die Perspektive Viviens (die den Vater nicht verstehen kann) und die des Onkels (der sich außerhalb der Wohnung befindet), wodurch ein Zustand des Oszillierens in der Perspektivführung etabliert wird. Zum dritten Mal wird die Situation aufgerufen, als Vivien dem Onkel in direkter Rede von ihrer Erinnerung erzählt:

> [...] it's the clearest memory I have of my childhood. [...] I remember your blue suit and your suede shoes and your diamond watch, and the girl you were with in her leopardskin coat and her hat. I was watching you from the window when you both left, you were out on the pavement and she had chocolate round her mouth. (CB, S. 255)

An der figuralen Perspektive des erzählten Ichs zeigt sich deutlich der Auswahlakt des Erinnerns, wodurch die enge Verschränkung von Erinnern und Erzählen hervorgehoben wird. Die Kleidung, deren Bedeutung in der Formung von Körper- und Erinnerungsraum bereits dargestellt wurde, ist der Referenzpunkt, vor dem die Vergangenheit aufgerufen wird. Im Blick aus dem Fenster wird eine Verklammerung zur isolierten Kindheit aufgebaut. Der frühere Zustand der Vergangenheitslosigkeit Viviens wird mit dem erzählten Jetzt und der Verortung des Selbsts in der Familiengeschichte der Kovacs in Beziehung gesetzt.

Viviens Wahrnehmung des eigenen Selbsts ist ebenfalls von perspektivischen Brüchen bestimmt. In ihrer Ehe mit Alexander nimmt ein im Außen verorteter Blick Zuschreibungen vor, die Vivien als das dunkle exotische Andere aufrufen und die von ihr selbst im Spiegelbild bestätigt werden.

> And most of all I liked our reflection in the mirrors that we passed: the young English lord in the white open-neck shirt and a petrol blue linen jacket, and his dark wife with the persistent shadow on her upper lip, her raisin eyes, her sallow complexion offset by a slash of scarlet lipstick. (CB, S. 46)

Im Spiegel erkennt Vivien eine Formierung ihres Selbsts, die vor allem im Gegensatz zu dem mit der Farbe Weiß assoziierten Ehemann steht. Obwohl Vivien gegenüber der Mutter einen marginalisierten Status zurückweist, zeichnet ihre Selbstwahrnehmung hier ein anderes Bild: Sie begreift sich selbst als das dunkle Andere ihres Ehemanns, womit die Opposition auch auf die Markierung *Englisch* ausgedehnt wird. Die Konstruktion des Selbsts wird von Bestimmungen durch den Ehemann durchdrungen, der Vivien unter orientalistischen Vorzeichen als das Fremde beschreibt: „[…] I was the light of his life, he said, an exotic little black monkey […].“ (CB, S. 42) Auf diese Weise spiegelt sich Vivien nicht nur als erzähltes Ich, sondern auch in der Wahrnehmung des Ehemanns, die sowohl die Darstellung färbt als auch die Konstruktion von Viviens Identität beeinflusst.

Durch die in der Perspektivführung etablierte Durchdringung unterschiedlicher Blicke wird ein multiperspektivisches Wahrnehmen hergestellt, das direkten Bezug auf die gesellschaftliche Konstitution von Erinnerungsdiskursen nimmt. Durch Zugehörigkeit zu unterschiedlichen Gedächtnisgemeinschaften kommt es zum Konflikt der jeweiligen Entwürfe von Vergangenheit, wie ihn Neumann beschreibt:

> Da sich der Einzelne ständig in verschiedenen ‚Erinnerungskreisen‘ bewegt, können sich die Reibungsflächen zwischen Identität und Alterität […] grundsätzlich verschieben. Kollektive Selbstbilder werden dann nicht *qua* dichotome Abgrenzung vom Anderen gebildet; vielmehr lösen das dynamische Zusammenspiel, die Interpretation von Identität und Alterität strikte, auf Ausschluß angelegte Grenzen zwischen Eigenem und Fremden letztlich auf.[47]

Die durch diesen Konflikt bedingte Hybridisierung und Neuverhandlung von Erinnerung, die in der Kommunikation von Onkel und Nichte stattfindet, verwischen Grenzen, etwa des Familienzusammenhangs. Diese Grenzverwischung wird im Oszillieren der Erzählperspektive dem Text als Verfahren eingeschrieben und greift auf der Ebene der narrativen Verfasstheit den Hybridisierungsprozess der Figur auf, indem unterschiedliche Blickwinkel miteinander verknüpft werden und somit Raum wie auch Erinnerung aus multiperspektivischer Wahrnehmung gezeichnet werden.

Dieser Prozess wird auf der Ebene der Identitätskonstruktion aufgegriffen und verdeutlicht sich bei der Verortung der Erzählinstanz. Viviens Selbst konstruiert sich zunächst in performativer Aneignung von literarischen Figuren („[…] I started to try on characters in novels for a day or two, to see how they fitted.“ CB, S. 32). Auch in der Kommunikation mit Sándor spielt sie zuerst eine Rolle und verharrt in der Position der passiven Rezipientin. Im Laufe des Erschließens der Familiengeschichte reklamiert Vivien zunehmend narrative Autorität für sich und verlässt die Ebene der reinen Rezeption. Dabei begreift sie sich als gestaltende Kraft, die den Kommunikationsprozess maßgeblich mitbestimmt: „I let him talk, I found a way to steer him as if he were a ship, a little way here, a little way there and that way he went on talking, he couldn't stop.“ (CB, S. 100) Diese lenkende Formung der Vermittlung von Vergangenheit hat auch Auswirkungen auf die Gesprächssituation mit der Mutter. Fragen nach dem erlebten Trauma, die von Berta eben gerade nicht beantwortet werden können, weichen so Fragen nach der persönlichen Bezugnahme zu ihrem damaligen Umfeld. Diese Veränderung in der Konstitution des eigenen Selbsts und die prozesshafte Gestaltung von Gedächtnisnarrativen wird von Vivien direkt reflektiert:

> But the history of the Kovacs family, our history in Hungary, continued to crowd in on me, and the many dead and their past lives set themselves up in the darker corners of the room. In a few weeks

47 Neumann: Literatur als Medium (der Inszenierung) kollektiver Erinnerungen und Identität, S. 64.

> I had gone from being a girl without a history to a girl whose past was what was meant by teachers when they spoke of it, book history. (CB, S. 226–227)

Das Herstellen eines kollektiven Narrativs führt einerseits zu einer veränderten Bezugnahme auf die eigene Familie als Gedächtnisgemeinschaft, andererseits bedingt sie eine Verortung innerhalb der Geschichtsschreibung. Die vermeintlich geschichtslose Vivien realisiert multiple Verortungen und erkennt ihre Zugehörigkeit zu mehreren Erinnerungszusammenhängen. Sie ist sowohl Londonerin als auch Tochter von Immigranten, was jedoch schon zuvor an der Konstruktion ihres Selbsts in Bezug zu Alexander deutlich wird, jedoch findet eine grundlegende Veränderung in der Semantisierung statt: Die Wahrnehmung als orientalisches *alter* zum englischen Ehemann weicht einer immer bewusster durchgeführten Selbstlozierung in multiplen Narrativen. Als Teil der Vermittlungssituation, in der sich ein kollektives Gedächtnis formiert, begreift sich Vivien in mehrfachen Verortungen, und dieser Prozess der Hybridisierung wird auch an ihrer Position im Vermittlungsprozess sichtbar: Sieht sie sich zunächst als Zuhörerin, die fasziniert die Entfaltung des Erinnerungsnarrativs beobachtet, begreift sie sich mehr und mehr als auswählende und steuernde Kraft. Das Erzählen steht so in einer Äquivalenzbeziehung zum erzählten Raum, beispielsweise, wenn die Wohnung der Eltern von deren Präsenz geformt ist: „The flat was encrusted with our lives. […] How strange it was that people could acquire such apparent permanence, that nothing, not a bomb, could shift them […].“ (CB, S. 12) Dass auch die Umgestaltung des lebensweltlichen Raums nicht die von Vivien befürchtete Löschung der Erinnerung zur Folge hat, verdeutlicht sich im Akt des Erzählens auf zweifache Weise. Zum einen artikuliert Sándor einen Gegendiskurs, der gerade vor dem Hintergrund des ausgelöschten Erinnerungsraums jüdischen Lebens in Ungarn als deutlich gegen das Vergessen gerichtete mnemonische Bewegung zu verstehen ist. Zum anderen formuliert Vivien selbst in Bezug auf ihre Familiengeschichte eine selegierende und interpretierende Vermittlung von Vergangenheit. Sie artikuliert nicht nur die Weitergabe der Erinnerungen des Onkels, sondern diese werden gestalterisch geformt, mit der Vermittlung des eigenen Erlebens angereichert und schließlich in Beziehung zur eigenen Geschichte gestellt, in der sich die Zugehörigkeit zu mehreren Gedächtnisgemeinschaften als zunehmende Hybridisierung ausdrückt.

2. Tamar Yellin – Polyvalente Relationsbildung des Erinnerungsraums

Während Grants Texte vor allem die Lozierung des Selbsts innerhalb eines polyvalenten spatialen Netzwerks und Erinnerungsgefüges sowie die damit verbundene Darstellung kultureller Hybridität ins Zentrum stellen, entwickeln die Romane Yellins mnemonische und räumliche Relationen vor einem deutlich anderen Hintergrund. Die jüdische Religion bildet hier die Basis, auf der sich kollektives Erinnern vollzieht. Das Erzählen von Vergangenheit ist eng an kulturell-religiöse Bezugspunkte angebunden, seien dies kanonische Texte oder Legendenbildungen. Dabei rücken auch die Bedingungen des Vermittlungsprozesses in den Fokus der Darstellung. Zudem gewinnen die editorischen sowie diskursiven Verortungsakte im Hinblick auf die Konstruktion eines Selbsts an Bedeutung, das sich fortwährend in Relation zu kulturell wirkmächtigen Narrativen setzt.

The Genizah at the House of Shepher vollzieht auf unterschiedlichen Ebenen die Bildung narrativer Varianten nach, die in Prozessen der Interpretation, Selektion und Edition abgewogen werden müssen und schließlich in der Fiktionalisierung zusammengefügt werden. Die von der Konstruktion einer fiktionalen Genealogie ausgehende Familiengeschichte der Shephers wird parallel sowohl zum Handlungsstrang um eine im Familienbesitz aufgefundene variante Handschrift des Pentateuch als auch zur Selbstlozierung der Protagonistin in einem hybriden und fließend erscheinenden Erinnerungsraum entfaltet. Fragen von Zugehörigkeit und Autorität in der Vermittlung des Erinnerungsnarrativs werden vor dem Hintergrund der Entwicklung von unterschiedlichen narrativen Versionen entwickelt, die die Hybridität und diskursive Gemachtheit von spatialen wie semantischen Bezügen gleichermaßen erfahrbar machen.

Während der erste Roman Yellins noch stark auf Referenzbezügen zu außerliterarischen Räumen (vor allem Jerusalem) aufbaut, geht der zweite Roman der Autorin einen Schritt weiter: *Tales of the Ten Lost Tribes* verweigert direkte Bezüge und erweist sich in der Verunsicherung des entworfenen Raums als weitaus radikaler. Die wenigen Andeutungen lassen nur auf einer sehr spekulativen Ebene Beziehungen zur extratextuellen Welt zu. Vielmehr entwirft der Text einen instabilen, fließenden Raum, in dem eine identitätsstiftende Verortung im Sinne einer kulturellen und spatialen Zugehörigkeit kaum mehr möglich ist. Die Legende der zehn verlorenen Stämme Israels wird einerseits zu einem den Text organisierenden Element, andererseits bildet sie die Basis für das Motiv des Orientierungsverlusts und des Verschwindens im Raum, das allen zehn Kapiteln gleichermaßen zugrunde liegt. Dislokation und narrative wie spatiale Mobilität werden so vor einer erinnernden Narrativierung des Lebens entworfen und auf ihre Tauglichkeit in der performativen Gestaltung von Vergangenheit und Raum hin befragt.

Beide Texte verorten sich dabei in einem intertextuellen Gefüge, das stark von kanonischen Bedeutungsträgern der jüdischen Kultur geprägt ist. Entstehungssituationen von Texten und die Tradierung des selbst Erlebten werden immer wieder miteinander verknüpft, so dass die Darstellung der eigenen Geschichte auch in einem textkritischen Kontext erfolgt. Die Positionierung der Protagonisten und die Konstruktion individueller wie kollektiver Identität vollzieht sich demnach innerhalb eines polyvalenten Bezugsrahmens, dessen Konstitutionsbedingungen von den Texten nachvollzogen werden und der darüber hinaus Eingang in die narrative Formung der Texte findet.

2.1 Das Gedächtnis als Variante: *The Genizah at the House of Shepher*

Yellins Roman entwirft, vermittelt durch die autodiegetische Erzählstimme der Protagonistin Shulamit Shepher, zwei ineinander verwobene Erzählstränge: Zum einen wird die Geschichte der Familie Shepher über vier Generationen hinweg erzählt, zum anderen Shulamits Rückkehr nach Jerusalem, wo sie ein letztes Mal das Haus der Familie besuchen möchte, bevor dieses abgerissen werden soll. Dort wurde kurz vor Shulamits Eintreffen eine alte und höchstwahrscheinlich sehr wertvolle Abschrift der Torah gefunden. Im Verlauf der Erzählung stellt sich heraus, dass es sich um eine Variante der Schrift handelt, die an nicht näher bestimmten Stellen Abweichungen zum kanonisierten Text des Pentateuch aufweist. Die Schrift soll durch Shulamits Urgroßvater Shalom Shepher in den Besitz der Familie gekommen sein, der sie von einer zweijährigen Reise mitbrachte. In der Familie entbrennt ein Streit darüber, was nun mit dem Kodex zu tun sei: Die einen wollen die Schrift als fehlerhafte Abschrift nach jüdischem Brauch beerdigen, andere wollen finanzielle Vorteile aus dem Besitz schlagen, und wieder andere wollen sie gratis der akademischen Forschung zur Verfügung stellen.

Shulamit lernt den orthodoxen Gabriel Ben Gibreel kennen, von dem sie später herausfindet, dass er von Baku nach Jerusalem reiste und überzeugt davon ist, dass es sich bei der Handschrift um einen Text handelt, der von Shalom dem Stamm Dan, einem der zehn verlorenen Stämme, entwendet worden sei. Gideon will die Handschrift den rechtmäßigen Besitzern zurückgeben und bittet Shulamit um Hilfe. Nicht nur der Verweis auf die mythischen verlorenen Stämme, deren Faktizität vom Text bewusst offen gelassen wird, sondern auch das Verschwinden der Handschrift erzeugt eine Durchdringung der intratextuell realen Welt mit Legenden und Mythen.

Der zweite Handlungsstrang des Textes, der in separaten Kapiteln von Shulamit entfaltet wird, alterniert zunächst mit den Ereignissen in Jerusalem. Doch kommt es zu einer immer stärker werdenden Verflechtung mit dem ersten Erzählstrang, so dass auch hier klare Abgrenzungen mit fortschreitendem Verlauf der Narration verschwimmen. Beginnend mit Shalom Shepher wird die Geschichte der Familie erzählt, die von Anfang an in einem jüdischen Gedächtnis verortet ist, etwa wenn der Exodus zum Ausgangspunkt der Familiengeschichte wird. Shalom, ein geachteter Lektor und Kalligraf heiliger Schriften, wandert im 19. Jahrhundert von Bielsk nach Jerusalem aus. Damit folgt er einer verräumlichten Sehnsucht, die sich bei allen Shephers zeigt, obwohl das Ziel dieser Sehnsucht variiert. Es ist auch dieses Verlangen, das Shalom in messianischer Erwartung auf die Suche nach den verlorenen Stämmen von Jerusalem aus nach Osten ziehen lässt.

Shulamit erzählt weiter die Geschichte ihres Großvaters Joseph und ihres Vaters Amnon, der aus dem britischen Mandatsgebiet nach Großbritannien emigriert, wo Shulamit geboren wird. In der Rekonstruktion des familiären Erinnerungsnarrativs muss Shulamit nicht nur neue Elemente in die kollektive Erinnerung integrieren – so beispielsweise Hannah, die sich als große Liebe des Vaters entpuppt, die ihn jedoch zurückweist und die er zurücklässt, als er nach Großbritannien geht, wo Amnon Shulamits Mutter Hazel kennenlernt. Darüber hinaus wird die Wiedergabe von Erinnerungen der Shepher-Familie immer mehr durchdrungen von einem kollektiven Erinnerungsraum des Mythischen, in dem religiöse Legenden, wie die der verlorenen Stämme Israels, Faktizität besitzen und wiederum auf die Konstruktion von Identität und Gedächtniskollektiven gleichermaßen rückwirken. Letztendlich nimmt der Text nicht nur eine Neubewertung der Hybridität Shulamits vor, die als identitätsbildende Verortung einen Zustand des Fließens wählt. Auch die Akzeptanz dieser nicht aufzulösenden Hybridität wird auf unterschiedlichen Ebenen anhand der Existenz polyvalenter Varianten in der Darstellung nachvollzogen.

Polyvalente Erinnerungsnarrative und hybride Raumkonstitution

In der Figuration des intratextuell lebensweltlichen Raums steht Jerusalem im Zentrum des narrativen Entwurfes. Auch Tel Aviv als urbaner Raum und weitere, weniger ausgeführte Bezugnahmen auf lebensweltliche Räume werden dargestellt. Diese sind jedoch durch die vorgenommenen Semantisierungen, die ich weiter unten noch detaillierter ausführen werde, gebrochen oder durch die Durchdringung mit einem spatialisierten Gedächtnisnarrativ in einen Zustand der Oszillation versetzt. Der Roman deutet darüber hinaus eine bispatiale Opposition von Großbritannien, wohin Shulamits Vater emigriert, und Israel an. Diese Opposition verleiht einer Dislokation der Charaktere Ausdruck, welche unten genauer ausgeführt wird. Der Text nutzt die Konstitution von Erinnerung innerhalb des räumlichen Relationsgefüges in semantischen Ausdeutungen, die Bedingungen und Verfahren der Narrativierung von Erinnerungen in ihrer polyvalenten Vielschichtigkeit darstellen.

Der von den Charakteren erfahrene lebensweltliche Raum ist von Beginn an eng mit semantischen Deutungen des Relationsgefüges und Bestandteilen eines kollektiven, religiös-kulturellen Gedächtnisnarrativs verknüpft, die den Raum interpretierend ordnen. Vilna als „the Jerusalem of Lithuania" (GHS, S. 7) wird so in Bezug zum späteren Ziel von Shaloms Emigration gestellt. Die Stadt erhält damit vor dem Hintergrund der im kollektiven Gedächtnis des Judentums verankerten Bedeutung eine Neuverortung innerhalb eben dieses Gedächtnisnarrativs: Als Zentrum jüdischen Wissens wird Vilna mit Jerusalem verknüpft. Auf ähnliche Weise betont Shulamit später im Kontext der Pläne ihres Großvaters Joseph, nach Amerika auszuwandern, die Fähigkeit der Diasporagemeinschaft, ein neues Jerusalem zu erschaffen: „He would do just the same, in fact, as he did here in Jerusalem, for wherever a Jew travels he can make a little Jerusalem for himself." (GHS, S. 122) Durch ein kollektives Gedächtnis wird die Stadt hier auf eine Art gezeichnet, die sich einer Verortung im lebensweltlichen Raum explizit verweigert. Jerusalem wird zu einem mobilen Ort jüdischen Wissens sowie jüdischer Kultur und Identitätsbildung.

Die Polyvalenz, die durch die Verlagerung der Stadt in einen kollektiven Erinnerungszusammenhang erzielt wird, ist durch die Historisierung des urbanen Raums zusätzlich betont. Jerusalem wird nicht nur in historischen Entwicklungen dargestellt, so etwa wenn die Geschichte der unterschiedlichen Eroberungen der Stadt von den Israeliten bis zum Osmanischen Reich nachvollzogen wird (GHS, S. 15–16); der Verlauf der Zeit bedingt darüber hinaus eine Schichtung im Raum, in der sich Struktur auf Struktur lagert.

> Jerusalem lay sleeping on the ashes of her seventeen destructions. Houses were built upon houses; ruins tottered on a foundation of ruins. Sometimes there were earth-tremors and the ruins collapsed down into each other like an ancient honeycomb. (GHS, S. 20)

Wie ein Palimpsest wird die Stadt zum Produkt von Ablagerungen, die aufeinander aufbauen und die den Raum mit semantischen Schichten anreichern, welche zunächst der Wahrnehmung verschlossen bleiben. Vergangenheit ist ein im Raum eingelagertes Geheimnis, das durch die rezipierende Wahrnehmung rekonstruiert werden muss. Dabei deutet der Text an dieser Stelle bereits seine Bezugnahme auf im Prozess der Ablagerung gebildete Tiefenschichten an, eine Geschichtlichkeit, wie sie Wachinger im Kontext des britischen Großstadtromans beschreibt:

> Immer wieder wird versucht, rätselhafte Geheimnisse, nicht sichtbare Räume oder auch die verborgene Historizität der Stadt in den Blick zu nehmen. Die dabei aufbrechende städtische Tiefendimension umfaßt die der Stadt eingeschriebene Vergangenheit […].[48]

In Yelins Text wird jedoch deutlich, dass innerhalb des Ablagerungsprozesses die verschiedenen Schichten auch zum Fundament werden, auf dem die Gegenwart aufbaut. Der urbane Raum ist auf diese Weise als tief durchdrungen von Geschichte und Erinnerung gekennzeichnet.

Die Semantisierung der Stadt, die explizit auf Zerstörung und Ruinen Bezug nimmt, wird in diesem Zuge mit der Verfasstheit von Figuren verknüpft. Als Shulamits Vater Amnon 1968 nach Jerusalem reist, um bei seiner sterbenden Mutter zu sein, wird seine emotionale Verfassung durch die Semantisierung der Stadt entfaltet.

> Jerusalem suited his mood: a city which is in mourning no matter what the circumstances. This winter, after the war, it was at its saddest: heaps of rubble around the Old City, the Mamillah District in ruins. Jerusalem stood on the ashes of seventeen destructions. The only city whose heart lies outside itself. (GHS, S. 295–296)

Die in der Stadt sichtbaren Spuren des Sechstagekriegs (1967) werden durch Amnons Wanderungen in eine Äquivalenzbeziehung zur eigenen Trauer gestellt, wodurch im Verlust individuelle Erinnerung mit einem kollektiven Narrativ verbunden wird. Weiterhin wird die Dislokation Amnons, dem in Großbritannien die Staatsbürgerschaft verweigert wird und der keine israelische beantragt, in dem Außer-Sich-Sein der Stadt aufgegriffen, deren Herz sich eben nicht im Zentrum befindet. Diese Ortlosigkeit verstärkt die Verlagerung Jerusalems in die Semiosphäre des kollektiven Erinnerungsdiskurses und steht ihr zugleich kontrastierend gegenüber: Die Zuversicht einer festen Verortung in einem Gedächtniskollektiv, das überall ein kleines Jerusalem schaffen kann, fehlt hier gänzlich, wie auch Amnons Selbstverortung innerhalb eines solchen Kollektivs zunehmend zerbricht. So erweisen sich die Semantisierungen des urbanen Raums als keineswegs stabil, was zum Beispiel deutlich wird, wenn Shulamit die Stadt als Postkartenraum beschreibt (GHS, S. 276), wodurch zwar der Kontext des Erinnerns aufgerufen ist, jedoch in der Postkarte kollektive Erinnerungsorte zur bloßen

48 Wachinger: Stadträume / Stadttexte unter der Oberfläche, S. 266.

Leinwand der Vermittlung von (Urlaubs-)Erlebnissen werden. Dadurch bietet die Postkarte eine quasi beliebig semantisierbare Folie, die nur noch entfernt Bezug zum Relationsgefüge des Erinnerungsraums hat.
Diese Unklarheit findet Ausdruck im Erleben der Stadt, als Shulamit zurückkehrt, um ein letztes Mal das elterliche Haus zu besuchen.

> Outside, at first, there were bright signs, a golden egg, a drive-thru takeaway, a giant smile surrounded by flashing lights. We might have been in America. We might have been anywhere. Then we were on the highway. We were nowhere. [...] Then as we began to climb I closed my eyes and thought I recognised the old route, its rises and turns inscribed on my memory. But the road had changed. It had flattened, uncoiled and stretched itself into something unfamiliar. (GHS, S. 11)

Die lange Abwesenheit lässt die Stadt während der Taxifahrt zunächst in Austauschbarkeit mit jeder beliebigen anderen erscheinen, bevor sich der urbane Raum im Nicht-Ort des Highway auflöst. Die Abkehr vom visuellen Wahrnehmen hin zu einem emotiven Spüren des Raums wird von Shulamit als Strategie der Veränderung des Relationsgefüges entgegengesetzt. Doch erschwert eine neue Straßenführung die abgleichende Konstruktion der vergangenen Stadt. Das Erinnerungsgefüge wird an dieser Stelle in seiner spatialen Ausprägung als brüchiges Konstrukt gekennzeichnet, da es fortwährend potentiellen Veränderungen ausgesetzt ist.
Während die Polyvalenz Jerusalems vor dem Hintergrund eines kollektiven Gedächtnisnarrativs, und damit auch einer Historizität, entwickelt wird, bildet Tel Aviv eine andere Ebene: Die Hybridität des Grenzraums verschiedener Semiosphären konstituiert sich hier aus der Polyvalenz der aufeinandertreffenden unterschiedlichen Gestaltungen des Raums:

> [...] a city of straight streets and regular lines, pale blocks and newly planted trees. The White City, little Tel Aviv. A city like an architect's plan, unreal: where today there was sand and tomorrow was a paved avenue. A café on every corner and at the end of every westward street, the blue surprise of the sea. A city which rose like a dream, which twenty years ago had been nothing but dunes. A wedding-cake city with turrets and balustrades and Turkish minarets, ornamented with mouldings from the Alfred Willard factory at Valhalla: neo-gothic, neo-classic, Eastern and romantic, baroque, rococo, art nouveau. A city where a German immigrant could sit on a Viennese verandah and gaze across at a Moorish or Italian balcony. (GHS, S. 171)

Vor dem Hintergrund von Amnons Ankunft schildert der Text die Stadt als Eingriff in die Dünenlandschaft. Jedoch wird sie auch als irreal gekennzeichnet, als Traum, der von heute auf morgen die Grenze zum Faktischen überschreitet. Jerusalem wird durch die Anreicherung mit kulturellen und erinnernden Narrativen als hybrid dargestellt; bei Tel Aviv dagegen ist es der Übergang vom planerischen Traum zur Wirklichkeit, der die Stadt zugleich als real und irreal kennzeichnet. In der Architektur offenbart sich die Polyvalenz der Raumgestaltung, wenn äußerst unterschiedliche Baustile aufeinandertreffen und sich gegenseitig beeinflussen. Doch erweist sich der wahr gewordene Traum ebenfalls als brüchig; in der Wahrnehmung Shulamits mehrere Jahrzehnte später werden die geraden Linien zum Labyrinth und das Weiß der Stadt weicht dem Grau:

> A tangle of dead ends and one-ways, unexpected barriers and sudden pavements. A labyrinth designed to fox the visitor. A city which began as a dream and grew dense, like a jungle; which began white and is now a general grey. The white visions of the dream have turned dark with salt, […]. Tel Aviv is not like Jerusalem. No temples were built here. No messiah will come. In all the vistas of history it is nothing but dunes. (GHS, S. 151–152)

Die Stadt ist geprägt durch Hindernisse und Irrwege, die wiederum die Unmöglichkeit der Verwirklichung des Traumes aufzeigen. Vielmehr wird Tel Aviv zweifach an Natur zurückgebunden: Die Erzählinstanz behauptet einen Erinnerungsraum der Stadt, der nichts als Sanddünen beinhalte, und die konkrete Ausformung der Stadt wird mit einem Dschungel assoziiert, also mit einem Raum, der sich sowohl der performativen Ordnung als auch der Orientierung durch den Menschen verschließt. Letztlich bildet Tel Aviv auch die Leerstelle innerhalb eines religiös bestimmten Gedächtnisnarrativs, denn hierin besitzt die Stadt keinerlei Bedeutung. Jerusalem ist das religiöse Zentrum, dessen bewusst geschaffenen säkularen Gegenentwurf die Stadt am Mittelmeer zu bilden scheint.

In diesem in hohem Maße polyvalent semantisierten spatialen Gefüge sehen sich die Figuren einer fortwährenden räumlichen Sehnsucht ausgesetzt. Es ist eine Sehnsucht, die sie stets dorthin zu ziehen scheint, wo die Protagonisten gerade nicht sind. Dies verweist auf eine Ortlosigkeit der Charaktere als Folge nicht stattfindender Selbstverortung, was etwa bei Shulamit deutlich wird. Während Shalom seiner Sehnsucht folgt, nach Jerusalem und alsbald weiter nach Osten aufbricht, und Amnon zunächst eine Auflösung der Sehnsucht in Großbritannien vermutet, scheint Shulamit zwischen unterschiedlichen lebensweltlichen Räumen verloren zu sein. Es handelt sich um eine Nicht-Verortung, die auch auf ihre unsichere Platzierung im Netz der Semiosphären hindeutet. Dass Mobilität im lebensweltlichen Raum keineswegs ein Erreichen von Zielen bedeutet, betont der Text, als Shalom von Skidel nach Bielsk geht und sich der Kunst des Pilpul widmet: „He developed the art of pilpul […] and fostered the ability to take every side at once in order to prevent a debate from reaching any conclusion." (GHS, S. 4) Die Argumentation in der Debatte des Pilpul folgt gerade keiner zielgerichteten Bewegung mehr, vielmehr wird das Aufrechterhalten der argumentativen Mobilität durch ständige Wechsel der Perspektive zum Selbstzweck. Das Verorten des Selbsts tritt somit vollständig in den Hintergrund zugunsten einer fortgesetzten Beweglichkeit in Elementen der kulturellen Erinnerung, den kanonischen Schriften, auf deren Basis die Diskussionen geführt werden.

In Äquivalenz zu diesen nicht zielgerichteten Diskussionen zeigen die Shephers eine fortwährende Rastlosigkeit, die sie nicht zur Ruhe kommen lässt. Dabei werden unterschiedliche Bezugspunkte entworfen: Für Shalom, den religiösen Kalligrafen und Lektor, ist dies zunächst Jerusalem als heilige Stadt; Joseph sieht seinen Bezugspunkt im Zionismus als aus seiner Perspektive säkularem Entwurf jüdischer Identität, während sein Sohn Amnon schließlich das Ziel in der Migration nach Großbritannien zu erkennen meint. Doch bilden Bewegungen keinen Ausweg aus dieser Rastlosigkeit. Kaum sind die Figuren angekommen, setzt eine neue Sehnsucht ein: „When my father

reaches Southampton he will yearn for Palestine; when Shalom Shepher enters the gates of Jerusalem he will be possessed by other dreams." (GHS, S. 9–10) Auch die in Yorkshire aufgewachsene Hazel Lister, Shulamits Mutter, sieht sich dieser Rastlosigkeit ausgesetzt, nur ist für sie London das Ziel: „[...] ever since she could remember London had been her promised land." (GHS, S. 217) Nach dem Umzug in die Metropole wird wiederum das elterliche Zuhause zum unerreichbaren Erinnerungsraum („[...] an exotic memory to which she could never return." GHS, S. 218), der allein in Hazels Gedächtnis als Mosaik zusammengesetzt werden kann.
Die deutlich werdende Verunsicherung bezüglich der Herstellung von Vergangenheit wird von Shulamit mit dem Akt der Narrativierung in Verbindung gebracht, der ausgewählte Momente zu einer kohärenten Geschichte zu verknüpfen sucht. Dabei rückt der Prozess des Vergessens in den Fokus, der nur Bruchstücke des Vergangenen dem Gedächtnis verfügbar macht. „We are left with nothing more than the flotsam of our own findings. We settle for inventions, half-lies, speculations, myth." (GHS, S. 237) Im Bestreben, ein zusammenhängendes Narrativ zu konstruieren, ist die Fiktionalisierung – in Spekulationen und Mythen – die einzig valide Strategie des Erinnerns. Dieser Prozess eröffnet jedoch in der Vergangenheit eine Offenheit, die auf dem Entstehen von Varianten basiert. Da jede Erzählung auch die Option der Abweichung, des varianten Sujets, in sich birgt, wird für Shulamit die Vergangenheit zum Raum, der vor allem Möglichkeiten in sich trägt:

> The present is sceptical, but the past, for me, is full of miracles. Or if not miracles then at least mysteries. Or if not mysteries then possibilities: moments of revelation, portents which come true. (GHS, S. 236)

Schon in der strukturellen Formung erweist sich die Variante hier als gestaltendes Prinzip der Erzählstimme: In Bezug auf die Vergangenheit wird diese zunächst mit Wundern, Geheimnissen und schließlich mit Optionen assoziiert. Die parallele, nahezu identitische Konstruktion der Halbsätze profiliert das Motiv der Variante zusätzlich auf der strukturellen Ebene. Obwohl als Raum des Potentiellen – der gemeinhin eher mit der Zukunft verbunden wird – gezeichnet, und damit auch als Raum der Verunsicherung, wird dieser in der ihm immanenten Offenheit von Shulamit positiv bewertet. Die Variante birgt eine Verweigerung der Festschreibung, was auf ein Ideal der Mobilität hindeutet, das auch in der Konstruktion des Selbst-Entwurfes der Figur von Bedeutung sein wird und darüber hinaus den narrativen Entwurf des Textes nachhaltig bestimmt.
Dargestellt wird diese Verunsicherung in der Fiktionalisierung der Reise Shaloms: Dieser bricht auf der Suche nach den zehn verlorenen Stämmen Israels[49] von Jeru-

49 Die zehn verlorenen Stämme Israels gehen auf die Verschleppung der Stämme des nördlichen Königreichs durch die Assyrer unter Nebukadnezar II. zurück. Lediglich die Stämme Jehuda, Schimeon und Teile des Stamms Binjamin, die das südliche Königreich bilden, sind demnach nicht verschollen. Tudor Parfitt beschreibt den Prozess der Mythisierung der verschollenen Stämme, die zur „imagined community" werden. Tudor Parfitt: *The Lost Tribes of Israel. The History of a Myth.* London: Phoenix 2003, S. 4.

salem gen Osten auf, kehrt nach zwei Jahren zurück und behauptet, auf den Stamm Dan getroffen zu sein. Dass Shalom von dieser Reise die wertvolle Handschrift mitbringt, die auf dem Dachboden des Shepher-Hauses gefunden wird, verwebt die Legende, die Teil des kollektiven Gedächtnis ist, mit der intratextuellen Realität Shulamits. Diese Verknüpfung wird weiter bestärkt, als Gideon, angebliches Mitglied des Stamms, Anspruch auf die Schrift erhebt. Wie Shulamit herausfindet, kommt Gideon aus Baku und ist Teil einer abgeschiedenen jüdischen Gemeinschaft, die in der Darstellung des Buchhändlers, der ihr diese Informationen gibt, ebenfalls nahezu mythische Züge annimmt:

> Back in Krasnaya Sloboda, where his family come from, before the Communists they had eleven synagogues. Now there's only one. But a Jewish town. Completely Jewish. When the Sabbath starts the whole place shuts down. [...] They don't always call themselves Jews, sometimes they call themselves Juhuru. Mountain Jews. [...] A proud people. With their own traditions. (GHS, S. 225–226)

Somit ist Gideon zugleich Teil einer abgeschiedenen Gemeinde mit eigenen Traditionen und doch Bestandteil des jüdischen Kollektivs. Hierdurch wird die mythische Zugehörigkeit zu einem der verlorenen Stämme unsicher: Sind diese Juden nun die Nachkommen Dans oder einfach nur eine seit langer Zeit abgeschieden lebende Gemeinschaft? Der Text behält einen Zustand des Oszillierens zwischen Legende und Historizität bei, der wiederum auf die von Shulamit betonte Bedeutung der Variante innerhalb des Erzählakts verweist. So ist auch das Verschwinden der Handschrift eng mit Shulamits Entschluss verbunden, Gideon Glauben zu schenken. Dabei webt der narrative Entwurf Elemente in die Erzählung, die vor dem Hintergrund eines landläufigen Realitätsbegriffs als unmöglich gelten müssen. Während sich die Verwandten im Haus der Shephers um den Umgang mit der Schrift streiten, finden Gideon und Shulamit die Handschrift erneut am alten Platz auf dem Dachboden des Hauses und Gideon löst sich mitsamt dem Kodex in Nichts auf. Das entworfene Relationsgefüge des literarischen Raums weist so eine Offenheit auf, die in Äquivalenz zu der von Shulamit beschriebenen Offenheit der Vergangenheit gelesen werden kann. Die Welt, und damit auch der Raum an sich, sind ein offener Text, dem sich nur in Interpretationen genähert werden kann, was von Shulamit mit der Torah selbst verbunden wird: „For an imperfect and cryptic world, an imperfect and cryptic Torah is a perfect blueprint." (GHS, S. 86) Erneut wird das Motiv der Variante betont, stellt nicht zuletzt der verschwundene Text, von dem Gideon beim letzten Treffen mit Shulamit am Ben-Gurion-Flughafen behauptet, er bringe ihn zurück nach Aserbaidschan, selbst eine Variante dar. Die Abweichung vom kanonisierten Text macht den Prozess des Interpretierens, der mit jedem Text stets neue Varianten produziert, umso entscheidender. Das Motiv der Variante wird durch das Verweben des ohnehin schon als stark polyvalent gezeichneten Raums mit Bestandteilen des kollektiven Gedächtnisses, die sowohl auf Religion als auch auf Legendenbildung zurückgreifen, weiter betont.

So ist es auch das Haus der Familie Shepher, an dem sich die Hybridität des Raums manifestiert. Das Haus wird immer mehr zu einem Third Space, in dem als

Grenzraum historische Narrative, kollektive Erinnerung und mythische Räume der Legendenbildung aufeinandertreffen und die unterschiedlichen Semiosphären einander konflikthaft durchdringen. Diese Polyvalenz wird bereits an den diversen Räumen deutlich, mit denen das Haus assoziiert wird. Gemein ist jedoch allen, dass sie mit Aufbewahrung und Erinnerung verknüpft sind. Beispielsweise wird Shulamits Onkel Saul mit dem Kurator eines Museums verglichen, das kurz vor der Schließung steht (GHS, S. 13). Das Museum als Erinnerungsort per se wird in eine zeitliche Begrenztheit gesetzt, die auf den Abriss des Shepher-Hauses verweist. Diese Zeitlichkeit nimmt die Narration auf, wenn das Haus als temporäre Unterkunft gleich einer Höhle gezeichnet wird („But the house had always been primitive, cavelike, wearing its stones naturally, its walls bare; it had always had the air of a temporary dwelling." GHS, S. 24). Dadurch wird einerseits ein Bezug zum kollektiven Gedächtnis hergestellt, da die 40-jährige Wanderschaft durch die Wüste aufgerufen wird, in der die Israeliten nur in vorübergehenden Unterkünften lebten.[50] Andererseits wird die Unsicherheit bezüglich der Selbstverortung der Familie entfaltet, die in der steten spatialen Sehnsucht nach dem anderen Ort ihren Ausdruck findet. Für Shulamit ist das Haus bei ihrer Rückkehr vor allem Träger von Geheimnissen:

> There were secrets enough, I thought, as I wandered the cold rooms of the house, stumbling over hidden boxes here, bumping into piles of linen there; observing the pale ghosts of the furniture standing sheeted under the livid glow of forty-watt bulbs. One might find anything: a whole history lay in these chaotic remnants. And history was fragile, no-one knew better than I the truth of that. (GHS, S. 51)

Während das Haus auch an anderer Stelle als Aufbewahrungsort dargestellt wird („The house was a stone box […]." GHS, S. 98), ist hier Geschichte eng ins räumliche Gefüge inkorporiert, bildet unverhoffte Hindernisse, an denen sich die wahrnehmende Figur tatsächlich stößt; durch die Assoziation der Möbel mit Geistern wird erneut eine Semiosphäre des Irrealen im Raum repräsentiert. Doch zugleich ist Geschichte auch in hohem Maße instabil und zerbrechlich. Shulamits akademischer Beruf bietet hier die Folie, vor der Geschichte zum kostbaren Pergament wird, wodurch die gefundene Handschrift und die Narrativierung der Familiengeschichte der Shephers in enge Verbindung gerückt werden. Schließlich handelt es sich bei dem Geheimnis, das im Raum präsent ist, gerade um Geschichte: „This was the secret the house had been keeping from me: here was the treasure which had called me back. And yet it was a poor sort of treasure. It was nothing but history, raw and unadorned […]." (GHS, S. 65) Dass der Versuch eines Ordnens des Raums, und damit auch der Erinnerung, zum Prinzip des Narrativs wird, zeigt sich, wie ich noch ausführen werde, auch in Bezug auf die narrative Autorität vor dem Hintergrund des Motivs der Variante.

Aufgrund seines fragmentarischen Charakters ist das Haus der Shephers, gleich seinen Bewohnern, in einem Zustand der Dislokation gefangen, in dem es als Relikt

50 Im Rahmen von Sukkot, dem Laubhüttenfest, wird durch den Bau einer temporären Behausung aus Zweigen, Stroh u. ä. mit einem raumgestaltenden Akt hieran erinnert.

erscheint: „It was an anomaly, a fragment of history left behind: too ramshackle to be attractive, too recent to be of interest." (GHS, S. 100) Deutlich stellt Shulamit an dieser Stelle die Prämissen von Erinnerung generierenden Selektionsprozessen in Frage. Denn außerhalb der interpretierenden Vermittlung durch den dominanten Erinnerungsdiskurs ist Vergangenheit, die nicht in ein Narrativ überführt wird, ein Bruchstück, das sich nicht in kohärente Erzählungen eingliedern lässt.
Zentraler Ort in der Spatialisierung der Familiengeschichte und des Prozesses des Erzählens ist der Dachboden des Hauses. Per definitionem ein Stauraum beinhaltet er ungeordnete Fragmente der Shepher-Geschichte.

> There was a dry, resinous scent, at once exciting and familiar: the smell of old books and paper, of time and decay. […] I saw a vast floor like a battlefield, strewn with boxes and trunks, packing-cases and old laundry-sacks, clothes, suitcases and furniture. A tumbled, wild, chaotic glory-hole. And everywhere paper […]. (GHS, S. 64)

Stets ist es Papier, das Buch oder das Schriftstück, das von Shulamit im metonymischen Verfahren als Repräsentation von Vergangenheit schlechthin konstruiert wird. Dies ist in der Tradition jüdischen Erinnerns zu sehen, in der die narrativierte Vergangenheit als heiliger Text eng in das kollektive Gedächtnis eingebunden ist, wie Young ausführt:

> In the Jewish tradition, time and memory, sacred texts and history are intricately interwoven, whereby we know the precise date by the weekly portion of Torah, our place in the text by the date. In this sense, the year is refigured as narrative, albeit a repetitive one.[51]

Die enge Verflechtung von Text, Zeit und Raum ist in Beziehung zum Akt des Sich-Orientierens gesetzt, und dies sowohl im Text als auch in Raum und Zeit. Die Stelle im Text bestimmt die Zeit und die Zeit bestimmt das Fortschreiten im Text. Vor diesem Hintergrund unternimmt Shulamits Erzählen (sowohl der Familiengeschichte als auch der Ereignisse um den Kodex) einen Versuch, sich Ordnung schaffend im instabilen Gefüge der erinnerten Varianten zu orientieren. Der Dachboden ist dabei im narrativen Präsens der konkrete Ort von Shulamits Erinnern und Erzählen:

> The attic is dusty. I breathe dust. Dust hangs in the double shaft of sunlight where two roof tiles have been removed for illumination. It settles in my hair and clothes. It strikes me that this is no ordinary dust. The flakes are large, dark grey and feathery, like the fragments which fly up at a book-burning, and whenever I shift my feet against the sea of papers more fragments rise and float into the air. (GHS, S. 337)

Schriftstücke werden zu Staub, wodurch sowohl Bücherverbrennungen während der Shoah als auch Shulamits Verbrennen von Briefen und anderen Erinnerungsstücken nach dem Tod der Mutter aufgerufen werden. Zugleich hebt der Text die Instabilität von Erinnerungsnarrativen, die ohne Festigung zerfallen, und die Bezugnahmen der Selbstkonstruktion hervor, die stets Vergangenheit zum festen Bestandteil haben. Umgeben vom Staub des Vergangenen, den Fragmenten verschiedener

51 Young: *Texture of Memory*, S. 264.

Erinnerungsnarrative, unternimmt Shulamit im Erzählen den Versuch, sich selbst durch Bearbeitung polyvalenter Bedeutungsräume in Bezug zu dieser Hybridität zu setzen und dabei ein eigenes, durch Brüche charakterisiertes Narrativ zu entwickeln. Es geht freilich nicht um die Erstellung einer kohärenten Familiengeschichte, vielmehr lässt Shulamits Narrativ Konflikte und oszillierende Elemente unaufgelöst nebeneinander stehen. Wie der Kodex aus dem Tresorraum der Universität verschwinden kann, um anschließend von Gideon und Shulamit auf dem Dachboden zum zweiten Mal gefunden zu werden; wie Gideon mit dem Kodex verschwinden kann und ob er wirklich vom Stamm Dan ist; und überhaupt: ob die verschollenen Stämme über die Welt verstreut existieren: all diesen Fragen verweigert sich der Text bewusst. Vielmehr geht es Shulamit um das Instabile, nämlich einen Raum der Polyvalenz und der Hybridität. Diese Instabilität schlägt sich nicht zuletzt auch innerhalb der Konstruktion der Selbstentwürfe der Figuren nieder. Die Offenheit der Vergangenheit, die Shulamit beschreibt, ist auch im Kontext einer Dislokation zu verstehen, die dazu führt, dass sie sich als Selbst mit fließenden Grenzen wahrnimmt.

Selbstverortung in fortdauernder Mobilität

Bei der Konstruktion von Identität spielt die Bezugnahme auf die Familie als genealogische Verortung des Selbsts im narrativen Entwurf des Romans eine zentrale Rolle. Diese wird einerseits als Platzierung im kollektiven Gedächtnis vorgenommen; andererseits schreibt sich diese Genealogie dem Körperraum unweigerlich ein. Bereits an Shalom beschreibt Shulamit erhöhten Blutdruck und Tendenz zur Flatulenz im Alter als körperliche Dysfunktionen, die allen Shephers gemein sind (vgl. GHS, S. 4). In Bezug auf ihren Vater und sich selbst wird die Beeinträchtigung der Verdauung in den Kontext der den Shephers eigenen räumlich ausgerichteten Sehnsucht gestellt. „I, on the other hand, feel my yearning as a hard obstructive lump somewhere under the sternum, and to eat means to suffer. In that respect I am my great-grandfather's spiritual heir.“ (GHS, S. 9) Sehnsucht wird als Obstruktion im Körperraum spürbar und zugleich nimmt das Leiden des Körpers eine Bezugnahme durch vier Generationen hinweg auf den Urgroßvater vor.

In diesem Zusammenhang ist es von Bedeutung, dass der Text immer wieder eine Verbindung zwischen dem Konsum von Nahrung und dem Konsum von Texten zieht: So etwa innerhalb des religiösen kollektiven Gedächtnisses, wenn eine Legende entworfen wird, in der Moses in der himmlischen Bibliothek die Gesamtheit menschlicher Textproduktion wortwörtlich in sich aufzunehmen versucht. Der Text wird als kultureller Bedeutungsträger zum Medium einer kollektiven Erinnerung der Gesamtheit der Schöpfung. Doch natürlich scheitert der Versuch, und Moses erbricht Seite um Seite des Aufgenommenen, hat er sich doch zuviel Inhalt zugemutet. Gleich einem ‚Überfressen' wird die Masse des kollektiven Gedächtnisses und der Versuch, auf den Akt des Selegierens zu verzichten, an dieser Stelle zum Bruch durch Komik, wenn eine zentrale Figur der jüdischen Identitätsbildung sich für erbrochene Seiten entschuldigt, worauf ein Engel lediglich lapidar reagiert: „That's all right, [...]. Isaiah did exactly the same thing." (GHS, S. 273) Und auch außerhalb des Legendenhaften wird das Studium von Texten in eine Kontiguitätsbeziehung zum Essen gesetzt („Shalom Shepher ate a lot and studied a lot." GHS, S. 3). Durch die narrative Kontiguität wird die metaphorische Ähnlichkeitsbeziehung beider Vorgänge profiliert, das Aufnehmen von Inhalten in ein vom Selbst empfundenes Innen des Körperraums. Vor dieser Verflechtung sind die Verdauungsprobleme der Shephers immer auch Verunsicherung der Bezugnahme auf ein kollektives Gedächtnis und eine Lozierung des eigenen Selbsts.

Die Polyvalenz des Körperraums, und damit auch dessen Unsicher-Werden, ist bei den Kindern der Urgroßeltern Shulamits deutlich sichtbar. So wird vom Text hervorgehoben, dass durch die Verbindung des Paares Shalom und Batsheva unterschiedliche Elemente in die Konstruktion des Shepher-Körpers einfließen („It was she who introduced the dark, lanky element to our family gene pool [...].", GHS, S. 34). Doch wird dies bei Joseph, Shulamits Großvater, wiederum zur negativen Verunsicherung des Körpers:

> He had my great-grandfather's built and my great-grandmother's colouring. He had Reb Shalom's stomach and Batsheva's bile. In short, he inherited the worst characteristics of both his parents, though, much to his credit, he made the best of them. (GHS, S. 47)

Durch Josephs aktiven Umgang mit der Verschmelzung nachteiliger Elemente nimmt der Text eine Umdeutung vor, die sich im Handeln manifestiert. Der Körper aber bleibt immer auch ein Text, an dem sich Vergangenheit rekonstruieren und im Akt des Lesens wahrnehmen lässt. Verwandte und Vorfahren werden in den Körpern nachfolgender Generationen sichtbar, gleich Geistern, die Vergangenheit im Raum durch bloße Präsenz artikulieren. Shulamit erkennt beispielsweise in den Bewegungen ihrer Tante Miriam den Vater: „I see his ghost in all her gestures, the way a brother lives indefinably in a sister, or a mother in a son." (GHS, S. 154) Erinnerung vollzieht sich hier nicht allein als Konstitution eines Familiengedächtnisses, sondern auch als direkte Formung des Körpers und seiner Bewegungsmöglichkeiten. Shulamit vermag demzufolge den Körper eines Gegenübers zu entziffern und seine Herkunft gleich einer alten Handschrift zu bestimmen, indem Traditionslinien verfolgt und kontextualisiert werden. So beobachtet sie beim Treffen der Familie unbekannte Mitglieder und versucht diese Linien körperlicher Relationsbildung nachzuverfolgen: „[...] I examine his face and wonder what serpentine series of links connects him to me. There are no superficial resemblances, though the bulbousness of his nose is faintly familiar [...]." (GHS, S. 314) Der Körper erweist sich als Erinnerungsraum, der nur durch einen Akt der Interpretation erschlossen werden kann. Die Artikulation von Vergangenheit, etwa als Platzierung in der Genealogie der Familie, muss rezipiert und interpretiert werden. In der Perspektive der erzählten Shulamit wird das Sichtbarwerden der Genealogie am Körperraum zu einem Akt, der sich der Kontrolle durch das Selbst entzieht: „Strange how I felt the characteristics growing, the features emerging on my own face. […] I saw them again in the mirror: my Shepher eyes, my Shepher nose, my Shepher mouth." (GHS, S. 95) Die von Shulamit empfundene Bindungslosigkeit, die sich auch in den instabilen Lozierungen der Shephers manifestiert, lässt das Selbst in der Konstitution von kollektiven Erinnerungen zunächst handlungsunfähig erscheinen.

Die oben angedeutete Schicksalshaftigkeit der Verortung des Selbsts im Erinnerungsnarrativ wird durch Shulamits Bindung der Shepher-Familie an das identitätsbildende Narrativ kanonischer Texte eines jüdischen Gedächtnisses weiter betont. Die explizite talmudische Aufforderung, sich selbst in direkten Bezug zum Exodus zu setzen,[52] wird von Shulamit im Erzählen umgesetzt: „What role my ancestors played in these great events I can't be sure, though I feel fairly certain it wasn't a prominent one." (GHS, S. 88) Über den Einzug ins gelobte Land werden die Shephers als Bauern in Judäa dargestellt, und die Geschichte des jüdischen Volkes wird an den Shephers in der ersten Person Plural vom Text entfaltet. Hierbei werden auch kanonische Texte in den Erzählfluss eingewoben, etwa Psalm 137,1 wenn es im Roman heißt: „[…] after we sat weeping by the rivers of Babylon […]" (GHS, S. 89). Im historischen Verlauf nehmen die Shephers über „proto-Shephers" (GHS, S. 89) zur Zeit der Zerstörung des Ersten Tempels bis zu Shlomo aus Skidel immer konkretere Formen an. Auf diese Weise wird nicht nur das Kollektiv der Familie innerhalb des jüdischen Gedächtnisses verortet, sondern auch die Mobilität des Kollektivs dargestellt – von Ägypten nach Judäa, ins babylonische Exil und wieder zurück, von Jerusalem nach Rom und Tarsus, von Konstantinopel ins Reich der Chasaren, bis nach China, und schließlich nach Russland und Litauen (vgl. GHS, S. 88–90). Familiengeschichte ist damit auch ein Prozess der fortdauernden Erschließung von Raum und instabil werdender Verortungen, die deshalb immer wieder neu vorgenommen werden müssen. Der Erinnerungsraum der Shephers gestaltet sich in Bezug auf das spatiale Netzwerk höchst mobil. Die Grundannahme Masseys,[53] dass Raum in fortwährender Veränderung begriffen ist, lässt sich so an der genealogischen Verortung der Shephers nachvollziehen.

Diese geographische Mobilität wird von Amnon und Hazel mit ihren Kindern in England wieder aufgerufen, indem die Neuverortung Amnons in einem panoramenhaften Ausblick vergegenwärtigt wird. Hier wird die Neuverortung von Shulamit mit dem Exodus verknüpft:

> And every few Sundays we would climb into our car and drive to the top of a hill from which we could see the whole of England spread out beneath us in a green patchwork, a panorama like Moses' from the top of Nebo […]. (GHS, S. 146)

Diese spatiale Vergegenwärtigung der Selbstverortung steht im Kontext einer Semantisierung der Erzählerin durch ihre Eltern: Während sich Shulamits Bruder Reuben aus dem Erinnerungskollektiv herausschreibt (was auch durch die Änderung des

52 Vgl. Mischna Pesachim 10,5.

53 Vgl. S. 31–54. Wie dort ausgeführt, bestimmt Massey Relationalität, Pluraliät und fortwährende Veränderung als Charakteristika, auf denen jedwede Beschreibung von Raum aufbauen sollte.

Namens von Reuben zu Mike deutlich wird, vgl. GHS, S. 293), bleibt sie selbst fest darin verankert: „I was my parents' penance; my mother wore me like a badge of pride. […] We ate *kneidels* and *kugel* and *kishkes*. We dipped our apples in honey on the New Year." (GHS, S. 146) Durch traditionelle Gerichte und religiöse Praktiken, die in Zusammenhang mit Speisen stehen,[54] wird die Verortung im kollektiven Erinnerungsnarrativ mit dem Körperraum verbunden, denn erneut werden Objekte dem Körper zugeführt, hier Nahrungsmittel, die im Kontext des Kollektivs durch Erinnerung semantisiert sind.

Bei der dargestellten mobilen Bezugnahme auf die geographische Verortung des Selbsts zeigt sich an Shulamit ein Zustand der Dislokation: Sie wächst in England auf, zugleich ist Israel als Herkunftsort des Vaters und als kultureller Bezugspunkt jüdischer Gemeinden ein weiterer Ort, der von ihr mit Herkunft verknüpft wird. Mit fiktionalisierten Repräsentationen des Raums in Karten wird dieser Zustand eines Zuhause-Seins, das immer auch ein Nicht-Zuhause-Sein ist, im Text dargestellt:

> The blue and white map on the tin, which was as familiar as my own face, was home-but-not-home, and the map in the atlas, of the Britannic crone dipping her claw into the Atlantic ocean, this too was home-but-not-home: to choose between them was already impossible by the age of ten. (GHS, S. 148)

Die Hybridität der Selbstverortung wird durch die Unmöglichkeit des Entweder-Oder verdeutlicht, was von Shulamit bereits als Kind erkannt wird. Israel, das an dieser Stelle in der Spendendose für zionistische Organisationen[55] repräsentiert wird, und Großbritannien bilden zwei Semiosphären, in deren Überlappung sich anglo-jüdische Identität formiert. Folglich ist auch das Erinnerungsnarrativ, in dem sich Shulamit verorten kann, kein geschlossenes System, sondern vielmehr eine hybride Textur, bedingt durch die Existenz in der Diaspora, die stets auch einen Prozess der Hybridisierung zwischen der konkreten Verortung des Selbsts und dem *Imaginary Homeland* Israel beinhaltet:

> […] I was weighed down with too much treasure: Yiddish lullabies, fragmentary anecdotes, bad jokes and household sayings: *Toirah ist die beste Schoirah*, Learning is the Best Merchandise, […]. A swagbag of offcuts and end-of-line traditions, bits and pieces which would never fit together: no whole cloth, no finished garment, but the remnants of exile, snatched up and handed on in a sort of desperation. *If you believe, it need be no dream.* (GHS, S. 332)

Das Narrativ des kollektiven Gedächtnisses wird nicht als kohärente Erzählung verstanden, vielmehr als per se polyvalente Struktur, die über die Assoziation mit Stoff und Kleidung wieder an den Körperraum angebunden wird. Wie Kleidung den Körper einhüllt, umgibt das Erinnerungsnarrativ das prozessual hergestellte Selbst. Das Narrativ besteht aus vermittelten Bruchstücken, die nicht zusammenpassen wollen. Die Auflösung im Glauben, die das religiöse Kollektiv aufruft, ist zugleich ein direktes

54 An dieser Stelle der traditionelle Verzehr eines in Honig getauchten Stückes Apfel zu Rosh haShana.

55 Etwa den Spendendosen des Jüdischen Nationalfonds KKL (hebr. *Keren Kayemet leYisrael*).

Zitat aus Theodor Herzls *Altneuland*.[56] Damit wird auf die schon in der Beschreibung Tel Avivs deutlich gewordene Wahrnehmung Israels als real gewordener Traum Bezug genommen. Da diese Umsetzung eben nie eine konfliktfreie sein kann und immer mit unauflösbaren Brüchen einhergeht, wird sie direkt an die Konstitution eines anglo-jüdischen Selbsts gebunden. Diese Brüche und Konflikte finden ihre Entsprechung auch in der Herstellung des Selbsts, wie am Beispiel Shulamits und der von ihr erzählten Familiengeschichte kurz expliziert werden soll.

Beide Eltern sind durch Dislokation gekennzeichnet, die sich jedoch unterschiedlich äußert. Darüber hinaus wird durch die in Israel lebenden Tante Fania die Hybridität der Re-Lozierung im Akt der Migration dargestellt: „An inveterate Viennese, she had lived her entire adult life on a thin veneer, a linden tree transplanted to the poor soil of the desert, pretending to itself that its roots are in the Herrengasse." (GHS, S. 107) Die Metapher der in die Wüste verpflanzten Linde verdeutlicht den tiefen Eingriff, den die Neuverortung für Fania mit sich bringt. Imaginiert reichen ihre Wurzeln bis nach Wien, jedoch bietet der Raum der Wüste nur spärliche Nahrung für den zentraleuropäischen Baum. Der nicht aufzulösende Konflikt dieser Lozierung kann nur im Imaginären ausgedrückt werden. Auch Hazels Bezugnahme zu Israel ist konflikthaft: Die Erwartungen der englischen Jüdin („She had looked forward to blue skies and smiling faces, green boulevards, white housing projects, manicured historical monuments [...]." GHS, S. 261) werden bitter enttäuscht, denn die romantisierten Vorstellungen erweisen sich als eben genau das: Projektionen der Diaspora auf den jüdischen Staat. Das Ziel von Hazels Sehnsucht ist (wie oben ausgeführt) London. Bei der Konstruktion des eigenen Selbsts erweist sich für Hazel die Strategie der Mimikry als Verfahren der Selbstlozierung: „She was a chameleon, matching the London gentility accent for accent, holding her own with the Cockney working class." (GHS, S. 220) Wie auch in Grants *When I lived in Modern Times* wird die Mimikry hier durch die nahezu perfekte Nachahmung von Akzenten ausgedrückt. Somit findet ein vermeintliches Aufgehen Hazels in der Mehrheitsgesellschaft statt, das jedoch die Konstitution von Identitäten auch verunsichert: Shulamits Wissen um diese Nachahmung führt zur Betonung des Gemacht-Seins, der Prozesshaftigkeit der Selbstformierung. Hazel erscheint als Chamäleon, das mit der Umgebung verschmilzt, als ein *Same-but-not-Quite*.

56 „Wenn ihr wollt, / Ist es kein Märchen". (Theodor Herzl: *Altneuland*. Berlin / Wien: Harz 1921, S. 1.) Diese auf dem Deckblatt des Romans unter dem Titel eingefügte Zeile muss in ihrer narrativen Ambivalenz wahrgenommen werden: Zum einen ist sie natürlich als direkte Ansprache des Autors an den Leser zu verstehen, die auf eine Entfiktionalisierung des entworfenen utopischen jüdischen Staates hin abzielt (und damit auch eine performative Aufforderung darstellt). Da sie jedoch auch als Textzeile im Narrativ steht, kann ihre Urheberschaft ebenfalls der Erzählinstanz zugeordnet werden, die damit die beschriebene Utopie als intratextuelle Fiktion markieren würde. Darüber hinaus findet sich im „Nachwort des Verfassers", das dem Text nachgestellt ist, eine weitere direkte Bezugnahme: „...Wenn ihr aber nicht wollt, so ist und bleibt es ein Märchen, was ich euch erzählt habe." (Ebd., S. 330) Dieses Nachwort betont deutlich die performative Option der Überführung von Fiktion (Traum, Märchen) in Wirklichkeit und unterstreicht so den auffordernden Charakter der Eingangszeile.

Am explizitesten tritt die Dislokation an Amnon hervor: Bereits seine rechtliche Situation verortet ihn in einem Raum der Unklarheit. Da seine Anträge auf britische Staatsbürgerschaft mehrfach abgelehnt werden und er keine israelische beantragt, bleibt er „'British Subject' which made him a foreigner wherever he went" (GHS, S. 147). Dennoch scheint er in Israel als kulturell bestimmtem Raum nahezu völlig aufzugehen, denn im Gegensatz zu seiner Frau versteht er es, sich mit Selbstverständlichkeit in jenem Raum zu bewegen, in dem er auch aufgewachsen ist:

> He was a native restored to the tribe, comfortable as we had never known him; while we the outsiders, [...] struggled with sunburn and mosquito bites, strange customs, stomach upsets and a foreign language. (GHS, S. 26)

Als in Israel geborener Jude steht Amnon in Opposition zu seiner eigenen Familie, die durch diese Fremdheit als Teil der Diaspora markiert ist. Doch Amnons spatialisierte Sehnsucht, die sicherlich auch als Verlangen nach einer Aufhebung der dem Gedächtniskollektiv immanenten Hybriditiät gelesen werden kann, lässt ihn in einem Zustand der Unentschlossenheit verharren. Die unzähligen Möglichkeiten der Zukunft lassen ein Labyrinth entstehen, in dem Amnon zunehmend die Übersicht verliert, so dass ihm im Alter auch im wörtlichen Sinne der ordnende Blick auf den Raum abhanden kommt. „The old roads were unfamiliar to him. Turnings had vanished; landmarks had disappeared. The world no longer agreed with the map in his head." (GHS, S. 286) In figuraler Perspektivierung entwirft der Text die fließende Formierung des Raums aus dem Blick Amnons, dessen mentale Karte nicht länger den erlebten Raum abbildet und somit reine Fiktion geworden ist. Amnon ist durch seine spatialisierte Sehnsucht stark auf die Zukunft orientiert, die den Akt der Verortung potentiell beinhaltet:

> And it seemed to him, too, that he had never lived in the moment, but only ever in some future moment, torn and distracted by the thousand and one things he might have done with his life, powerful but always undecided [...]. (GHS, S. 322)

Durch diese Orientierung entwickelt sich ein Spannungsfeld, das Amnon eine Verortung nahezu unmöglich macht. Sehnsucht und Erinnerung, Zukunft und Vergangenheit bilden divergierende Richtungen, zwischen denen er in Unentschlossenheit verharrt, weiter gelähmt durch zu viele Optionen, die realisiert hätten werden können.

Das Zögern des Vaters findet eine Entsprechung in dem von der Tochter vollzogenen Einschluss („I lived by myself, in a bubble of self-sufficiency [...]." GHS, S. 39). Dabei stellt sich Shulamit in Äquivalenz zu ihrem Urgroßvater, der den wertvollen Kodex in einer Kiste mit sich trägt: „All these years I have kept my heart locked in a box, like the Codex, my great-grandfather carried with him up and down the Jaffa Road: a heart in a box in an attic, now rediscovered." (GHS, S. 259) Der Einschluss, den Shulamit als Reaktion auf eine als Geschichts- und Ortlosiskeit empfundene Polyvalenz der eigenen Identität und des erinnernden Kollektivs vollzieht, wird von ihr an die auf dem Dachboden des Shepher-Hauses versteckt liegende Handschrift rückgebunden. Damit wird zum einen erneut eine Bezugnahme auf die Genealogie der Shephers vollzogen und zum anderen auch eine Re-Evaluation des Erinnerungsnarrativs angekündigt. Nicht länger verschlossen kann der Kodex nun eingesehen werden und analog hierzu nimmt Shulamit auch eine Neubewertung der eigenen Selbstverortung vor.

Der Einschluss der Protagonistin manifestiert sich vor dem Hintergrund einer als problematisch empfundenen Verortung des Selbsts im spatialen Relationsnetzwerk, der eine Verunsicherung hinsichtlich der Semantisierung des Raums immanent zu sein scheint. So begreift sich Shulamit als fragmentiert, auch in Bezug auf die Konstruktion eines Erinnerungsnarrativs, das als brüchige Textur verstanden wird:

> I was a tree without roots, a building without foundations, ready to blow away in the first wind. [...] I nurtured the dream that in the near or distant future, I would grow true to myself: would tire of my grey days poring over textual variants in the Pentateuch and take wing, at last, for the horizon. But the future is always ahead of us, and procrastination is the family sin. (GHS, S. 38–39)

Das gegenwärtige Selbst und die Interpretation von Varianten kanonischer Texte sind hier in Opposition zu einem als wirklich und natürlich imaginierten Selbst gestellt. Weiterhin artikuliert Shulamit die empfundene Instabilität der eigenen Identität sowie eine Fragilität, die sie auf mangelnde Verankerung im Raum zurückführt. Es ist gerade die Beschäftigung mit der Variante, die diese Verunsicherung der Figur in den Kontext einer kulturell konstruierten Identität stellt. Wie der schriftliche Text der Torah im orthodoxen Verständnis keine Alternative duldet, formuliert Shulamit hier ein Verlangen nach fester Verortung, die in einem kohärenten Selbstentwurf mündet. Die Fixierung auf den Horizont als Leben im zukünftigen Moment, die bei Amnon zu einer labyrinthischen Umgestaltung des Raums führt, ist für Shulamit die Alternative, die herbeigesehnt wird. Das eigentliche Ziel, die Semantisierung des Horizonts, wird allerdings nicht näher bestimmt. Es klingt eine Mobilität an, die Shulamit wiederum innerhalb des Shepher'schen Bezugsraums verortet. Das Verlangen der Shephers artikuliert sich an dieser Stelle, ohne jedoch von der Erzählerin reflektiert oder in einen genealogischen Kontext eingeordnet zu werden. Vielmehr ist es der schon in Amnons Unentschlossenheit deutlich gewordene Aufschub, der als Familienerbe impliziert wird. Die widersprüchliche Semantisierung von Mobilität im Raum erweist sich als Shepher-Charakteristikum und verweist auf eine Orientierungslosigkeit, die als Folge der polyvalenten Raumbezüge der Diasporaexistenz zu lesen ist.

Die Suche nach Verortung wird für Shulamit drängender, als sie nach Jerusalem reist. Die Frage nach der Motivierung der Reise rückt vor dem Hintergrund der Re-Konstruktion der Umstände, die zu diesem Moment geführt haben, in den Fokus des Erzählens:

> But more and more I realised what it was I had really come to discover: the answer to the question of why I was here at all, of what series of plans and accidents had led me to this breathing moment; of whether the history I had been hiding from these twenty years had anything to tell me about the nature of my own existence. (GHS, S. 139)

Die Reflexion des Weges, der Shulamit zu diesem Zeitpunkt an diesen Ort geführt hat, formuliert zugleich die Frage nach dem Zusammenhang von Geschichte, also narrativierter Vergangenheit, und Bedingungen der Konstruktion des Selbsts im Jetzt. Die Fokussierung Shulamits auf die Interpretation von Varianten stellt demnach auch eine Abgrenzung vom Gedächtnisnarrativ dar, indem sie sich auf den rezipierenden Punkt zurückzieht. Dieser schließt aufgrund der Polyvalenz der variantenreichen Erzählung jedwedes Handeln innerhalb des Diskurses aus.
Folglich begreift sich Shulamit im Erinnerungskontext als isoliert, als eine Person, die nichts zu einem Erinnerungsnarrativ beizutragen und an kommende Generationen weiterzugeben hat, was vor allem im Verhältnis zu ihrer Nichte, der Tochter Mikes/ Reubens, deutlich wird:

> I wonder who she is, this niece of mine, her head void of history and her house without candlesticks; […] and how could you hand on something when you were floating in a void? All I could give would be memories and longing, a sense of dislocation, a source of pain. (GHS, S. 294)

Die Abgrenzung des Bruders vom jüdischen Erinnerungskollektiv lässt seine Tochter geschichtslos werden, doch durch Unwissen bleibt diese Geschichtslosigkeit zunächst unbemerkt. Wenn Shulamit Erinnerungen an die Nichte weitergibt, verändert dies die Verortung des Mädchens grundlegend. Weiter reduziert Shulamit in ihrer Reflexion Inhalte, die weitergegeben werden könnten, ins Negative und beschränkt diese allein auf die Dislokationserfahrung der Diaspora.
Diese Wahrnehmung hat ihre Ursache in der von Shulamit vollzogenen Distanzierung vom Erinnerungsdiskurs, der als schmerzvoll und potentiell gefährlich dargestellt wird. Die konflikthafte Neu-Konstruktion der Vergangenheit wird durch Shulamits Reise nach Jerusalem ausgelöst. Diese bringt eine semantische und räumliche Neuverortung mit sich, da Shulamits ihre bisherige, durch emotionalen Einschluss gesicherte Positionierung in England aufgibt und sich mit der Familiengeschichte konfrontiert.

> Now the ice had cracked and I had fallen through, down down to the wreck of the past that languished there: where the death of my childhood and the bodies of my parents lay, lost letters, a prayer-book, a half-buried Sabbath candlestick; scorched family photographs and the ghost of Daniel. (GHS, S. 74)

Der ehemalige Geliebte Daniel, dem Shulamit vormals nicht nach Israel folgen wollte, ist in dem Erinnerungsraum, in den sie nun eindringt, ebenso präsent, wie die verstorbenen Eltern und religiöse Gegenstände. Wieder betont die Anordnung der Elemente, die allesamt hier nur unter Schwierigkeiten oder gar nicht in den Erzählverlauf eingeordnet werden können, den fragmentarischen Charakter von Erinnerung. Die Metapher des Einbrechens ins Eis assoziiert die konfrontative Rekonstruktion von Vergangenheit, die Shulamit vornehmen muss, mit einer lebensgefährlichen Situation, so dass sie in Erinnerung nahezu zu ertrinken scheint.
Eine gesicherte Verortung findet Shulamit dagegen im Zug auf der Rückreise von dem abschließenden Treffen mit dem inzwischen glücklich verheirateten Daniel. Der bewegliche Raum des Zugs kann als mobiler Nicht-Ort verstanden werden, der

lediglich der Bewegung dient, und der sich so aus jedem kollektiven Erinnerungsnarrativ herausschreibt. Daneben stellt der Zug aber auch die grundlegende Bedingung von Raumwahrnehmung – die fortgesetzte Bewegung in einem sich verändernden Netzwerk – in den Vordergrund. Der Raum des Außen verschwimmt aufgrund der Geschwindigkeit während das Innen vermeintlich stabil erscheint. Dabei entsteht für Shulamit ein Gefühl des Fließens:

> The train carries me into a night territory, warm sea-drenched darkness, glittering distances, lozenges of yellow light. [...] I think I have reached the warm heart of my life, the one place of safety, here on this train which might travel indefinitely so far as I am concerned and never reach its destination. I think I am lingering at the midpoint, without regret for the past or fear of the future: only a floating calm, a clear wisdom. I have travelled a long journey, away from the old uncertainties, the old confusion, to a new, floating, undiscovered place. (GHS, S. 305)

Die Darstellung des Außen erfährt eine Reduzierung auf Dunkelheit, durchbrochen von leuchtenden Rauten menschlicher Präsenz im Raum. Dies wird vor der Bewegung des Zugs als Prozess des Fließens semantisiert, der See und Festland einander durchdringen lässt. Weiterhin führt dieses Ineinanderfließen Shulamit ihr eigenes Selbst als instabil vor Augen, wobei sie diesen Zustand nicht länger als bedrohlich empfindet. Die nicht aufzulösenden Brüche der Konstruktion von Identität im Erinnerungsraum werden als Bewegung begriffen, die in Opposition zu Orientierungslosigkeit gestellt wird. Dabei kehrt sich Shulamit von der ersehnten Kohärenz ab, die eine klare Festschreibung von Grenzen beinhaltet; vielmehr noch manifestiert sich eine Verortung im dynamischen Überlappungsraum unterschiedlicher Semiosphären. Vor diesem Hintergrund kann dann auch eine Bezugnahme zum Erinnerungsnarrativ erfolgen, das als Referenzpunkt im diskursiven Prozess der Identitätsbildung unerlässlich ist, wie Andreas Huyssen ausführt:

> Remembrance as a vital activity shapes our links to the past, and the ways we remember define us in the present. As individuals and societies, we need the past to construct and to anchor our identities and to nurture a vision of the future.[57]

Das verschwimmende Dunkel des Außen ist für Shulamit eine Spiegelfläche, vor der sich die Definition des Selbsts vollzieht. Dabei kommt es zur Doppelung der Figur im Innen und Außen, die eine räumliche Distanz schafft, von der aus sich wie vor einem Spiegel Identität aus Differenz konstruiert:[58]

> I am travelling back with my own reflection clear against the night's darkness, myself out there, myself warm and safe in here. [...] Who is that woman who hangs out in the ether [...]? She isn't yet sure who she is but she hangs out there, high in the stratosphere above half of Europe. You know who she is: your constant, your place of safety. The courageous orphan. The mother and father you carry inside yourself. (GHS, S. 309)

57 Andreas Huyssen: Monument and Memory in a Postmodern Age. In: James E. Young (Hrsg.): *The Art of Memory: Holocaust Memorials in History*. München / New York: Prestel 1994, S. 9–17, hier S. 9.

58 Vgl. Mahler: Semiosphäre und kognitive Matrix, S. 57.

Vor der Differenz des veräußerten Selbstbildes, das sich in den dunklen Raum des Außen erstreckt, konstruiert Shulamit einen alternativen Entwurf. Dieser vermag Brüche und Konflikte nicht in Kohärenz zu überführen oder gar aufzulösen, vielmehr wird die der Hybridität immanente Bruchhaftigkeit integriert. Dabei kommt es zu einer performativen Bezugnahme auf das Erinnerungsnarrativ, das nun in seiner Diskursivität offengelegt wird. Die Offenheit des räumlichen Gefüges wird zum Ausgangspunkt eines Vergegenwärtigungsprozesses. Es ist eine Offenheit, die von Massey in ihrer Radikalität beschrieben wird:

> If space is the sphere of multiplicity, the product of social relations, and those relations are real material practices, and always ongoing, then space can never be closed, there will always be loose ends, always relations with the beyond, always potential element of chance.[59]

Das Verlangen nach einem geschlossenen räumlichen System, das keine ambivalente Relationsbildung mehr zulässt, ist in Amnons Sehnsucht nach dem anderen Ort zu erkennen. Dieses Streben entwirft einen potentiellen Ort, an dem die Konflikthaftigkeit des Selbsts vollkommen aufgelöst werden kann und in dem keine offenen Enden mehr existieren werden. Von einem solchen Entwurf nimmt Shulamit Abstand, wenn sowohl das Selbst als auch die ersehnte Verortung als fließend entworfen werden und sich so nicht festschreiben lassen.

Shulamit revidiert vor diesem Hintergrund die empfundene Unfähigkeit zur Tradierung und damit zur Selbstverortung im Erinnerungsdiskurs; nun entwirft sie Möglichkeiten dessen, was sie an ihre Nichte weitergeben könnte. Sie entschließt sich, dem Mädchen Samen des Zypressenbaums vom Shepher-Grundstück mitzubringen, die zugleich Neubeginn und Fortschreiben eines Familiennarrativs sind:

> I thought I would tell her […] of where these seeds came from: of how her grandfather planted their ancestors. I would tell her about the house, about the many relatives. There were so many stories, now, that I could give her: stories of the Metatron and Sandalfon, fables of Moses, myths of the ten lost tribes beyond the River Sambatyon; […]. (GHS, S. 325)

Die Samen, die kontrastierend Shulamits Selbstbild als Baum ohne Wurzeln aufgreifen, werden zur verräumlichten Motivierung des Erzählens der Familiengeschichte. Shulamit steht nun eine große Menge von Erzählungen zur Verfügung, die anders als zuvor in ihrer Reichhaltigkeit begriffen werden. Dabei nimmt Shulamit Bezug auf den kulturellen Raum des Erinnerungskollektivs, denn es sind gerade religiös konnotierte Erzählungen und Legenden, die von ihr aufgeführt werden. Das von Shulamit als Erzählinstanz konstruierte Erinnerungsnarrativ ist eben das, was tradiert werden kann, und so markiert sie den Akt der oralen Vermittlung von Erinnerung als Narrativ („[…] a tale which began: […]", GHS, S. 325), um darauf den Beginn des Romans selbst zu zitieren, jedoch mit neuer Adressatin: aus „my great-grandfather" (GHS, S. 3) wird nun „your great-great-grandfather" (GHS, S. 325). Die Nichte wird in die Genealogie des Gedächtniskollektivs integriert. Darüber hinaus nimmt Shulamit

59 Massey: *For Space*, S. 95.

im Akt des Erzählens eine Selbstlozierung im Erinnerungsdiskurs vor, der keine in sich geschlossene Geschichte ist, sondern Brüche und Konflikte – und damit auch Varianten – impliziert.

Narrative Varianten im Erinnerungsdiskurs

Das Problem der Variantenbildung ist jedweder Form von Tradierung – ob nun oral oder schriftlich – immanent; sowohl Shulamit als auch Shalom setzen ihre Identität in Beziehung zu Varianten kanonischer Texte eines kollektiven Gedächtnisses. Während Shulamit in ihrer akademischen Forschung textkritisch mit verschiedenen Ausgaben religiöser Schriften arbeitet, ist Shalom Korrektor von Abschriften der Torah. Da die Texte den Gottesnamen enthalten, müssen sie, sollten sie fehlerhaft sein, in einer Genizah gelagert werden, bis sie schließlich begraben werden. Mit Shaloms Tätigkeit als Korrektor nimmt die Anzahl der Texte zu, die ausgesondert werden müssen (GHS, S. 5), wodurch seine ordnende Kraft und Autorität in der Verwaltung kollektiver Erinnerungen deutlich wird. Die Position des Korrektors stellt demnach eine gestaltende Macht dar, die disziplinierend in den Raum des kollektiven Gedächtnisses interveniert, um eine möglichst geringe Varianz sicherzustellen. Seine Aufgabe ist es, im polyvalenten Text des kollektiven Erinnerungsnarrativs eine kohärente Erzählung, eine einzige gültige Variante, herzustellen. Demzufolge wird eine selegierte Form des Textes als verbindlich akzeptiert, wobei Abweichungen durch die Autorität des Lektors vom Diskurs ausgeschlossen werden. Dieser Selektionsprozess dient nicht zuletzt der Absicherung kollektiver Identität, wie David Cesarani darlegt:

> Historians of their own ethnic groups invariably select from the past of their own communities that which appeals most to the dominant forces in society. History and memory then interact to create the filters through which succeeding generations interpret their experiences.[60]

Narrativierungsmechanismen der Gedächtnisbildung und Historiographie gewährleisten eine diskursiv hergestellte Absicherung im kollektiven Formierungsvorgang, der eine gemeinsame Geschichte formuliert. Das hergestellte Narrativ wirkt dabei auch normierend im fortschreitenden Erinnerungsdiskurs und beeinflusst zukünftige Konstruktionen von Vergangenheit.

Dass jedoch die sprachliche Vermittlung stets eine instabile Situation darstellt, wird nicht zuletzt deutlich, als Moses in einer eingefügten Erzählung Gott nach der Bedeutung der Kronen auf den hebräischen Buchstaben des heiligen Textes fragt, worauf er die Antwort erhält: „In times to come the learned will expound from each letter dozens and dozens of rulings.“ (GHS, S. 211) In jedem Buchstaben liegen unzählige Lesarten und Interpretationen verborgen, die in Rechtsprüche und Regeln umgesetzt die kollektive Identität bestimmen. In der Absicherung des Gedächtnisnarrativs kann es also nicht bloß um einen statischen Erhalt gehen, sondern vielmehr um eine Bahnung, die Rezeption unter bestimmten Vorzeichen ermöglichen soll. Dadurch wird,

60 David Cesarani: Social Memory, History, and British Jewish Identity. In: Glenda Abramson (Hrsg.): *Modern Jewish Mythologies*. Cincinnati, OH: Hebrew Union College Press 2000, S. 15–36, hier S. 17.

gemäß Luhmann, das System des kollektiven Gedächtnisses abgesichert und gefestigt: „Stabilisierung soll hier nicht Erhaltung von Beständen bedeuten, sondern erleichterte Reproduzierbarkeit von Problemlösungen."[61]

Shulamits akademisches Interesse liegt auf dem Verhältnis der Varianten zueinander, was eine Abkehr gegenüber dem autoritativen Eingriff Shaloms in den Erzählprozess des Erinnerungskollektivs darstellt. Dabei rückt in der Betrachtung der varianten Handschrift der Schaffensprozess des Kalligraphen in den Vordergrund, der zum eigenen Selbst in Bezug gesetzt wird:

> The black, friendly letters of the Hebrew text seem more beautiful to me than they have ever done. I admire the work of the long-perished scribe, imagine him bent over it with his reed pen. I turn the perfect pages, feel the pleasure he has taken in his labour; wonder at its brilliance and clarity. It seems the consummation of all my researches: part and parcel of the discovery I have been making about myself. (GHS, S. 258)

Durch den Wechsel vom Imperfekt ins Präsens wird auf der strukturellen Ebene eine Anbindung des Textes zur Rezeption Shulamits hergestellt. Zudem wird die verräumlichte Variante im Gedächtnisnarrativ semantisiert, indem die Darstellung sich auf die historische Urheberschaft konzentriert. Die Schönheit der Buchstaben wird mit dem Schreibakt verbunden und die Verknüpfung von Perfektion, Genuss und Buchseite durch Alliteration macht die Entstehung der Variante zum sinnlichen Akt, der das performative Handeln des Schreibens im Erinnerungsdiskurs ästhetisiert. Die Verräumlichung von Inhalten, die im Textraum der Schrift stattfindet, ist eine bewusste Formung des Narrativs, die in der Kalligrafie bewundert wird. Die Klarheit des Textes kann nur eine auf ihn selbst bezogene sein, denn allein seine Stellung als Variante zum kanonischen Textkorpus markiert bereits, dass Klarheit nicht mit Kohärenz gleichzusetzen ist. In Übertragung auf das eigene Selbst verdeutlicht Shulamit im Modus des gegenwärtigen Sprechens die performativen Aspekte des Erzählens, die Widersprüche zum Gesamtkorpus nicht auflösen müssen, liegt die ästhetische Erfahrung doch im Nachvollziehen des schöpferischen Akts an sich. Dass aus der Perspektive des Gestalters und des Rezipienten die Validität der Variante unterschiedlich beurteilt wird, ist erkennbar, als Shulamit Gideon um eine Einschätzung zum Kodex bittet: „‚Tell me something. Is the Codex really perfect?' I looked him in the eye. ‚As perfect to us as your one is to you. Who knows? Perhaps one day you can find out for yourself.'" (GHS, S. 341) Kohärenz ist eine diskursiv konstruierte Konvention, die stets das Außen, das Andere, ignorieren muss. Vielmehr wird hier Varianz als Zwangsläufigkeit akzeptiert, innerhalb derer performatives Handeln möglich bleibt und die hybride Verfasstheit nicht aufzulösen sucht. Darüber hinaus stellt jeder Rezeptionsakt eine Doppelung dar, und damit eine Variantenbildung, in der ein Text zwischen Semiosphären verortet wird:

61 Niklas Luhmann: Einführende Bemerkungen zu einer Theorie symbolisch generalisierter Kommunikationsmedien. In: Ders.: *Aufsätze und Reden*, hrsg. v. Oliver Jahraus. Stuttgart: Reclam 2001, S. 31–75, hier S. 51.

> Der Text verdoppelt sich quasi: Er besteht weiterhin aus Reihen von graphisch ausgedrückten Worten, und gleichzeitig realisiert er sich in einem ikonischen Raum. Auch sein Sinn verdoppelt sich und oszilliert zwischen diesen semantischen Sphären.[62]

Polyvalenz, die ihren Ausdruck im Entstehen von Varianten findet, zählt – so macht Lotman an dieser Stelle deutlich – zu den Bedingungen von Narrativierung schlechthin.

Es ist also nur folgerichtig, dass der Text Alternativen entwirft, wie sich das Vergangene auch hätte zutragen können; denn die Vergangenheit bleibt eben nur als Fiktionalisierung erfahrbar. Wenn etwa Briefkorrespondenzen zwischen Amnon und Joseph imaginiert werden oder an anderer Stelle Shulamit sich den Vater vorstellt, wie er nach Jahren Hannah in Tel Aviv besuchen will, konstruiert der Text mögliche Versionen der Vergangenheit, die durchgespielt und verworfen werden. Verworfen werden sie, da sie eine Lücke im Gedächtnis der Familie zu füllen suchen, die sich nicht verlässlich schließen lässt.

> This is the image I see of him, which I never saw: dressed in his best clothes he stands on the pavement underneath the window of the woman he loves. But maybe he didn't wear his best clothes. Maybe he wore his second-best trousers and an open shirt. That was how he generally dressed in Jerusalem, in Tel Aviv. Maybe he wore his second-best trousers, his new shirt bought for the journey and a tie. (GHS, S. 301)

Durch Fiktionalisierung des nicht selbst Erlebten werden Grundprinzipien der Erinnerungskonstitution nachvollzogen: Jede Form des Erzählens beinhaltet zwangsläufig die Variante, die Möglichkeit, dass es auch anders sein könnte. Am Beispiel der Kleidung des Vaters werden immer neue Optionen entwickelt und verworfen, und der Potentialis wird durch die prominente Stellung des „maybe" als Parallelismus am Satzanfang zusätzlich betont.

Doch auch bei der Erzählung des selbst Erlebten kontrastiert der Text die Konstruktion der Vergangenheit oftmals mit Gegenentwürfen. Das Kennenlernen der Eltern wird in der figuralen Perspektive Hazels im Kontext eines Spazierganges dargestellt:

> That night they walked out together in the London fog: [...] She would recall afterwards how they talked and talked, but in fact she remembered wrongly: it was not he who talked but she, endlessly chattering as they threaded the north London streets, while he shrugged his shoulders or muttered [...]. (GHS, S. 221)

Der Londoner Nebel ist nicht als Symbol einer romantisierten Erinnerung zu lesen, vielmehr erweist sich die Verunsicherung spatialer Bezüge, die mit dem Nebel verbunden ist, als symptomatisch für die Konstruktion von Vergangenheit, die stets von Lücken und der damit einhergehenden Instabilität geprägt ist.[63] Die Perspektive

62 Lotman: *Innenwelt des Denkens*, S. 99.

63 Sicherlich ist der Nebel in Bezug auf London ein etabliertes literarisches Motiv, doch wurde bereits an anderer Stelle, etwa im Kontext von Charles Dickens' London-Figuration in *Bleak House*, darauf hingewiesen, dass dessen Verwendung innerhalb des literarischen Raumgefüges weit über eine rein symbolische Ebene hinausgeht. Vgl. hierzu Johann N. Schmidt: *Charles Dickens*. Reinbek: Rowohlt 1983, S. 89.

Hazels, und damit auch die entworfene Erinnerung, wird in narratorialer Perspektive dekonstruiert, wodurch der Fiktionalitätscharakter sichtbar wird. Doch nimmt der Text durch diese Kontrastierung auch eine Re-Semantisierung vor: Aus dem romantischen Spaziergang wird eine endlos redende Hazel und ein wortkarger Amnon. Der Text entwickelt also eine weitere Darstellung des Ereignisses. Dass sich Narrativierungen von Vergangenheit auch nur schwer kontrollieren lassen, zeigt sich, als Shaloms Reisebericht außer Kontrolle gerät. In Shaloms Erzählung werden die Stämme zu übernatürlichen Gestalten: „The tribes became giants, their territory infinite; their king a second Solomon with supernatural powers." (GHS, S. 77) Dieser Mythisierung der Reise stellt der Text verschiedene Varianten gegenüber, die Shaloms Reisebegleiter Chain zu erzählen weiß. Obwohl auch hier keine Version der anderen gleicht (mal erreichen die Reisenden Damaskus, mal verbringen sie die gesamte Zeit in Aleppo, vgl. GHS, S. 78), entwickeln sie doch einen deutlich lebensweltlicheren Bericht der Reise. In ähnlicher Weise ist auch das zweite Auffinden des Kodex auf dem Dachboden des Shepher-Hauses eine Alternative zur ersten Entdeckung, die erst Gideons Verschwinden mit der Schrift ermöglicht. Somit erhält diese neue Version innerhalb des Textes Autorität und kann die erste ablösen. Der Text betont selbst die Bruchhaftigkeit, die aus diesem narrativen Vorgehen entsteht: Er räumt Zweifel und Konflikte bewusst nicht aus, so dass etwa unklar bleibt, wie der Kodex überhaupt aus dem Sicherheitsraum der Universität verschwinden kann.

Diese narrative Verunsicherung durch Variantenbildung wird auch anhand von Amnons Alterungsprozess dargestellt. Die aus der Hybridität des Immigranten resultierende Überlagerung unterschiedlicher Semiosphären wirkt sich zunehmend als Orientierungsverlust aus. Amnons Muttersprache Ivrit verdrängt das Englische und die mentale Karte von England weicht der Tel Avivs: „He no longer remembered the streets of his own city. He was looking for Rothschild Boulevard, Pinsker Avenue, Dizengoff Square, Ben Yehuda Street." (GHS, S. 287) Im schrittweisen Verlust der Ordnung verschmelzen nicht allein die lebensweltlichen Räume Englands und Israels, auch Gegenwart und Vergangenheit sind nicht mehr unterscheidbar. Letztendlich verliert sich Amnon in Narrativen wie in einem Labyrinth, in dem er sich nicht zurechtfinden kann.

Das Prinzip der Variante wird, wieder im Präsens durch das erzählende Ich, auf das Wahrnehmen von Vergangenheit hin ausgeweitet:

> And I think of all the other manuscripts and all the other attics: of the vanished codices and vanished truths; of the synagogue at Bielsk which was burnt along with the members of its congregation; and of the hundreds and thousands of forgotten souls, the lost members of a vast and scattered clan: the Shephers, the Shaffers and the Shaeffers, the Shifrins and Shapiros and Shapiras, the Siffres and the Saffres of whom no shoe or glove remains, whose very bones are the dust now circling the earth; and of all those texts which because of their many errors could not be used, and which because they bear the name of God will never be destroyed. (GHS, S. 338)

Vom Dachgeschoss der Shephers entspinnt sich eine Linie zu unzähligen anderen Orten, die ebenso als Genizah, als Aufbewahrungsort, für bislang nicht gefundene

Narrative dienen. Raum ist demzufolge unweigerlich angereichert mit einer Vielzahl von Erzählungen, die meist im Unbewussten eines Speichergedächtnisses verbleiben, bis sie durch Artikulation im Diskurs profiliert werden. Damit wird das spatiale Netzwerk zum Bedeutungsträger, dessen Inhalte oft verborgen ein polyphones Narrativ bilden, das ein hybrides Mosaik unzähliger Varianten darstellt. Auch die von der Erzählinstanz entworfene Genealogie der Shephers, die tief ins kollektive jüdische Gedächtnis zurückgreift, um eine direkte Linie vom Exodus zu Shalom Shepher zu etablieren, wird nun vervielfältigt. Die Varianten des Namens verankern implizit verschiedene Entwürfe der Familiengeschichte im Text. Sie können sowohl dem aschkenasischen wie dem sephardischen Bedeutungsraum zugeordnet werden, wodurch die Familie auf unterschiedliche Traditionenslinien des Judentums ausgedehnt wird. Mit dieser Vervielfältigung entfaltet der Text kulturelle Unterschiedlichkeit und die daraus reslutierende Hybriditität im Rahmen einer Genealogie. Schließlich werden auch Vernichtung und Auslöschung im Erinnerungsraum verortet: In einem Akt antisemitischer Gewalt, der historisch nicht genau eingeordnet wird, geht die Synagoge von Bielsk in Flammen auf und wird die gesamte Gemeinde ermordet, wodurch sie aus dem spatialen Gefüge verschwindet. Es werden weiter unzählige Tote aufgerufen, die, nun vergessen, ebenfalls als Staub im Raum aufgegangen sind. Ein solches Konzept des Erinnerungsraums stellt ein Vergessen, das als Verlust begriffen wird, durch eine fortgesetzte Präsenz in Frage. Vielmehr trägt das noch nicht oder nicht mehr Wahrgenommene die Option Narrativierung, und damit des Erinnert-Werdens, stets in sich. Vergessen-Sein bedeutet zwar (noch) nicht erzählt sein, doch wird seine fortdauernde Gegenwart im Motiv des heiligen Texts, der wegen des Gottesnamens nicht vernichtet werden darf, betont. Das gesamte spatiale Netzwerk ist demnach Erinnerungsraum, eine Genziah, was mit George Steiner in der spezifischen Verschränkung von jüdischem Gedächtnis und Text gelesen werden kann: „The text is home; each commentary a return."[64] Jede erinnernde Narration entwirft eine imaginierte Verortung, innerhalb derer der Kommentar nicht nur eine variante Lesart erstellt, sondern auch als Rückkehr in das imaginäre Heim des Textes verstanden werden kann. Yellins Text verortet die polyvalenten Erinnerungsnarrative, die sich nicht kohärent lesen lassen und in denen es immer verschiedene Lesarten geben wird, in der Hybridität der Varianten. Diese reichern als Kommentare das Gedächtnis weiter an.

Editierendes Ordnen des Erinnerungsnarrativs

Der genealogische Ordnungsprozess, den Shulamit auf das Erinnerungsnarrativ der Familie anwendet und der eine selegierende Formung der Familiengeschichte darstellt, bestimmt auch den Text selbst: So bildet eine genaue Verortung des Urgroßvaters den Beginn der Erzählung („The week following his bar mitzvah, in the spring of 1853, my great-grandfather, Shalom Shepher of Skidel, got married." GHS, S. 3). Neben einer genauen Jahreszahl und einer Ortsangabe bietet der Romananfang bereits eine

64 Steiner: Our Homeland, the Text, S. 307.

Verschränkung unterschiedlicher Erinnerungsnarrative. Einerseits bezieht sich die Erzählinstanz an dieser Stelle auf den gregorianischen Kalender und nicht auf den jüdischen, der etwa als Referenzpunkt zu Shaloms Aufbruch zu seiner Suche nach den Stämmen herangezogen wird (hier wird der Siebte des Monats Kislev 5626 angegeben, vgl. GHS, S. 71–72). Andererseits ist nicht Shaloms Geburt Bezugspunkt für den Beginn der Erzählung, sondern seine Bar Mizwa, also der Zeitpunkt religiöser Mündigkeit, ab dem er vollwertiges Mitglied der Gemeinschaft mit allen Rechten und Pflichten ist. Hier zeigt sich eine Durchdringung unterschiedlicher Semiosphären in der Darstellungsweise der Erzählinstanz, die den Text und die Vermittlungsverfahren nachhaltig beeinflusst. So findet etwa die Vielschichtigkeit des erinnernden Narrativs räumlichen Ausdruck in dem zentralen Erinnerungsort eines kollektiven jüdischen Gedächtnisses: Jerusalem. Die Altstadt stellt einen geschichteten Raum dar, in dem es möglich ist, sich zu bewegen, ohne die Straßen zu benutzen, da der Weg über die Dächer eine variante Wegführung durch die Stadt ermöglicht („There was a city of streets and there was a city of roofs. It was possible to cross Jerusalem without setting foot on the ground." GHS, S. 17). In Bezug auf Bewegungsmöglichkeiten existieren Varianten im Raum, die eine alternative Mobilität zulassen, wodurch eine polyvalente Raumerfahrung entworfen wird – erschließt sich doch der urbane Raum bei Bewegung über die Dächer ganz anders als durch die engen Gassen. Auf diese Weise findet eine Verschränkung unterschiedlicher Semiosphären auf der Darstellungsebene (und der lebensweltlichen Gestaltungsebene der Architektur) ihren Ausdruck in der Konstitution des Raums: Die performative Bewegung auf der Horizontalen, nach de Certeau Ebene der Raumartikulation,[65] wird aus den Straßen herausgehoben, wodurch sie der vertikalen Draufsicht semantisch zumindest angenähert wird. Der Text konstruiert also einen hybriden Grenzraum zwischen vertikaler und horizontaler Raumerfahrung.

Das Verfahren der semantischen Verschränkung wird an verschiedenen Stellen des Textes bekräftigt, etwa wenn Moses als Verfasser der Torah mit Shakespeare in Bezug gesetzt wird, und der Text eine kulturelle Verflechtung eines englisch- und eines hebräisch-sprachigen Raums vornimmt. Doch ist in diesem Kontext ebenfalls die Verunsicherung zu beachten, die die Überlieferungssituation in Bezug auf die beiden prägt: „Copies were made, and copies of copies. Versions written down from memory and versions caught imperfectly by ear. Errors crept in. Discrepancies multiplied." (GHS, S. 83) Gleich der Literaturwissenschaft steht die textkritische Auslegung der Torah vor dem Problem, auf der Grundlage varianter Versionen einen bestmöglichen Text zu rekonstruieren. Religiöses Gedächtnis und literarisches Gedächtnis werden in eine Äquivalenzbeziehung gesetzt, die den Prozess selegierender und interpretierender Bearbeitung von Textvarianten profiliert und in den Kontext der Konstitution von Erinnerung im Allgemeinen einbindet. Dabei wird eine Zuspitzung vom religiösen

65 Vgl. S. 34–36 sowie de Certeau: *Kunst des Handelns*, S. 182.

Gedächtnis auf die Familiengeschichte der Shephers vorgenommen, die nur wenige Seiten später als widersprüchlicher Textkorpus begriffen wird:

> Sometimes it seems to me that my family history is like this: a mass of conflated texts and contradictory traditions. An obscure document full of holes. A ramshackle narrative, stuffed with trivia and repetition, stitched together with hearsay and anecdote and perhaps lies. (GHS, S. 87)

Es wird nicht allein eine ungesicherte Generierungsgeschichte von Texten auf die Konstruktion des Familiengedächtnisses übertragen, vielmehr hebt der Text Bedingungen hervor, die Erinnerungskonstitution, Historiographie, und Kanonisierung gleichermaßen bestimmen. Es liegen nämlich keine kohärenten, in sich geschlossenen Darstellungen vor, sondern jede Geschichtsschreibung bezieht sich auf lückenhafte und widersprüchliche Quellen, die im Akt der Narrativierung bearbeitet und ausgelegt werden. In der Problematisierung durch die Erzählinstanz wird erkennbar, dass sich diese hybriden Konstitutionsbedingungen als Konflikt gestalten, den es aufzulösen gilt, wodurch die kohärente Erzählung als Ideal impliziert wird.

Deutlich wird dieses Streben nach Kohärenz in den immer wieder vorgenommenen ordnenden Eingriffen in den Raum und dem daran entwickelten Erinnerungsnarrativ. Schon allein Shaloms Tätigkeit als Korrektor weist ihm eine mit Autorität ausgestattete Position im Erinnerungsdiskurs zu. Auch Shulamit gestaltet diesen Diskurs aktiv mit: Dabei findet der Akt des Erzählens eine räumliche Entsprechung. Beispielsweise wird das Begräbnis der Mutter Anlass zur ordnenden Raumgestaltung, in der materialisierte Erinnerung, der Besitz der Mutter, von der Tochter entsorgt wird.

> Twenty years ago, just after my mother's funeral, I had returned to the big house [...] and sorted all her possessions. I cleared the shelves and emptied all the cupboards. I scoured wardrobes and disembowelled drawers. Nothing remained: not a thread was spared. (GHS, S. 51)

Die Verwaltung des mütterlichen Nachlasses beginnt als Ordnung schaffendes Vorhaben, steht jedoch – angezeigt durch die Äquivalenzbildung zum Akt des Ausweidens – zunehmend in einem gewaltförmigen Kontext, in dem diese Ordnung zur Auslöschung wird: dem Verbrennen des Besitzes.

Innerhalb dieses instabilen Erinnerungsnarrativs nimmt die Erzählinstanz wiederholt verortende Bezugnahmen vor, die sich an das räumliche Relationsgefüge anschließen. Shulamit etabliert zu Shalom eine durch räumliche Differenz und Similarität geprägte Linie, wenn sie die Unterschiedlichkeit der Lozierung betont (Jerusalem vs. England) und zugleich durch die Dysfunktion der Shepher'schen Verdauung eine Similarität des Körperraums herstellt, die eine genealogische Reihung bekräftigt.

Zum Mittel dieser Bezugnahme wird unter anderem der Akt des Schreibens und damit das Motiv der Schrift. Shulamits Schreiben als Vermittlung des Erinnerungsnarrativs ist bestimmt von der Frage nach Verortbarkeit von Identität in der Erzählung als Zugehörigkeit und Herkunft, wie Shulamit dies gegenüber ihrem Onkel Saul formuliert: „Tell me where I come from. Tell me about the past." (GHS, S. 53) Doch die Kommunikationssituation wird vom Text als polyvalent gekennzeichnet: So ist Shulamit vermittelnde Instanz, die Rolle des Adressaten bleibt jedoch mehrdeutig. Einerseits wird ein Rezipient direkt adressiert („My great-grandfather, as we have heard, was a corrector of scrolls […]." GHS, S. 109), andererseits wird Shulamits Nichte als mögliche Adressatin des Narrativs eingeführt. Das oben zitierte „we" befindet sich so in einer referentiell ambivalenten Position, wodurch die im Text auf unterschiedlichen Ebenen entwickelte Hybridität auf die Vermittlungssituation selbst ausgedehnt wird.

Doch auch im intratextuellen Kontext ist Schrift ambivalent konnotiert: als Mittel der ordnenden Strukturierung des Narrativs und zugleich der ihr immanenten Offenheit zur Interpretation, aus der wiederum Varianten entstehen. Für Shalom nehmen beispielsweise Buchstaben die Rolle von Familienmitgliedern ein: „[…] he loved the letters of the Hebrew alphabet like twenty-two children." (GHS, S. 31) Der Code der Tradierung ist an dieser Stelle auf das Erinnerungskollektiv geblendet, wodurch eine zusätzliche Bedeutungsebene etabliert wird. Diese Ebene wird von Shulamit am eigenen Selbst nachvollzogen, wenn sie sich als Bestandteil eines Textes begreift. „I am a cipher, an appendix, a footnote to the history of the house of Shepher. A seed dropped by the bird of the diaspora, washed up with the dream of travelling on." (GHS, S. 145) Identität wird deutlich in ihrer Konstruiertheit markiert, ist doch jeder Text das Produkt eines Schaffensakts und nicht quasi von Beginn an gegeben. Identität wird nicht nur mit dem Schreibakt assoziiert, sondern der Text ist die Verortung des Selbsts. Dabei nimmt der Text Bezug auf eine kulturelle Gedächtnisfigur jüdischen Erinnerns, Text als Identität, wie sie Steiner ausformuliert.

> The tension, the dialectical relations between an unhoused athomeness in the text, between the dwelling-place of script on the one hand (where-ever in the world a Jew reads and meditates Torah *is* the true Israel), and the territorial mystery of the native ground, of the promised strip of land on the other divide Jewish consciousness.[66]

Die Polyvalenz, die Steiner in der Verortung jüdischer Identität darstellt, verweist auf eine semantische Anreicherung lebensweltlicher Räume, in der Land und Text sich wechselseitig durchdringen und semantisieren. Die eigene Rolle im erinnernden Erzählen wird von Shulamit nicht nur mit Hilfe der Äquivalenzbildung zum Text dargestellt, sondern darüber hinaus im Bild des Samens ausgeweitet. Der Roman konstruiert eine unzeitliche Verklammerung zu den von Shulamit für die Nichte mitgenommenen Samen, die als Verräumlichung ihres Vorhabens, die Familiengeschichte weiterzugeben, zu lesen sind.

Die angedeutete Mobilität des „dream of travelling on" ermöglicht es, Shulamits Selbstverständnis – das von hoher semantischer wie spatialer Bewegung geprägt ist – mit einer Figur zu verbinden, die wie kaum eine andere semantische Polyvalenz repräsentiert: Gideon, dem vermeintlichen Angehörigen des Stamms Dan aus Aserbaidschan. Als Shulamit ihm in Jerusalem folgt, um mehr über ihn herauszufinden, scheitert dies an der Art, wie sich Gideon in der Stadt bewegt:

66 Steiner: Our Homeland, the Text, S. 305.

> It proves quite difficult to keep up with him. I dodge barrows and puddles, children and strollers; run up against lamp-posts and into bus stop queues. Once again I lose sight of him; then he reappears, turning into a sidestreet that leads to Mea Shearim. (GHS, S. 223)

Im Präsens aus der figuralen Perspektive des erzählten Ichs dargestellt, fokussiert diese Passage das Raumerleben durch Hindernisse, die es Shulamit nahezu unmöglich machen, mit Gideon Schritt zu halten. Der perspektivisch gesteigerte Spannungsaufbau der Bewegung, die immer wieder unterbrochen wird, repräsentiert nicht nur eine lebensweltliche Bewegung der Figur durch den urbanen Raum, sondern unterstreicht auch einen Eintritt in einen neuen Bedeutungsraum, denn Gideon führt Shulamit nach Mea Shearim, ein orthodoxes Viertel Jerusalems. Ist Gideon bereits durch seine Kleidung als Charedi, als streng orthodoxer Jude, zu erkennen, mündet seine Bewegung in einen religiös konnotierten Bedeutungsraum, in dem Shulamit ihn schließlich aus den Augen verliert. Im Relationsgefüge des religiösen Erinnerungsraums Jerusalems ist Gideon mit hoher Mobilität ausgestattet, die es ihm ermöglicht, sich im Gegensatz zur Erzählerin ungehindert zu bewegen. Hierbei wird auch eine erweiterte Kompetenz im kollektiven Erinnerungsnarrativ angedeutet.

Auf der Ebene der Perspektivführung wird die im Text etablierte Polyvalenz durch eine Vielzahl von Brüchen und Verschränkungen aufgegriffen und auf der Ebene der Gestaltung fortgeführt. Wie bereits dargestellt, wechselt das Erzähltempus wiederholt zwischen Präsens und Imperfekt, bevor schließlich am Ende des Romans durch den endgültigen Wechsel in die Gegenwartsform ein gleichzeitiges Erzählen stattfindet. Auch die anfängliche Aufteilung der Erzählstränge wird zunehmend verwischt: Alterniert die Darstellung der Geschichte von Urgroßvater, Großvater und Vater zunächst relativ regelmäßig kapitelweise mit der Handlung von Shulamits letztem Besuch des Shepher-Hauses, so bricht dieser im fünften Kapitel des dritten Teils des Romans in die Darstellung von Amnons Geschichte ein, wenn auf einmal Amnons Schwester Miriam im Gespräch mit der erwachsenen Shulamit dargestellt wird. Bei der Wiedergabe der Eifersuchtsgefühle der jungen Miriam gegenüber Hannah, der Geliebten Amnons, kommentiert plötzlich die erwachsene Miriam das Verhalten der 14-jährigen in einem unvermittelten Wechsel des Erzählfokus zum Gespräch von Miriam und Shulamit in Tel Aviv. Doch auch die Darstellung von Hazels Familie wird einer perspektivischen Verunsicherung unterworfen, wenn sich im Text Shulamits auf Hazels Vater immer wieder mit *Dad* bezogen wird. Da der Text nicht der verstorbenen Hazel zugeordnet werden kann und auch keine Wiedergabe von Aufzeichnungen stattfindet (schließlich hat Shulamit den mütterlichen Besitz vernichtet), lässt sich dies nur als Verschränkung von narratorialer und figuraler Perspektive verstehen. Durch diesen Zustand der Oszillation wird in der Wiedergabe eine Polyvalenz hergestellt, in der selbst die Zuordnung von Sprecherpositionen variante Lesarten bildet. Dabei kommt es zuweilen zu einer direkten Konfrontation, wenn sowohl Amnons als auch Hazels Perspektive abwechselnd die Erzählerrede färben.

Das Motiv der Variante findet Umsetzung in den konkreten Vermittlungsstrategien des Romans. Der Prozess der Herstellung einer Erzählung der Familiengeschichte wird explizit problematisiert, als Shulamit Hinterlassenschaften der Familie auf dem Dachboden des Shepher-Hauses entdeckt:

> How could one piece together the story that lay buried here, the stories that surely lay buried, hidden in the dregs of some packing-case, tucked away in some rusted lever-arch file, waiting in vain for a hand to uncover them? […] Was there really nothing left of the past but these dry bones, these bare skeletons of fact; these worn questionable heirlooms? (GHS, S. 65–66)

Obwohl die Erzählinstanz der Vergangenheit eine Faktizität keineswegs abspricht, sind die Artefakte dennoch einzig Knochen, die in ihrer Zusammensetzung nur ein unvollständiges Bild ergeben können. In der Rezeption ist somit der Akt der Fiktionalisierung und des Editierens von zentraler Bedeutung, ergibt sich doch sonst kein Narrativ. Die unterschiedlichen Möglichkeiten, die dabei zwangsläufig entstehen, lassen aus der Geschichte, die zunächst im Singular steht, den Plural erwachsen, wodurch die Existenz der Varianten direkt repräsentiert wird. Dabei kommt einer textkritischen Vorgehensweise große Bedeutung zu: Im Kontext der Tradierung des kanonischen Textes des Pentateuch verdeutlicht Shulamit die Notwendigkeit, die Entstehungsgeschichte jedes Textes kritisch zu reflektieren.

> Instead a chain of stories, like bright beads, danced around the campfires of the ancient Hebrews; they ran from mouth to mouth and camp to camp; were modified, adjusted, plagiarised; ultimately they were written down and from a tangle of traditions one text was shuffled into order: that grand corpus of legends, histories and laws we call the Pentateuch. (GHS, S. 83–84)

Indem eine alternative Überlieferungssituation entworfen wird, betont der Text nicht nur die Notwendigkeit einer textkritischen Rezeption, sondern profiliert auch die in Bezug auf jede Erzählung möglichen Varianten. Dabei wird klar, dass die Vermittlung von Erinnerung immer innerhalb eines Diskurses stattfindet, in dem bereits konkurrierende Varianten existieren, und dessen Vermittlung von Selektionsmechanismen geprägt ist. Der Konflikt von Narrativen, die ihren Ursprung in unterschiedlichen Verortungen im sozialen Erinnerungskollektiv nehmen, produziert unweigerlich unterschiedlich perspektivierte Erzählungen. Diese werden in der Darstellung durch einen Akt der Edition zusammengefügt, weisen aber auch dann noch einen Mosaikcharakter auf, der wiederum auf die Polyvalenz des Erinnerungszusammenhangs verweist.

Diesem Prinzip folgend, entwirft Shulamit in ihrer Erzählung immer wieder alternative Handlungspassagen, die Leerstellen und konflikthafte Teile im Familiennarrativ markieren. Bei der Darstellung des letzten Besuchs Amnons bei Hannah, seines Zögerns vor der Tür der ehemaligen Geliebten, bricht die Erzählinstanz plötzlich mit zuvor entworfenen Möglichkeiten und gesteht das eigene Nicht-Wissen: „I don't know if he ever went to see her. It was all a long time in the past then, a long time in the past. My father lingers on Trumpeldor Street and looks up at the windows of a certain building." (GHS, S. 303) Obwohl die Erzählung das eigene Unvermögen markiert und damit Zweifel an der Zuverlässigkeit der Wiedergabe zulässt, nimmt sie im folgenden Satz sogleich einen varianten Verlauf auf: Nun hat Amnon das Treppenhaus gar nicht erst betreten und betrachtet Hannahs Haus nur von außen. Die entstehende Unzuverlässigkeit liegt also nicht in der Absicht der Erzählinstanz, sondern sie ist als Ausdruck der Instabilität von erinnernden Narrativen zu lesen: Der Versuch, Leerstellen zu füllen, produziert alternative Handlungsverläufe, die von Shulamit kurz ausgeführt und wieder verworfen werden, nur um wiederum von einer weiteren Variante ersetzt zu werden.

Diese Unsicherheit wird auch an der Fiktionalisierung des lebensweltlichen Raums anhand der Karte sichtbar, zu der sich die Familienmitglieder unterschiedlich in Beziehung setzen. Shulamits Mutter sieht Karten als politisches Narrativ, das raumsemantisierende Wirkung entfaltet. Dabei begreift sie das Verschwinden des Staates Israel im Schulatlas Shulamits, in dem stattdessen nur ‚Palästina' auftaucht, als implizite Vernichtung eines jüdischen Erinnerungsraums. Die Rechtfertigung der Lehrerin, das Buch sei alt, kontert Hazel mit dem Verweis, dann müsste das Gebiet Judäa heißen. Verräumlichte Erinnerung wird von Hazel in ihrer politischen und raumschaffenden Wirkungsmacht begriffen. Jedoch erweist sich die Karte allgemein durch ihren fiktionalen Charakter als problematisch. Shulamits Onkel Cobby scheitert an der Differenz zwischen Fiktion und lebensweltlichem Raum, die er durch Übertragung und Abstraktion nicht aufzulösen vermag: „[...] he had a great deal of difficulty with maps. They never portrayed the route as he knew it with all certainty to be." (GHS, S. 116) Die eigene Erfahrung des Raums steht in Opposition zur verdichtenden Fiktionalisierung des Kartographen, und im Akt der Rezeption wird die Existenz der narrativen Variante sichtbar.

Doch stellt die Variante nicht die einzige Verunsicherung des Erzählvorgangs dar. Es gibt auch nicht zu füllende Leerstellen im Narrativ, die etwa im Erinnerungsraum des Dachbodens lediglich als Dunkelheit repräsentiert werden können. „The chaos seems to stretch out on every side, into dim distances where the sunlight cannot reach; under the far rafters whose secrets will never now be uncovered." (GHS, S. 337) Stellt der Dachboden in Bezug auf das Familiennarrativ ein scheinbar nach allen Seiten offenes Geschehen dar, aus dem anhand von Artefakten durch Selektion und ästhetische Formung die Geschichte konstruiert wird, macht der Text hier in meta-reflexiver Art die eigene Verfasstheit im literarischen Raum nachvollziehbar. Weiterhin stellt ein durch Witterung und zeitliche Distanz repräsentierter Prozess des Vergessens den Zerfall diskursiver Erzählvarianten dar, in dem nicht aktualisierte und artikulierte Narrative zunehmend brüchig werden.

> For seven decades it has been exposed to the fluctuations of Jerusalem summers, Jerusalem frosts. It has been dampened by October rains and baked by August suns. The thin shield of roof tiles, cardboard and canvas has not offered much protection, and as anyone knows, an attic is an environment of extremes. No wonder that, when I reach down to pluck a piece of manuscript, the edge crumbles like a wafer in my hand. (GHS, S. 338)

Spuren und Artefakte, von denen die Narration ihren Ausgang nimmt, bedürfen der Vermittlung durch eine interpretierende Weitergabe als Erinnerung. Jedoch bleibt Vergangenheit auch im Tradierungsprozess durch den Zerfall der zunehmenden Distanz gefährdet, falls sie ohne Absicherung durch fortdauernde Artikulation ist. Die Unübersichtlichkeit des Erinnerungsraums macht nachvollziehbar, dass Erinnern als Erzählen auf Auswahlprozessen beruht, denen die Entscheidung zugrunde liegt, was erzählt werden soll und damit in einem kollektiven Gedächtnis repräsentiert werden kann. Die Varianten müssen also durch Textkritik editiert, zusammengefügt und nach interpretatorischen wie ästhetischen Gesichtspunkten einer Vermittlung zugänglich gemacht werden. Erinnerung insgesamt erscheint als fragile Textur, die steten Zerfallsprozessen ausgesetzt ist und sich vor dem diskursiven Hintergrund des erinnernden Kollektivs vollzieht. Dabei erfährt die Vergangenheit eine räumliche Verdichtung, wie sie von Bachtin beschrieben wird:

> Die Zeit verdichtet sich hierbei, sie zieht sich zusammen und wird auf künstliche Weise sichtbar; der Raum gewinnt an Intensität, er wird in die Bewegung der Zeit, des Sujets, der Geschichte hineingezogen. Die Merkmale der Zeit offenbaren sich im Raum und der Raum wird von der Zeit mit Sinn erfüllt und dimensioniert.[67]

Im Erinnerungsraum werden Versionen und narrative Linien der polyvalenten Familiengeschichte zu den Raum semantisierenden Schichten. Wie im Kontext von Erinnerung allgmein festzustellen, sind diese Schichten, in ihren Brüchen und Konflikten, nur durch Fiktionalisierung vermittelbar. Dabei verweisen die profilierenden Betonungen in der Erzählung auf den polyphonen Charakter des Erinnerungsdiskurses, dessen Hybridität sich Yellins Text zum Ausgangspunkt nimmt, um die Variantenbildung zum Prinzip der Gestaltung zu machen.

Die Polyvalenz des kollektiven Erinnerungsraums und die Fluidität des spatialen Gefüges finden eine direkte Umsetzung in narrativen Verfahren. Durch die Konstruktion der Erzählperspektive werden Verschränkungen im Text etabliert, die Grenzen zwischen den Trägern der Perspektive verschwimmen lassen und die Erzählsituation allgemein verunsichern. Dabei verweist der Text direkt auf die Instabilität von erinnernden Narrativen, die der steten Aktualisierung durch (Wieder-)Erzählen bedürfen. So wird die im Text problematisierte Hybridität der Figuren und der unterschiedlichen Erinnerungsnarrative in der Konstruktion des Sujets aufgegriffen.

Auch auf der Ebene der Sujetentwicklung verarbeitet der Text das Motiv der Variante, das wiederum die Erzählverfahren formt. Shulamit entwirft alternative Handlungverläufe, die wieder dekonstruiert und durch neue ersetzt werden. Dabei dient die Tradierungssituation des zentralen religiösen Texts im jüdischen Erinnern als Hintergrund, vor dem die Bedingungen der Konstruktion einer Familiengeschichte nachvollzogen werden. Hier kommt es zu einer Durchdringung von lebensweltlich erfahrbarer Räumlichkeit und einem durch mythische und legendenhafte Elemente bestimmten kollektiven Erinnerungsraum. Die Shephers selbst befinden sich in Bezug

67 Bachtin: *Chronotopos*, S. 7.

auf die vom Text entwickelten literarischen Räume und deren Semantisierungen in einem Zustand der Dislokation. Dieser Zustand verweist auf eine Verortung der Figuren, vor allem Shulamits, in einem hybriden Grenzraum zwischen unterschiedlichen Semiosphären. Hybridität lässt sich, wie Bhabha betont, nicht als Synthese verstehen, in der zwei disparate Elemente miteinander verschmelzen können.[68] Vielmehr profiliert die Hybridisierung das Fortbestehen von Konflikten und Widersprüchen. Loziert in einem mit multiplen Bedeutungsfeldern semantisierten Erinnerungsraum, der eine vielstimmige Tradierungssituation impliziert, verhandelt Shulamit die eigenen Bemühungen, sich durch Verortung im Familiennarrativ zu einer Vergangenheit in Bezug zu setzen, die eine lückenhafte und mosaikartige Textur ist. Die hybride Verfasstheit des eigenen Selbsts wird zur Polyvalenz des Erinnerungsnarrativs in Relation gesetzt, was in einen Akt der Selbstlozierung mündet, in dem Shulamit narrative Autorität in Anspruch nimmt und die Nichte als Bezugspunkt der Tradierung wählt.

2.2 Nicht-Verortung und Mobilität: *Tales of the Ten Lost Tribes*

Der zweite hier betrachtete Text Yellins nutzt ebenfalls das Motiv der verlorenen Stämme Israels und erhebt es zum strukturierenden Prinzip, denn die zehn Kapitel sind nach den Stämmen benannt. Auch hier dient eine autodiegetische Erzählstimme als Vermittlungsinstanz, jedoch spitzt *Tales of the Ten Lost Tribes* die narrative Situation von *The Genizah at the House of Shepher* weiter zu: Die Stimme befindet sich in einem Zustand der fortdauernden Oszillation, die von der Polyvalenz der Identitätskonstruktion hervorgerufen wird, welche auf extremer Mobilität im Relationsgefüge beruht. So ist die Erzählinstanz etwa in Bezug auf Gender und Geschlecht unbestimmt. Selbst ein Name wird vom Text verweigert und damit bleibt sie stets die erste Person Singular, das erzählende Ich.

Der Roman entwirft die Geschichte des Ichs ab einem Alter von neun Jahren in verschiedenen Bewegungen, immer neuen Versuchen der Selbstlozierung, und vor allem fortwährend auch in Relationsbildung zum Gegenüber in einem fortgesetzt dialogischen Verfahren. Beispielsweise werden der Onkel Esdras, der Buchhändler Shatzenberg, der Professor G., die unsichtbare Studentin Genie, eine Reisende im Zug und der Reiseführer des letzten Kapitels „Manasseh" zu Bezugspunkten in der sowohl narrativen als auch Identität konstruierenden Mobilität des erzählenden und erlebenden Ichs. Exemplarisch inszeniert jedes Kapitel eine neue Begegnung zwischen dem Ich und einem Gegenüber, in der die (Un-)Möglichkeit einer kohärenten Lozierung im spatialen Gefüge unter den Maßgaben einer geschlossenen Identitätsbildung verhandelt wird. Dabei ist der erlebte Raum von anderen semantischen Schichten durchdrungen, etwa wenn die Reise auf einem Kreuzfahrtschiff zunächst mit der Semiosphäre eines Flüchtlingsschiffs überlagert wird, oder die Studentin Genie in einen Zustand der Unsichtbarkeit gleitet. Der Lebensweg der Erzählstimme – von Kindheit über Studium und akademischer Lehrtätigkeit bis hin zur abschließenden Reise in den

68 Vgl. S. 44–48 sowie Bhabha: *Location of Culture*, S. 2.

Regenwald – wird mit unterschiedlichen Entwürfen von Selbstverortung assoziiert, doch behält der Text eine nicht aufzulösende Renitenz, die sich jedweder Verortung entgegenzustemmen scheint. Die Vermittlung zeitlicher, räumlicher und identitätsbestimmender Anhaltspunkte wird zunehmend reduziert, so dass der entworfene literarische Raum auch seine Negation als Nicht-Raum aufruft: eine Offenheit, die in so radikaler Weise der spatialen Polyvalenz Ausdruck verleiht, dass Bezugnahmen im Gefüge immer schwieriger werden. Schließlich verharrt das Ich am Ende des Textes im Regenwald und erwartet, im narrativen Präsens, die Rückkehr des Fremdenführers bei einem Stamm, dessen Sprache das Ich nicht versteht. Insgesamt schafft die Vermittlung der eigenen Familiengeschichte und der Begegnungen mit den anderen Protagonisten eine polyvalente Situation. Diese Mehrdeutigkeit lässt im Raum ein Spannungsfeld von Offenheit und Unbestimmtheit entstehen, so dass Optionen der Verortung im konkreten Raum und im Erinnerungsraum gleichermaßen in Zweifel gezogen werden. Dem entspricht auch die offene Gestaltung des Texts an sich: Die zehn Kapitel sind einerseits klar durch dieselbe Erzählinstanz miteinander verbunden, andererseits jedoch führt die semantische Öffnung der Handlung durch reduzierte Anbindungen und ambivalente Verklammerungen zu einer Oszillation innerhalb der Vermittlung. So muss auch bei einer Klassifizierung des Textes das Genre ambivalent bleiben, denn die angesprochene Offenheit widerspricht der traditionellen Romanform, und doch finden sich vielfältige Verflechtungen der einzelnen Kapitel, so dass sie in ihrer Ganzheit rezipiert werden müssen.

Spatiale Polyvalenz und erinnernde Durchdringung

Bei der Gestaltung des literarischen Raums nimmt der Text eine Reduzierung vor, die der Rezeption Referenzen zu außerliterarischen Räumen weitgehend verweigert. Zwar werden grobe Relationen gebildet, so etwa das Mittelmeer oder die Vereinigten Staaten, jedoch bleiben diese oft entweder als Außen zum Bezugsrahmen des erzählenden Ichs unerreichbar oder sie werden durch eine Durchdringung mit unwirklichen Räumen einer Verunsicherung unterworfen. Die Lozierung der Figuren findet in einem auf Topoi – die Stadt, das Küstendorf, usw. – beschränkten Verfahren statt, das eine Anbindung an konkrete Platzierungen nicht zulässt oder diese soweit verallgemeinert, dass das Sujet lediglich grob in Europa verortet werden kann. Ähnlich wie die Erzählinstanz, die weder von anderen noch durch sich selbst einen Namen erhält, bleibt die Lokalisierung des Erzählten in einem Zustand des Schwebens, der zugespitzt wird, indem sich unterschiedliche Räumlichkeiten wechselseitig durchdringen. Diese angedeutete Auflösung konkret nachvollziehbarer Räume bietet den Aushandlungsort, in dem die Verhandlung hybrider Identität und der Sehnsucht nach Verortung dargestellt werden.

Orte der Handlung sind lediglich in reduzierten Ausschnitten gefasst: Beispielsweise das Schiff auf dem Mittelmeer bei einer Urlaubsreise der Familie oder der Buchladen, in dem der Vater nach seltenen Büchern sucht. Diese Orte nehmen für das Ich bisweilen labyrinthische Züge an, wodurch die Durchdringung unterschiedlich semantisierter Räume in der literarischen Gestaltung als Orientierungsverlust aufgegriffen wird. Das Kreuzfahrtschiff ist etwa auf dreifache Weise semantisch aufgeladen: Sicherlich bildet die Urlaubsreise die Folie, die sich in der Narration immer wieder in den Vordergrund schiebt, jedoch ruft die Überquerung des Mittelmeers von Piräus aus auch eine Rückkehr nach Israel auf, wenn Piräus als Berg Nebo[69] dargestellt wird. Neben biblischen Assoziationen wird der Beginn der Reise im Kontext eines Flüchtlingsschiffs gestaltet, wenn zu viele Menschen auf das Schiff zu gelangen suchen. Als die Familie an Bord ist, wird das Schiff zu einem Labyrinth, das sich der ordnenden Wahrnehmung verschließt.

> For ten minutes we pursued him down a maze of throbbing corridors, until at last he opened one of the heavy, high-silled doors and the chugging engines burst full upon us. We had reached the very bowels of the ship. In half-light, beneath a vaulting of thickly riveted girders, various passengers were making themselves comfortable for the night. (LT, S. 34)

Der Steward führt die Familie durch ein unübersichtliches, nicht nachvollziehbares Gewirr von Gängen ins Innere des Schiffes, das als Gewölbe von Stahlträgern dargestellt ist und in dem sich die Flüchtlinge/Passagiere bestmöglich einrichten. In der Überlagerung des für den Gast zunächst stets unübersichtlichen Raums des Schiffes (oft sind ja Kabinen in labyrinthaften Korridoren angeordnet) mit den chaotischen Zuständen eines Flüchtlingsschiffs, auf dem Menschen jeden Platz nutzen, wird der Verlust von Orientierung betont, den die Erzählinstanz erfährt. Zugleich werden jedoch Fluchtbewegungen als Bestandteil eines jüdischen Gedächtnisses aufgerufen. Vor allem Schiffe, die *Displaced Persons* in das britische Mandatsgebiet brachten, dienen als Folie, mit der ein kollektives Gedächtnis im Raum aufgerufen wird.[70]

Das Motiv des Labyrinths wird aktualisiert, wenn die Erzählinstanz an anderer Stelle den Vater auf seiner Suche nach Büchern begleitet. Der Besitzer des Ladens befindet sich im Zentrum eines Gewirrs von Räumen und Möbeln: „Seated in his windowless back room, under cold fluorescent light, beyond the dark labyrinth of haunted furniture, he drank black tea with my father […].“ (LT, S. 55) Die Verräumlichung des Buchs als kulturelles Bedeutungs- und Erinnerungsmedium wird mit der Unübersichtlichkeit der spatialen Anordnung überformt. Hierdurch überträgt sich dieser Orientierungsverlust auf den Erinnerungsraum, in dem ohne ordnende Selektionsprozesse eine zielgerichtete Bewegung nicht möglich ist. Es wird deutlich, dass die Verknüpfung von Raum und Erinnerung auch eine Verunsicherung und damit ein Unstetig-Werden des Gefüges bedingt: Die Urlaubsreise wird durch biblische Konnotationen, Assoziationen zur Migration nach Israel und Flucht vor Verfolgung zum polyvalenten

69 Von Nebo aus darf Moses das verheißene Land sehen, jedoch bleibt es ihm verwehrt, dorthin zu gelangen. Vgl. Dt. 34,1–5. Auch der Vater der Erzählinstanz erreicht offensichtlich Israel nicht („It was his Nebo. He knew he would never enter the promised land.“ LT, S. 31); die Absicht, nach Israel auszuwandern, wird aber nicht explizit erwähnt.

70 Vgl. hier etwa das Flüchtlingsschiff *Exodus 1947*, das in Film und Literatur auf vielfältige Weise in der Darstellung des Schicksals von Displaced Persons aufgegriffen wurde.

Bedeutungsraum, in dem verschiedene Schichten des kollektiven Gedächtnisses als Narrative entwickelt werden. Wie Walter Benjamin in seiner *Berliner Chronik* verdeutlicht, ist spatialisierte Erinnerung eben nicht als individuelle Lebensgeschichte zu begreifen, die zwangsläufig als chronologischer Zeitfluss erzählt wird:

> Erinnerungen, selbst wenn sie ins Breite gehen, stellen nicht immer eine Autobiographie dar. […] Denn die Autobiographie hat es mit der Zeit, dem Ablauf und mit dem zu tun, was den stetigen Fluß des Lebens ausmacht. Hier aber ist von einem Raum, von Augenblicken und vom Unstetigen die Rede.[71]

Gerade diese inkohärente, fließende Konstitution von Raum und Erinnerung führen in Yellins Text beim Vater zu Desorientierung, so dass er sich im Buchladen verläuft. Dadurch nehmen die polyvalenten Organisationsbedingungen des Netzwerks direkten Einfluss auf die Platzierung des Körpers, der aus seinen Verortungen nicht ausreichend Sinn ableiten kann, um eine zielgerichtete Bewegung zu vollziehen. Die von Benjamin angeführte Unstetigkeit wird zum Hindernis einer sinnvollen Bewegung und zugleich auch, wie sich an der Problematik der erinnernden Bezugnahme bei allen Figuren des Romans zeigt, für die Herstellung eines vermeintlich kohärenten Erinnerungsnarrativs.

Wie sehr die Masse an Wahrnehmungen für die Erinnerung zum Problem wird, sofern nicht ordnende Prozesse Orientierung wiederherstellen, zeigt sich, wenn die Erzählstimme als Dozent die Vielzahl der Studierenden nicht eindeutig im Erinnerungsraum verorten kann.

> Afterwards I sat alone in the cafeteria and stared at the card, and realised that I was already beginning to find it difficult to put faces to the signatures, I who had always prided myself on my good memory. Some had vanished completely; others were no more than a blurred image. (LT, S. 151)

In der Zuordnung von Name zu Person auf der Abschiedskarte der Studierenden verschwimmen mnemonische Inhalte, die keine Absicherung haben. Zugespitzt in der Figur Genies, einer Studentin, die wortwörtlich verschwindet, wird die Problematik des Vergessens auf die Positionierung im erinnernden Narrativ bezogen: Eine marginalisierte Stellung, wie sie Genie einnimmt, führt dazu, dass sie nicht mehr wahrgenommen wird und dass ihre Stimme aus dem Erinnerungsnarrativ verschwindet.

Um dem drohenden Orientierungsverlust im spatialen Gefüge entgegenzuwirken, entwickeln die Figuren unterschiedliche Strategien. Der Onkel der Erzählinstanz gibt dem neunjährigen Kind die Pfote eines Lemuren als Talisman, denn diese schütze vor dem Verlust des Wegs. „If you throw it down on the ground when you are lost, its toes will point you in the right direction." (LT, S. 11) Im Tauschhandel, der sich zwischen Erzählinstanz und Onkel entwickelt (denn das erzählte Ich möchte die Talismane des Onkels unbedingt besitzen), wird die semantische Aufladung der Objekte problematisiert. Das Ich tauscht den Inhalt der eigenen „mess drawer" (LT, S. 12),

71 Walter Benjamin: Berliner Chronik. In: Ders.: *Gesammelte Schriften*, Bd. VI, hrsg. v. Rolf Tiedemann / Hermann Schweppenhäuser. Frankfurt am Main: Suhrkamp 1985, S. 465–519, hier S. 488.

vermeintlich ohne Wert, gegen die nützlichen und Orientierung bietenden Objekte des Onkels. Hierbei zeigt sich, dass die ordnenden Prozesse diskursiv hergestellt werden: Erst aufgrund der Übereinkunft über die Funktion der Orientierungshilfe erhält diese ihren Wert. Wieweit diese Funktion jedoch wirklich Orientierung bietet, lässt der Text offen, denn als das erzählende Ich ohne Orientierung im Regenwald wartet, ist die Pfote noch immer in seinem Besitz; diese wird jedoch nicht benutzt und somit nicht auf die Probe gestellt.

Der Talisman konstituiert hier einen Grenzraum, in dem sich Ordnung und Chaos, lebensweltlicher und mythischer Raum überlappen. Die Hybridität der Durchdringung wird als Differenz artikuliert, auf die wiederum in Legenden als Orientierung bietende Ordnung Bezug genommen wird. Der legendäre Nachkomme eines der verlorenen Stämme, Isidore, wird als das Andere für die Einwohner im Regenwald zum Talisman, und damit zur Anbindung an einen Raum des Magischen.

> It would be true to say that he was a kind of mascot, a talisman whom people touched in order to make contact with something troubling and magical, and at the same time a symbol of fear, a necessary and hated stranger. (LT, S. 203)

Die Polyvalenz des Anderen – einerseits Orientierung bietendes Gegenüber und andererseits verhasster Fremder – greift auf Bedingungen der Konstruktion von Identität zurück, die sich eben nur vor der Folie der Differenz vollziehen kann. Darüber hinaus ist zeitliche Zirkularität, die mit dem Mythos assoziiert wird, auch hinsichtlich der orientierenden Kraft der Erinnerung zu verstehen, die es vermag, wie Esposito ausführt, Gegenwart und Zukunft zu formen:

> In der Zirkularität der Erinnerung an die Vergangenheit und der Vorwegnahme der Zukunft werden Kriterien generiert, die eine Orientierung ermöglichen, gleichzeitig aber die Unbestimmtheit beider zeitlosen Horizonte bewahren.[72]

Die Kreisbewegung, die im mythischen Weg des Kreuzfahrtschiffs an prominenter Stelle aufscheint, wird zum Mittel der Orientierung, indem wiederkehrende Elemente des Erinnerungsnarrativs durch fortdauernde Aktualisierung stabilisiert werden. Von hier aus können dann Versuche der Konstruktion von Identität als zielgerichtete Bewegung im Erinnerungsraum ihren Ausgangspunkt nehmen.

Die Vielschichtigkeit des entworfenen Raums wird im Text sowohl durch polyvalente Semantisierungen als auch durch alternative Erzählentwürfe erzielt. Dabei werden durch das Aufeinanderblenden unterschiedlicher kultureller Erinnerungsnarrative die polyvalenten semantischen Schichtungen im spatialen Relationsgefüge benutzt, um dessen bedeutungsmäßige Offenheit und Interpretationsbedürftigkeit hervorzuheben. Jüdische Geschichte, wie sie vom erzählenden Ich konstruiert wird, erweist sich in der raum-zeitlichen Figuration als Produkt einer Durchdringung unterschiedlicher Erzählungen:

72 Esposito: *Soziales Vergessen*, S. 333.

> […] I would browse through fantastic chronicles of how the Children of Israel were led by Moses through the wilderness of Russia, across the Red Sea at the Bering Strait, and down to the promised land of America. (LT, S. 14)

Der Weg des Exodus von Ägypten nach Kanaan erfährt eine geographische Re-Lozierung und nimmt seinen Weg aus Osteuropa in die Vereinigten Staaten, die als verheißenes Land entworfen werden. Das Rote Meer, Schauplatz der göttlichen Manifestation in der Spaltung der Fluten, liegt nun zwischen Russland und den USA, wodurch die jüdische Migrationgeschichte aus europäischen Staaten in den Kontext der göttlichen Befreiung aus der Sklaverei gerückt wird. Das Erinnerungsnarrativ des Exodus, zentrales Moment des jüdischen Gedächtnisses, ist damit auf Migrationsbewegungen der jüngeren Vergangenheit gelegt. Hierdurch wird das semantische Feld des europäischen Antijudaismus und Antisemitismus[73] mit der Sklaverei in Ägypten verknüpft. Das dabei entstehende Amalgam wird vom erzählten Ich im Alter von neun Jahren als Chronik rezipiert, wodurch eine Präsentation als diskursiv hegemoniale Geschichtsschreibung angedeutet wird, die der Gattung der Chronik innewohnt. Die geographische Verunsicherung, die in diesen polyvalenten Narrativen mitschwingt, führt später beim erzählten Ich zu einem Zustand der andauernden Sehnsucht nach Zugehörigkeit. Folglich bleiben die Bewegungen des Ichs, zumindest was ein Erreichen der (verheißenen) Verortung angeht, stets folgenlos, und so verharrt das Ich in einem Zustand des Verlangens nach sinnstiftender Lozierung. Das herbeigesehnte Zuhause ist ein nicht existenter Ort, der lediglich in der erinnernden und Identität stiftenden Narration zu finden ist.

Neben der Blendungstechnik verschiedener Narrative, mit der semantische Polyvalenz darstellbar wird, vermag auch das individuell Erlebte den Raum, mit Bedeutung aufzuladen. Die Vermieterin des erzählten Ichs in der nicht bestimmbaren Simon Peter Street, wird innerhalb eines sich in Fluss befindlichen Relationsgefüges dargestellt:

> [S]he had lived nearly her whole life in the apartment on the ground floor, had married and raised a family there, had seen the area and tenantry decline, and remained there now alone, enlivened only by the visits of her grandson […]. The fortunes of the district mirrored her own. She had, like the building, an air of faded glamour, and in her ripped lace carried herself like one of the fallen aristocracy. (LT, S. 114–115)

Die Lebensgeschichte der Vermieterin wird durch grob skizzierte (und recht allgemeine) Eckpunkte in der breiteren Geschichte des Stadtteils ausgeformt. Dabei sind nicht nur unterschiedliche kollektive Erinnerungsnarrative aufeinandergeblendet (Familie und Teile des urbanen Raums), sondern Figur und Raum sind in einen direkten Beziehungszusammenhang gestellt. Zwangsläufig beeinflusst die Entwicklung des urbanen Raums, die Verarmung des Viertels, so den Habitus der Figur.

73 Zur begrifflichen Einordnung und Abgrenzung des modernen Antisemitismus von einem religiös motivierten Antijudaismus vgl. u. a. Shulamit Volkov: *Antisemitismus als kultureller Code*. München: Beck 2000, S. 13–36.

Beleuchtet dieses Aufeinanderblenden die Präsenz verschiedener Narrative im Raum, artikulieren einige Figuren ihre spezifischen, abweichenden Interpretationen, indem sie ihre individuellen Bewegungen als performative Praxis wahrnehmbar machen. Jacky, Privatschüler der Erzählinstanz, lebt in relativer Isolation in einem großen, kolonial anmutenden Anwesen. Von der Umgebung als psychisch krank wahrgenommen, zieht sich der Junge von der Außenwelt zurück. Jacky steht in enger Verbindung zum Haus; diese geht sogar noch weiter als im Fall der Vermieterin: Jackys Bezug ist quasi körperlich bedingt, was erkennbar wird, als die Führung der Erzählinstanz durch das Haus eine divergente Route durch sonst unzugängliche Teile verfolgt.

> [I]t [*the House*, M.K.] was almost an extension of his own body; leading me into rooms I had never guessed existed, into wings I would not have suspected from outside. [...] In an unvisited library he showed me the case of dinosaur bones his father had collected [...]. He opened books to display the rings of the Inferno and the far reaches of Heaven, and pointed out to me the pictures which most haunted him [...]. (LT, S. 168)

Die Verknüpfung von Körper und Haus eröffnet einen Zugang zu erinnernden Narrativen, die Vergangenes in unterschiedlichen Facetten rekonstruieren: Zum einen wird erneut auf ein religiös-kulturelles Narrativ rekurriert, indem die Darstellung von Dantes Inferno aufgerufen wird, zum anderen ist mit Fossilien die Erdgeschichte in den Erinnerungsraum integriert. Die Rezeption der verschiedenen Entwürfe von Geschichte ist für Jacky jedoch eine bedrückende Erfahrung, wodurch die Gefahr der Ortlosigkeit im semantischen Relationsgefüge, die zuvor schon als Orientierungsverlust aufgerufen wurde, in einen neuen Kontext gestellt wird. Die Verortungsangebote in Identität stiftenden Narrativen scheinen ihre stabilisierende Wirkung nicht länger einlösen zu können.

Die Schwierigkeiten, sich in varianten Erinnerungsdiskursen zu verorten, werden auf der narrativen Ebene hervorgehoben, wenn der Text wiederholt alternative Erzählungen und Gegennarrative entwirft. Bereits im ersten Kapitel werden die Erzählungen des Onkels Esdras, der sich als Abenteurer und weitgereister Kosmopolit präsentiert, zunächst von ihm selbst relativiert („Then Esdras told me the truth about his existence. How life was reduced to the merely physical. How slow and tedious were the long void hours of travel." LT, S. 22), bevor diese Entromantisierung des Reisens vom Vater in einem Gegennarrativ vollständig gebrochen wird: „He's never even been to the Sahara. Don't you know he only came here to borrow money?" (LT, S. 24–25) Die Erinnerungen des Onkels an diverse Reisen erweisen sich als pure Fiktion; damit wird der Akt der Fiktionalisierung, der jeder Erinnerung immanent ist, in der Darstellung der oralen Tradierungssituation zwischen Erzählinstanz und Onkel zum dominierenden Element.

Das komplexeste Geflecht aus Erzählvarianten und Gegenerzählungen entwickelt der Text im letzten Kapitel mit Isidore, dem vermeintlich einzigen Überlebenden eines der verschollenen Stämme, nach dem das erzählende Ich im Regenwald sucht. Zunächst wird Isidore vom Fremdenführer, der die Suche leitet, als Kuriosum dargestellt („[…] the sole survivor of an ancient culture, a curiosity for miles around, who maintained his strange traditions […]“ LT, S. 199), jedoch entwickelt der Text zwei Varianten der Geschichte Isidores und setzt diese zum erzählenden Ich selbst in Beziehung, das letztendlich eine dritte Variante herausbildet. Das erzählende Ich markiert zunächst die eigene Autorschaft in der Konstruktion von Erinnerung: „[…] I lay back and imagined the story of this Isidore, inventing those details no one could remember.“ (LT, S. 201) Der fragmentarische Charakter jedweder Herstellung von Vergangenheit wird durch imaginatives Füllen der Leerstellen in ein vermeintlich kohärentes Narrativ überführt. Dabei rekonstruiert die Erzählinstanz den Weg des Stammes, die kulturelle Interaktion mit den schon vor Ort lebenden Menschen und die Hybridisierung von Traditionen. Dem gegenüber steht eine weitere Narrativierung der Geschichte durch den Fremdenführer, die Isidore als verlorenen Reisenden entwirft:

> [M]y guide told me another version of Isidore: that he was not a native of the place at all, but a traveller from the outside world like us, who had wandered into the jungle and lost himself; and that throughout the years of his wandering he had parted with his identity piece by piece, until he was neither one thing nor another, too strange to be a native, too far gone, now, ever to return. (LT, S. 206)

Die Existenz diverser Varianten markiert Isidore als Bestandteil der Legendenbildung und damit auch als Teil eines kollektiven Gedächtnisses. Beachtenswert ist vor allem die Funktion des Raums in dieser Version der Erzählung: Innerhalb des Regenwalds manifestiert sich ein Grenzraum, ein Third Space, in dem durch kulturelles Aufeinandertreffen Hybridisierungsprozesse in Gang gesetzt werden. Diese Prozesse stellen, vor allem aus der Perspektive der jeweiligen Ausgangsspären, ein *Othering* Isidores dar, das ihn in einen Zustand des Weder-Noch überführt. Die zweite Narrativierung profiliert diese Fremdheit des Anderen und fokussiert in erster Linie Aspekte des Verlusts (von Identität und Mobilität), ohne dabei das kreative und widerständige Potential des Hybriden in den Blick zu nehmen. Isidore erscheint vor allem als Opfer von Desorientierung, die über Dauer auch zu einem Verlust von Teilen des Selbsts wird und die eine lebensweltliche wie semantische Mobilität immer mehr beschneidet. So entsteht auch der Anknüpfungspunkt zum erzählenden Ich, das gleich Isidore als Fremder im Regenwald lebt und eigene Traditionen verfolgt (das Zünden der Schabbat-Kerzen), und dessen semantische Orientierungslosigkeit zu einem lebensweltlichen Verlust von zielgerichteter Mobilität wird.

Wie bereits erwähnt, nutzt der Text vielfach Techniken des Aufeinanderblendens, um die Mehrdeutigkeit und Komplexität des dargestellten Raums greifbar zu machen. Es entehen durch Verflechtung verschiedener Semiosphären Grenzräume, die als Spatialisierung der polyvalenten Identitäts- und Erinnerungsstruktur dienen. Esdras' Reiseberichte verwandeln den Tisch in eine Karte und damit den lebensweltlichen Raum in eine durch narrative Autorität geformte Fiktionalisierung. Die Präsenz des Onkels im Haus der Familie wird zur Eroberung, bei der Esdras den Raum zunehmend mit Bedeutung besetzt. Im zweiten Kapitel („Simeon“) durchdringen sich mythischer und lebensweltlicher Raum im Kontext einer Kreuzfahrt. Hier überlagern sich unterschiedliche Erinnerungsdiskurse – biblische Tradierung, Flüchtlingsnarrative, Migrationsbewegungen –, doch die gesamte Reise verortet sich zunehmend in einer erzählten Welt, in der Naturgesetze keine Gültigkeit mehr zu haben scheinen, wenn etwa plötzlich die Sonne im Osten untergeht. Das Schiff beschreibt eine ununterbrochene Kreisbewegung und folgt dabei einer mythischen Bestimmung von Zeit und Raum.

> From that time we sailed in a zone of enchantment, through blue days, through nights brilliant with stars. Round and round we sailed in our magic circle, until the days ran together, we could not say how many, nor how many still and perfect nights [...]. (LT, S. 44)

Spatiale und temporale Relationen fließen ineinander und eine Auflösung der Zeit im Zirkulären wird angedeutet, die so Erinnerung als stete Gegenwart figuriert. Durch die Durchdringung mit dem Mythischen erzielt der Text auf einer weiteren Ebene eine Verunsicherung der Wahrnehmung eines nur scheinbar festen räumlichen Gefüges.

Diese Strategie der Destabilisierung steht in enger Verbindung zur Orientierungslosigkeit der Figuren; beide scheinen sich in einem reziproken Verhältnis immer wieder gegenseitig hervorzubringen. Jeder neu entworfene Raum wird als unsichere, fragile Konstruktion entlarvt: Der Buchladen erscheint als Wald im Amazonas (und verweist damit proleptisch auf das letzte Kapitel) und Professor G., Dozent der Erzählinstanz und vermeintlich letzter Sprecher seiner Muttersprache, kommt aus einer mythischen Berggegend. Jedoch nutzt die Raumfiguration darüber hinaus auch die Durchdringung divergenter Semantisierungen. Das Kapitel „Gad" stellt die Frau, der die Erzählinstanz im Zug begegnet, in einem Grenzraum zwischen einer nördlichen und südlichen Semiosphäre dar. Norden und Süden werden vor der Folie der nicht aufzulösenden Sehnsucht der Reisenden in figuraler Perspektive immer wieder neu entworfen, wodurch die horizontale Wahrnehmung des Raums, die Bewegung im Spatium ohne den entziffernden Überblick, die Narration entscheidend formt. Aufgewachsen im Süden, lebt die Reisende in einem nördlichen Küstendorf, das als in Stasis gefangen gezeichnet wird. Eigentlich entschlossen, die Reise mit einem Schiff fortzusetzen, bleibt sie aufgrund des eigenen Unvermögens stets zwischen der Stadt im Süden, wo die Eltern leben, und dem Dorf im Norden gefangen. Die Sehnsucht zieht sie dabei immer gerade an den Ort, den sie verlassen hat, so dass nach und nach der Zug die eigentliche Verortung der Figur ist. Durch die Blendung des jeweils Anderen auf die momentane Position geht die bispatiale Opposition (Nord-Süd) in einen Zustand der Oszillation über, in dem semantische Zuschreibungen schnell wechseln. In der narrativen Vermittlung stellt die horizontale Wahrnehmung in der figuralen Perspektive der Reisenden den dominanten Blick auf den Raum dar. Der Norden erscheint provinziell und abgelegen, der Süden dagegen kosmopolitisch; dann wiederum ist der Norden assoziiert mit Freiheit und Wildnis, der Süden mit Geschlossenheit und Langeweile. Allein der sich bewegende Raum des Zugs wird für die Reisende zum festen Bezugspunkt in der Konstruktion von Zugehörigkeit.

> In this train, more than anywhere, she felt at home. It was ironic, perhaps, that she, who had always thought of herself as a natural traveller, was in reality no more than a time-hardened back-and-forther [...]. (LT, S. 105)

Erneut entwickelt die semantische Durchdringung eine Limitierung von Mobilität, die die Figur in einer Hin-und-Her-Bewegung einfängt. Die Richtung des Zugs, von sich aus schon durch die Schienenführung einer autoritativen Gestaltung unterworfen, wird durch die Definition von Endpunkten weiter begrenzt. Die semantische Offenheit der Figur, die in der hybriden Durchdringung von Norden und Süden angedeutet ist, gerät so in Konflikt mit den stark limitierten Bewegungsmöglichkeiten; dies ist ein Konflikt, dessen Lösung nicht intendiert ist. Denn insgesamt strebt der Text nach einer Dekonstruktion von spatialen Oppositionen, die angedeutet werden, nur um sie durch unterschiedliche Strategien der Verunsicherung wieder zu brechen und ihre Unzulänglichkeit offenzulegen. Vielmehr ist der literarische Raum als fließende Struktur stets in Gefahr auseinanderzulaufen. Für die Figuren ist diese Fluidität des Relationsgefüges verbunden mit einem Orientierungsverlust, der auch auf problematischen Versuchen der Selbstlozierung und der Verortung von Erinnerungsbezügen basiert. Letztere verdeutlichen den fiktionalen Charakter von Erinnerung, die entworfen wird, um sie immer wieder mit Gegenerzählungen und alternativen Verläufen zu kontrastieren.

Mobilität in der Dislokation

Die Verortung in einem derart instabil gestalteten Relationsnetzwerk, dessen fortwährende Veränderung die Konstruktion spatialer Oppositionen immer wieder in Frage stellt, bedingt eine erhöhte Beweglichkeit der Figuren. Diese wird auf unterschiedlichen Ebenen umgesetzt, die im Folgenden nachvollzogen werden sollen: in der Mobilität im intratextuell lebensweltlichen Raum, in der Beweglichkeit bezüglich eines konstruierten Erinnerungsraums und in der Konstruktion wie auch Verortung des Selbsts als hybrid konstituierter, polyvalenter Identität.

Aufgrund des Orientierungsverlusts, der als Folge der Destabilisierung des Raumgefüges die Lozierung des Selbsts immer schwieriger werden lässt, entwickeln Figuren wie Esdras eine Beweglichkeit, die sie in der Darstellung ortlos erscheinen lässt. Dabei vergleicht das erzählende Ich den Onkel mit einem Albatros, der sein gesamtes Leben im Flug – und damit in Bewegung – verbringt: „There are birds, the albatross for example, that spend their entire lives in the air. My uncle was like that. He set down only occasionally, and when he did so, it was never for long." (LT, S. 5) Die ununterbrochene Mobilität des Onkels wird in Kontrast zum Bruder gesetzt, und damit zur Familie des erzählenden Ichs. Esdras' Besuche, sein kurzes Niederlassen im „haven of suburban peace" (LT, S. 6), rufen bei der Erzählinstanz eine Faszination für die Mobilität des Onkels hervor, die vermeintlich eine Antwort auf die multiplen Relationen in der Konstruktion von Identität zu beinhalten scheint. So sind es im weiteren Verlauf des Texts Figuren, die als quasi „natürliche Reisende" konstruiert

werden, welche dem erzählenden Ich Anlass zur Reflexion der eigenen (Nicht-)Verortung geben. Dabei entwickelt die Erzählinstanz eine Identität, die, von Sehnsucht und Rastlosigkeit bestimmt, keine Lozierung außer der fortdauernden Neuplatzierung zu konstruieren vermag, so wie es der Fremdenführer im letzten Kapitel ausdrückt: „Like you I am a natural traveller, and if I were not with you I would be crossing the continent with somebody else." (LT, S. 207) Doch bereits angesichts der an Esdras entworfenen Erzählvarianten muss die Strategie der Nicht-Lozierung stark in Zweifel gezogen werden, denn, wie der Vater deutlich macht, Esdras' Reisen sind reine Fiktion, Bewegungen im imaginierten Raum, und damit zur Selbstlozierung, die die Erzählinstanz zu gewinnen sucht, nur bedingt tauglich.
Zudem ist der wahrgenommene Raum bisweilen sogar derart instabil, dass etwa das Haus des Buchhändlers Shatzenberg als unbegrenzte Struktur erscheint:

> He [*Shatzenberg*, M. K.] lived alone in the rooms above his shop [...], and emerged sometimes from a maze of unseen back rooms, the purpose of which I could only guess at: an endless series of them it seemed to me [...]. (LT, S. 57)

Dieses ausufernde Raumgefüge, das Begrenzungen nur momentan entwirft und dessen ordnende Regeln für die Erzählinstanz nicht nachzuvollziehen sind, wird im sechsten Kapitel („Asher") im urbanen Raum erneut entwickelt, als dieser vom erzählten Ich als Flaneur in seinen diversen semantischen Schichten erfahren wird:

> I often went out late [...] and wandered the streets of the city as it grew dark: stumbling on hidden alleyways and sudden squares, and emerging time and again on the edge of the river, the broad, grey, doomy, phlegmatic river which cut through town like an emblem of history. There was in these labyrinthine lanes with their abrupt glimpses of life something which drew me on, always the stranger and observer, as if in pursuit of some discovery [...]. (LT, S. 115–116)

Der Raum erhält in seiner temporalen Semantisierung eine Unvermitteltheit, zu der sich das wahrnehmende Subjekt in Beziehung zu setzen sucht. Dabei wird Mobilität zum Mittel der Selbstkonstitution, wie Wachinger verdeutlicht: „Über die Gestalt des ‚Flaneur' konstituiert sich ein modernes Subjekt, das Ich-Erfahrung über die städtische Flüchtigkeitserfahrung zu gewinnen sucht."[74] Nicht-zielgerichtete Bewegung im urbanen Raum wird zu einer Strategie der instabil werdenden Raumerfahrung, um den verschwimmenden Begrenzungen und der steten Veränderung des Relationsgefüges durch einen mobilen Selbstentwurf zu begegnen. Dass dies nicht allein auf den urbanen Raum begrenzt bleibt, zeigt sich an Figuren wie der reisenden Frau im Zug oder dem Matrosen Nikos. Letzterer findet seinen Bezugspunkt im Sinne von räumlicher Zugehörigkeit allein in seinen zahlreichen Schiffsreisen:

> The sea was his home, or rather, a succession of ships whose duties and facilities were all more or less similar. The perpetual back and forth of endless voyages was all he needed in the way of progress. (LT, S. 40)

74 Wachinger: Stadträume / Stadttexte unter der Oberfläche, S. 270.

Der Topos der See als Zuhause, romantisierend bisweilen assoziiert mit grenzenloser Freiheit, erfährt hier eine Reduzierung auf den immer gleichen Raum, der sich zudem noch in einer andauernden Hin- und Herbewegung befindet. Nicht-Lozierung konstituiert eben keine freie Beweglichkeit, sondern bleibt begrenzt auf sich wiederholende Akte, die als Raumpraxis doch nur wieder den Versuch der Konstruktion einer kohärenten Verortung des Selbsts darstellen.

Einen radikalen Bruch in der Bezugskonstruktion von Selbst und (Erinnerungs-)Raum vollzieht die Studentin Genie, die zu verschwinden droht. Das Unsichtbarwerden, das neben Genie auch eine Vielzahl anderer betrifft, lässt die junge Frau aus der Wahrnehmung der Menschen verschwinden, und damit auch aus dem kollektiven Gedächtnis. Dabei geht es nicht um ein tatsächliches Verschwinden aus der erfahrenen Welt, sondern um ein Nicht-Mehr-Wahrgenommen-Werden, „since it was in the nature of invisible people that as soon as your attention had been drawn to them they could be seen, and once they had mingled with the crowd again, identifying them became impossible." (LT, S. 147) Die Unsichtbaren verschmelzen mit dem spatialen Gefüge bis zu einem Grad, ab dem Unterscheidungen nicht mehr getroffen werden können.[75] Es findet also kein körperliches Verschwinden statt, sondern ein sofortiges Vergessen, ein Schwinden aus dem kollektiven Gedächtnis. Genies Raumpraxis dagegen verdeutlicht ihre extreme Mobilität im Raum, in dem sie sich als Nicht-Wahrgenommene geschickt zu bewegen versteht:

> But what struck me most was the way Genie moved, as if imperceptibly, among the masses, dodging this way and that with practised skill, never colliding, as I did, with the unseeing hordes. She might have been a sprite or a spirit, melting and emerging between the bodies. (LT, S. 147–148)

Genie ist der Erzählinstanz weit überlegen, denn sie versteht es, sich ohne Kollision und nicht wahrgenommen durch die Menschenmassen zu bewegen. Dabei wird sie mit einem Kobold und einem Geist verglichen, wodurch ihre Raumpraxis in den Kontext des Mythischen gerückt wird und Sagen sowie Legenden als kollektives kulturelles Gedächtnis aufgerufen werden. Doch interessant ist hier auch die spatiale Bedeutung der Assoziation mit einem Geist: Der Geist als Nicht-Materie vermag Mauern zu durchdringen; folglich haben räumliche Begrenzungen für Genie keinerlei Bedeutung, denn als Geist kann sie sich durch Hindernisse hindurchbewegen. Diese extreme Steigerung der Mobilität basiert jedoch darauf, dass sie in der Wahrnehmung anderer in

75 Auch dieser Text ruft in der Figur Genies intertextuelle Verweise zu Charles Dickens' *Little Dorrit* auf: Amy Dorrit verfügt ebenfalls über eine extrem gesteigerte Mobilität im urbanen Raum Londons und oft ist es gerade die Tatsache, dass sie von ihrer Umgebung nicht wahrgenommen wird, die von der jungen Frau als Raumpraxis eingesetzt wird, vgl. Kindermann: Narration of Space, S. 232–233. Darüber hinaus steht das ‚Verschwinden' von Frauen im Raum auch im Kontext urbaner Verhaltenstrategien: Lynda Nead verdeutlicht die Bedeutung von unauffälliger Kleidung und ebensolchem Verhalten als Garanten der Frau, sich unbehelligt in London bewegen zu können. (Vgl. Lynda Nead: *Victorian Babylon. Streets and Images in Nineteenth-Century London.* New Haven, CT: Yale University Press 2000, S. 62–73). Die Marginalisierung, die im Verschwinden als soziale Unsichtbarkeit mitschwingt, stellt Genie auch in eine intertextuelle Beziehung zu Ralph Ellisons *Invisible Man.*

einen Bereich des unmittelbaren Vergessens übergeht. So wird offensichtlich, dass auch diese radikalste Form der Mobilität einer Verortung im spatialen und erinnernden Relationsgefüge nicht dienlich sein kann, denn die radikale Offenheit der Bewegung ist verbunden mit der sofortigen Löschung aus dem Erinnerungsnarrativ und kann wenn überhaupt lediglich flüchtige Bezüge etablieren.

Bereits im ersten Kapitel wird der konkreten Bewegung von Esdras die Mobilität des Vaters im kulturellen Erinnerungsraum der Literatur gegenübergestellt. Im Gegensatz zu seinem Bruder findet die Beweglichkeit des Vaters in einem literarisch konstituierten Raum statt: „He preferred to cover distances on paper, and to read about those faraway places he did not have the stamina to reach.“ (LT, S. 6) Dabei ist der Vater aktiver Gestalter des Erinnerungsraums, wenn er seinem Kind die Legenden von den verlorenen Stämmen Israels vermittelt und somit kollektives Erinnern stabilisiert. Die Lektüre von Texten wie rabbinischen Abhandlungen und Bücher verbindet den Vater mit einem kulturell jüdischen Gedächtnis („rabbinic treatises, kabbalistic novels“, LT, S. 13) und seine fortdauernde Suche nach Büchern wird mit Goldsuchern assoziiert (vgl. LT, S. 53). Im Alter erscheint der Vater mehr und mehr als müder Reisender, der sich im Raum des Buchladens nicht mehr zurecht findet. Das Buch wird hier zum Erinnerungsraum, der eine intime Bindung mit dem Rezipienten eingeht und so auch Teil der Konstitution von Identität wird. „A book once read was used, faded, too intimate to be parted with, too familiar to be read again.“ (LT, S. 62) Die Rezeption eines Texts ist ein ambivalenter Akt, der einerseits den Text zum Teil des persönlichen Erinnerungsnarrativs werden lässt und andererseits ist der Text auch ein kultureller Bedeutungsträger, der das kollektive Gedächtnisnarrativ stabilisiert.

Auch die Erzählinstanz selbst stellt die Formung des Erinnerungsraums – und des erinnerten Raums – in der Reflexion des eigenen Erzählens auf einer Metaebene dar. Vor der Episode mit Genie ruft das erzählende Ich ein Zimmer auf, in dem jedoch, obgleich ein ‚Zuhause‘, ein Sinn von Zugehörigkeit absent ist:

> And yet, with an acuteness of memory which is as good as any diary, I remember all the details: the black stove in the corner of the cellar which I fed with sticks one winter; the telephone number which I memorised, shivering, in an effort to get to sleep. The cold companionship of moonlight in a bare attic. The sunlight coming through the plane tree in a certain park. (LT, S. 140)

Die Figuration von Orten („[…] the succession of hotels and hostels, garrets and basements which, however briefly, I called home.“ LT, S. 140) ist durchdrungen von Semantisierungen, die das Ich im Erinnern vornimmt. Das Memorieren von Telefonnummern beim Einschlafen wird Teil einer assoziierenden Kette, die unzusammenhängende Eindrücke aufruft. Doch bilden diese Eindrücke in der Konstruktion von Vergangenheit eine Erzählung, die ausgewählte Momente schlaglichtartig darstellt. Der so entstehende Erinnerungsraum – vom Ofen über die Nummer, das Mondlicht und das Sonnenlicht – betont Prozesse der Raumwahrnehmung und der Erinnerungskonstitution.

Die Verhandlung von Mobilität im spatialen wie erinnernden Kontext bildet einen deutlichen Bezug zu Verfahren der Relationsbildung und Strategien der Selbstverortung. Innerhalb eines Raums, der immer wieder als das Produkt semantischer Durchdringung markiert wird, ist es die Dislokation des Selbsts, die den entwickelten Bewegungspraktiken zugrunde liegt. Diese Dislokation basiert dabei gleichermaßen auf der hybriden Verfasstheit des spatialen Netzwerks und der Konstruktion von Erinnerung als Bezugsrahmen für das Selbst. „You want to go home, she answered, but there is no such place." (LT, S. 149) Genies Analyse der spatialen Sehnsucht der Erzählinstanz hebt den Zustand der Nicht-Verortung in den Fokus und verweist zugleich auf die Unmöglichkeit einer Auflösung von polyvalenten Lozierungen, die zwar als Mobilität im Raum umgesetzt, aber nicht in eine kohärente Platzierung des Selbsts überführt werden können. Die ersehnte Heilung der Rastlosigkeit („to be cured of restlessness", LT, S. 199) bleibt der Erzählinstanz folglich trotz oder gerade wegen der Vielzahl von Verortungen verwehrt.
Wie polyvalent der Raum an sich gestaltet ist, wird am Beispiel der Wohnung des Buchhändlers Shatzenberg sichtbar:

> Viennese elegance had strayed into a slum: one bulb glowed in the massive chandelier and the windows were draped in faded crimson chenille, but where these items had come from no one remembered. They were displaced remnants, like Mr. Shatzenberg himself [...]. (LT, S. 58)

Die hybride Formung der Wohnung, in der die aus Wien mitgebrachte Einrichtung deplatziert wirkt, wird explizit an den Bewohner rückgebunden. Durch Migration in einen neuen Kontext versetzt, gestaltet sich die Konstitution von Raum und Identität gleichermaßen konflikthaft. Dieser Grenzraum im Lotman'schen Sinne betont die Hybridität seiner Konstitution, wobei sich der Text der eindeutigen Einordnung in ein Erinnerungsnarrativ verweigert. Obwohl die Atmosphäre mit Wien verknüpft wird, ist die tatsächliche Herkunft des Mobiliars nicht mehr bekannt. Was bleibt, ist die Dislokation, in der Mensch und Objekt zu verschmelzen scheinen. Doch hebt der Text auch das individuelle Erleben des Raums hervor: Wie in der ganzen Erzählung lässt der Text spatiale Referenzen anklingen (hier Wien als Bezugspunkt), nur um sich diesen sofort explizit zu verweigern. Hierdurch entsteht ein fragiler, instabiler Raum, in dem die bewusst erzeugte Mehrdeutigkeit das narrative Verfahren bestimmt.
Objekte der Erinnerung dienen in Shatzenbergs Buchladen auch zur Darstellung einer ‚Abgenutztheit' einer Welt, die zirkulär gefasst ist und nur bestimmte Bewegungen zulässt.

> The world was a worn-out place, and here was the evidence. All these old and broken things, these exhausted and battered items, waiting patiently to do their duty: it was all too easy to identify with them. (LT, S. 55)

Ähnlich wie in der Hin- und Herbewegung des Schiffes oder des Zuges erzeugt der Bezug zu Objekten der Erinnerung als Mittel der Identifikation eine Stasis in der Bewegung. Dieser Stillstand kann auch als Ausdruck von Dislokation gelesen werden, die räumliche Bezüge verunmöglicht. Wie die Reisende im Zug zwischen Norden und Süden bei ihrer Ankunft alles stets unverändert vorzufinden scheint, kann die Bildung von Identität über erinnernde Relationsbildung kein tragfähiges Narrativ mehr erzeugen, oder, wie am Beispiel eben dieser Reisenden deutlich wird: „failure to go on, failure to return" (LT, S. 99). Die Stasis in der Bewegung, die der Text hier profiliert, beruht nicht zuletzt auf dem Versuch, durch Mobilität eine kohärente, sinnstiftende Verortung herbeizuführen. Diese mobile Stasis ist also dem Versuch geschuldet, Dislokation und Polyvalenz aufzulösen. Dies wird ebenso ersichtlich, als der Schüler Jacky im erzählten Ich ein gleichermaßen deplatziertes Subjekt zu erkennen meint: „So that when he asked me to tell him about my travels it was real interest, as one who not only shared my sense of displacement [...]." (LT, S. 158) Die in jedem Kapitel aufs Neue entwickelte Ortlosigkeit der Erzählinstanz findet eine Äquivalenz in der Diasporaexistenz des Nachbarn Cacik, dessen Koffer stets gepackt sind, sollte eine Flucht nötig werden oder das messianische Zeitalter die Rückkehr nach Jerusalem herbeiführen. An Cacik zeigt sich die von Bhabha ausgeführte Bruchhaftigkeit der hybriden Identität, die dem Bild in einem zerbrochenen Spiegel gleicht.

> He came through to me as an image broken in pieces which did not wholly and properly fit together: a man behind whom the possibility of another man always lurked, someone who might have lived a very different life. Perhaps it was true to say that this potential was the real Cacik, and the person before me, hollow, wasted as he was, had not led any life worth mentioning, for the sole reason that he was still waiting for it to begin. (LT, S. 127–128)

Im gebrochenen Bild des Hybrids meint die Erzählinstanz die vertane Möglichkeit als eine der Identität innewohnende Alternative zu erkennen. Wie auch in Yellins erstem Roman nimmt hier die Variante eine zentrale Stellung ein, sie wird sogar zur eigentlichen Realisierung des Selbsts. Das Selbst und das Andere scheinen sich in der Figur Cacik bis zu einem Grad zu durchdringen, an dem das Andere („another man") zum eigentlichen Selbst wird. Diese Verquickung ist äquivalent zur Verunsicherung des Raums, der eben keine Bezugspunkte bietet, vor denen eine Auflösung der Dislokation konstruiert werden könnte.

Der Text verbindet Dislokation auf unterschiedliche Weise mit Bewegungen im Relationsgefüge. Dabei wird die Ambivalenz von spatialer und semantischer Mobilität hervorgehoben: Im Streben nach einer Lozierung, die eine kohärente Identitätskonstruktion zulassen würde, bedeutet diese Beweglichkeit aber auch eine Negation von zielgerichteten Selbstentwürfen. Dislokation ist so Ausdruck eines polyvalenten Selbsts, dessen Hybridität nicht in ein geschlossenes System überführt werden kann. Die Figuren befinden sich in einem semantisch fragilen Raum, der in der literarischen Formung auch als lebensweltlich instabil charakterisiert wird. Bestrebungen nach Verortung führen immer wieder zu einer Sehnsucht nach Re-Lozierung, die ihren Ausdruck in der hohen spatialen Flexibilität der Charaktere findet.

Multiple Verortungen und narrative Autorität

Die Verortungen der Figuren werden auf unterschiedliche Weise in Bezug zum Erzählen selbst gesetzt. Dabei werden Mobilität und Performanz der Figur im literarischen Raum als Akt der Narration verstanden, der interpretiert wird und der zudem im Kontext der Artikulation von instabilen Selbstentwürfen zu sehen ist. Dabei ist die

Bezugnahme zum Gegenüber von zentraler Bedeutung: So entwirft die Erzählinstanz in jedem Kapitel neue Möglichkeiten der Relationsbildung zum Anderen, das in Similarität und Opposition zum eigenen Selbst betrachtet wird.

Ähnlich hierzu wird im ersten Kapitel das Äquivalenzgefüge zwischen dem Vater und Esdras benutzt, um performative Möglichkeiten der Bewegung im Raum zu verhandeln. Wie bereits ausgeführt, stehen sich dabei unterschiedliche Konzeptionen von Mobilität gegenüber: Während Esdras in seinen Erzählungen eine sich nicht verortende Beweglichkeit im lebensweltlichen Raum artikuliert, entwirft die sich im Erinnerungsraum der Literatur manifestierende Mobilität des Vaters ein Gegenmodell. Dieser Gegensatz von performativem Abenteurer und scheinbar passivem Leser wird jedoch im Gegennarrativ gebrochen. Nicht nur erweist sich die Mobilität des Onkels als reine Fiktion, als bloße Geschichte, sondern auch die Tradierung eines kulturellen Gedächtnisses durch den Vater offenbart ihre formende Kraft: Denn sie bereitet den Rezeptionshintergrund, vor dem das Raumgefüge semantisiert wird. Auf der Ebene der Wahrnehmung stehen sich hier die von de Certeau entwickelten Prinzipien der Horizontalen und der Vertikalen gegenüber. Während der Onkel seine Mobilität in der raumgestaltenden Horizontalen verortet, der eine Rezeption des Raumtexts verschlossen bleibt, findet sich in der Beweglichkeit des Vaters die vertikale Wahrnehmung des Raums. Diese rezipiert und interpretiert den sich entwickelnden Text und tradiert diesen, wodurch sich die gestaltende Kraft der vertikalen Wahrnehmung im Erinnerungsraum manifestiert, der in der Weitergabe von mnemonischen Inhalten an das Kind geformt wird. Doch der Erinnerungsraum ist durch schriftliche Fixierung nicht fassbar. Das Unternehmen des Vaters, den umfangreichen Erinnerungsraum jüdischen Lebens in einem einzigen Buch zu bündeln, ist ein hoffnungsloses Unterfangen: „Really the work was impossible to finish, for the boundaries of his task were limitless. And then, of course, his memory was failing. His memory could only hold so much." (LT, S. 62–63) Eine auf Vollständigkeit ausgerichtete Konstruktion der Erinnerung ist durch die zentrale Rolle von Auswahlmechanismen in der Narrativierung von vornherein zum Scheitern verurteilt.

Die Verwendung von Äquivalenzbeziehungen in der Konstruktion der Selbstverortung rückt in den Vordergrund, um die Dislokation der Figuren in einem instabilen semantischen Gefüge zu profilieren. Professor G. ist der letzte Sprecher seiner Muttersprache und seine Herkunft wird in einem Überlappungsraum von mythischen und direkt von der Erzählinstanz erfahrenen Räumen verortet. In einer entfernten Bergregion gelegen, entzieht sich der Ort jedoch der Lokalisierung: „[…] one of those tribal regions cut off at the best of times, and now almost impossible to access. The name escapes me, and the map must have been unique, for I have never been able to find it on any other." (LT, S. 80–81) Nur auf G.'s Karte lässt sich die Verortung seiner Herkunft nachvollziehen, und so wird der Ort nicht nur im ablaufbaren Raum unzugänglich. Auch im fiktionalisierten und durch narrative Autorität geordneten Raum der Karte lässt sich die Region nicht auffinden und entzieht sich der normierenden Reproduzierbarkeit des Kartennarrativs. Auch die Umstände von G.'s Migration sind unklar, wodurch der Erinnerungsraum die Familiengeschichte ebenso wenig repräsentieren kann wie die Karte den konkreten Ort.

Durch diese Dislokation auf multiplen Ebenen (räumlich, sprachlich und im kollektiven Gedächtnis) steht G. in Opposition zu seiner Frau: „He was as much a guest as ourselves in the home his wife had created, and which really had nothing whatever to do with him." (LT, S. 77) Dieses Zuhause ist nur von einem der Ehepartner gestaltet, so dass G. hier fremd wirkt. Migration und Singularitätserfahrung des einzigen Sprechers der nahezu vergessenen Sprache finden somit eine Entsprechung im lebensweltlichen Raum, in dem sich G. weder verorten will noch kann. Ähnlich wie er sich weigert, der Ehefrau seine Muttersprache beizubringen – würde dies doch auch das Ende des Singularitätsstatus bedeuten – findet offenbar auch keine raumgestaltende Bezugnahme des Paares statt. In ähnlicher Weise wie die Reisende im Zug konstruiert G. seine Identität vor dem Hintergrund von Alterität. Zieht die Reisende persönlichen Stolz aus der Dislokation des jeweils anderen (des Südens im Norden und umgekehrt), so stabilisiert G. seine Dislokation durch Isolation, wenn er sich weigert, die Sprache zu lehren. Dass G. einen zweiten Sprecher in einem Sanatorium findet, unterwirft die Verortung der sprachlichen Minderheit einer heterotopen Raumordnung, in der das Andere im einschließenden Ausschluss diszipliniert wird. Doch ist die renitente Betonung von Alterität in G.'s Kontext auch als widerständiger Akt zu lesen; dieser Artikulation eines Gegendiskurses durch bewusste Verortung in der Peripherie, ist nach bell hooks stets subversives Potenital imanent: „It was this marginality that I was naming as a central location for the production of a counter-hegemonic discourse that is not just found in words but in habits of being and the way one lives."[76] Die hier formulierte Ausdehnung des Gegennarrativs über den Wortgebrauch hinaus verdeutlicht die kommunikative Bedeutung der Verortung in spatialen und semantischen Beziehungsgefügen schlechthin. G.'s Profilierung von Alterität ist so auch als Gegendiskurs zu verstehen, als marginalisierte Erinnerung, die nicht tradiert werden kann und als Bruch innerhalb des kollektiven Erinnerungsnarrativs funktioniert.

Zugespitzt ist die Äquivalenzbildung eine Strategie zur Verhandlung von Mobilität sowohl im literarischen Raum als auch im entworfenen Erinnerungsraum und im Narrativ. Dies wird besonders an der abschließenden Lokalisierung der Erzählstimme deutlich. Im letzten Kapitel findet die Problematik der Verortung, der Desorientierung und der Auflösung festgefügter Grenzen in Bezug auf die Bestimmung des Ichs innerhalb eines Traums direkten Ausdruck:

> How can I give an account of that dream in which I floated, disembodied, through immeasurable swathes of space and time, in which I seemed almost to take leave of myself and become no one? (LT, S. 198)

Der Traum bildet hier den Rahmen einer fließenden Konstitution von Raum und Identität. Der Körperraum hat sich aufgelöst, Raum und Zeit werden nur noch als Schwaden erfahren. Zugleich rückt das erzählende Ich das Problem narrativer Möglichkeiten

76 bell hooks: *Yearning*, S. 149.

von Dislokation und einer fließende Konstruktion von Raum wie auch Identität in den Vordergrund. Dabei wird hier die letzte Verortung der Ichs proleptisch dargestellt: In einem nicht näher bestimmten Regenwald bleibt die Erzählinstanz auf der Suche nach der mythischen Außenseiterfigur Isidore zurück und erwartet die Rückkehr des ortskundigen Fremdenführers.

Die Erzählung kippt an dieser Stelle ins narrative Präsens, und in der Gleichzeitigkeit von Erleben und Erzählen entfaltet das Ich eine sich hybrid vollziehende Konstruktion des eigenen Selbsts. Dabei verorten erinnernde Bezugnahmen das Ich in einem kollektiven Gedächtnisraum, was stattfindende Durchdringungsprozesse zusätzlich hervorhebt. Vor dem Hintergrund der Relationsbildung zur Umgebung, in der die Erzählinstanz als Alterität erscheinen muss, kommt es zu einem hybridisierenden Aufeinandertreffen: „[…] they even seem to regard me with a certain reverence, and though I don't even know what date it is, they have brought me two rushlights for the day of rest." (LT, S. 208) Die Konstitution des jüdischen Bezugsrahmens geht von den Bewohnern des Dorfes aus, deren Sprache das erzählende Ich nicht versteht. Das sich selbst als disloziert empfindende Ich wird über das Zünden der Schabbatkerzen zur fremden Umgebung in Beziehung gesetzt. Dabei erfährt der Raum eine Semantisierung, die die Legendenbildung um Isidore aufgreift und diese innerhalb des spatialen Gefüges als relevant hervorhebt. Unterschiedliche Diskurse – um die Alterität Isidores, seine Verbindung zu den verlorenen Stämmen, die Hybridisierung, die durch den Kontakt von Isidore und Umfeld ausgelöst wird – werden so in der Darstellung des Raums aufgegriffen. Bhabha betont an anderer Stelle die Doppelung, die Durchdringungsprozessen innewohnt:

> In place of the symbolic consciousness that gives the sign of identity its integrity and unity, *its depth*, we are faced with a dimension of doubling; a spatialization of the subject, that is occluded in the illusory perspective of what I have called the 'third dimension' of the mimetic frame or visual image of identity.[77]

In der Semantisierung des Regenwalds zeigen sich multiple Bezugspunkte für die Lozierung jüdischer Erinnerungsinhalte: Als mögliche Verortung eines verlorenen Stammes, als Lebensraum eines verlorenen Reisenden, als Raum diverser semiotischer Durchdrinungsprozesse und als finale Verortung des erzählenden Ichs im narrativen Präsens ist der Wald polyvalenter Grenzraum im Lotman'schen Sinne.

So bleibt auch die Selbstverortung des Ichs eine ungewisse: Einerseits stellen die Kerzen eine kulturelle Orientierung her, vor der das Ich keinen Orientierungsverlust zu empfinden scheint („[…] I cannot be lost, since the whole world is mine to wander in […]" LT, S. 208), denn die Platzierung im kulturellen Erinnerungsnarrativ bietet Bezugspunkte für die spatiale Bestimmung des Selbsts. Doch andererseits endet der Text in einer radikalen spatialen Offenheit, die jegliche Verortung des Ichs in Frage stellt und zugleich den narrativen Entwurf des Textes noch einmal durchspielt:

77 Bhabha: *Location of Culture*, S. 71

> Am I lost or am I free? Am I lost or free? And all the people I have loved and known, Nikos, old Cacik, the lady on the train, Jacky Mendoza, babbling Professor G., vanishing Genie, Georg and his book, Esdras, Isidore; I summon and invoke them one by one, while deep in my pocket my hand closes around the lemur's foot. (LT, S. 209)

Nicht-Verortung steht in deutlichem Konflikt zu der erinnernden Bezugnahme, die im Nachvollziehen des Narrativs entwickelt wird. Dabei erteilt der Text der Vorstellung von einer kohärenten Lozierung der Identität eine Absage. Vielmehr wird der Akt des Erzählens zur interpretierenden Konstitution der Platzierung des Selbsts im Erinnerungsraum. Diese hat stets narrativen Charakter, konstruiert Zusammenhänge und ist als bewusster Akt der Selbstsetzung zu verstehen. Auf der Ebene der Erzähltechnik ruft der Text noch einmal die entwickelten Figuren auf, zu denen sich das erzählende Ich in Beziehung gesetzt hat. Der Konflikt zwischen Orientierungslosigkeit und aktiver Lozierung vor den Semantisierungen des spatialen Gefüges wird dabei bewusst nicht aufgelöst, sondern ist Ausdruck der polyvalenten Bedingungen von Raum und Erinnerung gleichermaßen.

Wie oben deutlich geworden ist, stellt das aktive Verorten im semantischen und spatialen Netzwerk eine der zentralen Techniken dar, so dass die Performanz der Figuren in Bezug auf den Raum erhöhte Bedeutung erhält. Bei seinen Besuchen gestaltet Esdras den Raum des Hauses um und entwickelt dabei eine semantisierende Kraft: „Later I found he had taken over my room, and turned it, in a few moves, into his own, a sort of explorer's base hut." (LT, S. 7) Diese zusätzliche semantische Schicht lässt das Kinderzimmer zum polyvalenten Grenzraum werden, in dem sich die Semiosphären des geheimnisvollen, abenteuerlichen Raums von Esdras und des vermeintlich stabilen Zuhauses durchdringen. Doch auch der Vater, der mit dem literarisch konstituierten kulturellen Erinnerungsraum verbunden wird, ist durch seinen jugendlichen Berufswunsch des Ingenieurs mit einer schöpferischen Gestaltung räumlicher Bezüge assoziiert:

> In his youth he had dreamed of becoming an engineer. His first ambition had been to design bridges. He filled his sketchbooks with flying arcs of steel, all of them unviable and unstable, hanging perilously in empty air. (LT, S. 13)

Dass es gerade Brücken sind – Grenz- und Verbindungsraum zwischen distinkten Teilräumen schlechthin – stellt den Vater in Bezug zu Durchdringungsräumen, zu einem semantischen Third Space, der mit Prozessen des Austauschs und des Aufeinandertreffens verknüpft ist. Jedoch entwickelt der Text ein Gegennarrativ zur lebensweltlichen Gestaltung und Festschreibung des Raums. Die Entwürfe des Vaters, die lediglich als Fiktion im Notizbuch existieren, offenbaren sich als nicht umsetzbar und instabil. Die Gestaltung des Raums, die im Element der Brücke Grenzen zieht, die wiederum durch die Konstruktion der Verbindung aufgehoben werden sollen, erweist sich in der Fiktionalisierung als unsicheres Unterfangen.

Diese Verunsicherung des Raums wird in der lebensweltlichen Erfahrung der Erzählinstanz nachvollzogen, als das erzählte Ich sich zunächst von Cacik verfolgt fühlt. Dabei erhält dieser eine Omnipräsenz im urbanen Raum:

> [A]s if some spell were broken he was everywhere, on the steps, in the hallway, in the corridor which led out back to the trash; I met him on my way to the trash, on my way upstairs, collecting letters from my box in the hall [...]. (LT, S. 119)

Diese Allgegenwart durchdringt sämtliche alltäglichen Bewegungen des Ichs und schreibt damit Cacik eine spatiale Kompetenz zu, die weit über das Erwartbare hinaus geht. Weiter etabliert der Text eine intertextuelle Bezugnahme zu Dostoevskijs Erzählung „Dvojnik" („Der Doppelgänger")[78], in der der Protagonist von einem Doppelgänger verfolgt wird, der schließlich sein Leben völlig übernimmt. Dieses Spiegelmotiv, das sich in Dostoevskijs Erzählung im urbanen Raum Sankt Petersburgs entwickelt, wird in der Beziehung von Erzählinstanz und Cacik aufgerufen. Dadurch wird die dem gesamten Text zugrunde liegende Technik der narrativen Relationsbildung zwischen Erzählinstanz und Relationsfigur auch mit der intertexutellen Bezugnahme als Gedächtnishandlung verbunden. Nicht zu vereinbarende Widersprüche werden dabei in Caciks Performanz im Raum ausgeführt: „He was a vagabond emperor, a trashcan king, rigidly dedicated to his royal routines, from which long tradition would not allow him to deviate by one iota." (LT, S. 122–123) So wie das Ich in einem erinnernden Bezugsrahmen verortet und doch zugleich orientierungslos und verloren ist, so oszilliert die Figur Caciks zwischen Festschreibung und Offenheit. Als Vagabund mit extremer Beweglichkeit assoziiert, scheint er dennoch gefangen in Traditionen, die eine semantische Festschreibung bedeuten.

Diese Form der Oszillation wird in der Gestaltung der Erzählperspektive aufgegriffen, wie nun beispielhaft an Cacik nachvollzogen werden soll. Zuerst als das bedrohliche Andere in den Text eingeführt, wird die Gestaltung der Figur um die Wahrnehmung der Vermieterin erweitert, deren figurale Perspektive die Erzählerrede färbt („Oh, do not ask her about that devil Cacik!", LT, S. 121) Diese moralisch wertende Perspektive ist deutlich der Figur zuzuordnen, denn die Erzählinstanz sieht in Cacik keineswegs einen verwerflichen Menschen. Durch die konkrete Anordnung der Parteien im Mietshaus rückt Cacik in eine vertikale Positionierung, so dass es ihm möglich ist, von seiner Wohnung aus die Stadt zu überblicken. Diese Position wird mit der erhöhten räumlichen Kompetenz Caciks verflochten, wodurch die vertikale Perspektive in Bezug zur horizontalen gestellt ist. Diese Durchdringung räumlicher Perzeptionsmodi greift die semantische Polyvalenz der Figur auf: Deren Sehnsucht nach einer messianischen Auflösung der Exilsituation konstruiert diese Vielschichtigkeit auch in einer fortdauernden Bereitschaft zur Re-Lozierung (den wortwörtlich gepackten Koffern Caciks).

78 Vor allem die Allgegenwärtigkeit des Anderen in einem verschlungenen urbanen Raum ruft in diesem Zusammenhang die intertextuelle Verbindung auf.

Diese komplexe perspektivische Gestaltung färbt auch die Raumwahrnehmung der Erzählinstanz, wenn die Stadt als vielfach durchdrungenes Bedeutungsgefüge erfahren wird:

> [...] I may have been influenced by the general atmosphere of that decayed city, which had lain asleep on its history for so long, and which was being shaken awake so late and so inappropriately into a world of decadence. I felt it in the solitary streets, where I walked pursued by ghosts on the edge of dusk, and in the high-ceilinged coffee-halls where the trapped echoes of a century ago still bounced, and my own voice sounded thin, light and unimportant. (LT, S. 123)

Die Stadt selbst scheint in einem Zustand der Dislokation gefangen zu sein, ein hybrider Grenzraum zwischen Geschichte und Gegenwart, durchdrungen von Gespenstern einer Vergangenheit, die allgegenwärtig scheint. Diese polyvalente Schwellenposition beleuchtet den Raum aus unterschiedlichen Winkeln. Er wird wie Cacik für den Rezipienten zum erzählenden Gegenüber und lässt die Vergangenheit als Echo wahrnehmbar werden. Wie der Benjaminsche Flaneur wird die Erzählinstanz in der Bewegung zum Leser eines Narrativs, das Vergangenheit im Raum interpretiert:

> Das „Kolportagephänomen des Raums" ist die grundlegende Erfahrung des Flaneurs. [...] Kraft dieses Phänomens wird simultan was alles nur in diesem Raume potentiell geschehen ist, wahrgenommen. Der Raum blinzelt den Flaneur an: Nun, was mag sich in mir wohl zugetragen haben?[79]

Die Artikulationssituation ist eine vielschichtige, wie Benjamin mit der Simultanität der semantischen Schichtungen deutlich macht. Diese Polyvalenz gestaltet den Raum in einer komplexen Perspektivierung, die unterschiedliche Bezugspunkte und Blickwinkel in der Bewegung übereinander blendet.

Die Frage einer identitäts- und sinnstiftenden Verortung wird vom Text angesichts der Konstruktion, der Entwicklung und des Gebrauchs eines verlässlichen Codes verhandelt, wobei das Motiv der Destabilisierung und semantischen Verunsicherung aufgegriffen wird. So erweisen sich die Reiseaufzeichnungen des Onkels für das erzählte Ich als unzugänglich, da in einem unlesbaren Code verfasst. Im Tauschhandel zwischen Onkel und Erzählinstanz ist die Relevanz der Sinnzuschreibung offensichtlich: Als Tausch von magischen Gegenständen verstanden – Talisman gegen Talisman – wird aus der Perspektive des erzählenden Ichs erkennbar, dass die Objekte erst mit fiktiven Eigenschaften aufgeladen werden müssen. Das erzählte Ich ist dabei keineswegs von den Kräften der eigenen Objekte überzeugt. Die eigene Fiktionalisierung wird als solche makiert, die des Onkels jedoch nur bedingt, so dass die Pfote am Ende des Romans für das erzählende Ich seine Fähigkeiten möglicherweise bewahrt hat. Obwohl die Geschichten des Onkels nicht zuletzt durch das Gegennarrativ des Vaters destabilisiert und sogar durch Esdras selbst als unzuverlässig gekennzeichnet werden („He told his tales always with a twinkle in his eye, as though silently acknowledging their spuriousness." LT, S. 19), wird die Kraft der Pfote nicht völlig dekonstruiert. Auch dies ist als Akt semantischer Performanz zu verstehen, als ein bewusst

79 Benjamin: *Passagen-Werk*, S. 527.

offenes Setzen von Bedeutung, die in der Erinnerung Jahre später nach wie vor wirkmächtig ist.
So stellt der Text narrative Autorität in der Vermittlung von Erinnerung allgemein in Frage: Denn anstatt vermeintlich objektive Berichte zu entwerfen, beruht Tradierung auf einer Fiktionalisierung von Vergangenheit, die kontextualisiert und Relationen knüpft. Am Beispiel des Kreuzfahrtschiffs wird der Prozess der Konstitution von Erinnerung kurz nachvollzogen:

> That was the end of our maritime adventure. We returned home, where it was quickly transformed into an anecdote, one of my mother's dinner party pieces, though my father never contributed to the telling. For myself it faded into the blur of childhood, into a vague trail of images and sensations [...]. (LT, S. 47–48)

Die Episode der Kreuzfahrt wird nach der Rückkehr fiktionalisiert und in der Gemeinschaft weitererzählt, bis sie vorübergehend in der Selbstkonstruktion der Erzählinstanz ihre stabilisierende, Gemeinschaft stiftende Funktion verliert und nahezu vergessen wird. Im erinnernden Nachvollzug der eigenen Geschichte der Erzählstimme wird die Episode wieder aufgerufen und trägt dann phantastische Züge, wodurch der Prozess der Fiktionalisierung zusätzlich betont wird. Erinnerung konstituiert sich auch in der Auswahl des Erzählenswerten, das durch narrative Formung im Erinnerungsdiskurs platziert wird.
Das Unterfangen einer umfassenden Vermittelung von Vergangenheit ist zum Scheitern verurteilt und lässt sich wegen der Ausrichtung auf Vollständigkeit hin auch nicht durch narrative Techniken bewerkstelligen.[80] So birgt der Versuch des Vaters, seine eigenen *Tales of the Ten Lost Tribes* zu verfassen, die Gefahr des Sich-Verlierens in multiplen Erzählsträngen und Varianten:

> For this was my father's secret undertaking: to trace migrations and reclaim names, to exhume the missing and retrieve the dead; to create a synthesis of all he had read and learned, and set it down at last in some kind of order, a map of the maze in which he had lost himself. (LT, S. 62)

Die Äquivalenzbeziehung, in die hier die Erzählungen von Vater und Erzählinstanz gestellt werden, hebt die unterschiedlichen Ansätze in der Konzeption der Geschichten der verlorenen Stämme hervor und betont damit die jeweiligen Versuche, Polyvalenz und Varianz erzählbar zu machen. Während sich der väterliche Entwurf an sinnstiftender Kohärenz und höchstmöglicher Exaktheit in der Rekonstruktion orientiert, löst sich das Narrativ des erzählenden Ichs von vermeintlicher Faktizität. Hier sind es Legenden, Mythen und Fiktionalisierungen des kollektiven Gedächtnisnarrativs, die zur Basis der Darstellung werden. Neumann beschreibt die zentrale Bedeutung von Legenden und Mythen für kulturelle Gedächtnisstrukturen folgendermaßen:

> Allusions to legends, fairy tales, myths, and other stories of dubious historical authenticity suggest that fact and fiction intermingle in cultural memory and that these fictions should thus be treated

80 Ein Grundgedanke, der sich bereits in Laurence Sternes *Tristram Shandy* findet; in dem Roman wird ebenfalls die Unmöglichkeit der vollständigen Narration des Erlebten betont.

> as cultural documents in their own right as they shed light on what is actually remembered as a culture's past.[81]

Ist der Akt der Fiktionalisierung als Verfahren jedweder Erinnerungshandlung und der Gedächtnisbildung allgemein anzusehen, so verdeutlichen die unterschiedlichen Strategien von Ich und Vater einen zentralen Punkt: die Unmöglichkeit einer ausschließlich auf Authentizität ausgerichteten Rekonstruktion. Das Narrativ der Erzählinstanz erweist sich als mobil zwischen unterschiedlichen Semiosphären und entwickelt die Geschichte der Stämme Israels im Nachvollzug des eigenen Lebens in Nicht-Verortung. Hierbei werden an den gestalteten Relationsfiguren zentrale Motive und Problematiken nachvollzogen. Schließlich muss der Regenwald, die letzte Positionierung des Ichs, in radikaler Offenheit der räumlichen und erinnernden Bezüge den Konflikt zwischen Platzierung und Orientierungsverlust offenlassen. Dass auch die Tradierungsstrategie des Vaters keine Stabilität bieten kann, zeigt sein Versuch, Geschichte als Karte eines Labyrinths zu gestalten, in dem er sich jedoch selbst verlaufen hat. Dieses Bestreben, aus der horizontalen Perspektive die ordnende Fiktionalisierung der Vertikalen anzuwenden, greift den Konflikt zwischen Instabilität und performativer Lozierung auf.

Die vom Text in Bezug auf die Verortung innerhalb eines identitätsstiftenden Bezugsrahmens und des literarischen Raums gleichermaßen entfaltete Instabilität findet somit Ausdruck in der narrativen Gestaltung. Sowohl im lebensweltlichen Raum wie im Erinnerungsraum weisen Figuren wie Esdras, die Reisende im Zug und nicht zuletzt die Erzählinstanz selbst eine hohe Mobilität auf. Diese Beweglichkeit wird jedoch wieder gebrochen und eingeschränkt, wenn sie sich beispielsweise als im Raum des Zuges gefangene Hin- und Herbewegung entpuppt. Die Raumdarstellung fokussiert das figurale Wahrnehmen, weshalb sie oft schemenhaft wirkt. Der literarische Raum und die gestalteten erinnernden Bezüge erweisen sich als hybride Strukturen, die sich vor dem Hintergrund polyvalenter Durchdringungsprozesse konstituieren und die Dislokation des erzählenden Selbsts betonen. Spatiale Oppositionen werden vom Text aufgelöst, so dass die Raumkonstitution sich als fließende Bewegung gestaltet. Zudem wird der Akt des Erinnerns als narrativer Prozess gefasst, in dem sich die Mobilität der Charaktere als gestaltendes Prinzip erweist, durch das ein erinnerndes Narrativ hergestellt wird. Erzählerische Autorität ist vom Text folglich nicht als wissende Instanz entworfen, die authentisch Geschichte zu vermitteln sucht, sondern der fiktionale Aspekt von Gedächtniskonstitution und Erzählen rückt in den Vordergrund. Dabei wird die Gestaltung von narrativen Varianten und einer komplexen Perspektivführung zur Erzähltechnik, mit der die Bedingungen von Raumkonstitution und Erinnerungsbildung aufgegriffen und nachvollzogen werden. Die Konstruktion von Codes, die narrative und spatiale Mobilität sowie das Erzählen als performatives, Raum und Erinnerung gestaltendes Handeln werden zu zentralen Momenten; vor

81 Birgit Neumann: The Literary Representation of Memory. In: Erll / Nünning (Hrsg.): *Companion to Cultural Memory Studies*, S. 333–343, hier S. 339.

diesen können die polyvalenten Konstruktionsbedingungen von Identität, die jeder Verortung im Erinnerungsnarrativ und im räumlichen Bezugsrahmen zugrunde liegen, darstellbar gemacht werden. Die hybride Verfasstheit der anglo-jüdischen Sprecherposition findet somit Ausdruck in der Figuration literarischer Raumbezüge wie auch der Konstruktion eines polyvalenten Gedächtnisnarrativs.

3. Naomi Alderman – Performanz im hybriden Erinnerungsraum

Im Gegensatz etwa zu Grants *When I Lived in Modern Times*, das eine vermeintlich bispatiale Ausgangsituation in der Konfrontation von jüdisch und nicht-jüdisch semantisierten Sphären aufbaut, entwickelt *Disobedience* einen strikt auf das Innen der jüdischen Gemeinschaft begrenzten Blick, ähnlich Yellins Texten. Diese Perspektive wird jedoch wiederum ausgeweitet, wenn unterschiedliche Entwürfe jüdischer Identität aufeinandertreffen. Dabei bleibt der Ausgangspunkt von *Disobedience* gleichwohl derjenige einer Identität, die sich stets zu einem orthodox-religiös geprägten Selbstentwurf in Beziehung setzt. Und genau hieraus entwickelt sich ein extremes Spannungsfeld innerhalb eines jüdisch semantisierten Raums, in dem die Diversität von Identitätskonstruktionen nachvollzogen werden kann. Ein rein säkulares Selbst bleibt innerhalb des Texts das Außen, denn selbst Ronit aktualisiert gerade in der fortwährenden Abgrenzung immer wieder ihre religiöse Erziehung als Folie, vor der sich ihre Identität formiert. Konfrontationen entstehen in den unterschiedlichen Bewegungen der Protagonisten in Bezug auf diese Folie. Während Ronit sich in einem kulturell-säkular jüdischen Feld zu verorten sucht, entwickelt sich Estis Spannungsfeld aus dem Bestreben, ihre Sexualität in die orthodoxe Semiosphäre zu integrieren. Im Gegensatz zu Yellins Texten, die ebenfalls eine starke Diversität in einem jüdisch semantisierten Raum profilieren, diesen aber stets vor dem Hintergrund von Dislokationserfahrungen verhandeln, entsteht das Gefühl der Unmöglichkeit einer kohärenten Verortung in Aldermans Text vielmehr aus Brüchen in den Semantisierungen des Raums. Hybridität formiert sich zwar auch auf der Basis der Beziehung von *Englishness* und *Jewishness*, doch wichtiger ist der Konflikt von orthodoxer und nicht-orthodoxer Semiosphäre, wobei unterschiedliche Konzeptionen von Orthodoxie im Laufe des Textes immer mehr an Bedeutung gewinnen, so dass sich gerade an Esti und Dovid eine Neubewertung von religiöser Bedeutungskonstruktion in der Herstellung kollektiver Erinnerung vollzieht.

Darüber hinaus entwickelt der Text ein polyphones Gefüge in der Darstellung des Erinnerungsraums, wenn die Protagonisten bei der Narrativierung des Vergangenen einander widersprechende Erzählungen entwickeln. Jedoch wird nicht in so hohem Maß wie in Yellins Texten die Bildung von Varianten in den Vordergrund gestellt, es ist vielmehr die Unterschiedlichkeit in der Wahrnehmung, die zum narrativen Verfahren gemacht wird. Schon mit der Vermittlungssituation durch mehrere klar voneinander abgrenzbare Erzählinstanzen etabliert der Text eine Polyphonie. Auch auf der Figurenebene werden unterschiedliche Blickwinkel genutzt, um Widersprüche, die in der Darstellung der verschiedenen Instanzen entstehen, hervorzuheben. Dabei sollen diese eben nicht aufgelöst werden, sondern in ihrer Bruchhaftigkeit nebeneinander bestehen bleiben.

Als zentrales Mittel der Raumwahrnehmung und der erinnernden Fiktionalisierung des Vergangenen betont der Text eine Mobilität, die sich, wie bereits angedeutet, auch auf der narrativen Ebene niederschlägt. Bewegung durch den urbanen Raum wird so zum Akt des Raumwahrnehmens, Raumschaffens und Raumerzählens gleichermaßen. Die Bewegung durch den Raum narrativiert dabei immer zugleich Vergangenheit. Zuweilen dient diese Mobilität auch der Bewusstmachung des Geschehenen, gleich einem therapeutischen Vordringen ins Unbewusste. Dabei werden vermeintlich kohärente Vorstellungen vom Ereignissen und hegemoniale Semantisierungen des urbanen Raums in gleichem Maße in Frage gestellt und neu bewertet, so dass ein immer komplexeres Bild der Vergangenheit und der Stadt entsteht, das von einem mobilen Bezugspunkt aus vermittelt wird. Nicht nur wechseln sich drei Erzählinstanzen in der Darstellung der Geschichte ab; es springt sozusagen die Vermittlung zwischen verschiedenen Stimmen hin und her, die sich in jedem Kapitel um ein kanonisches Zitat gruppieren. Auch das komplexe Gefüge der narrativen Perspektive mit einer starken Durchdringung von narratorial und figural perspektivierten Passagen steigert zusätzlich die narrative Mobilität des Textes. Hierdurch entwickelt der Roman ein mulitperspektivisches Darstellungsverfahren, das die Konstitutionsbedingungen des räumlichen Gefüges in die Vermittlung integriert und es darüber hinaus in Bezug zur Formung von Gedächtnisnarrativen zu setzen vermag, die durch Bewegung im Raum in Frage gestellt und reformuliert werden.

3.1 Hybride Selbstkonstruktion im Erinnerungsraum: *Disobedience*

Ronit Krushka, eine der zentralen Protagonistinnen, ist die Tochter eines geachteten Rabbis einer orthodoxen Gemeinde im Londoner Stadtteil Hendon. Unter anderem wegen ihrer jugendlichen Liebe zu ihrer Freundin Esti und der daraus erwachsenden Konflikte mit der Gemeinschaft verlässt Ronit London und lebt fortan in New York. Dabei werden vor allem säkulare Aspekte jüdischer Identität betont, in einer Stadt, „where everyone's Jewish anyway" (D, S. 12). Ronit entwirft zunächst ein bispatiales Bild des Raumgefüges: Auf der einen Seite London, das stark mit der Abgeschlossenheit der orthodoxen Gemeinde assoziiert wird; auf der anderen Seite die US-amerikanische Metropole, die als Gegenraum Diversität und Sichtbarkeit jüdischen Lebens artikuliert. Der Tod ihres Vaters bringt Ronit zurück nach London und löst nicht nur eine Konfrontation der vermeintlich abgegrenzten Konzepte von Jüdischkeit aus, sondern bedingt auch eine Neubestimmung von Vergangenheits- und Identitätskonstruktionen gleichermaßen. Dabei erweisen sich vor allem Mobilität im Raum und die narrative Mobilität des Erzählentwurfs als zentral für die Vermittlung.

Zurück in Hendon entdeckt Ronit, dass ihre ehemalige Geliebte Esti inzwischen die Ehefrau ihres Cousins Dovid ist, dem designierten Nachfolger ihres Vaters als Rabbi.

Im Gegensatz zu Ronit, die sich von der Orthodoxie ihres Elternhauses abzugrenzen sucht, lebt Esti weiterhin nach den religiösen Maßgaben der Gemeinde. Von dieser wird sie jedoch aufgrund ihrer Geschichte als Außenseiterin gesehen. Die Abwicklung des väterlichen Nachlasses – Ronits Mutter starb, als sie vier Jahre alt war – führt zu einer Konfrontation von Ronits Erinnerungsnarrativ mit dem konkret erfahrenen Erinnerungsraum des Elternhauses, in dem bislang nicht wahrgenommene Elemente in ihrer Spatialisierung aktualisiert werden. Die Konstruktion des Selbsts und die vermeintlich kohärente Wahrnehmung der Gemeinschaft Hendons werden im Laufe der Erzählung immer instabiler. Obwohl Ronit mittlerweile als Außenstehende betrachtet wird und die Reaktionen von Teilen der Gemeinde sogar bisweilen feindselig sind (sie wird beispielsweise bestochen, um der Trauerfeier ihres Vaters fernzubleiben), ist es vor allem die Beziehung zu ihren Jugendfreunden, Dovid und Esti, die neu bestimmt wird. So entwickeln Esti und Ronit komplexe Lozierungen im semantischen und spatialen Gefüge. Während Ronit positive Erinnerungen an ihr Aufwachsen in einem orthodoxen Haushalt ins Narrativ einfügt und so ihre klare Abgrenzung von einer religiösen Verortung teilweise aufgibt, reklamiert Esti für sich einen zentralen Platz in der Gemeinde und leitet sie fortan zusammen mit Dovid.

Besonders an den beiden Frauenfiguren, Esti und Ronit, werden Strategien hybrider Identitätsformierung dargestellt, müssen doch beide unterschiedliche Konzepte jüdischer Identität, Britishness, Religiosität und Homosexualität miteinander verbinden. Dabei vollzieht der Text unterschiedliche semantische Bewegungen: Während Ronit Bezugspunkte zum orthodoxen Judentum nicht einfach aus dem eigenen Selbst und ihren Erinnerungsentwürfen herausschreiben kann, muss Esti ihre sexuelle Identität innerhalb eines Glaubensrahmens kontextualisieren, der diese scheinbar zwangsläufig ausschließt. Dabei lassen sich eben keine kohärenten Narrative von Selbst und Erinnerung entwickeln, bleiben doch Brüche und Konflikte unaufgelöst und bringen die Figuren dazu, die eigene identitäre Vielschichtigkeit zu reflektieren.

Der Text entwickelt eine komplexe narrative Situation: Die dreizehn Kapitel werden von drei unterschiedlichen Stimmen erzählt und gruppieren sich stets um ein einleitendes Zitat aus kanonischen religiösen Texten (so wird beispielsweise dem ersten Kapitel ein Zitat aus der Mischna vorangestellt). Dabei greift der Roman in der räumlichen Organisation die Kommentarstruktur auf, die ihn mit zentralen Texten des Judentums verknüpft, etwa den Kommentaren des Talmud. In den Zitaten wird ein Thema etabliert, das anschließend von einer Erzählinstanz ausgelegt wird, die beachtliches Wissen über religiöse Diskurse besitzt. In der Vermittlung der eigentlichen Romanhandlung stehen sich eine nicht-diegetische Erzählinstanz und Ronit als diegetische Erzählstimme gegenüber. Wie ich unten zeigen werde, entwickelt das dialogische Verhältnis dieser beiden Stimmen innerhalb des Sujets eine Polyvalenz, die die Hybridität der Figuren aufgreift und ausführt. Die Wahrnehmungen der drei Protagonisten – Esti, Ronit und Dovid – entwerfen disparate Eindrücke der jeweils anderen Figuren, die ein multiperspektivisches Bild ermöglichen, etwa wenn Ronits Selbstwahrnehmung in scharfem Kontrast zu den Einschätzungen von Esti stehen. Die bewegliche Perspektivführung deutet bereits auf die zentrale Bedeutung von Mobilität an sich hin, die sowohl im intratextuell lebensweltlichen wie auch im narrativierten Erinnerungsraum konzeptualisiert wird.

Bispatiale Raumentwürfe und das hybride Selbst

Der Entwurf des literarischen Raums wird zu Beginn des Romans durch die nichtdiegetische Erzählinstanz und das eröffnende Talmud-Zitat[82] innerhalb eines jüdischen Bedeutungsraums verortet. Etabliert das Zitat eine intertextuelle Verbindung zum Kanon religiöser Texte, verortet sich die Erzählinstanz durch den Gebrauch von Begriffen aus dem religiösen Kontext selbst innerhalb der Gemeinschaft. So wird das Fest Simchat Torah, das den Abschluss und Neubeginn des jährlichen Zyklus der Torahlesungen markiert, ohne Erklärung genannt und auch der Begriff „Bais HaMikdash", der Tempel Jerusalems, auf dessen Wiederaufbau der Text im Zusammenhang mit der Wertschätzung von Rav Krushka durch andere Gelehrte verweist, wird nicht weiter eingeordnet. Sowohl Erzählinstanz als auch impliziter Adressat werden so in einem jüdisch semantisierten Feld gedacht, das mit den Begriffen vertraut ist und diese zu lesen weiß.

Im Weiteren wird im Erzählfluss vor allem durch die diegetische Erzählstimme Ronits eine bispatiale Ausgangssituation entworfen. Ronit, die, wie sich später herausstellt, dem Rat des Vaters gefolgt und nach New York gezogen ist, verortet sich selbst in einem säkular bestimmten Raum, New York. Als sie dort auf einen orthodoxen Juden trifft, führt die Konfrontation mit einem mit London verbundenen Entwurf von Jüdischkeit zu einer scharfen Abgrenzung. Eine erste Figuration Hendons durch Ronit erfolgt im Rahmen eines Traums: Der hier entfaltete Raum besteht vollkommen aus Büchern und Worten, wodurch sowohl die Bibliothek des Vaters, die sich als stark semantisierter Erinnerungsraum erweisen wird, als auch die Bedeutung der Schriften innerhalb des Judentums zu maßgeblichen Konstituenten werden.

> I realized that the books, and the words, were everything that was and everything that had ever been or would ever be. I started walking; my steps were silent and when I looked down I saw that I was walking on words, that the walls and the ceiling and the tables and the lamps and the chairs were all words. (D, S. 11)

Zusätzlich wird eine enge Verbindung zum Vater aufgebaut, der zuvor im Erzählabschnitt der nicht-diegetischen Stimme die gestaltende Kraft des menschlichen Worts in Bezug zum göttlichen Schöpfungsakt gestellt hat, wodurch die scheinbar klare Abgrenzung Ronits bereits an dieser Stelle in Zweifel gezogen wird. In Analogie zur Erschaffung durch das Wort im Buch Genesis[83] besteht der gesamte Raum des Traums aus Worten, wodurch auch ein metatextlicher Verweis auf die Gestaltungsbedingungen

82 „Am Sabbat sangen sie [*die Leviten*, M.K.]: ‚Ein Psalmlied für den Sabbat' (Ps 92). Ein Psalmlied für die kommende Zeit, für den Tag, der ganz Sabbat ist, Ruhe für das ganze Leben (in der zukünftigen Welt)." (Mischna Tamid 7,4.)

83 Gen 1,1–1,31.

des literarischen Raums an sich einfügt wird: Dieser ist durch Worte gestaltet, und der Text verweist auf die weltschaffende Funktion, die Worten in der Literatur zukommt.
Für Ronit existiert eine klare Trennung der semantischen Felder, die den Städten New York und London eingeschrieben werden. New York ist hierin die Sphäre kulturellen Jüdisch-Seins, das sich als säkular begreift und öffentlich wahrnehmbar artikuliert.

> I'm friends with Jews in New York. Not *Orthodox* Jews, but some knowledgeable, articulate, highly identifying Jews. […] By and large, you don't get people like that in England. […] you don't get the vast participation in the cultural and intellectual life of the country of people who want to talk about, write about, think about Jewish things. And who know, confidently, that people who aren't Jewish will be interested in what they have to say too. Who aren't afraid to use Jewish words, or refer to Jewish holidays or Jewish customs, because they trust their readers to understand what they're talking about. (D, S. 54–55)

Erneut lässt sich der Text auf einer Metaebene lesen, in der Ronits Grenzziehung durch den Roman einer britisch-jüdischen Autorin in ihrer Unzulänglichkeit offengelegt wird: Aldermans Text selbst verwendet jüdische Begriffe und vertraut darauf, dass die Leserschaft diese verstehen. In Ronits Raumentwurf steht dem wortgewandten US-amerikanischen Judentum ein englisches gegenüber, das all diese Eigenschaften nicht besitzt und als abgeschlossene Gemeinschaft gesehen wird, die vor allem Unauffälligkeit und Stille zu Tugenden erhebt.[84] London ist so durch den zunächst extrem begrenzten Erzählausschnitt die Spatialisierung einer in sich geschlossenen religiösen Gemeinschaft, in der eine Artikulation von Dissens unmöglich scheint.
Als Ronit nach dem Tod ihres Vaters zurückkehren muss, wird bereits beim Packen ihrer Koffer der Konflikt der beiden Sphären deutlich: die Kleidung der Geschäftsfrau erweist sich als dem orthodoxen Raum nicht angemessen. Auch das eigene Leben erscheint Ronit als nicht präsentabel, wodurch der Text die Instabilität ihres Identitätsentwurfs in den Vordergrund rückt. Sie beginnt alternative Lebensgeschichten zu entwickeln: „I even imagined getting a sheitel, […] so that I could arrive in London pretending to be married. I could invent some kids, […] whom I'd left with my husband, Avrami Moishe, in Crown Heights." (D, S. S. 50) Durch dieses Gegennarrativ wird die Semantisierung New Yorks polyvalent, denn nun ist die Stadt auch ein orthodoxer Raum, eine Facette, die zuvor von Ronit ausgeblendet wurde. Die Reisevorbereitung und die hieran dargestellte Fragilität des Lebensentwurfs der Protagonistin deuten auf einen zentralen Grenzübertritt hin, den Eintritt der Außenstehenden in einen Raum, in den sie nicht (mehr) gehört. Auch in Hendon sucht Ronit immer wieder die Betonung dieses Anders-Sein, und erneut wird der Entwurf eines alternativen Narrativs zum Mittel der Selbstinszenierung. Bei einem Schabbatdinner entwickelt sie

84 Sicherlich zielt die Darstellung hier auch auf historische Entwicklungen ab, die Juden in den USA andere Möglichkeiten eröffnet haben als der hohe Angleichungsdruck in Großbritannien. Vor allem Cheyette verweist auf die unterschiedlichen Gestaltungsoptionen von Autoren im Zusammenhang mit der sozialen Selbstverortung, vgl. S. 25–29 sowie Cheyette: Moroseness and Englishness, S. 23.

gegenüber Rabbi Goldfarb und dessen Frau wieder eine fingierte Lebensgeschichte, dieses Mal als erfolgreiche Geschäftsfrau in einer lesbischen Liebesbeziehung mit einer Architektin und mit Kinderplänen. Erneut narrativiert Ronit eine Gegenerzählung zu ihrem eigentlichen Leben als bisexuelle Frau, die eine Affäre mit ihrem Vorgesetzten hat. Doch erweist sich das Gegennarrativ, das hier zur Abgrenzung und Provokation entwickelt wird, als Variation der bereits entworfenen Lebensgeschichte: Von Neuem wird eine Familie erfunden, nur ist die Motivation dieses Mal nicht die Eingliederung in die Gemeinschaft, sondern die Abgrenzung.

Der durch die Perzeption und Erinnerung Ronits entworfenen Darstellung Londons bzw. Hendons steht die Figuration durch die nicht-diegetische Erzählinstanz gegenüber. Diese markiert ihren Sprechort innerhalb der Gemeinschaft, verfügt jedoch ansonsten über alle Merkmale einer übergeordneten Erzählinstanz (wie etwa Introspektion und Omnipräsenz).

> Hendon is a village. It exists within a city, certainly, one of the greatest in the world. It has links to this city, people travel to and fro between them. But it is a village. […] Though there is a wider world, in Hendon all that is needful has been provided: Torah-true schools and kosher shops and synagogues and mikvahs and businesses which are closed on the Sabbath and match-makers and burial societies. We learned how to do this a long time ago, when there was no other way. We do it well. Like the turtle, we carry our home with us. We believe that we may soon have to depart for other shores. It is as well to be self-sufficient. (D, S. 123–124)

Auch diese Erzählstimme nimmt eine Teilung des Raums vor, jedoch entwickelt diese eine Abgrenzung des jüdisch semantisierten Hendons, das mit einem Schtetl assoziiert wird, von der Metropole London. Diese Gegenüberstellung verleiht der Opposition von jüdischen und nicht-jüdischen Räumen Ausdruck. Doch ist hier jüdisches Leben reduziert auf Orthodoxie, wobei in Umkehrung von Ronits Darstellung säkulare Entwürfe nicht einbezogen werden.[85] Die Abgeschlossenheit der Gemeinschaft, die von Ronit ebenfalls hervorgehoben wird, ist hier auf andere Weise hergeleitet: Während Ronit diese durch die Angst vor einem Wahrgenommen-Werden begründet, ist sie an dieser Stelle durch die Diaspora bzw. die Erwartung des Endes der Galut bedingt. Das Dorf wird zum religiösen Raum, in dem sich die spatiale Organisation an den spirituellen Bedürfnissen der Bewohner ausrichtet. Die Gemeinschaft gestaltet den Raum jedoch nur als vorübergehende Verortung, denn die hier messianisch gedachte Hoffnung auf Rückkehr am Ende der Galut impliziert, dass eine dauerhafte Bezugnahme im Sinne von Zugehörigkeit in Hendon nicht stattfindet. Mehr noch als ein konkreter Ort wie Hendon wird die fiktionalisierte Lozierung im kollektiven Erinnerungsraum zum *Homeland*. An anderer Stelle betont die Erzählinstanz diese Sehnsucht nach dem anderen Ort, dem *Other Place*, der unerreichbaren Lozierung in einem nur in der Erinnerung existierenden Raum:

> We who live in Hendon now like to imagine ourselves elsewhere. We carry our homeland on our backs, unpacking it where we find ourselves, never too thoroughly or too well, for we will have to pack it up

85 Auch sämtliche weiteren Strömungen des Judentums werden von der Erzählinstanz ausgeblendet.

> again one day. Hendon does not exist; it is only where we are, which is the least of all ways to describe us. (D, S. 216)

Diese Notwendigkeit der steten Neuverortung ist ambivalent, denn die Gründe für diese Neuverortungen lassen sich einerseits als messianische Hoffnung lesen, andererseits allerdings auch aus der Jahrhunderte währenden Verfolgungssituation herleiten, die immer wieder zu Vertreibungen führt. Was die Lozierung betrifft, figuriert der Text eine Unsicherheit, die von der Erzählinstanz in eine Verortung in der Nicht-Verortung überführt wird. Das Zuhause als Ort der Zugehörigkeit liegt in der Gemeinschaft selbst und wird lediglich vorübergehend loziert, um jederzeit wieder re-loziert werden zu können. Die Gemeinschaft als solche wird zum Ort der Zugehörigkeit, wie Steiner im Kontext des gemeinsamen Torahlernens ausführt:

> The concepts and association that attach to mikra [*a group studying Torah*, M. K.] make of the reading of the canon and its commentaries the literal-spiritual locus of self-recognition and of communal identification for the Jew.[86]

Das religiöse Studium bildet einen Erinnerungsraum und das kollektive Gedächtnis der Gemeinschaft wird zur eigentlich identitätsstiftenden Verortung. Damit unterscheidet die Erzählinstanz auch zwischen dem Ort der Zugehörigkeit als *Place of Belonging* und dem physischen Ort der Gemeinschaft, dem konkreten Hendon, dem nur geringe identitätsbildende Bedeutung zukommt. Der beengende und auf Nicht-Wahrnehmbarkeit hin ausgerichtete Charakter der Gemeinschaft, wie er von Ronit dargestellt wird, erfährt nun durch die nicht-diegetische Erzählinstanz eine in der kollektiven Erinnerung der Gemeinschaft begründete Ausdeutung, die gleichermaßen auf der messianischen Hoffnung nach Auflösung der Galut und der kollektiven Verfolgungsgeschichte basiert. Eine Verortung wird hier in erster Linie im gemeinschaftlichen Erinnerungsraum des religiös begründeten Gedächtnisses gesucht, das wegen seiner Mobilität von der konkreten Platzierung im lebensweltlichen Raum unabhängig ist.

Die an einer vermeintlich bispatialen Ordnung des literarischen Raums ausgerichtete Lozierung der Figuren erweist sich als Gestaltungsprinzip, das auch bei der Auslegung der kanonischen Zitate von der interpretierenden Erzählinstanz ausgeführt wird. In unterschiedlichen Zusammenhängen begreift sie Distinktion als einen Ordnung schaffenden Akt, wobei die Teilung in zwei Bereiche das grundlegende Prinzip ist. Die Scheidung von Sonne und Mond wie auch die Trennung der sechs Werktage vom siebten Tag sind gestaltende Eingriffe, die durch Separation Ordnung in der Welt herstellen. Das Verstehen dieser Trennung und vor allem der in der Scheidung konstituierten Grenzen wird zu einem Inhalt des Studiums: „[…] our work is of understanding the subtlety of the boundary. It is of tracing it, ever finer and finer. It is of accepting and learning what must be separate and what must be mingled.“ (D, S. 46) Das Akzeptieren,

86 Steiner: Our Homeland, the Text, S. 304. Diese Konzeption der mobilen Verortung von Zugehörigkeit nimmt Bezug auf Josua 1,8. Dort wird das fortdauernde Studium der Torah behandelt.

Erforschen und Verstehen der Grenze als Inhalt religiöser Identitätskonstruktion wird von der interpretierenden Erzählinstanz bei der Auslegung unterschiedlicher Textstellen als Kommentar nicht nur diesen zur Seite gestellt, sondern kommentiert auch die beiden anderen Erzählinstanzen, deren Erzählstränge sich zur Auslegung und zu den kanonischen Quellen in Bezug setzen. Im räumlichen Gefüge erweist sich diese ordnende Trennung als gestaltendes Moment, so etwa, wenn das Gebot der Trennung von Milchigem und Fleischigem die Küche in klar distinkte Bereiche unterteilt: „The wordless order of the kitchen, the separation of milk and meat which was not forced but seemed to emerge naturally from each utensil.“ (D, S. 44) Hier scheint die religiös motivierte spatiale Ordnung dem Raum innezuwohnen, wodurch die performativ hergestellte Distinktion verdeckt wird.

In Estis Tagesablauf entfaltet dieses Ordnungsprinzip gestaltende Kraft, wenn beispielsweise das Nahen des Schabbat den Verlauf des Freitags gänzlich bestimmt: „Friday will not go unanswered. Friday may not be postponed.“ (D, S. 166) Die Ordnung des raumzeitlichen Gefüges wird von Esti zusätzlich durch einen Grenzübertritt hervorgehoben: Auf der Suche nach einem Schwangerschaftstest, den sie aus Furcht vor Gerede nicht in Hendon kaufen will („The prickling sensations in her arms and legs were the thousand eyes of the people of Hendon“; D, S. 168), fährt sie nach Camden Town und überschreitet damit die Grenze zwischen dem orthodoxen Raum und der Metropole.

Neben der religiös-kulturellen Ordnung Estis erweist sich Ronits spatiale Einteilung als nicht minder wirkmächtig, wenn auch anders motiviert: Bei der Semantisierung Hendons weitet Ronit die Abgeschlossenheit der Gemeinschaft auf die gesamte Atmosphäre des dargestellten Raums aus:

> Because in Hendon there are plenty of people just dying to explain the meaning of life to you. I guess that's true in New York too, but in New York everyone seems to disagree with everyone else about what the meaning of life *is*. In Hendon, at least the Hendon I grew up in, everything faced in one direction [...]. (D, S. 30)

Hier zeigt sich ebenfalls eine bispatiale Ordnung: New York ist der Ort einer wortgewandten, und öffentlich artikulierten jüdischen Identität und zudem geprägt von Dissens; dem gegenüber steht die eindimensional erscheinende und öffentlich nicht wahrnehmbare Gemeinde Hendons. Diese ist für Ronit geprägt durch eine strikte Ordnung, die keinen Platz für Brüche und Abweichungen einräumt. „They just fit together, the whole set – like Orthodox Jew Barbie: comes complete with Orthodox Ken, two small children, the house, the car and a selection of kosher foodstuffs.“ (D, S. 115) Durch die dargestellte Verbindung der Zwangsläufigkeit von Lebensentwürfen in Hendon und dem Konsumartikel Barbiepuppe, mitsamt dem mit der Puppe assoziierten Frauenbild und der ihr inhärenten Heteronormativität, vermag Ronit multiple Brüche zu erzielen. Dem orthodoxen Lebensentwurf und der Barbie liegt in gleicher Weise jene Heteronormativität als zentraler Wert zugrunde. Jedoch produziert die Gegenüberstellung der Puppe als Konsumartikel und dem geschlossenen

System der orthodoxen Gemeinschaft ein Aufeinandertreffen disparater Sphären, das sich nicht in einer Synthese auflösen lässt.

Bereits in New York wird Ronits eigene Hybridität deutlich, als der Britin im Gespräch mit einem orthodoxen Juden klar wird, dass für ihn die Konzepte Jüdin und Britin nicht in Einklang gebracht werden können. Auch in New York fehl am Platz empfindet Ronit die nicht herzustellende Zugehörigkeit in Hendon um ein vielfaches stärker. Bei einem Spaziergang durch Golders Green wird der Raum selbst zur agierenden, wertenden Instanz.

> I marched through Golders Green, passing by the row of Jewish stores. The little world my people have built here. The kosher butchers' shops frowned at me, asking why I hadn't tried their chopped liver, now only £2.25 a quarter. The recruitment agency smiled widely, inviting me to apply for a job with a Sabbath-observant company, half-day Fridays in the winter. Moishe's salon raised an eyebrow at my hairstyle and wondered if I wouldn't like something, maybe, a bit more like everyone else? (D, S. 121)

Die Bewegung durch den Raum hebt Semantisierungen hervor, in denen Ronit zum orthodoxen Raum in Bezug gesetzt wird. Dabei erlebt sie die am Bild der orthodoxen Barbiefamilie deutlich gewordene Normativität im spatialen Gefüge, indem der Stadtteil Golders Green als Gegenüber Fragen nach der Einhaltung der Speisegesetze und des Schabbat aufwirft. Dadurch dass sich die empfundene Dislokation an Gebäuden artikuliert, werden diese zum Aushandlungsort von Fragen der Zugehörigkeit. Gerade diese Konstruktion von Zugehörigkeit erweist sich für Ronit als zunehmend problematisch, denn die vermeintlich klare bispatiale Aufteilung mitsamt der Distanzierung vom Vater und dem orthodoxen Judentum verschwimmt zugunsten einer hybriden Konstruktion von jüdischer Identität, die an den beiden weiblichen Protagonisten des Texts nachvollzogen werden kann, wie ich in den folgenden Kapiteln aufzeigen werde.

Die scheinbar strikte Aufteilung wird immer wieder unterlaufen, etwa bei Estis Fahrt nach Camden Hill, die im Folgenden genauer betrachtet werden soll, um beispielhaft die grenzverwischende Mobilität zwischen den entworfenen Teilräumen nachzuzeichnen. Die narrative und spatiale Mobilität ist hier ein Mittel, um einerseits die hegemoniale Ordnung in Frage zu stellen und andererseits die Grenzverläufe zu erforschen.

Die spatiale Ausgangsverortung in Hendon ist bestimmt von der Raum und Zeit durchdringenden Semantisierung durch den herannahenden Schabbat: Ab dem Freitagmorgen ist Estis Tagesablauf auf ordnende Gestaltung des Raums ausgerichtet; ein Plan, der genau festlegt, was zu welcher Zeit an welchem Ort zu sein hat, damit der Beginn des Schabbat um 18:18 Uhr eingehalten werden kann. Der Text ist bis zum Schabbatbeginn wiederholt von genauen Zeitangaben durchbrochen, wodurch die figurale Perspektive Estis auf den Erzählfluss der nicht-diegetischen Erzählinstanz geblendet wird und diesen durchdringt. Vor dem Ausbruch aus der festgelegten Ordnung ist Estis Weg durch Hendon Mittel, um die Vorbereitungen darzustellen, indem der Weg von Bäcker zu Gemüsehändler zu Metzger nachvollzogen wird. Am

Nachmittag (15:20 Uhr) ist soweit alles bereit, dass der Weg in die nicht-orthodoxe Sphäre Camdens angetreten werden kann. Doch wird im Vorfeld deutlich, wie stark sich die kulturell-religiöse Ordnung dem Raum einschreibt, denn sie durchdringt sogar Estis Körper, die das schrittweise Kommen des Schabbat als lauter werdendes Summen und Klopfen wahrnimmt: „The buzzing in her head was louder and more insistent, the knocking sound on the inside of her skull stating more firmly: tick-tock, tick-tock.“ (D, S. 169) In Äquivalenz zu ihrem Mann Dovid, dessen Kopfschmerzen seine Wahrnehmung wortwörtlich einfärben, artikuliert sich das Wissen um die ablaufende Zeit hier als Geräusch in Estis Kopf, das auch im Weiteren immer wieder den Erzählfluss durchbricht.

Camden bildet einen starken Gegensatz zum geordneten, orthodoxen Hendon. Es stellt einen Gegenraum dar, in dem Schweiß, Menschenmassen und Chaos den ordnenden Blick Estis nahezu unmöglich machen.

> Camden sweated. It was loud. It smelled. Esti stood outside the station simply looking, her bag clutched tight against her body. A thin young man, whose chest read 'Screw the people', was leaning against the railing, eating a jacket potato from a plastic container. [...] The world spun. Esti wondered if she was about to faint. The shops and people began to merge into a distorted inner-ear judder. Everything became suddenly upside-down, inside-out. Bingle-mingle. (D, S. 169–170)

Die sinnlichen Wahrnehmungen Estis, Riechen und Hören, werden durch den fremden Raum extrem belastet. Die beschleunigten Bewegungen und Abläufe in der Metropole (zu der Hendon in seiner Dörflichkeit in Kontrast gesetzt wird) erschweren Estis gewohnte Wahrnehmung und Orientierung. Dabei ist bezeichnend, dass Menschen und Gebäude ineinander zu fließen scheinen; Akteure können im Relationsnetzwerk nicht länger eindeutig identifiert werden und alles verschmilzt zu einem Rattern, das wiederum innerhalb des Körperraums loziert wird. Der Text konstruiert so einen Gegensatz zwischen Estis Körper und dem umgebenden Raum, wobei die Fluidität des Raums die Ordnung des Köpers zu bedrohen scheint. Orientierung ist nicht mehr möglich, denn räumliche Kategorien wie Oben und Unten, Innen und Außen werden verkehrt und sind nicht mehr zu unterscheiden.

Camden ist vor dem Hintergrund der kommenden Ruhe des Schabbat ein Gegenentwurf zur orthodoxen Semiosphäre, denn obschon diese in Estis Ausgangslozierung den gesamten Raum bestimmt, wird der aktive, von hoher Bewegung und schnellem Fluss geprägte Raum Camdens nicht schwinden:

> Camden would not cease at 6.18 p.m., the streets would not become quiet, the people still. These people had not prepared for the Sabbath, they did not hear the sound of Friday in their skulls. [...] She wondered now if this was how Ronit felt in New York, without lines and demarcations, without order and sense, without anchor. A thing to be both feared and desired. (D, S. 170)

Die parallele Existenz der beiden Sphären scheint zunächst schwer vorstellbar und wird von unterschiedlichen Gefühlen – Unverständnis, Furcht, Interesse und Sehnsucht – begleitet. Den Verlust von Orientierung und Verankerung im spatialen Relationsgefüge, das in seiner fortwährenden Veränderung erfahren wird, überträgt Esti auf die Vorstellung von Ronits Leben in New York. Der nicht-orthodoxe Raum ist dabei faszinierend und gefährlich zugleich, denn die Sicherheit der streng bispatialen Ordnung, die Teilräumen klare Bedeutungsfacetten zuordnet, ist dort nicht länger gültig. Dieser Wegfall von gesetzten Semantisierungen wird mit einem umfassenden Orientierungsverlust gleichgesetzt, was sich in der späteren Raum- und Identitätskonstruktion Estis als nicht länger zutreffend erweist.

Ihre Bewegung von der orthodoxen in die nicht-jüdische Semiosphäre verbindet die konkret vollzogene Bewegung im lebensweltlichen Raum mit einer semantischen Hybridisierung des von der Figur erfahrenen Raums. Dabei ist der Grenzraum zugleich ein topographischer, sozialer und semantischer, wie Benjamin darstellt, denn „[s]tets aber war am Anfang dieses Überschreiten einer sozialen Schwelle auch das einer topographischen […].“[87] Dieser neue Raum enthält für Esti trotz eingeschriebener Gefahr auch das Versprechen des Unbekannten, das sich im Folgenden als das Durchdringen beider Semiosphären erweisen wird. Esti kann bereits an dieser Stelle als mobile Figur charakterisiert werden, die im Lotman'schen Sinne auf der Grenze zu verorten ist.

Als sie zurück in Hendon den Beginn des Schabbat gerade noch rechtzeitig einhalten kann, ist es erneut der Raum, mit dem Ruhe und Wegfall von Mobilität figuriert werden:

> A certain ripeness had fallen over the blue of the sky. The leaves of the apple trees, the red-tiled roofs, the parked cars, the roads all exhaled, saying, we are done, for this week our work is completed. They settled into the earth, allowing themselves to sag. (D, S. 175)

Dass nicht die Figuren, sondern der Raum zur handelnden Instanz wird, sollte nicht als rein symbolische Übertragung missverstanden werden, denn vielmehr strebt der Text nach einer Darstellung der Vorgänge im spatialen Relationsgefüge. Die reduzierte Mobilität und der verringerte Fluss des Raums, bedingt durch die religiöse Semantisierung, die den Raum gestaltet, führen zu einem Zur-Ruhe-Kommen des Netzwerks. Bäume, Häuser, Autos und Straßen werden als bestimmende Koordinaten im Relationsgefüge zu Akteuren, indem sie eben nicht mehr agieren, sondern ihre Verortung intensivieren. Im Gegensatz zum Verschwimmen spatialer Grenzen durch die hohe Mobilität Camdens bildet diese Forcierung von Verortung ein Gegenkonzept, das den Raum nicht als Stasis, also ohne Entwicklung, beschreibt, sondern diesen als in seinem Fließen verlangsamt begreifbar macht. Dadurch wird die Gestaltung des Raums durch diskursiv hergestellte Semantisierungen betont. Dass auch diese scheinbar Sicherheit gewährende Ordnung keine vollkommene sein kann, hebt der Text hervor, indem die blaue Farbe des Himmels, die in der oben zitierten Passage das Eintreffen des Schabbat einleitet, sogleich mit dem blauen Streifen von Estis positivem Schwangerschaftstest verknüpft wird. Das nicht geplante Kind stellt Esti und ihre Beziehung zu Dovid vor ein neues Problem: Die Überlegungen der homosexuellen Esti – wie sie

87 Benjamin: Berliner Chronik, S. 471–472.

ihre hybride Identität in Zukunft verorten kann und will – werden so um eine zusätzliche Ebene erweitert.

Dass eine geschlossene Konstruktion semantischer Räume unzureichend ist, zeigt sich ebenfalls bei Estis Fahrt nach Camden. Die Wahrnehmung des Stadtteils als reiner Gegenraum wird in der Semantisierung der Apotheke, in der Esti den Schwangerschaftstest kauft, dekonstruiert: Sie trifft hier auf einen vielschichtigen Bedeutungsraum, in dem nicht nur unterschiedliche Menschen (ein älterer Mann, zwei Frauen mit *black-british* und indischem Hintergrund) loziert werden, sondern auch der vermeintlich nicht-religiöse Raum Camdens wird in seiner Bruchhaftigkeit offengelegt. Die indische Frau verleiht beim Anblick des Tests einem religiösen Verständnis der Schwangerschaft Ausdruck („It is a blessing from God." D, S. 172), das die semantische Bispatialität der Trennung einer religiösen jüdischen von einer nicht-jüdischen säkularen Sphäre in Frage stellt.

Auch in der orthodox semantisierten Sphäre zeigen sich Überlappungsstrukturen: Die Synagoge der Gemeinde von Rav Krushka besteht aus zwei Wohnhäusern, die durch Umbauten zu einem neuen Raum verbunden wurden. Auf der Ebene der Architektur wird hier eine Durchdringung abgetrennter Räume als gestaltende Praxis hervorgehoben. Eco betont die multiple Codierung von Architektur, denn diese „geht vielleicht von existierenden architektonischen Systemen aus, aber in Wirklichkeit stützt sie sich auf andere Codes, die nicht die der Architektur sind, nach denen aber die Benutzer der Architektur die Signifikate der Botschaft der Architektur feststellen."[88] Somit kann Architektur, etwa die Synagoge, in ihren unterschiedlichen Semantisierungen durch die Benutzer erfahren werden. Aus diesem Grund überlagern sich in Ronits Darstellung dieses Raums semantische Inhalte: einerseits der religiöse Raum, andererseits das erinnerte Wohnhaus.

> In one of the bedrooms, the wallpaper was decorated with rockets and moons. Even once half the floors and ceilings had been stripped out, the walls painted white, the ladies' gallery created, I still imagined the rockets and moons were there somewhere. I used to pick at the corners of the wallpaper and paint, hoping to find them. (D, S. 56)

Im umgestalteten Raum ist die semantische Schichtung der Vergangenheit für Ronit immer noch präsent, so dass sie versucht, die verdeckte Schicht offen zu legen. Raum an sich erweist sich so als hybride Struktur, deren Semantisierung in diskursiv hergestellten Übereinkünften lediglich als selegierende Interpretation möglich ist. Doch werden die zunächst kohärent erscheinenden Räume immer wieder in Durchdringungsprozessen von anderen Semiosphären gebrochen. Die dem Raum eingeschriebene Polyvalenz ist damit Versuchen gegenübergestellt, spatiale Strukturen in semantischer Eindeutigkeit zu konstruieren.

Auch in den Auslegungen der kanonischen Zitate, die oft Distinktion als Ordnung schaffende Praxis beschreiben, nimmt die Grenze eine bedeutende Position ein. Etwa wird an der Scheidung des Schabbat von den sechs Werktagen die Bedeutung des

88 Eco: *Einführung in die Semiotik*, S. 331.

Übergangsraums verdeutlicht: Zwischen Schabbat und Werktag existiert eine Schwelle von achtzehn Minuten, die ein Dazwischen konstitutiert („a margin of eighteen minutes“, D, S. 173). Darüber hinaus befindet sich die menschliche Existenz selbst in einem Zwischenraum: „We hang suspended between two certainties: the clarity of the angels and the desires of the beasts.“ (D, S. 213) Die *conditio humana* wird als Bereich der Überlappung verstanden, wodurch die in beiden Erzählsträngen verhandelte hybride Konstitution von Identität, Erinnerung und Raum an ein religiöses Gedächtnis angebunden wird.
In der Kontrastierung von britischen und US-amerikanischen Juden konstruiert Ronit die Alterität des anglo-jüdischen Kollektivs auf der Basis von Hybridisierungsprozessen, die *Jewishness* und *Britishness* in wechselseitiger Durchdringung figurieren.

> There's a vicious circle here, in which the Jewish fear of being noticed and the natural British reticence interact. They feed off each other so that British Jews cannot speak, cannot be seen, value *absolute invisibility* above all other virtues. (D, S. 55)

Die von Ronit als konstitutiv angesehene Unsichtbarkeit entspringt aus einer Verflechtung von jüdisch und britisch kontextualisierten Eigenschaften und wird in einem Überlappungsraum verortet. Vor dem Hintergrund dieser Hybridität erteilt Ronit der Legende von einer nicht aufzulösenden Alterität des Judentums eine deutliche Absage, denn in der Wahrnehmung der zugleich US-amerikanisch und britisch geprägten Jüdin ist die Gemeinde Hendons eben vor allem auch eines: britisch.

> There is a myth – many of us believe it – that we are wanderers, unaffected by the place in which we live, hearkening only to the commandments of the Lord. It's a lie. These British Jews were British – they shuffled awkwardly, looked at their feet and drank tea. (D, S. 247)

Ein als völlig distinkt konstruierter kultureller Bedeutungsraum erweist sich aufgrund der Dynamiken, die zwangsläufig zwischen Semiospären stattfinden, als Illusion, denn ein Aufeinandertreffen setzt stets Prozesse der Durchdringung in Gang, in denen sich die strukturelle Organisation des Bedeutungsraums verändert.

> Um aber von einer ‚fremden‘ zu einer ‚eigenen‘ zu werden, muss diese äußere Kultur sich, wie wir sehen, in der Sprache der ‚inneren‘ Kultur einer Umbenennung unterwerfen. Dieser Umbenennungsprozess bleibt nicht ohne Auswirkungen auf den Inhalt, der eine neue Bedeutung erhält.[89]

Der von Lotman als Übertragungsprozess dargestellte Austausch zwischen Semiosphären gestaltet sich als Hybridisierung, in der das Aufeinandertreffen semantische Inhalte modifiziert, gleich einer Übersetzung, die als Reformulierung in einem anderen Code zu den konstitutiven Elementen des Grenzraums zählt. In der Darstellung Ronits entwickelt der Text einen Gegenentwurf zur Verortung, die von der nicht-diegetischen Erzählinstanz vorgenommen wird. Doch schon die Polyvalenz des Sprechorts dieser Erzählinstanz, die den oft durch Esti und Dovid perspektivierten Erzählstrang vermittelt, lässt Zweifel an der kohärenten Konstruktion des Bedeutungsraums aufkommen: Aufgrund der einerseits durch Introspektion und

89 Lotman: *Kultur und Explosion*, S. 169.

Omnipräsenz etablierten vertikalen Positionierung zum Erzählgeschehen und der andererseits sprachlich vermittelten kulturellen Verortung innerhalb der orthodoxen Semiosphäre ist diese Erzählstimme auf polyvalente Weise in der narrativen Struktur positioniert. Doch formuliert Ronits Zurückweisung einer jüdischen Nicht-Verortung ein Gegennarrativ. Die multiplen Bedeutungsschichtungen innerhalb des Raums werden zum Ausgangspunkt für die Verhandlung von Identitätskonstruktionen und deren Bezug zum Erinnerungsraum, die am Beispiel von Esti und Ronit nachvollzogen werden sollen.

Selbstlozierung im Akt des Erinnerns

Innerhalb des entworfenen literarischen Raums gilt es, nun die Selbst- und Fremdverortungen zu betrachten, die bei der Konstruktion von Vergangenheit vorgenommen werden. Dabei sind neben den Lozierungen auch Akte interessant, die diese Verortungen innerhalb der Identitätskonstruktion reflektieren, um die Grundlagen zu beschreiben, auf denen sich neue Bezugnahmen zum Erinnerungsraum herausbilden.

Estis erste Verortung im entworfenen Raumgefüge folgt einer religiösen Ordnung: Sie befindet sich auf der Frauengalerie der Synagoge und verfolgt von dort den Zusammenbruch von Rabbi Krushka. Doch wird bereits hier ihre Sonderstellung in der Gemeinde sichtbar, denn die übrigen Frauen distanzieren sich räumlich deutlich von Esti. Der Grund hierfür, Estis Liebe zu Ronit, ist zwar im kollektiven Gedächtnis der Gemeinschaft präsent, wird jedoch von der nicht-diegetischen Erzählinstanz verschwiegen. Der eigentlich zu erwartenden religiös begründeten Positionierung der Figur steht also ihre soziale Stellung in der Gemeinde gegenüber: „She was Dovid's wife. Dovid sat next to the Rav. If the Rav's wife had not passed on, Esti would have been at her side.“ (D, S. 5) Eigentlich kommt Esti als Ehefrau des Nachfolgers von Rabbi Krushka eine sehr zentrale Position in der sozialen Hierarchie zu, die jedoch durch die Polyvalenz der Figur in Frage gestellt wird. So macht der Vorstand der Gemeinde Hartog später auch den Vorschlag, dass, wenn Dovid seine Stellung als Rabbi einnimmt, Esti doch besser dauerhaft nach Israel ziehen solle. Das Verschweigen der Gründe für Estis Stellung wird bereits zuvor in figuraler Perspektivierung aufgegriffen, die Tratsch der Gemeinschaft in die Erzählerrede einfließen lässt: „And as for his [*Dovid's*, M. K.] wife! It was understood that all was not well with Esti Kuperman, that there was some problem there, some trouble.“ (D, S. 3) Estis einsame Positionierung auf der Galerie spiegelt auch ihre Lozierung im kollektiven Erinnerungsgefüge der Gemeinde wider.

Jedoch ist die Synagoge für Esti nicht allein ein Raum, der durch die Konflikte um ihre Person geprägt ist. An anderer Stelle scheint sie nahezu mit diesem Raum zu verschmelzen, wenn sich ihr Bewusstsein im spatialen Gefüge ausbreitet.[90]

90 Der Text etabliert an dieser Stelle eine intertextuelle Verklammerung zu Virginia Woolfs *Mrs Dalloway*, wenn sich das Bewusstsein der Figur weit über den Körperraum ausweitet, und so Fragen nach Möglichkeiten von spatialer Zugehörigkeit und weiblicher Selbstverortung artikuliert.

> Esti spread her mind wider and wider around the synagogue until she inhabited every space of it in her slow breathing. She was in the puckered ceiling plaster and the tired blue carpet, in the grilles that covered the windows, in the red plastic of the chairs, in the electric wires within the walls and in the throat pulse of every man and woman. She breathed and felt the synagogue inhale and exhale with her. (D, S. 103)

Das Gebäude und Esti werden bis zu jenem Grad eins, an dem Esti die Synagoge auszufüllen scheint. Ihr Bewusstsein dringt in Stühle, Verkabelung und sogar in die Körperräume anderer Besucher, bis Estis Atmung in Einklang mit den Raum steht. Hierdurch wird die Synagoge in eine so enge Verbindung mit der Figur gestellt, dass mögliche Konflikte in der Gemeinde Estis Stellung in diesem Raum nicht erschüttern können, kann ihr Verschmelzen mit dem Raumgefüge doch auch als Aneignung gelesen werden. Estis mentale Bewegung durch die Synagoge stellt auch eine Bewegung in Erinnerungen dar, so dass das Erforschen des Raums zur erinnernden Reflexion wird.

> She swept herself around the synagogue in a lazy arc from the men's section below up, slowly, into the ladies' gallery, […]. She moved around the rims of the gallery, resting near the corners of the ceiling, […]. She investigated slowly. She knew what she was looking for. She allowed herself time to find it, among the sincere prayer and the insincere, among the worries and regrets and dedication and boredom and confusion and disapproval of the women. […] A new thought? A new mind? So unexpected. Who on earth could it be? […] It is Ronit, she said. I am sitting next to Ronit and her warm body is beside me as it always used to be. Time, which is a circle, which will always return us to our starting points, has returned her to me. (D, S. 103–104)

In der suchenden Bewegung wird sich Esti der Diversität der Anwesenden bewusst, doch strebt ihr Bewusstsein nach der erinnerten (und zu diesem Zeitpunkt zugleich aktuellen) Präsenz der Geliebten. Der neue Gedanke wird vor der Abgleichung mit rekonstruierter Vergangenheit von Esti als die vermeintlich unveränderte Lozierung Ronits an ihrer Seite identifiziert. Dabei wird die ersehnte semantische Verortung Ronits als Partnerin Estis in die räumliche Gegenwart der Freundin neben ihr übertragen. Die Mobilität, die suchend zunächst den gesamten Raum der Synagoge erkundet, findet ihr Ziel in direkter Kontiguität. Innerhalb des eng mit ihr verbundenen Raums der Synagoge loziert Esti so die von der Gemeinde nicht akzeptierte Liebe zur Freundin vor einem Bild der Vielfalt. Diese wird in Beziehung zu Religion gestellt, denn die unterschiedlichen Arten des Gebets formieren auch eine Polyvalenz in einem nur scheinbar kohärent organisierten Raum.

Außerhalb der Synagoge ist Esti ebenfalls mit besonderer Kompetenz im Raum ausgestattet, denn sie bewegt sich, ohne wahrgenommen zu werden. „She was good at remaining unobserved; people often failed to notice her, allowing her to hear things that were not meant for her. […] Esti considered this ability a gift." (D, S. 104) Der Text etabliert damit eine Selbstplatzierung innerhalb des Textgedächtnisses der englischen Literatur, wenn er eine intertextuelle Bezugnahme zu Charles Dickens' *Little Dorrit* vornimmt.[91] Diese Relationsbildung etabliert für die Figur einen Hintergrund,

91 Zur Raumkompetenz von Amy Dorrit, die auch u. a. auf ihrer Fähigkeit basiert, nicht wahrgenommen

in dem erhöhte Beweglichkeit und Hybridität (schließlich ist Amy Dorrit zugleich in zwei Räumen verortet: dem Gefängnis und dem Raum außerhalb der Gefängnismauern) unweigerlich mit Esti assoziiert werden. Ihre Mobilität ist so nicht nur intra-textuell profiliert, sondern wird auf einer Metaebene bekräftigt. Diese Mobilität wird vom Text – wie ich später zeigen werde – in der Dynamik der Figur aufgegriffen, wenn Esti ihre hybride Identität aktiv im Raum loziert und damit das spatiale wie das semantische Gefüge formt.

Wie konflikthaft und polyvalent Estis Selbstverortung ist, zeigt sich an den unterschiedlichen Semiosphären, die von der Figur im Akt der Identitätskonstruktion durchaus nicht widerspruchsfrei verknüpft werden. So ist etwa die Mikwe, das rituelle Tauchbad, für Esti ein Erinnerungsort, von dem ausgehend Erinnerungen an die Mutter, den ersten Besuch und die Hochzeit mit Dovid narrativiert werden. Weiterhin ist gerade die Synagoge der Ort, an dem sie sich an ihr Verlangen nach Ronit erinnert und dieses bekräftigt. Dass Esti in räumlicher Relationsbildung auch sexuelles Begehren ausdrückt, zeigt sich, als Esti in der Schule, in der sie als Lehrerin arbeitet, auf ihre Kollegin Miss Schnitzler trifft:

> Esti found herself suddenly filled with various unexpected desires. She wanted to blow along Miss Schnitzler's arm, to see the tiny hairs rise, or to touch the inside of her wrist with the very tip of her tongue. Esti wanted to grasp Miss Schnitzler's arm, to pull her forward and against her [...]. (D, S. 63)

Der Ausdruck ihres Verlangens verdeutlicht, dass Estis lesbische Sexualität ebenso wirkmächtig in ihrem Selbstentwurf ist wie der orthodoxe Bedeutungsraum. Esti verortet sich in mehreren Räumen zugleich, und Ziel ihrer Formung der eigenen Bezugsräume ist es, eine Artikulation der Unmöglichkeit diese Konflikte einfach aufzulösen.

Der erinnerte Bedeutungsraum sowohl ihrer Liebe zu Ronit als auch der gemeinsamen Kindheit dominiert bei Esti zuweilen die Identitätskonstruktion (selbiges gilt an anderer Stelle auch für die orthodox konnotierte Semiosphäre). „The place was just the same as it had been twenty years before – so that Esti was almost surprised that Ronit was not leaping, running, making faces." (D, S. 107) Wieder ist die Synagoge Verhandlungsort für Estis Bezugnahme zur Vergangenheit. Der Raum wird in vermeintlicher Stasis imaginiert, aus der semantische Folgen für die Konstruktion der lozierten Identitäten abgeleitet werden. Hat sich der Raum nicht verändert, warum also verhält sich die zwanzig Jahre ältere Ronit anders? Der Text stellt damit in den Vordergrund, dass es sich bei der Konstruktion von Erinnerung immer um eine interpretierende Fiktionalisierung dessen handelt, was die erinnernde Person als das Erlebte begreift. Während Esti vor allem Ronits transgressives Verhalten als Kind in Auflehnung gegen ein als repressiv empfundenes Umfeld narrativiert, steht diese Erzählung in deutlichem

zu werden, vgl. Kindermann: The Narration of Space in Charles Dickens's *Our Mutual Friend*, *Little Dorrit* and *Bleak House*, S. 232–233.

Widerspruch zu Ronits Verhalten, die sich als Erwachsene den diskursiven Erwartungen des Raums anpasst.

Die Ausgangslozierungen, die von Ronit selbst entworfen werden, erweisen sich ebenfalls als polyvalent was die semantischen Verknüpfungen betrifft. Beispielsweise ist der Freitagabend zu Beginn des Romans bereits ambivalent bewertet, was Ronits Distanzierung von der religiösen Semiosphäre widerspricht:

> […] I realized, of course, that it was Friday night, which is never a good thing to realize. And I started to think about my mother, one of the only distinct memories I have of her, which must have been because it happened so often: on Friday night, lighting her candles in those huge candlesticks covered in silver leaves and flowers. (D, S. 16)

Die Bewusstwerdung der Zeit (Schabbatbeginn) und die negative Konnotierung sind mehrfach motiviert: Einerseits löst der Schabbat Erinnerungen an die verstorbene Mutter aus, andererseits verbindet Ronit ihn mit der als repressiv empfundenen Ordnung der Woche in sechs Werktage und einen Ruhetag. Doch ist es dann vor allem die Erinnerung an die Mutter, die eine polyvalente Fiktionalisierung der Vergangenheit hervorruft. Der ablehnenden Haltung Ronits steht die Erinnerung an das gemeinsame Kerzenanzünden gegenüber. Diese, wie sich im weiteren Verlauf des Texts zeigt, positiv bewertete und auch identitätsstabilisierende Interpretation des Vergangenen steht in Kontrast zur Distanzierung der Erzählinstanz. So sind es die Kerzenhalter der Mutter, die als zentrales Erinnerungsobjekt für Ronit fungieren und die Ronit nach Hendon reisen lassen. Als sie zusammen mit Esti und Dovid Schabbat feiert, wird deutlich, dass dieser polyvalent semantisiert ist, denn in dem repressionsfreien Rahmen des Zusammenseins mit vertrauten und geliebten Menschen rekonstruiert Ronit eine weitere Assoziation zum Schabbat: „And I did feel it, a little bit. That feeling from long ago: Sabbath peace." (D, S. 92)

Bevor weiter unten Mobilität und damit Akte der Re-Positionierung der Figuren im Erinnerungsraum betrachtet werden, ist es im Falle von Ronit von Interesse, sich ihre Relationsbildung zum Haus ihrer Familie zu vergegenwärtigen. Dieses ist in Ronits Erinnerungskonstruktion ein zentraler Ort, dessen Erforschung eng an Prozesse von Narrativierung und Reformulierung von Vergangenheit angebunden ist. Zunächst betrachtet Ronit das Haus von außen, und sein vernachlässigter Zustand fungiert als Ausdruck ihrer anfänglichen Relation zu diesem Erinnerungsort.

> It was badly maintained – paint was peeling from the ledges of the upper windows. One of the glass panes in the front door was cracked. It seemed quieter than others, more alone and gaping. I thought that I was just projecting from what I knew, but then I realized what the difference was: all the curtains were open; the windows staring at the streets, hollow and vacant. (D, S. 72)

Wie Ronits Bezug zum Erinnerungsort selbst ist dieser in narrativer Äquivalenzbeziehung nicht instand gehalten: Farbe und Glasscheiben sind in schlechtem Zustand. Dem Haus wird Stille eingeschrieben, die an dieser Stelle – und noch intensiver im Inneren – die Beziehung von Vater und Tochter im Raum artikuliert. Darüber hinaus verweist der verlassene Zustand mit den offenen, leeren Fensterhöhlen auf den

Abbruch der Kommunikation. Durch den Tod des Vaters ist ein Austausch im gemeinsamen Erinnern nicht mehr möglich. Im Innenraum ist die Stille, von der das Ticken einer Uhr verschluckt wird, für Ronit die dominante Semantisierung des Raums. „Each tick seemed like a word uttered into the quiet of the house, a spoken thing created and then dropped to fall back into the ocean of silence." (D, S. 155) Die Verklammerung von Wort und schöpferischem Akt verknüpft diese Passage mit den Worten des Vaters zu Beginn des Texts, als dieser an der Schöpfung durch das Wort die weltschaffende Kraft sprachlicher Äußerungen expliziert. Nur versinken nun die Worte in einem Ozean der Stille, so dass Ronit das Schweigen zwischen Vater und Tochter als Gegensatz zum schöpferischen Prozess begreift.
Während der Innenraum des Hauses zugleich Erinnerungsort des Verhältnisses zum Vater und der Eigenverortung in der orthodoxen Gemeinschaft ist, bildet der Garten einen Gegenraum, in dem sich transgressives Verhalten manifestieren kann.[92] Im Garten, und vor allem hinter dem Hortensienbusch darin, wird die Intimität zwischen Ronit und Esti loziert.

> I remember only in fragments. The bare legs, the hydrangeas, the taste of her mouth. There was a place, between the hydrangea bush and the fence, where two girls could crawl, if they were little enough, and not afraid to scratch their knees. It was one of those places that seems obvious to children, hidden to adults. A secret place. (D, S. 176–177)

Zwischen Busch und Zaun entsteht ein abgeschlossener Raum, der einerseits als Gegenentwurf zu einer von Erwachsenen geordneten Welt begriffen wird. Andererseits ist es eben dieser Raum, der von Ronit als geheimer Ort benannt wird und der Erwachsenen unzugänglich ist, der zur Verortung der Erinnerung an den Körper der damaligen Geliebten wird. Der fragmentarische Charakter des Erinnerungsprozesses wird direkt umgesetzt, wenn nur die Hortensien und unzusammenhängende Körperteile Estis von Ronit aufgerufen werden. Dennoch wird anhand dieser Fragmente ein Narrativ konstruiert, in dem sexuelles Begehren erzählt werden kann. Als Jugendliche in der orthodoxen Semiosphäre verortet, in der sich das homosexuelle Verlangen der jungen Frauen nicht oder nur sehr schwer artikulieren kann, findet dieses Begehren seinen Platz an einem geheimen Ort, der in Opposition zur Umgebung konstruiert wird. Der Hortensienbusch nimmt im Erinnerungsnarrativ Ronits einen zentralen Platz ein, so dass auch nach Jahrzehnten in der New Yorker Grand Central Station der Anblick und Duft der Blumen ein Erinnern in Gang zu setzen vermag: „[...] a sudden, sharp memory of dirt underneath my fingernails and too-warm, maroon-coloured sweaters and the bare whiteness of the tops of her legs when she'd taken off her tights." (D, S. 177) Wieder verwendet Ronit Fragmente, um mit ihnen Vergangenheit zu repräsentieren. Erinnerung erweist sich dabei als Konstruktionsprozess, dessen Motivierung im spatialen Relationsgefüge liegt und der durch seine Semantisierungen eine räumliche Verklammerung disparater Orte etablieren kann.

92 Der Garten als Artikulationsraum sexuellen Begehrens ruft dabei auch Assoziationen zu Lustgärten wach.

An mehreren Stellen im Text wird von Ronit das Eindringen von organischem Material (die Rinde einer Wurzel oder Erde) in den Körperraum aufgerufen, wenn es um Erinnerungsprozesse geht. Erinnert wird etwa Dreck unter den Fingernägeln, quasi ein Durchdringen von Körperraum und Garten, und von diesem Ausgangspunkt geht das fragmentarische Aufrufen weiter über Kleidung bis zu Estis Körper. Als Ronit den Hortensienbusch im Garten als Erwachsene sieht, graben sich ihre Finger in die Erde und wieder gelangt Dreck unter ihre Fingernägel.

> When I got up, finally, and started the walk to Esti and Dovid's house, I tried to scrape the lines of dirt out from under my nails. The harder I scraped, the deeper I pushed them in, black ingrained against red. (D, S. 177)

Ronits Körper ist gleichsam der Aushandlungsort der Bezugnahme des Selbsts zur Vergangenheit. Das Reinigen der Fingernägel kann hierbei auch als vergeblicher Versuch des Abstand-Nehmens verstanden werden. Auf dem Weg zu Estis Haus wird dieser Versuch, die Erde und damit die erinnerte Intimität zu entfernen, zu einer spatialen Repräsentation der wechselseitigen Durchdringung, die auf eine hybride Verfasstheit des Erinnerungsraums Hendon hindeutet. Denn anders als in Ronits bispatialem Entwurf ist Hendon nicht nur der Ort repressiver Erfahrungen, sondern auch derjenige des ersten sexuellen Begehrens und des ersten Erlebens von Intimität. In der Vermengung von Körper und Erde findet das Nebeneinander der beiden Semantisierungen in Rontis Selbst eine räumliche Artikulation. Urbaner Raum und Körperraum werden folglich zur Verortung einer Bewertung von Vergangenheit und der damit verbundenen Platzierung des Selbsts in Bezugnahme zum Raum.
Dieser Bezug von Körper und urbanem Raum findet sich ebenfalls in der Selbstlozierung der nicht-diegetischen Erzählinstanz, die sich durch den Gebrauch der ersten Person Plural als Teil der orthodox geprägten Sphäre zu erkennen gibt:

> It [*Hendon*, M. K.] is not our place, and we are not its people, but we have found affection here. And, as King David told us, God is in all places, high and low, distant and near at hand. As surely as He is anywhere, God is in Hendon. (D, S. 217)

Ähnlich wie Ronits Erinnerungsnarrativ sich als polyvalentes Netzwerk mit sich widersprechenden Teilnarrativen erweist, nimmt die Erzählinstanz eine ebenso ambivalente Bezugnahme zum Raum vor. Obwohl sie zunächst die Exilsituation betont und damit einen impliziten Verweis auf die ersehnte Verortung aktualisiert, wird Hendon keineswegs als feindselig begriffen. Vielmehr ist über die Anbindung an kanonische Schriften und die dort ausgedrückte göttliche Allgegenwart der Londoner Stadtteil näher an die ersehnte Verortung herangerückt.
Wie sich bei dieser religiösen Bezugnahme die Sehnsucht nach Neuverortung mitartikuliert, so sind auch die Bewegungen von Ronit und Esti nicht frei von sich implizit ausdrückendem Begehren. Estis drängende Fragen an Ronit nach Erinnerungen an die gemeinsame Jugend formulieren in Uneigentlichkeit ihre Sehnsucht: Die Sehnsucht nach der Bestätigung ihrer speziellen Position in Ronits Leben und der Einzigartigkeit der gemeinsam erlebten Intimität. Auch Estis Erinnern an Ronit ist bestimmt

durch das fragmentarische Aufrufen des begehrten Körpers und der körperlichen Interaktion. „And she [*Esti*, M.K.] had been thinking of her. Of the tips of her fingers, lightly brushing the back of her neck, moving around, stroking her jaw, until her thumb rested on her lips.“ (D, S.47) Auffallend ist bei der Erinnerung des Begehrens, dass Ronit statisch Teile von Estis Körper aufruft, während hier Estis Narrativierung des anderen Körpers aktives Handeln der Person erzählt. Obwohl Ronit diejenige ist, die eine räumliche Distanzierung von Hendon vornimmt, bleibt sie im eigenen Erinnerungsnarrativ zunächst überraschend unbeweglich. Obschon Esti sich auch passiv in der Erinnerung von Intimität konzeptionalisiert (Ronits Körper ist handelnde Instanz), spielt Bewegung und damit Interaktion der beiden Körper eine zentrale Rolle. Wie sich diese Differenz zu Mobilitätsentwürfen der beiden Figuren verhält, ist im nächsten Kapitel genauer zu beschreiben: Dort werden Prozesse der Reformulierung betrachtet.

Was Dynamik angeht, verweist diese Differenz der Figuration des Erinnerten aber auch auf die Verfasstheit des Körpers und seine Repräsentation, denn Ronit beschreibt den Körper Estis als sprechenden Raum, als einen Text, der das Handeln Estis durch kleine Schnitte und Schrammen artikuliert: „The heels of her hands and her knees were constantly dotted with little scabs: fresh, half-healed and old.“ (D, S.178) Die Kerbung von Estis Körper verbindet sie wiederum implizit mit einer hohen Mobilität im urbanen Raum, einer Beweglichkeit, die dem Körper Spuren einschreibt, die ihn zugleich verzeitlichen. Die unterschiedlichen Stadien des Abheilens können auf diese Weise als dem Körper eingeprägte Erinnerung verstanden werden, die nur bedingt zu entschlüsselt ist, denn nur Esti selbst weiß jede einzelne Spur zuzuordnen.

Es wird deutlich, dass der Erinnerungsraum, in dem sich die Figuren verorten, eine polyvalente Struktur aufweist. Vor allem im Hinblick auf die Relozierungen, die vorgenommen werden, ist dies relevant, denn es handelt sich hierbei weniger um die Erschließung vollkommen neuer Positionierungen als um neue Profilierungen innerhalb des an sich schon hybriden Relationsnetzwerks. Dabei sind die zum Ende des Romans hin hervorgehobenen Bestandteile bereits von Beginn an angelegt, jedoch werden sie in ihrer Relevanz für die Identitätskonstruktion nun von den Figuren anders betrachtet. Die Versuche, scheinbar divergierende Elemente in der Konstruktion und Artikulation des Ichs zueinander in Beziehung zu setzen, führen zu einer Neubewertung der bestehenden Selektions- und Betonungsstrukturen.

Spatiale Re-Evaluation und Konstruktion von Identität

Wenn im Folgenden von Re-Evaluation die Rede ist, so bezieht sich diese Neubewertung und aktive Umgestaltung sowohl auf das diskursiv hervorgebrachte Gedächtnisnarrativ als auch auf die Platzierung des Selbsts in Relation zum Erinnerungsraum, der von diesem Narrativ entworfen wird. Dass solcherlei Verortungen zentraler Bestandteil von Identitätskonstruktion und (kollektiver) Identitätsstabilisierung sind und dass sich anhand dieser Platzierungen auch ein Selbst in Bezug zum Kollektiv setzt, verdeutlicht Aldermans Text auf vielfältige Weise. Rabbi Krushka wird von der nicht-diegetischen Erzählinstanz einerseits durch die Auslegung des wöchentlichen Torah-Abschnitts zu seiner Gemeinde in Beziehung gesetzt, andererseits steht der Rabbi auch in einer langen kulturellen und intellektuellen Tradition von Torah-Kommentaren wodurch er in einem religiösen Erinnerungsgefüge verortet ist. Doch dürfen derartige Verortungen nicht als starres Gefüge begriffen werden, denn jede identitätsstiftende Bezugnahme auf ein Gedächtnisnarrativ ist fortdauernder Reformulierung unterworfen, die hier beispielhaft für Esti und Ronit nachgezeichnet wird. Vor allem die sichtbar werdende Mobilität im Erinnerungsraum ist auf der narrativen Ebene Ausdruck von Rekonstruktion und Re-Evaluation des eigenen Bezugsrahmens. Performative Bewegung im spatialen Gefüge ist demnach als Erzählverfahren zu begreifen, mit dem dynamische Prozesse der Raumsemantisierung und Identitätskonstitution gleichermaßen darstellbar gemacht werden.

Wie bereits ausgeführt, gestaltet sich der von Esti entworfene Verortungsbezug zur orthodoxen Semiosphäre Hendons polyvalent: Es zeigt sich deutlich das Bestreben, das eigene homosexuelle Verlangen in den unter religiösen Prämissen narrativierten Erinnerungszusammenhang zu integrieren, etwa, wenn die Liebe zu Ronit anlässlich der Prophetenlesung eines Gottesdiensts mit der biblischen Liebe zwischen David und Jonathan verbunden wird, „telling of a love which, the Rabbis record, was the greatest which has ever been known." (D, S. 109) Die Erinnerung an die Liebe zu Ronit wird über den räumlichen Verortungsrahmen Hendons hinaus ausgeweitet und in einem biblischen Gedächntisnarrativ platziert. Damit zeigt sich bereits an dieser Stelle, dass Esti es ist, die narrative Autorität in der Herstellung von Bezugssystemen für sich beansprucht, und zwar in einer radikaleren Weise als Ronit, deren Selbstverortungsprozess innerhalb des Texts einen weitaus größeren Raum ausfüllt. Esti nimmt von Beginn an die Konflikthaftigkeit des eigenen Begehrens zum orthodoxen Bedeutungsraum wahr: „Sometimes I think that my life is a punishment for wanting. And the wanting is a punishment too. But I think, if God wishes to punish me, so be it; that is His right. But it is my right to disobey." (D, S. 117) Das von Esti benannte Recht auf Ungehorsam artikuliert ein Bewusstsein für die polyvalente Verortungsstruktur des eigenen Selbsts. Die Konsequenz Estis, in der orthodoxen Gemeinschaft zu bleiben, stellt auch nur scheinbar eine Abschwächung ihrer Radikalität dar, vielmehr ist es der Versuch eines Selbsts, seine divergierenden Bedürfnisse und auseinanderstrebenden Verlangen als solche anzuerkennen. Im Zwiespalt zwischen religiöser Sehnsucht und sexuellem Verlangen gibt es für Esti gerade nicht den Ausweg einer einfachen Auflösung durch räumliche Neuverortung (etwa in New York), vielmehr entfaltet der Konflikt in seiner Artikulation subversives Potential. So ist es Estis Hybridität, die, obwohl sie sich entschließt, bei Dovid zu bleiben, neben der Beanspruchung der narrativen Autorität die polyvalente Verfasstheit der Grenzverortung wahrnehmbar macht. Diese Inanspruchnahme narrativer Autorität und Estis kreativer Umgang mit der Deutung des Textes beweisen sich schließlich, als sie vor der Gemeinde einen Gegenentwurf zur Auslegung des verstorbenen Rabbi formuliert.

Mobilität manifestiert sich bei Esti nicht als räumliche Distanzierung von einem orthodoxen Bedeutungsraum, in dem sie gerade zu bleiben versucht. Ihre Beweglichkeit findet vielmehr in mehreren Grenzüberschreitungen Ausdruck, die vielfältige semantische Bezugsrahmen konstituieren. Schon ihre Reise nach Camden versetzt die Figur in eine neue Sphäre, wobei in Bezug auf den herannahenden Schabbat jüdische und nicht-jüdische Räume miteinander verknüpft und kontrastiert werden. Doch in dieser Bewegung überschreitet die Figur auch eine weitere Grenze, denn der Schwangerschaftstest Estis ist positiv.

Das Festhalten an einem *Status Quo* erweist sich als nicht länger tragbar, was wiederum am Raum entwickelt wird: „The clouds moved silently through the sky, carrying shapes with them that would become other shapes and further shapes. Nothing remains the same not even for an instant." (D, S. 219) Identitätsentwürfe und das spatiale Relationsgefüge werden hier miteinander assoziiert und in ihrer Beweglichkeit und steten Veränderung dargestellt. Dabei unterwirft Esti auch Selbstverortungsprozesse einer radikalen Neubewertung: „Even the past isn't the same anymore. Every element of your life must be re-evaluated." (D, S. 219) Jene an dieser Stelle Estis Herzen zugeschriebene Äußerung, die in die Rede der nicht-diegetischen Erzählinstanz eingebettet ist, formuliert eine neue Konstruktion von Vergangenheit vom Standpunkt der sich ändernden Gegenwart aus. Erinnerung formuliert also, gleich der amorphen Struktur der Wolken, immer wieder neue Formen in der Fiktionalisierung. So kann die Vergangenheit kein statisches, kohärentes Gefüge mehr sein, denn sie wird aus steter Veränderung heraus konstruiert. Die Abweichung Estis von der entworfenen Ordnung des orthodoxen Erinnerungsnarrativs wird vom Text im Raum artikuliert, indem dieser etwa als Akteur auf das Ausbleiben der Vorbereitungen für den Schabbat reagiert:

> The kitchen felt her difference when she entered it. 'Where are the chickens?' it seemed to say. 'Where the soup, where the challot? Where, oh where, is the potato kugel?' Esti spoke to the kitchen gently. She said, I will show you a new way. (D, S. 214)

In Kommunikation mit dem Raum verweist Esti auf einen Gegenentwurf zum vermeintlich festen Gefüge der orthodoxen Semiosphäre, der kein Verlassen dieses Raums darstellt, sondern eine Umgestaltung, die auf von Esti angeeigneter narrativer Autorität beruht. So überschreitet das Ehepaar auch in der Synagoge die bispatiale Ordnung, die eine räumliche Trennung der Geschlechter fordert, als sie einander an den Händen haltend die Bimah, den Ort der Torah-Lesung, besteigen. Von dort aus antwortet Esti konfrontativ auf die letzte Auslegung Rabbi Krushkas und nimmt dabei eine öffentliche Selbstverortung ihres homosexuellen Begehrens vor. Doch findet ihr Begehren keine strukturelle Umsetzung, denn obwohl Esti wieder Sex mit Ronit hat, bleibt sie bei Dovid und innerhalb der orthodoxen Gemeinde Hendons. Der Text schließt hier ein Verlassen des religiösen Bedeutungsraums durch Esti aus und nimmt auch keine Relozierung in einem anderen Kontext vor (etwa in einer liberalen Gemeinde). Vielmehr sucht er die Profilierung der hybriden Verfasstheit schlechthin. Als Esti sich zu ihrer

Homosexualität bekennt, nimmt sie gleichzeitig eine Sprecherposition in Anspruch, die der Interpretation Krushkas zuwider läuft und ihr einen neuen Entwurf entgegenstellt, der nicht länger das Verschweigen ihres Begehrens fordert (denn als Jugendliche hatte ihr der Rabbi genau dazu geraten). Dem Schweigen von Ronits Vater stellt Esti die Artikulation von Hybridität gegenüber, dem Verlangen nach Unsichtbarkeit hält sie Wahrnehmbarkeit entgegen und macht so nicht nur eine Äußerung von Alterität sichtbar, sie beansprucht auch als Frau in einer orthodoxen Gemeinde eine neue räumliche wie semantische Stellung: Sie spricht von der Bimah aus und platziert sich zudem selbst in einem Bedeutungsraum mit der religiösen Autorität Rabbi Krushkas, indem sie die Schrift auslegt. Dass Esti dies ausgerechnet innerhalb des Erinnerungsgottesdiensts für Krushka tut, bei dem eine Vielzahl bekannter Rabbis anwesend ist, macht zugleich ihren Führungsanspruch in der Gemeinde deutlich, denn sie spricht anstelle von Dovid, dem designierten Nachfolger, mit dem zusammen sie in Zukunft die Gemeinde leitet.

Wie flexibel die Narrativierung des Erlebten letztendlich ist, stellt der Text an den Reaktionen der Gemeinde dar, in denen Estis Coming-out, ihre Auslegung, das Essen und die Festlichkeit nebeneinander präsent sind. Mit Estis Beanspruchung von narrativer wie religiöser Autorität entwickelt der Text einen Gegenentwurf zur bispatialen Ordnung, die bislang vorherrschend schien. Mit Dovid und Esti wird die Widersprüchlichkeit von Identitätsentwürfen hervorgehoben und als Ausdruck polyvalenter Verfasstheit auf den im Diskurs formierten Erinnerungsraum ausgedehnt. In diesen wird ein neues Narrativ eingespeist, das eine bisher nicht wahrgenommene Position durch einen Akt der Selbstermächtigung sichtbar macht.

Auch Ronit reflektiert die multiple spatiale Zugehörigkeit, vor der sich die Konstitution von Identität vollzieht. Ihr Vorgesetzter und Geliebter Scott nennt ihr drei räumliche Bezugspunkte, die die Identität nachhaltig prägen; diesen fügt sie einen vierten hinzu, um dann durch eine Auswertung dieser Relationen ihre persönliche Verortung zu bewerten:

> Scott once said to me that you belong in three places: the place you grew up, the place where you went to college and the place where the person you love is. I'd add a forth component to that: the place where you first sought professional psychological help. Therapy has a way of tying you to a location, of fastening you to its way of thinking. In any case, by either reckoning, I now belong in New York more than I belong in London. (D, S. 53)

Zugehörigkeit konstituiert sich anhand einer spatialisierten Vergangenheit, die semantisiert und so als prägend empfunden wird. Der Akt der Lozierung wird dabei an Identität konstruierende Denkmuster angebunden, wobei die essentielle Bedeutung von räumlicher Relationsbildung vom Text hervorgehoben wird. Ronit entwirft ein räumliches Beziehungsgefüge, in dem die aktive Platzierung des Selbsts eine große Rolle spielt. Das Ich muss sich zwischen multiplen und polysemantischen Relationspunkten platzieren, um hierdurch Identität zu konstruieren.

Doch zeigen die nicht profilierten Orte auch weiterhin ihre Wirkmächtigkeit auf die Identitätskonstitution, was deutlich wird, wenn Ronit je nach aktueller räumlicher

Position Unsicherheit zeigt, was die Artikulation des eigenen Selbsts angeht: In New York kann sich Ronit nicht für einen Selbstentwurf entscheiden, der ihr Hendon angemessen erscheint. In der Mimikry steht die Imagination einer orthodoxen Identität mit entsprechender Kleidung und Lebensgeschichte (Heirat, fingierter Ehemann und vier Kinder) neben drastischeren Varianten, die in den Köper eingreifen („What if I shaved my head, because even my husband shouldn't be allowed to see my hair?" D, S. 50). In Hendon dagegen inszeniert Ronit einen Gegenentwurf als „trouser-wearing, cigarette-smoking woman" (D, S. 71). Ronits Verortungsstrategie produziert Brüche, die ein Spannungsfeld entstehen lassen, das wiederum Unsicherheit in der Umsetzung des jeweiligen Identitätsentwurfs hervorruft. Wie sich bereits abzeichnet, erweisen sich mehrere Lozierungen als wirkmächtig und erst die spatiale und semantische Re-Evaluation des Erinnerungsraums führt zu einer bewussten Verortung in dieser Polyvalenz und damit zu einer Einbeziehung der eigenen Hybridität.
In diesem Prozess, der auch die Reformulierung von Erinnerungsnarrativen beinhaltet, nimmt Verlangen eine zentrale Stellung ein. So ist es kein Zufall, dass Ronit sich erst in Hendon an den Körper der ehemaligen Geliebten erinnert:

> For just that little piece of time, standing in a field in Hendon in the middle of the night, underneath the stars and the moonless sky, I remembered the taste of her. It was like a connection, a completed circuit linking the past to the present suddenly, unexpectedly, and for that instant I knew where I was but not when. (D, S. 116)

Vergangenheit und Gegenwart verschmelzen hier im Raum, denn der Ort der Kindheit wird im erneuten Aufsuchen zunächst nicht als fiktionalisiert wahrgenommen, vielmehr scheint die körperliche Empfindung aus der Vergangenheit in die Gegenwart einzudringen. Dieses Verwischen von Abgrenzungen verweist auf die Durchdringung, die der Formierung von hybrider Identität innewohnt. Dabei kommt es zu einem Orientierungsverlust, wenn das erlebende Ich nicht länger eine temporale Verortung vornehmen kann. Der Raum enthält unterschiedliche zeitliche Ebenen, auf denen das erinnernde Ich zugleich loziert wird.
Gerade die Bibiliothek des Vaters, die Ronit bei ihrem ersten Besuch im elterlichen Haus betritt, legt die Deprivation des Mädchens offen, dem es verboten war, Torah zu lernen. „But you weren't supposed to read us, the quiet books murmured, you were supposed to get married and have children. You were to bring grandchildren to this house." (D, S. 74–75) Der Erinnerungsraum erhält in Ronits Darstellung eine eigene Stimme, die innerhalb des orthodoxen Bedeutungsraums wirkmächtige Normen artikuliert. Das indirekt ausgedrückte Streben Ronits nach religiöser Bildung trifft auf eine Festschreibung von Genderrollen, die das Lesen der Bücher des Vaters zur Transgression machen. Damit wird die Bibliothek zum spatialen Ausdruck des Ausschlusses und der Distanz zwischen Vater und Tochter. Dass Ronit die Existenz der Bibliothek vergessen hat, stellt die Suche nach den Kerzenständern der Mutter in den Kontext eines Vordringens ins Unbewusste im Freud'sche Sinne, in dem Erfahrungen von kindlicher Deprivation und Zurückweisung als Verdrängtes im Raum sichtbar werden.

Assoziationen mit einem therapeutischen Erforschen des Unbewussten werden bei Ronits zweitem Besuch verstärkt: Während beim ersten Mal die Räume des Erdgeschosses erschlossen werden, wo die Bibliothek einen ersten Bewusstwerdungsprozess auslöst, dringt Ronit nun in das Obergeschoss vor, das als eine tiefer gelegene Schicht gelesen werden kann. Die Bewegung durch das Haus verräumlicht einen Erkenntnisprozess, der Ronit nicht nur die Erinnerung an Zurückweisung rekonstruieren lässt, sondern auch die Vergegenwärtigung von erinnerten Fragmenten an die früh verstorbene Mutter in Gang setzt, die ihr bislang als traumatische Erfahrung nicht zugänglich waren: „Die Wiederkehr des Verdrängten vollzieht sich langsam, gewiß nicht spontan, sondern unter dem Einfluß all der Änderungen in den Lebensbedingungen, welche die Kulturgeschichte der Menschen erfüllt."[93] In Übertragung auf Ronits erinnernde Bewegung bedeutet die von Freud hier dargestellte Einbeziehung der Lebensumstände, dass der mobilen Re-Evaluation des Erinnerungsraums große Bedeutung bei der Rekonstruktion des Verdrängten zukommt.

In der Erforschung des Raums stößt Ronit auf Gegenstände (etwa einen Kidduschbecher, den sie als Kind benutzte), die eine Konstruktion von Vergangenheit motivieren. Doch findet ihrerseits auch eine Interpretation der Lozierung dieser Objekte statt, wenn sie die Aufbewahrung des Bechers hinter Büchern als Versuch des Vaters versteht, ihre Kindheit zu verstecken („What *right* had my father to hide my childhood from me in this way?" D, S. 134). Die Suche im Haus bringt nicht das erhoffte Ergebnis, denn die Kerzenständer bleiben verschwunden, doch produziert die Suche Bilder, durch die sich Ronit einer erinnerten Präsenz der Mutter nähert. „I held an image of the candlesticks firmly in my mind. I saw them, as my mother used to use them and, later, as I used to light them every Friday night." (D, S. 134) Das rituelle Anzünden der Kerzen wird hier in der Erinnerung zu einer Verbindung über das Erinnerungsobjekt, doch bleibt der Tod eine Leerstelle, denn der Übergang des Kerzenzündens von Mutter zu Tochter wird nicht eingeordnet.

Erst die Konfrontation mit dem eigenen Kinderzimmer löst bei Ronit eine tiefe emotionale Reaktion auf den Erinnerungsraum aus: Die Hoffnung, der Vater habe das Zimmer als ‚Schrein' für die Tochter in seinem ursprünglichen Zustand belassen, wird enttäuscht; vielmehr findet Ronit das Zimmer übervoll mit Kartons und Müllsäcken vor, sie vermutet sogar ein Mäusenest im Zimmer. Diese Verwahrlosung des Erinnerungsraums lässt Ronit die emotionale Distanz der Kindheit, das Schweigen des Vaters, erneut erfahren und vor dem Spiegel im Badezimmer bricht sie in Tränen aus.

> I looked up at my reflection in the bathroom mirror, tear-stained and red-eyed, and remembered something, just something, a moment like this, a time like this. Looking at myself in this mirror. Crying. I knew what I was remembering. (D, S. 137)

Die spatiale Identität löst einen Rekonstruktionsprozess aus und es ist nicht zufällig der Spiegel als Verräumlichung einer Vergegenwärtigung des Selbsts in der Reflektion, der zur Verortung dieses Prozesses wird.

93 Freud: *Der Mann Moses und die monotheistische Religion*, S. 130.

Doch ist die spatiale Präsenz der Vergangenheit nicht allein am Erinnerungsraum des Hauses sichtbar: Wie Schnitte und Schrammen Estis Körper zum Text werden lassen, ist auch Ronits Körperraum durchdrungen von der Vergangenheit. Bevor sie zum ersten Mal wieder das Haus betritt, wird die durch den Asphalt dringende Wurzel eines Baumes zum Objekt der Erinnerung. Über diese war sie im Alter von dreizehn Jahren gestolpert, wobei sich ein Stück Rinde in den Ellenbogen gegraben hat: „Not just any tree root; the tree root. The tree root that is part of me." (D, S. 72) Erst später im Roman vergegenwärtigt sich Ronit die Umstände dieses Sturzes, als sie sich damals, eifersüchtig auf die zusammen lachenden Freunde Dovid und Esti, ausgeschlossen und verraten fühlte. Die emotionale Distanziertheit des Vaters wird so auf die Beziehung zu den Freunden projiziert und findet mit dem Stück Rinde eine Einschreibung in den Körperraum Ronits.

Je weiter die mobile Rezeption und Auslegung des Erinnerungsraums voranschreitet, desto mehr erweisen sich Versuche, das Selbst in kohärenter Weise in einem vermeintlich natürlichen Gefühl von Zugehörigkeit zu lozieren, als unzulänglich. Schließlich muss sich Ronit in multiplen Verortungen als hybrid begreifen:

> I'm an oddity. I know it. Even in New York, where everyone's just a little bit Jewish, I don't make that much sense. The Orthodox world is tight; […]. People from my background just *don't* leap the tracks, go and bat for the other team. Except when they do. (D, S. 228)

Selbst New York, das bislang in Ronits Selbstentwurf Ort der Zugehörigkeit war, kann als Verortung nicht länger sinnstiftend konstruiert werden, da der orthodoxe Erinnerungsraum sich nach wie vor ebenfalls als bedeutsam erweist. So entsteht ein Gefühl von Dislokation als Ausdruck von Hybridität, die sich nirgendwo verortet, weil dafür herangezogene Sinngefüge nicht länger konfliktfrei angewendet werden können. Es bildet sich ein hybrider Zustand von Nicht-Zugehörigkeit, der nicht erklärt und sinnstiftend eingesetzt werden kann. Eine Verräumlichung dieses Prozesses entwirft Ronit anhand der Möwen, die aus nicht erklärbaren Gründen in Hendon leben.

> For no particularly obvious reason, there are *seagulls* in Hendon. I mean, there's no particular reason there shouldn't be either […]. And yet it's incongruous, walking down Brent Street past the kosher shops and the Talmud Trove bookshop, to see seagulls whirling in the sky overhead […]. (D, S. 132)

Hendon und die Möwen ergeben ein polyvalentes Bild, das sich Erklärungsversuchen verschließt, wodurch in Rontis Darstellung eine Verklammerung zur Charakterisierung des Orts durch die nicht-diegetischen Erzählinstanz aufgebaut wird: Dieser an sich ist nur bedingt bedeutsam: „it is only where we are" (D, S. 216). Doch anders als in diesem Entwurf, der eine Bedeutung generierende Verortung im Erinnerungsraum des kollektiven Gedächtnisses vornimmt, wird im Fall der Möwen deutlich, dass sich Sinnbezüge in der Lozierung zuweilen nicht herstellen lassen oder erst durch Semantisierungen gebildet werden müssen. Verortung und Identitätskonstruktion werden zu narrativen Handlungen, die mit der entsprechenden Autorität vollzogen werden. Beide Entwürfe verschließen sich einer quasi natürlichen Sinnhaftigkeit von

Zugehörigkeit in Relationsbildung, denn diese muss stets die eigene Konflikthaftigkeit einbeziehen.

Bei der prozessualen Neuerschließung des Erinnerungsraum wird auch das von Ronit gezeichnete Bild Hendons polyvalenter: Neben den Erinnerungen an Erfahrungen von Distanz werden zunehmend positiv assoziierte Elemente narrativiert, so etwa das gemeinsame Lachen der Eltern. Vor diesem Hintergrund wird die emotionale Unzugänglichkeit zwischen Vater und Tochter im Kontext von Trauer und Verlust eingeordnet. „She [*the mother*, M. K.] was the aching, absent heart at the middle of our lives and the words could never be spoken." (D, S. 224) Der Tod wird als Leerstelle artikuliert, in der die Abwesenheit der Mutter die Kommunikation zwischen Krushka und seiner Tochter unmöglich macht. Angesichts des gemeinsamen Schmerzes über den Verlust, der eine Verbindung zwischen Vater und Tochter wieder wahrnehmbar werden lässt, erinnert sich Ronit nun an die Auseinandersetzungen mit dem Vater, die jetzt als für beide Seiten schmerzhaft erkannt werden.

Ronits Bild der Mutter ist auf Bruchstücke beschränkt. So wird impliziert, dass ein Erinnerungsnarrativ des Vaters offensichtlich nicht zugängig ist:

> What do I remember? A sensation of warmth, a brown skirt and a pair of legs, a laugh as she talked to someone on the telephone, a time when I was ill in bed [...] and she brought me soup and fed it to me with a spoon. A pair of candlesticks. A pickle bowl. The cream-coloured shoes she wore on Shabbat. (D, S. 241)

Neben Szenen des Familienlebens nimmt der Schabbat für Ronit im Prozess des Erinnerns eine zentrale Rolle ein, wobei der Text den Charakter des Tages als Ruhetag und zugleich Erinnerungstag[94] an dieser Stelle in einer neuen Semantisierung für Ronit hervorhebt. So bietet der Schabbat auch Stabilität, als Ronits berufliches Leben (aufgrund der Affäre mit ihrem Vorgesetzten) in Frage steht oder als, nachdem Dovid Ronit und Esti beim Sex überrascht hat, die drei ihre Gemeinschaft stabilisieren, um sich wieder zueinander in Beziehung setzen zu können. Der Schabbat ist dabei die raumzeitliche Verortung von Estis Beschluss, bei Dovid zu bleiben und mit ihm das gemeinsame Kind aufzuziehen. Die Kerzenständer der Mutter, die der Vater Esti für Ronit gegeben hatte und die so endlich in Ronits Besitz gelangen, knüpfen sie enger an den Tag, sind sie doch einerseits wertvolles Erinnerungsobjekt in Bezug auf die verstorbene Mutter und andererseits auch Objekt der Bewusstwerdung, dass Krushka Ronit als Tochter und somit als Bestandteil der Familie gesehen hat.

Im Prozess der Erinnerung wird die Relevanz von zuweilen widersprüchlichen Elementen der Identitätskonstruktion anhand der bruchhaften Verfasstheit des Erinnerungsraums artikuliert, der stets interpretiert und narrativiert wird und erst als Fiktionalisierung in der Gegenwart rezipiert werden kann. Dabei betont Ronit die Bedeutung der aktiven Artikulation von Hybridität und damit der bewusst vorgenommenen Selbstlozierung:

94 Im Kiddusch, dem Segen über einem Becher Wein, am Freitagabend wird der Tag als Gedenken des Schöpfungswerks und zugleich als festliche Erinnerung an den Exodus begriffen.

> I've been thinking about two states of being – being gay, being Jewish. [...] If you are, you are. There's nothing you can do to change it. [...] The second thing is that both those states – gayness, Jewishness – are invisible. Which makes it interesting. Because while you don't have a choice about what you *are*, you have a choice about what you show. [...] So, I've come to a conclusion. I can't be an Orthodox Jew. I don't have it in me and I never did. But I can't not be one either. There's something fierce and old and tender about that life that keeps on calling me back, and I suppose it always will. (D, S. 255–256)

Unterschiedliche Konzepte stehen sich hier konflikthaft gegenüber, doch betont Ronit nun, dass sich diese Konflikte gerade nicht auflösen lassen, sondern vielmehr, gleich dem von Bhabha als Bild herangezogenen „split screen"[95], in ihrer Fragmenthaftigkeit nebeneinander stehen. Zudem nimmt die Divergenz von Selbstentwurf und performativer Umsetzung eine zentrale Rolle ein: Der Inszenierung eines mehr oder weniger kohärenten Ichs steht für Ronit die eigene Hybridität nicht zwangsläufig entgegen. Ausgehend von einem erinnernden Bewegen durch Hendon konstituiert sich eine Umgestaltung des Erinnerungsraums, indem unterschiedliche Profilierungen vorgenommen werden, aber auch durch die Raumerfahrung selbst, die ein breites emotionales Spektrum wahrnehmbar werden lässt. Dabei setzt der Text im Erfahren Ronits eine Grundbedingung des (literarischen) Raums nach Bachtin um: „In der Kunst und Literatur sind alle Raum- und Zeitbestimmungen untrennbar miteinander verbunden und emotional-wertmäßig gefärbt."[96] Da die Konstitution von Erinnerung als Erzählakt begriffen werden muss, erweist sich das Erfahren des spatialen Gefüges auch als Wertungsbildung, die im Konflikt verhandelt und neu artikuliert wird.

Hierin baut der Text eine Verklammerung zwischen Ronits Erzählstrang und der Auslegung der interpretierenden Erzählinstanz auf, die an Jakobs Ringen mit dem Engel das Verhältnis von Gott und Mensch als fortdauernden Konflikt beschreibt.[97] „We are bound to struggle not only with other men but also with God until the rising of the new dawn and the end of the earth." (D, S. 233) Vor diesem Hintergrund steht Estis Forderung nach einem Recht auf Ungehorsam nicht in Opposition zu ihrem Gottesverständnis, sondern das Ringen mit Gott wird zur Grundkonstante menschlichen Handelns. Ebenso muss nun die von Ronit als andauernde Bruchhaftigkeit gezeichnete hybride Verfasstheit des Selbsts nicht länger aufgelöst, sondern als solche angenommen werden. Es ist wiederum die interpretierende Erzählinstanz, die in ihrer Auslegung eine Positionsbestimmung formuliert, die sich auf Esti wie Ronit beziehen lässt: „Not for nothing did the Lord call us a stiff-necked people – a stubborn, wilful, disobedient race. This is our territory. We stand at the border, engaged in constant battle." (D, S. 233) In der Einbeziehung von Konflikt und Ungehorsam artikuliert die Erzählstimme eine Lozierung im Raum der Grenze. Wie stark sich dieser Grenzraum – auch im Lotman'schen Sinne – in der Figurierung von narrativer Autorität vor dem Hintergrund der multiperspektivischen Darstellung des Texts auswirkt, soll im Folgenden

95 Bhabha: *Location of Culture*, S. 162. Vgl. S. 48, Anm. 57.

96 Bachtin: *Chronotopos*, S. 180.

97 Vgl. Gen 32,25–29.

betrachtet werden. Esti und Ronit sind zweifelsohne Figuren, die mit hoher Mobilität ausgestattet sind und die so ihre Lozierung im Grenzbereich finden, einer Verortung, die sich als Artikulationsort hybrider Identitätsbildung anbietet.

Perspektivische Polyvalenz und narrative Autorität

Wie bereits angedeutet, finden sowohl die Bedingungen der Raumkonstitution als auch kollektive Erinnerungsnarrative Eingang in die strukturelle Organisation und Vermittlung des Texts. Erzählt durch drei klar voneinander abgrenzbare Instanzen – eine interpretierende Erzählinstanz, eine nicht-diegetische Erzählstimme und Ronit als autodiegetische Erzählerin – erweist sich Aldermans Roman als polyphoner Text, der in einem dialogischen Verfahren erzählt wird. Doch bildet der Dialog hier nicht allein eine die Erzählverfahren strukturierende Prämisse: Sämtliche Kapitel weisen einen ähnlichen Aufbau auf und sind um ein einleitendes Zitat aus einem kanonischen religiösen Text gruppiert, das thematisch in das Kapitel einführt. Auf dieses Zitat folgt stets, mit Ausnahme des ersten Kapitels, eine Auslegung durch die interpretierende Erzählinstanz, die zuweilen auch innerhalb eines Kapitels ein zweites Mal zu Wort kommt, um die Auslegung weiter zu führen. Darauf entfalten in mehr oder weniger schnellem Wechsel die nicht-diegetische Erzählinstanz und Ronits autodiegetische Darstellung das Sujet. Sämtliche Erzählstimmen organisieren sich um das einleitende Zitat, wodurch der Kommentar als Teil jüdischer Texttradition in der Struktur aufgegriffen wird. Hierbei setzt sich der Roman zu Texten in Beziehung, die für das jüdische Erinnerungsnarrativ zentral sind, und stellt zugleich seine Mehrstimmigkeit in den Kontext der narrativen Offenheit eines Kommentars, wie sie Foucault beschreibt:

> Die Aufgabe des Kommentars kann *per definitionem* nie beendet sein. Dennoch ist der Kommentar völlig auf den rätselhaften, gemurmelten Teil gerichtet, der sich in der kommentierten Sprache verbirgt. Er läßt unterhalb des existierenden Diskurses einen anderen, fundamentaleren und gewissermaßen ‚ersteren' Diskurs entstehen, den wiederherzustellen er sich zur Aufgabe macht.[98]

Der Kommentar wird zum diskursiven Interpretationswerkzeug, mit dem Tiefenschichten eines Textes in Annäherung erschlossen werden. Zugleich ist er ein narratives Erfassen des Erinnerten, das konstruiert und stabilisiert wird. Zudem weist die Unabgeschlossenheit auf den prozesshaften Charakter der diskursiven Vermittlung von Erinnerung hin.

Auch inhaltlich greift Aldermans Roman religiöse Texte sowie Ordnungs- und Organisationsprinzipien auf. Die Handlung selbst setzt am ersten Schabbat nach Simchat Torah ein. Es wird also eine Verklammerung mit der zeitlichen Organisation der gelesenen Abschnitte der Torah aufgebaut. Darüber hinaus findet das religiöse Narrativ auch Eingang in die sprachliche Vermittlung durch die Erzählstimmen, wenn etwa Ronit die Wiederholungsstruktur des Wochenabschnitts (Gen 1,31) aufgreift („And

98 Michel Foucault: *Die Ordnung der Dinge. Eine Archäologie der Humanwissenschaften*, aus d. Franz. v. Ulrich Köppen. Frankfurt am Main: Suhrkamp 1971, S. 73.

it was evening, and it was morning, the sixth day." D, S. 90) oder verschiedene Vorstellungen von Zeitverläufen (linear, zirkulär, spiralenförmig) der erinnernden Wiederentdeckung von Estis Gefühlen zu Ronit und dem daraus folgenden Kuss zur Seite gestellt werden. Im Modell der Spirale, das zunächst in der Auslegung entworfen wird („Every Shabbat is different to the Shabbat before; nonetheless every Shabbat is Shabbat." D, S. 102), wird eine die Gegenwart durchdringende Konstruktion der Vergangenheit entworfen, die einerseits Gleichheit impliziert (etwa sensorische Eindrücke, wie Gerüche, die Wärme des Körpers) und dennoch Differenz profiliert, wie an Ronits Wertung des Kusses deutlich wird („Fuck. Just when everything was going so well." D, S. 114). Der fragmentarische Charakter von Identität, der Brüche nicht zu einem linearen, kohärenten Ganzen zu verbinden vermag, wird in der Auslegung eines Talmudzitats (Pirkei Avot 2,20) durch die interpretierende Erzählinstanz zum Motiv des Ungehorsams in Beziehung gesetzt, indem das Ringen mit der Erfüllung der Gebote als Bestandteil der *conditio humana* beschrieben wird:

> We learn there is value in making our own choices, even if God Himself communicates clearly that the choices we make are wrong. We learn that we may argue with God, that we may disobey His direct commandments and yet delight Him with our actions. (D, S. 250)

Nicht nur religiöse Prätexte und Erinnerungsstrukturen erweisen sich als formend: Wiederholt ist auch das Sujet selbst formgebendes Element. Als Esti kurz vor Beginn des Schabbat einen Schwangerschaftstest in Camden kauft, wird der Erzählverlauf der nicht-diegetischen Stimme strukturell durch Einflüsse aus dem Raum gebrochen, die in figuraler Perspektive von Esti wahrgenommen werden. In der Darstellung von Estis Tagesverlauf finden sich immer wieder genaue Zeitangaben (von 6 a.m. bis 6.18 p.m.), wodurch Estis auf den Beginn des Schabbat ausgerichtete Organisation des Handelns die Wiedergabe durch die Erzählinstanz einfärbt. Dabei wird der erlebte Verlauf der Zeit zum Ende hin zugespitzt, wenn Esti achtzehn Minuten vor Schabbatbeginn den Test durchführt und der Erzählfluss fortwährend von eingestreuten „tick-tock"-Phrasen unterbrochen ist (vgl. D. 173–174). Figural perspektiviertes Zeiterleben wird zum bestimmenden Moment in der Rezeption und gestaltet darüber hinaus den Textraum selbst.

Der perspektivierte Rhythmus der verstreichenden Zeit bildet bei Estis Fahrt nach Camden eine weite Klammer: Der mobile Raum des Zugs der *London Underground* wird zur Verortung eines Verschmelzens von rhythmischen Zuggeräuschen, dem Zeiterleben Estis, in dem rhythmisch die Sekunden bis zum Beginn des Schabbat verstreichen, und dem Zählen der vergangenen Tage seit der letzten Menstruation.

> She counted again as she travelled. The rhythm of the journey was good for counting. She counted first these days, then those, then the extra ones. She counted again and again [...]. She closed her eyes and listened to the click-clack of the train, so like the tick-tock in her own head. (D, S. 169)

Wie schon an Estis Wahrnehmung des Raums in Camden ausgeführt wurde, nähern sich das Innen und Außen, der urbane Raum und der sich darin befindende

Körperraum einander bis zum Verschmelzen an, wenn das Rattern des Zuges und das Abmessen von Zeit ineinander fallen.

Die Durchsetzung der Rede der nicht-diegetischen Erzählstimme mit Estis Wahrnehmungen wird im weiteren Verlauf auf die visuelle Perzeption ausgedehnt, als die Packungsaufschrift des Schwangerschaftstests, die Esti im Laden gelesen hat, bei der Durchführung des Tests im Fettdruck innerhalb des Erzählflusses auftaucht:

> The small package in her handbag spoke of its **reliable** results available in only one minute. [...] Tick, said Friday, tock. [...] Locking the door, she examined the packaging again. **One** minute for a reliable result. There was time. She pulled open the packet. Tock. (D, S. 173–174)

Der Fettdruck ist in der typographischen Organisation des Textraums ambivalent zu lesen, denn einerseits kann er als direktes Zitat der Packung verstanden werden, doch andererseits, lässt sich hier eine in figuraler Perspektive entworfene Profilierung durch Esti erkennen, die auf Verlässlichkeit und Schnelligkeit der Anwendung Wert legt. Denn, wie der Text an der oben zitierten Stelle auch deutlich macht, die Uhr tickt weiter und bis zum Beginn des Schabbat dauert es nur wenige Minuten.

Die hybriden Bedingungen der Identitätskonstruktion und die polyvalente Semantisierung des Relationsgefüges finden in dieser sprachlich und visuell aufgegriffenen Durchdringung eine direkte Entsprechung auf der formalen Ebene. Aldermans Text verwendet auch hier ein Verfahren der polyphonen Vermittlung, innerhalb dessen sich Artikulationsorte und Codes wechselseitig beeinflussen und überlagern. Wie im Folgenden anhand der Perspektivführung aufgezeigt werden soll, entwirft der Text immer wieder Gegennarrative zu zuvor entwickelten Darstellungen, und zuweilen stehen sich die Beschreibungen verschiedener Charaktere als unauflösbarer Bruch gegenüber. Diese konfrontative Technik findet auf der strukturellen Ebene eine Entsprechung in der oben beschriebenen Durchdringung unterschiedlicher semantischer Schichten.

Der Text nutzt die Gestaltung der narrativen Perspektive zur Darstellung des Prozesses der Relationsbildung zwischen dem Selbst und dem Anderen, dem Kollektiv, und dem spatialen Gefüge. Am Beispiel Estis lässt sich leicht nachvollziehen, wie das Verhältnis der Figur zur Gemeinde vor allem vor dem Hintergrund des kollektiven Gedächtnisses in räumliche Figurationen überführt und dabei die perspektivische Verortung Estis zum Gestaltungsverfahren des Textes wird. So ist sie einerseits zu Beginn in isolierter Positionloziert, die auf das kollektive Gedächtnisnarrativ hindeutet, doch nimmt sie in der Frauengalerie der Synagoge eine erhöhte Position ein, von der aus sie den Bereich der Männer aus vertikaler Perspektive überblickt: „Over time the hats and kippot had become individual to her, each blotch of colour representing a different personality.“ (D, S. 5) Auch diese räumliche Platzierung der Figur erweist sich wie ihre soziale Stellung als ambivalent. Zwar ist Esti die Frau des Nachfolgers von Rav Krushka, jedoch wirft das Gedächtnisnarrativ der Gemeinde Zweifel auf ihre Person. Ebenso ist die Empore der Synagoge spatialer Ausdruck der Geschlechtertrennung in orthodoxen Gemeinden und damit auch ein Raum des einschließenden

Ausschlusses. Jedoch ermöglicht diese Position Esti ein Lesen des Raums, indem sie die verschiedenen Kippot und Hüte Personen zuordnet und die Kopfbedeckungen somit übersetzt. Aus der Vertikalen beobachtet Esti den Raum, wobei die schöpferischen Implikationen der de Certeau'schen vertikalen Perspektive proleptisch die performative Gestaltung des Gemeindelebens vorwegnehmen, die Esti am Ende für sich beansprucht.

Diese erhöhte Kompetenz im räumlichen Gefüge ermöglicht Esti immer wieder Bewegungen, die über die übliche Mobilität hinausgehen, etwa, wenn sich ihre Wahrnehmung vom Körper löst und sie im Raum der Synagoge nach Ronit sucht oder sie das eigene Selbst von außen betrachtet und dabei die Wahrnehmung anderer Gemeindemitglieder einbezieht:

> She saw herself from outside herself. [...] Can that be me, that person who appears so strange to all these others? She saw herself through a dozen pairs of eyes, each one registering her oddness with fear or disgust or confusion. (D, S. 103)

Wie auch Ronit im Verlauf der Handlung die eigene Hybridität als permanenten Zustand der Nicht-Zugehörigkeit fasst, begreift Esti an dieser Stelle ihre Polyvalenz durch das Einnehmen einer Außenperspektive. Das Gedächtnisnarrativ der Gemeinde, in dem die vor einem orthodoxen Wertesystem als Transgression erscheinende Intimität der beiden jungen Frauen weiter tradiert wird, dient als figurale Perspektive, aus der Esti von außen betrachtet und als das Andere festgeschrieben wird. Durch räumliche Verortung des narrativen Blickwinkels wird die Bezugnahme von Selbst- und Außenbild Estis in den narrativen Entwurf eingearbeitet. Zudem wird deutlich, dass die Konstruktion der wahrnehmenden Perspektive untrennbar mit der Lozierung des Blicks verbunden ist. Somit ist die Darstellung des Raums eng in die Konstruktion der dargestellten Welt eingebunden und besitzt mitnichten allein eine symbolische Funktion.

Neben der perspektivierten Selbstlozierung im Raum entwickelt der Text bei der Perspektivführung ein komplexes Geflecht von Blickwinkeln, das an dieser Stelle nur beispielhaft nachvollzogen werden kann. Wenn etwa Ronit durch den Blick Estis und Dovids perspektiviert ist, wird dieser Passage sogleich Ronits Wahrnehmung der beiden gegenübergestellt, die ein disparates Bild zu dem zuvor entworfenen etabliert. Dabei zeigt sich, dass die Wahrnehmung des jeweils anderen und eine gemeinsame Vergangenheit dargestellt werden, nur um diese unmittelbar darauf durch ein Gegennarrativ wieder in Frage zu stellen. Dies führt zu multiplen Narrativen, die nebeneinander stehen und Versuche der Kohärenzbildung in die Rezeption verlagern.

Bevor Ronit nach London zurückkehrt, geht sie aufgrund des selbst Erlebten davon aus, dass auch Esti Hendon verlassen hat. Die anschließende Konfrontation mit dem verheirateten Paar verschränkt Innen- und Außenwahrnehmung miteinander: In der durch die nicht-diegetische Stimme erzählten Begegnung wirkt Ronit nach außen selbstsicher, und erst im von ihr selbst wiedergegebenen Bericht kommt ihre Unsicherheit, ja sogar Panik, wegen Estis Heirat zum Ausdruck (vgl. D, S. 69). Ebenso ist die Relevanz der Prophetenlesung, in der die Beziehung von David und Jonathan zentral ist, für die beiden Frauen aus Estis Perspektive völlig offensichtlich, während sich Ronit nicht an sie erinnern kann und damit unfähig ist, innerhalb des gemeinsamen Erinnerungsraums mit Esti ein sinnvolles Narrativ zu konstruieren. „In the synagogue she [*Esti*, M. K.] was so strange, going on about David and Jonathan as if they were in some way *significant*. As if they were more than a story in a book." (D, S. 114) Ronit kann nicht erkennen, dass der Text für Esti einen Anknüpfungspunkt bietet, die eigene Hybridität im religiösen Erinnerungskontext zu platzieren: In Analogie zur Liebe von David und Jonathan narrativiert Esti die Intimität mit Ronit als zentralen Bestandteil des eigenen Selbstentwurfs. Diese Lozierung in einem von Esti geformten religiösen Erinnerungsraum kann Ronit nicht länger nachvollziehen, fehlt ihr doch die Einbindung in den kollektiven Prozess der Narrativierung. Da Esti lediglich auf das religiöse Narrativ zugreifen kann, weil der Kontakt zu Ronit nach deren Abreise stark eingeschränkt war, dient dieses als Projektionsfläche. Hierbei werden ihre Gefühle für Ronit überhöht, wodurch deren das Selbst formende Funktion erhalten bleibt. Estis Gedächtnismodell erweist sich dabei als ein performatives, „das sich vielmehr zur Aufgabe macht, dasselbe Ereignis in einer ständig neuen Gegenwart zu ‚konstruieren'."[99] Auf diese Weise gelingt es ihr auch, die eigene, gesellschaftlich nicht akzeptierte Sexualität in einem kollektiven Erinnerungsraum zu verorten.

Doch auch in Bezug auf alltägliches Verhalten wird die narrative Perspektive vom Text genutzt, um die Figuren von allen Seiten zu beleuchten, gleich einem Gebäude, um das sich der Betrachter herumbewegen und das er durchschreiten kann. Aus der Wahrnehmung Estis erscheint Ronit als lauter Mensch („[…] she [*Esti*, M. K.] heard the sound of stirring upstairs. Ronit? No, not loud enough, no banging." D, S. 215), der unentwegt Pläne entwirft und wieder verwirft: „Before they [*Dovid and Esti*, M. K.] had entered the hallway, before they had removed their coats or shoes, she was already talking, describing plans she had made […]." (D, S. 221) Wie unterschiedlich die hergestellte Vergangenheit sein kann, wird in den Kontextualisierungen von Dovids Kopfschmerzen deutlich, die dieser von Jugend an hat. In Dovids Wahrnehmung manifestiert sich der Schmerz als farbige Tentakel, die sich im eigenen Körperraum – etwa im Sichtfeld und innerhalb des Schädels – und dem umgebenden Raum gleichermaßen bewegen können („As he watched, glistening smears of yellow tweaked at Hartog's face […]." D, S. 82). Dovid erinnert sich weiterhin an Ronit als laut, agil und deshalb im Haus Krushkas disloziert: „She was then eight years old, with too much energy, too much exuberance, for the quiet of the Rav's house." (D, S. 83) Als Dovid schließlich sowohl Krushka als auch Ronit von den Farben erzählt, die er während der Schmerzattacken sieht, interpretieren diese das Phänomen vor ihrem eigenen Hintergrund und entwickeln unterschiedliche Erklärungen: Während der Rabbi die Farben in einen religiösen Kontext einordnet („The Rambam also speaks of those people who can *see* the soul – the neshama." D, S. 86–87), begreift Ronit sie als Zauber:

99 Esposito: *Soziales Vergessen*, S. 248.

„You're a wizard!" (D, S. 88). Zurückgekehrt nach London konstruiert Ronit ein Narrativ, in dem der Schmerz völlig verschwindet und das Sehen von Farben zum reinen Spiel wird, das sich Dovid für sie ausgedacht habe: „I was reminded of that game we used to play as children, where he would pretend that different people were also different colours. I almost had the urge to ask him what colour I was." (D, S. 90–91) Dass sie in der Tat als Kind Dovid immer wieder gefragt hatte, welche Farbe sie hat und welche Farben er gerade sieht, ist in Ronits Erinnerung nicht länger Teil des Narrativs. In der Konfrontation von Ronits autodiegetischer Erzählung und der figuralen Perspektivierung innerhalb der nicht-diegetischen Erzählinstanz entwickelt der Text ein Spannungsfeld, in dem sich Widersprüche gegenüberstehen und sich zugleich in der Hybridisierungstechnik der Perspektivführung gegenseitig durchdringen.

Zugespitzt wird das Auseinanderdriften der Wahrnehmungen bei der Erinnerung der gemeinsam verbrachten Zeit in Kindheit und Jugend. Dabei wird auch die narrative Autorität und Verlässlichkeit Ronits, die schließlich als einzige Figur in der Handlung eine eigene Stimme erhält und somit eine Sonderstellung einnimmt, in Frage gestellt. Für die erwachsene Ronit ist das in der Jugend konstruierte Bild der beiden Freunde, in dem diese als sozial eingeschränkt und unfähig zur Kommunikation erscheinen, nach wie vor relevant: „If I'm honest, I did most of the talking. I used to think that if I hadn't been there, they probably would have just sat together in silence. So at least I rescued them from that." (D, S. 181) Auch in der rekonstruierten Kindheit bleibt die Freundschaft zwischen Dovid und Esti nicht darstellbar. Die gegenseitige Zuneigung der Freunde verunsichert Ronits Selbstentwurf und lässt in ihr Zweifel bezüglich ihrer Wichtigkeit für die beiden aufkommen. Ronits Eifersucht prägt durch die Perspektivierung nachhaltig das Narrativ. Dabei wird die figurale Perspektive des erzählten jugendlichen Ichs zum dominierenden Element, wenn etwa ein Treffen der beiden ohne Ronit als furchtbar imaginiert wird: „[…] how awful it'd be for the two of them to be there together without me." (D, S. 181) Das fröhliche Miteinander der Freunde wird folglich von Ronit als Verrat begriffen, der die eigene Wahrnehmung als fehlerhaft kennzeichnet und die Diskrepanz zwischen der figuralen Perspektive und dem Erleben der Freunde hervorhebt. Doch ist selbst das erzählende Ich Ronits nicht fähig, in der zurückhaltenden Art von Esti und Dovid etwas anderes zu sehen, als ein Unvermögen zu kommunizieren.

Die Intimität der beiden wird demnach in der strikt vom erzählten Ich aus perspektivierten Reflexion des Geschehenen als Angriff auf die soziale Autorität Ronits begriffen: „It wasn't really as though I wanted either of them. I just expected them to be there when I needed them. I expected that they'd stay where I put them, wouldn't cause trouble." (D, S. 182) Doch, wie in dem Zitat deutlich wird, ist die Weigerung der Freunde, auf den von Ronit für sie vorgesehenen Plätzen zu bleiben, auch eine Infragestellung der narrativen Autorität Ronits als Erzählerin. In der Wahrnehmung des erzählten jugendlichen Ichs nehmen Esti und Dovid die Funktion von Figuren ein, die außerhalb der schöpferischen Gestaltung durch Ronit passiv bleiben. Dies jedoch erweist sich als rein auf die Wahrnehmung Ronits beschränkte Zuschreibung (wie auch die vermeintliche Langeweile und Stille in Abwesenheit Ronits). Die ‚Figuren' in Ronits Erinnerungsnarrativ erweisen sich als weitaus autonomer als von ihr erwartet und ziehen so die Gültigkeit von Ronits narrativer Variante der Freundschaft in Zweifel. Ronits erzählendes erwachsenes Ich wird ebenfalls im dialogischen Erzählverfahren des Textes, das unterschiedliche Perspektiven einander gegenüberstellt und verschiedene Stimmen alternative Narrative entwickeln lässt, als auf die eigene Wahrnehmung beschränkt markiert. Das Verhalten von Esti und Dovid formuliert beispielsweise – indem sie gerade nicht dort bleiben, wohin sie gesetzt wurden – eine Gegenerzählung zu Ronits mit vermeintlich höherer narrativer Autorität präsentiertem Erzählentwurf.

Im Hinblick auf die Konstitution narrativer Autorität, der Frage vor welchem Hintergrund etwas erzählt wird und welche Wirkmächtigkeit dies in der dargestellten Welt besitzt, entfaltet Aldermans Roman ein polyvalentes Gefüge. Diese Vielschichtigkeit wird bereits an der Zahl der Erzählinstanzen sichtbar, von denen zwei – Ronit und die nicht-diegetische Erzählinstanz – immer wieder sich in vielfacher Hinsicht widersprechende Versionen entwickeln. Die Erzählstimmen sprechen eben nicht mit absoluter Autorität, vielmehr ist die Perspektive des Wahrnehmens als zentral in der Gestaltung des Sujets anzusehen. Auch wird durch die interpretierenden Auslegungen der dritten Erzählinstanz die Autorität kanonischer Texte – und damit eines in der Gemeinde Hendons sehr zentralen Gedächtnisnarrativs – in den Erzählverlauf eingebunden. Unterstrichen wird die Machtposition der Narrativierung weiterhin in der Handlung selbst, wenn Rav Krushka in seiner letzten Auslegung der Torah die weltschaffende Kraft von Worten herausstellt: „It means we have a hint of Hashem's power. Our words are, in a sense, real. They can create worlds and destroy them." (D, S. 8) Sprache und damit auch der Akt des Erzählens erhält explizit raumgestaltende Kraft. Damit stehen sich einerseits die diskursive Autorität des religiösen Erinnerungsnarrativs und die polyvalente Vermittlung der eigentlichen Handlung gegenüber, doch verbindet der Text beide eng miteinander, indem die kanonischen Zitate und deren Auslegung motivisch die Handlung vorwegnehmen und kommentieren. Auf diese Weise wird die zentrale Rolle des Kommentars, der Auslegung, die stets auch neue Interpretationen von Textstellen hervorbringt, als bedeutende Technik in der Formulierung eines Erinnerungsnarrativs in den Roman eingearbeitet. Die hohe Bedeutung des Textes in der jüdischen Erinnerungskultur findet sich auch in Ronits Darstellung, obwohl diese sich sprachlich wie inhaltlich von einem orthodox-religiösen Erinnerungsraum abzugrenzen sucht:

> *This* is the problem with having been brought up in an Orthodox Jewish home, with those ancient stories about Torah scrolls that debate with each other, or letters of the alphabet with personality, or the sun and the moon having an argument. All that anthropomorphizing gets you in the end. There's still a part of me that believes that books can talk. (D, S. 75)

Die vermeintlich klare bispatiale Teilung in eine säkulare und eine religiöse Semiosphäre wird vom Text unterlaufen, so dass beide sich nicht als allein wirkmächtig erweisen.

Vielmehr wird die wechselseitige Durchdringung in der Hybridität des Grenzraums und die hier verortete semiotische Dynamik zur produktiven Kraft.
Folglich sind die verschiedenen Erzählstimmen auch in einem solchen Durchdringungsraum loziert: Wie bereits gezeigt, nimmt die nicht-diegetische Erzählinstanz eine klare Selbstverortung innerhalb der jüdischen Gemeinschaft vor und spricht, wenn es etwa um den Bezug Hendons zu London geht, in der ersten Person Plural. Begriffe aus dem religiösen Kontext werden ohne weitere Erklärung benutzt, und die zeitliche Einordnung der Handlung ist am jüdischen Kalender ausgerichtet. Der autodiegetische Entwurf Ronits beschränkt sich ebenfalls nicht auf die Wiedergabe der Geschichte: Vielmehr kennzeichnet die Erzählstimme manche Passagen als textinterne Fiktionalisierung („No, well, I made that last part up." D, S. 11) oder kommentiert als erzählendes Ich die Beweggründe des erzählten Ichs, beispielsweise als Ronit den Goldfarbs von einer erfundenen Beziehung mit einer Architektin erzählt: „Now here's a thing. I wanted to tell her what she wanted to hear. I really did. At that moment, after such a pleasant conversation [...]." (D, S. 98) Die Motivation des erzählten Ichs ist im Rekonstruktionsprozess des Erlebten dem erzählenden Ich in der narrativen Gegenwart nicht vollkommen zugänglich, so dass Ronit selbst offene Fragen stehen lassen muss („[...] which of us really understands why we do the things we do?" D, S. 98).
Es lassen sich bei den Erzählinstanzen deutliche Durchdringungsprozesse nachweisen, die die Erzählstimmen selbst in einem hybriden Grenzraum verorten und als polyvalent markieren. Dabei geht dies weit über die grundsätzlich durch die Vermittlung bedingte Grenzverortung von Erzählstimmen hinaus: Die nicht-diegetische Erzählstimme wird eng an die entworfene Welt angebunden und innerhalb des erzählten Kollektivs, der orthodoxen Gemeinschaft, verortet. Die autodiegetische Erzählstimme oszilliert durch Kommentare und Korrekturen zwischen einer Metaebene, auf der die eigene Erzählung, das eigene Handeln und Motive der Figuren bewertet und reflektiert werden, und der Begrenztheit der eigenen Wahrnehmung, die im Kontrast zur figural perspektivierten Darstellung im nicht-diegetisch vermittelten Erzählstrang betont wird. Auch die Auslegungen der dritten Erzählstimme, die sich von den einleitenden Zitaten ausgehend als Kommentar zu diesen wie auch dem Sujet entfalten, werden durch die enge Anbindung an die Erzählstränge der anderen Erzählinstanzen polyvalent. Auf diese Weise stellen sie in ihrer Kommentarfunktion eine Verklammerung von kanonischen Texten eines kollektiven Erinnerungsnarrativs und der Handlung des Romans her. Die Erzählstränge werden damit in Beziehung zu einem kollektiven jüdischen Gedächtnis gestellt, wobei die Verhandlung von hybrider Identität in einem polyvalenten Erinnerungsraum eine Entsprechung auf der Vermittlungsebene findet.
Diese polyphone Darstellungsweise greift Bedingungen der Erinnerungskonstruktion und der Konstitutionsprozesse des spatialen Relationsgefüges innerhalb des Sujetentwurfs auf. Der Text nutzt dabei dynamische Prozesse zur Betonung der hybriden Verfasstheit Hendons, indem er diesen Erinnerungsraum von mehreren Bezugspunkten

aus perspektiviert. Ferner semantisiert die nicht-diegetische Erzählinstanz den urbanen Raum von einer Verortung innerhalb des orthodoxen Kollektivs aus. So kann Raum und die an ihm konstruierte Erinnerung gerade nicht länger als kohärentes Narrativ verstanden werden, sondern die zentrale Bedeutung, die der Wahrnehmung und damit der Perspektive bei der Konstitution des Raums und der Konstruktion von Erinnerung gleichermaßen zukommt, wird vom Text hervorgehoben und findet Eingang in die Gestaltung des narrativen Entwurfs. Der Erinnerungsraum Hendon erweist sich durch die vielfältigen Bezüge als vielschichtiges Gefüge, in dessen Auslegung und Interpretation sich gleich Kommentaren zu kanonischen Texten widersprechende Versionen gegenüberstehen sowie Narrative und Gegennarrative entwickelt werden, die letztlich im urbanen Raum ihren Verhandlungsort finden.

Versuche der Selbstverortung, die Bedingungen hybrider Identitätskonstruktion widerspiegeln, sind eng mit diesem mehrdeutigen Gefüge verknüpft. In Bezug auf auktoriale Autorität stellt Wachinger in Zusammenhang mit Darstellungsweisen der Großstadt das Kollabieren einer übergeordneten Wahrnehmung fest:

> Gerade eine solche übergeordnete Ebene, auf der doch wieder die Großstadt als faßbare Struktur rezipiert wird, kollabiert jedoch – und dies ist ein zweiter, noch radikalerer Schritt der Abkehr von einer positiv konnotierten ‚Lesbarkeit' der Stadt in Bejaminschen Sinne […].[100]

Hendon und London verschließen sich in Aldermans Entwurf der kohärenten Darstellung durch die Erzählinstanzen. So entsteht ein multiperspektivisches Bild, vermittelt durch unterschiedliche Erzählstimmen in einem komplexen Geflecht von Perspektivierungen, in dem sich Wahrnehmungen widersprechen und wechselseitig beeinflussen. Das Erfahren des städtischen Raums kann dadurch in seinen vielschichtigen Semantisierungen zum gestaltenden Prinzip des Texts werden, wenn Figuren disparate Darstellungen des Raums entwickeln, die wiederum andere kontern und relativieren. Der literarische Raum konstituiert sich im Spannungsfeld der verschiedenen Wahrnehmungen und der Mobilität der jeweiligen Bezugspunkte innerhalb des Relationsnetzwerks, das der Text in seiner Ganzheit gestaltet.

In dieser Vielschichtigkeit werden von den Figuren variante Erzählungen des Vergangenen entwickelt, die nur selten ein übereinstimmendes Bild erzeugen können. Zwar kann der grobe Rahmen des Erinnerten von Esti und Ronit einen Eindruck vom Geschehenen vermitteln, jedoch lässt die Verortung des eigenen Selbsts im entwickelten Narrativ erahnen, dass Erinnerung auch auf Konventionen des Kollektivs beruht. Die Platzierung im Kollektiv gestaltet sich ja gerade als Relationsbildung des Selbsts zur Umgebung, wobei der wahrnehmende Blick diesen Bezugsrahmen interpretiert und in einen Sinnzusammenhang einordnet. Das polyphone Bild, das der Roman entwickelt, zielt nicht auf die Auflösung von Widersprüchen ab, sondern kann diese in Äquivalenz zu Konstruktionsbedingungen der hybriden Identität seiner Protagonisten eben nur bruchhaft in einem Nebeneinander darstellen. Mobilität im Raum ist dabei von zentraler Bedeutung: Die Bewegung zwischen Erzählinstanzen

100 Wachinger: Stadträume / Stadttexte unter der Oberfläche, S. 278.

und zwischen Erzählebenen steht in einer engen Beziehung zur Mobilität der Figuren im urbanen Raum und innerhalb unterschiedlicher Schichtungen des Erinnerten. Vermeintlich kohärente bispatiale Ausgangssituationen werden verworfen und zugunsten einer weitaus komplexeren multiperspektivischen Darstellungsweise ersetzt. In dieser treffen die verschiedenen interpretierenden Semantisierungen des Raums aufeinander, widersprechen sich, durchdringen einander und werden bisweilen relativert. Die Widersprüche der Figuren können nicht einfach aufgelöst werden, sondern werden, wie gezeigt, in einem Akt der performativen Gestaltung des eigenen Bezugsrahmens zueinander in Relation gebracht. Auf gleiche Weise setzt der Rezeptionsakt die Brüche innerhalb der Darstellung zwischen den verschiedenen Erzählinstanzen und Perspektiven zueinander in Beziehung, denn der Text verschließt sich bewusst einer kohärenten Auflösung. Im Zustand des Oszillierens vermag er, die Dynamik der diskursiven Konstitution des Erinnerungsraums auf der Ebene der narrativen Vermittlung aufzugreifen und als formenden Bezugsrahmen seiner narrativen Verfasstheit zu repräsentieren.

Narration und erinnernde Verortung des Relationsgefüges

Im Folgenden gilt es, abschließend die bisherigen Analysen der ausgewählten Romane zunächst unter dem Blickwinkel ihrer narrativen Gestaltung zueinander in Bezug zu setzen. Die narratologische Untersuchung des Phänomens Raum ist vor allem im Hinblick auf die zahlreichen Veröffentlichungen, die sich der Zeit im Kontext des Erzählen widmen, bei weitem nicht so vertieft, wie dies die Relevanz des literarischen Raums innerhalb der Sujetkonstruktion erwarten ließe. Auch hier kann eine solche Untersuchung nur andeutungsweise geschehen, jedoch ist es notwendig und angebracht, der besonderen Stellung, die der Perspektivführung und der Konstruktion der Erzählinstanzen zukommt, Rechnung zu tragen.
Des Weiteren soll die Kontextualisierung des Raums unter dem Blickwinkel einer erinnernden Verortung – und damit einer identitätsstiftenden Selbstlozierung – zusammenfassend betrachtet werden. Die Texte entwickeln, wie meine Analyse gezeigt hat, unterschiedliche Strategien der Raumsemantisierung in der interpretativen Herstellung des Erinnerungsraums. Dabei unterscheiden sich die profilierten Elemente des Erinnerungsnarrativs in ihrer Ausrichtung beachtlich. Diese Unterschiede gilt es, vor dem Hintergrund gemeinsamer Strategien der Konstitution von Spatialität noch einmal deutlich herauszuarbeiten, bevor abschließend ein Ausblick auf die Anschlussfähigkeit der vorliegenden Untersuchung formuliert werden kann.

1. Narrative Bestimmung des Relationsnetzwerks

Wie sich gezeigt hat, bilden die Gestaltung der Erzählperspektive und die Ausformung der Erzählinstanzen Ansatzpunkte, die für eine Beschreibung des literarischen Raums und der Konstitution von Erinnerung innerhalb dieses Relationsgefüges unerlässlich sind. Folgen wir der anfangs ausgeführten Grundannahme, dass sich Raum in Bezug zu einer wahrnehmenden Instanz konstituiert, ist offensichtlich, dass die narrative Vermittlung des spatialen Netzwerks von der Mobilität des Blicks und der Konstruktion der vermittelnden Instanz abhängig ist. Vor diesem Hintergrund können nun spatiale Dynamiken zwischen Semiosphären, zwischen dem systemischen Innen und Außen, in ihrer Relevanz für die narrative Gestaltung beschrieben werden.

1.1 Konstruktion von Erzählinstanzen und narrative Autorität

In Bezug auf die konstruierten Vermittlungsinstanzen ist allen Texten gemein, dass sie von einer mit hoher Verlässlichkeit und schöpferischer Autorität ausgestatteten nicht-diegetischen Stimme Abstand nehmen. Drei der untersuchten Romane – *When I Lived in Modern Times* sowie die beiden Texte Yellins – gestalten die Vermittlung durch eine autodiegetische Erzählinstanz, die wiederum, wie ich noch gesondert zeigen werde, auf unterschiedliche Weise gebrochen wird. In den übrigen Texten findet sich eine mehr oder weniger stark ausgeprägte Verflechtung verschiedener Stimmen, die in einem dialogischen Verhältnis die Erzählung vermitteln und dabei vielfach Brüche im Gesamtbild erzeugen, die ein multiperspektivisches Rezipieren der Texte erfordern. Durch den Dialog, der aufgrund der Konstruktion multipler Stimmen entsteht, wird das polyvalente Geflecht des Raums in der Vermittlung aufgegriffen. Sämtliche Erzählinstanzen sind eng mit dem in der Narration entworfenen Erinnerungsgefüge verknüpft, was verdeutlicht, dass die Texte keine Sprecherposition im Außen intendieren. Ein Raumbegriff, der ein solches Außen in der Konstruktion eines Behälterraums annimmt, erweist sich demzufolge in der Analyse als ungeeignet. Vielmehr betonen die Texte gerade durch den Entwurf der Erzählinstanzen selbst das Involviertsein der Stimmen. Diese sind entweder innerhalb der Diegesis angelegt oder, falls es keine Hinweise für ihre Einbindung gibt, doch auf irgendeine Weise zur diegetischen Ebene in Beziehung gesetzt. Wenn etwa die nicht-diegetische Erzählstimme in *Disobedience* sich als Teil der orthodoxen Gemeinschaft artikuliert, andererseits aber auch mit Introspektion und Omnipräsenz ausgestattet ist, erzeugt diese Anbindung Brüche in der Rezeption. Dadurch wird es unmöglich, die Erzählstimme als rein schöpferisch gestaltende Instanz wahrzunehmen.

Hierdurch erzeugen die Texte eine Fokussierung auf das Kollektiv, das den Ausgangspunkt in der Konstitution des Erinnerungsraums bildet. Narrative Autorität erscheint vor diesem Hintergrund nicht als unfehlbare Schöpferinstanz, vielmehr wird der Kontext marginalisierten Sprechens und der mit der Konstruktion des narrativen Ichs verbundene Prozess der Selbstermächtigung betont. Die in der Vermittlung sichtbar werdenden Brüche können zwar als unzuverlässige Erzählsituation interpretiert werden, doch greift eine solche Lesart zu kurz: Die Frage der Verlässlichkeit stellt sich vor dem Hintergrund der narrativen Entwicklung eines kollektiven Gedächtnisses in anderem Ausmaß, denn natürlich ist jede Narration durch die Erzählinstanz einer Perspektivierung unterworfen (so schon im Prozess der Selektion von Geschehensmomenten)[1]. Weiterhin existieren innerhalb von Erinnerungsdiskursen auch Varianten, die dominante Narrative in Frage stellen und Gegenerzählungen

1 Vgl. Schmid: *Elemente der Narratologie*, S. 252.

konstruieren. Es ist erforderlich, die Grundannahme, dass es sich bei Erinnerung um eine generierte, fiktionalisierte Konstruktion der Vergangenheit handelt, auch im Kontext der narrativen Vermittlung zu reflektieren. So wird deutlich, dass vor dem Hintergrund der zwangsläufig stattfindenden Formung durch eine Erzählinstanz eine ‚natürliche' und an ‚Originalität' der Eindrücke ausgerichtete Vermittlung des Erlebten an den Bedingungen menschlichen Erlebens vorbeigeht. In der Konstruktion sich widersprechender Instanzen und bruchhafter Erzählsituationen greifen die Texte vielmehr die Konstitution von Erinnerungsräumen in der Struktur des narrativen Entwurfs auf und machen die Erfahrung von Polyvalenz zum erzählerischen Prinzip.

Grants *When I lived in Modern Times* macht bereits mit dem ersten Satz den erinnernden Bezug in der Selbstlozierung deutlich: „When I look back I see myself at twenty." (MT, S. 1) Die referenzielle Aufrufung des Ichs wird im weiteren Verlauf des Textes wiederholt vergegenwärtigt, indem das erzählende Ich Evelyns immer wieder die Frage nach der Identität des erzählten Ichs stellt und diese sogleich vor dem Hintergrund der empfundenen Spaltung als britische Jüdin beantwortet: „Who *was* Evelyn? [...] Just a work-in-progress, not even that [...]." (MT, S. 5); „Who was I? I was a Jew." (MT, S. 11); „I'll tell you who I was then: I was a girl without a past [...]." (MT, S. 42) Fortlaufend wird das Ich als Frage aufgerufen, die mit dem Erzählen des Selbsts verbunden ist. Dabei wird deutlich, dass die Verunsicherung Evelyns in Bezug auf Zugehörigkeit im Akt der Narration und der damit verbundenen Bezugnahme zu einem Kollektiv, in dem sich das Selbst zu lozieren sucht, beantwortet wird. Erzählen hat hier gerade nicht die Assoziation des Ungewissen, der Unzuverlässigkeit (etwa in Opposition zu ‚faktischer' Geschichte), sondern platziert das Ich in einem Diskurs und ist somit als Akt der Selbstermächtigung zu verstehen. Das Streben aus der semantischen Peripherie ins diskursiv hergestellte Zentrum ist als Streben nach Wahrnehmbarkeit zu lesen, das anfangs noch als Sehnsucht nach kohärenter Auflösung der empfundenen Spaltung gefasst wird. Jedoch haben diese Brüche ihren Ursprung in den konflikthaften Durchdringungen der hybriden Identität, so dass sie sich eben nicht in eine Synthese überführen lassen. Vielmehr erkennt Evelyn zunehmend, dass die eigene polyvalente Verfasstheit in Bezug zu einem mehrdeutigen Erinnerungsraum begriffen werden kann. Folglich weicht die Sehnsucht nach Kohärenz immer mehr einem performativen Akt des Platzierens, der bestimmte Schichten des semantischen Relationsgefüges profiliert. Wie sich bei der Betrachtung der Perspektivführung zeigt, entwickelt der Text in der Verschränkung von Wahrnehmungen des erzählten und des erzählenden Ichs Gegennarrative, die das Streben nach Kohärenz konterkarieren.

Auf diese Weise finden die multiplen Zugehörigkeiten der Protagonistin – zu Großbritannien und Lettland und später zu Israel – Eingang in die Erzählstruktur, wenn die erzählende Evelyn das Erleben des erzählten Ichs reflektiert. Die Lozierung in der diskursiven Peripherie wird von ihr als ein Nicht-Gesehen-Werden erlebt: „We were the shadow family, we didn't quite exist. Sometimes, walking along the street, I felt that I couldn't be seen, that you could pass your hand through me. And I wanted to be seen." (MT, S. 10) Diese geisterhafte Existenz, die dem Selbst keine Möglichkeit zugesteht, sich zum Raum und zur Erinnerung in Relation zu setzen, will Evelyn im Zionismus auflösen. Dabei steht die Schaffung des jüdischen Staates in Beziehung zum Akt des Erzählens, denn beides macht das bedrohte und marginalisierte Selbst sichtbar, und beide beinhalten raumschaffende Prozesse. Demnach wird die Neuverortung in Israel, mit der Evelyns erzähltes Ich die Hoffnung auf eine kohärente Zugehörigkeit verbindet, auch als Stabilisierung des Selbsts begriffen. Doch erweist sich gerade diese Relozierung als ungeeignet, polyvalente Verknüpfungen eindeutig zu gestalten: Im Kibbuz verlagert Evelyn ihr anglo-jüdisches Selbst aufgrund der erfahrenen Dislokation ins Innere. „When I spoke Hebrew I was not Evelyn Sert but Eve from the kibbutz and Evelyn lived inside me, my private self." (MT, S. 54) Das erzählende Ich formuliert hier eine weitere Destabilisierung des sich nach Kohärenz sehnenden Ichs ähnlich der Verunsicherung durch die verschiedenen Namen, die die Protagonisten freiwillig oder unfreiwillig annehmen. In Analogie zu dieser Destabilisierung wird beispielsweise die britische Jüdin Evelyn von anderen Briten wegen ihrer Haarfarbe im Mandatsgebiet verortet, oder es durchdringen sich in Tel Aviv traditionelle und moderne Baustile sowie unterschiedliche Erinnerungsnarrative, oder eine in Palästina aufgewachsene Britin empfindet den Abzug der britischen Truppen als Ausweisung in ein Land (Großbritannien), das ihr fremd ist. Diese Verunsicherung spatialer und mnemonischer Bezüge hebt der Text in der Verflechtung von erzähltem und erzählendem Ich hervor, so dass unterschiedliche Wissenshintergründe, Raumwahrnehmungen und Selbstentwürfe miteinander in Konflikt geraten, trotz der Vermittlung durch eine einzige Erzählstimme.

Eine ähnlich dialoghafte Kommunikationssituation findet sich in komplexerer Ausformung in Yellins *The Genizah at the House of Shepher*. Dialogizität entspinnt sich hier einerseits aus der Verflechtung von Geschehnissen um eine alte Handschrift der Torah und Shulamits Entwurf der Familiengeschichte der Shephers. Andererseits durchdringen sich faktische Darstellungen und mythische Elemente, etwa wenn die Handschrift am Ende des Textes erneut auf dem Dachboden des Hauses gefunden wird, sie unerklärlicherweise wieder verschwindet und Gideon sie schließlich zurück zu den Angehörigen des Stammes Dan bringt. So wie das Faktische und das Mythische miteinander verflochten werden, wird auch das Ineinandergreifen der beiden Erzählstränge, der Familiengeschichte und der Erzählung um den Kodex, immer enger: Dabei stehen beispielsweise das vergangene Ich und das gegenwärtige Ich Miriams, der Tante Shulamits, direkt nebeneinander, so dass die Erzählinstanz unterschiedliche Zeitebenen in Gleichzeitigkeit miteinander verknüpft. Dieses Ineinanderfließen wird vom Text zugespitzt, bis er auch im Erzähltempus von der Vergangenheitsform ins Präsens wechselt.

Auf der Ebene des textintern Faktischen führt die Verflechtung zu Verunsicherung, indem religiös-kulturelle Legenden gleichberechtigt neben den Schilderungen des von Shulamit Erlebten stehen. Diese Destabilisierung wirkt sich auch auf das Erzählen selbst aus: Während in *When I lived in Modern Times* die Verunsicherung von Identität in der Namensgebung durch äußere Umstände, etwa illegale Immigration, hervorgebracht wird, ist die Unsicherheit in Bezug auf Namen hier eine von der Erzählinstanz bewusst gesetzte: „In this mythical history I called my father Amnon, because in the Bible Amnon followed the voice of his desire […].“ (GHS, S. 157) Der Tanach – und damit das kollektive Gedächtnisnarrativ des Judentums – wird zum Ausgangspunkt, wobei die ‚reale' Faktizität des Namens unklar bleibt. Des Weiteren bezeichnet Shulamit die entworfene Historie der Familie als mythisch, was zusätzlich die Durchdringung der vermeintlich disparaten Semiosphären betont. Durch die Verknüpfung der Erzählung um die gefundene Handschrift mit der Legende der zehn verlorenen Stämme findet sich dieses Ineinandergreifen auch innerhalb des zweiten Erzählstrangs wieder. Die raum-zeitliche Verortung beider Erzähllinien wird sowohl in einem jüdischen wie einem nicht-jüdischen Kontext vorgenommen, wenn als Beginn des Familiennarrativs die Bar Mizva Shaloms, also der Beginn seiner religiösen Mündigkeit, und die christliche Zeitangabe des Jahres 1853 angegeben wird.[2]

Um das Selbst in einem polyvalenten Gefüge zu positionieren, gestaltet der Text Verortungsstrategien als textkritische Praxis, mit der in der Vielzahl der narrativen Varianten Elemente ausgewählt werden. Die Textkritik findet sich sowohl bei Shalom, Lektor und religiöser Kaligraph, als auch bei Shulamit, die als Erzählstimme Kontrolle über den Entwurf der Familiengeschichte und die Erzählung des selbst Erlebten beansprucht. Dass gerade die Genizah, der Verwahrungsraum fehlerhafter oder schadhafter Schriften, für Shalom ein Ort der Freude ist („It was his particular pleasure to sit in the attic genizah of the synagogue at Bielsk.“ GHS, S. 5), legt den Fokus nicht auf dominante Narrative, sondern auf die Varianten. Modi der Texttradierung werden einerseits anhand kanonischer Texte thematisiert, wie durch die gefundene Handschrift, die Fragen der narrativen Autorität und Verbindlichkeit im religiösen Kontext aufwirft. Andererseits entwirft auch Shulamit im Familiennarrativ Varianten, die verworfen oder mit neuen Möglichkeiten konfrontiert werden, so dass eine unhinterfragbare Faktizität negiert wird. Die Varianten etablieren ein Gegengedächtnis, das, wie Neumann ausführt, destabilisierend auf den dominanten Erinnerungsdiskurs wirkt:

> Gegengedächtnisse sind darauf orientiert, die Homogenisierungs- und Naturalisierungstendenzen des dominanten, kollektiv-semantischen Gedächtnisses durch das Zugehörbringen alternativer Erinnerungsversionen zu unterminieren.[3]

Auf diese Weise entwickelt die Erzählinstanz eine narrative Mobilität, die unterschiedliche Semantisierungen des Raums darzustellen vermag. So kann das Ende des Romans offen bleiben und Entwürfe, die ein fantastisches Verschwinden der

2 Zum einen steht die Bar Mizva hier im Kontext des in der Narrativierung des eigenen Selbsts vorgenommenen Beginns mit der Geburt (über Shaloms Geburt erfährt der Leser nichts), zum anderen ist der Name selbst polyvalent: Das Wort *shalom* ist auch eine Begrüßung, so dass der Name Shalom Shepher als eine Einführung der Familie gelesen werden kann.

3 Neumann: Literatur als Medium (der Inszenierung) kollektiver Erinnerungen und Identität, S. 65–66.

Handschrift erzählen, stehen neben realistischeren Erklärungsversuchen wie Diebstahl durch ein Familienmitglied.
Mit der Verflechtung unterschiedlicher narrativer Verortungen ist die Erzählinstanz in der Lage, die Migrationsbewegungen der Shepher-Familie nachzuvollziehen. Dabei greifen auch hier das Faktische (etwa die Migration Shaloms nach Jerusalem) und das Legendenhafte (Shaloms Reise zum Stamm Dan) ineinander. Gerade an Shaloms Suche wird erkennbar, wie Mythos und Realität in der Produktion narrativer Varianten verflochten sind, denn es bleibt offen, was auf der Reise, von der er die wertvolle Handschrift mitbringt, wirklich geschieht. Stattdessen bietet der Text verschiedene Versionen an, ohne eine Auflösung zu intendieren. Shaloms Emigration nach Jerusalem steht die Bewegung Amnons gegenüber, der die Familie nach Großbritannien bringt. Die Diasporaexistenz findet Ausdruck in einer fortdauernden Sehnsucht, die sich bei allen Familienmitgliedern zeigt. Diese Sehnsucht ist auch als religiös-kulturelle Manifestation des Verlangens nach dem anderen Ort zu lesen, dem die Hoffnung nach Auflösung des Exils innewohnt. Jerusalem wird dabei nicht als konkreter Raum verstanden, sondern ist Ausdruck eines Sehnens nach Zugehörigkeit. Auch die gefundene Handschrift als narrative Variante im kollektiven Gedächtnis vollzieht einen Weg durch den Raum:

> As for the box containing the precious Codex, my grandmother put it away in the laundry chest. […] From the laundry chest it was moved to a lumber room […]. Eventually it was transferred to the attic at Kiriat Shoshan, where it remained for nearly seventy years, until we went up and opened it. And the truth unravelled like knitting to create a new present and a new past. (GHS, S. 140–141)

Obwohl zwischenzeitlich nicht mehr im Funktionsgedächtnis loziert, bleibt sie dennoch räumlich präsent und formt als erzählerische Alternative die Gestaltung der Vergangenheit und Gegenwart. Faktizität spielt hierbei eine untergeordnete Rolle, gestaltet sich doch die Bildung des kollektiven Gedächtnisses in erster Linie durch narrative Positionierung in Erinnerungsdiskursen. Dieser Polyvalenz trägt Shulamit selbst als Erzählinstanz Rechnung, indem sie zwischen den bestehenden Varianten eine fließende Selbstverortung vornimmt. Der Zug als mobiler Ort mitsamt der verschwimmenden Wahrnehmung des Außen wird für Shulamit zum Ausdruck der eigenen Verfasstheit. Eine Lozierung des Selbsts im Erinnerungsraum erfolgt als willentlich vollzogener Akt. Die Samen, die Shulamit für die Nichte mitnimmt, sind für die Erzählerin selbst Bezugnahme zu einem erinnernden Kollektiv. Zugleich stellen sie für die Empfängerin, der vom Vater ein Bezug zum jüdischen Erinnerungsnarrativ verweigert wird, einen Ansatzpunkt dar, um sich dieses Narrativ zu erschließen. Damit wird die Erzählung Shulamits selbst zum Samen, der in Tradierung an die nächste Generation weitergegeben wird.
Der zweite Text Yellins nimmt in der autodiegetischen Vermittlung eine noch radikalere Auflösung der Selbstverortung der Erzählinstanz vor. In diesem Fall ist es die in jedem Kapitel entworfene Spiegelbeziehung des erzählenden Ichs zu wechselnden Protagonisten, die zur Brechung genutzt wird, um ein multiperspektivisches Bild zu

erzeugen. Gemein bleibt den in zehn Kapiteln neu aufgebauten Relationen von narrativer Instanz und Figuren, dass Mobilität und eine nicht auflösbare Sehnsucht nach Neuverortung eine zentrale Position im erzählerischen Entwurf einnehmen. Dieses Verlangen beruht auf einer fortwährenden Dislokationserfahrung, die ein Streben nach dem anderen Ort bedingt und in Mobilität Umsetzung sucht. Doch während *The Genizah at the House of Shepher* ähnlich wie *When I Lived in Modern Times* noch den performativen Akt der Selbstverortung als narrativen Selektionsprozess profiliert, scheint dies in *Tales of the Ten Lost Tribes* nur noch sehr bedingt erfolgreich zu sein. Auch performativ gesetzte Grenzen verschwimmen immer wieder, wobei sowohl das erzählende Ich als auch die Protagonisten der Kapitel die Orientierung verlieren und in fortwährend scheiternden Versuchen der Selbstverortung gefangen zu sein scheinen. Die mit dem Akt der Lozierung verbundene narrative Autorität in der Abfassung des eigenen Selbsts wird auf diese Weise vom Text stets aufs Neue angezweifelt.

In der narrativen Verortung der Erzählstimme bleibt der Text folglich recht vage: Das erzählende Ich hat keinen Namen und ist, was Alter, Geschlecht und Herkunft angeht, nicht ausgeführt; Informationen bezüglich Familie und Platzierung in einem genealogischen Erinnerungsnarrativ bleiben ambivalent. Mittel in der Erzeugung dieser Offenheit ist neben Strategien der Informationsvergabe vor allem eine narrative Mobilität, die die Stimme zwischen verschiedenen Ebenen oszillieren lässt. Die Erzählinstanz ist zwar diegetisch, doch besitzt sie zuweilen Einblick in die Gedanken der Figuren, die sich einer rein diegetischen Instanz verschließen würden. Hierdurch erzeugt der Text Brüche, die bereits eine enge Verschränkung von Erzähl- und Wahrnehmungsebenen andeuten. In der Spiegelbeziehung zu den Figuren entwickelt sich ein komplexes Relationsgefüge, das sowohl den von den Charakteren erfahrenen Raum als auch ihre Verortung im Erinnerungsraum unsicher erscheinen lässt. Die Nicht-Greifbarkeit der Protagonisten beruht auf hoher Beweglichkeit, die als Streben nach Auflösung der Dislokation und als Versuch, dem konstanten Orientierungsverlust zu begegnen, gelesen werden kann.

Schon im Titel wird das Legendenhafte etabliert, was sich bei der Benennung der Kapitel auch in der Struktur des Textes fortsetzt. Der vom Text entworfene Raum erweist sich wiederholt als Raum der Durchdringung von Realem und Mythos, wenn etwa die Schiffsreise zugleich als Flucht und Migration sowie als mythische Irrfahrt dargestellt wird. Das Schiff befindet sich für eine unbestimmte Zeit in einer Kreisbewegung auf dem Mittelmeer, in der Himmelsrichtungen und temporale Orientierungen verschwimmen. Weiter fließen Räume ineinander, als der Buchladen von Shatzenberg mit dem Amazonas verknüpft wird, wodurch der finale Orientierungsverlust der Erzählinstanz im letzten Kapitel proleptisch angedeutet wird. Durch die Studentin Genie, die nach und nach unsichtbar wird, ruft der Text das Geisterhafte auf. Zwar ist die Unsichtbarkeit durch das Nicht-Wahrgenommen-Werden von der Umgebung begründet, doch bleibt das fantastische Element in der Erzählung bestehen. Die Durchdringung zwischen dem Raum der Universität und dem Fantastischen bildet eine Folie, vor der marginalisierte Erinnerungsdiskurse verhandelt werden. Durch Positionierung in der Peripherie werden diese Diskurse nicht wahrgenommen und sind ganz wie Genie unsichtbar. Wenn jedoch die Aufmerksamkeit bewusst auf sie gelenkt wird, erschließen sich die Diskurse wieder der Wahrnehmung. Genies erhöhte Beweglichkeit im Raum und ihre Fähigkeit, mit dem spatialen Netzwerk zu verschmelzen, deuten eine Performativität an, wie sie sich auch in *When I Lived in Modern Times* finden lässt, wenn das hybride Selbst in der Mimikry gestaltende Kraft entwickeln kann.

Auch in den Teilen, die auf eine Verflechtung mit legendenhaften Elementen verzichten, erweist sich die Mobilität der Figuren als modellierendes Prinzip, durch das der Raum entworfen und zugleich die Lozierung im Erinnerungsraum in Frage gestellt wird. Wie Genie scheinen viele der Figuren sehr beweglich zu sein: Onkel Esdras wird mit einem Albatros assoziiert, der den Boden niemals berührt, ähnlich auch der Matrose Nikos, der sich auf dem Schiff ebenfalls in ständiger Bewegung befindet, oder die Reisende im Zug, die fortdauernd zwischen Süden und Norden hin- und herpendelt, immer vom Verlangen nach dem jeweils anderen Ort getrieben. Trotz dieser Mobilität bleiben Figuren jedoch stets in ihrer Dislokation gefangen.

Das letzte Kapitel stellt einen Rückbezug der spiegelnden Entwürfe auf das erzählende Ich dar. Auf der Suche nach Isidore, einem mythischen Reisenden, der nicht genauer loziert wird, verliert das Ich die Orientierung. Das erzählende Ich stellt im narrativen Präsens durch das Zünden der Schabbatkerzen eine Bezugnahme zum jüdischen Erinnerungsnarrativ her, zudem wird durch die Dislokation des Ichs die Galuterfahrung profiliert. Jedoch verzichtet *Tales of the Ten Lost Tribes* auf eine weiterführende Perspektive: Der Orientierungsverlust scheint allumfassend zu sein und die Rückkehr des Reiseführers ungewiss. Lediglich im Kontakt mit den Dorfbewohnern scheint sich ein kollektives Narrativ zu entspinnen, dessen Ausformung jedoch ebenfalls offen bleibt. Die Legende Isidores ist eben nicht Vorlage des Schicksals der Erzählinstanz, sondern nur eine Variante, der eine Vielzahl anderer Alternativen gegenüber steht. Die Erfahrung von Dislokation wird auf diese Weise vom Text in der narrativen Gestaltung wiederholt und in immer neuen Konstellationen multiperspektivisch entworfen.

Wird in der Gestaltung der Erzählinstanz bei den bislang betrachteten drei Texten die Vermittlung durch eine diegetische Stimme vorgenommen, etablieren die verbleibenden drei Romane das multiperspektivische Bild durch die Konstruktion mehrerer Vermittlungsinstanzen, die miteinander konfrontiert werden und ein gebrochenes Bild erzeugen. Grants Roman *Still Here* wird abwechselnd von den zwei zentralen Protagonisten erzählt, wobei sich Darstellungen relativieren oder widersprechen. Schon diese direkten Bezugnahmen, in denen etwa Alix ihre Gefühle und Gedanken schildert, während in Josephs Darstellung Alix nur von außen betrachtet werden kann, verweisen auf das durch Verschränkung von Perspektiven erzeugte, reichhaltige Bild, das der Text entwickelt. Nicht unwesentlich erscheint hier die Frage nach narrativer Autorität und damit auch nach Kontrolle über das Narrativ: Schon durch die Berufe der beiden Protagonisten, Akademikerin und Architekt, betont der Text deren gestaltende Rolle im Raum. Als Architekt ist Joseph Teil einer disziplinierenden Gestaltung des

Relationsnetzwerks und bestimmt aktiv, was im Raum möglich ist und was nicht. Alix' räumliche Performanz manifestiert sich dagegen in der Konstitution des Erinnerungsraums. Das Wiederauffinden von Synagogen macht nicht wahrnehmbare Diskurse lesbar und destabilisiert in der Formulierung eines Gegengedächtnisses das vorherrschende Narrativ. Beide, Alix und Joseph, nehmen also Raum in Anspruch und vollziehen durch spatiale Praxis einen Akt der Selbstermächtigung.

Bei Alix verweist bereits die Ambivalenz der Verortung der Familie auf eine hybride Positionierung. Während der Vater in Selbstaneignung Liverpool als *seine* Stadt reklamiert – eine Haltung, die Alix vordergründig übernimmt und die sich auch in *The Clothes on Their Backs* zeigen wird –, bleibt die Mutter als deutsche Jüdin, die mit einem Kindertransport nach Großbritannien gebracht wurde, in Liverpool fremd. Vor diesem Hintergrund verortet Alix ihre Identität auf multiple Weise: zwischen London und einem französischen Dorf. Daneben reklamiert Alix den urbanen Raum Liverpools für sich, dessen Rauheit und Härte sie in die eigene Selbstkonstitution integriert. Wie bereits erwähnt, begreift sich Alix als aktiv gestaltende Kraft im Erinnerungsraum; in diesem Kontext nimmt sie auch Bezug auf ein jüdisches Gedächtnisnarrativ nicht nur in der Suche nach Synagogen, sondern etwa auch dann, als sie die erste Zeile des *Shema Yisrael* zitiert. Sowohl die Synagogen als auch jüdisches Leben in Europa begreift Alix als ein Immer-Noch-Hier-Sein, das durch den Romantitel schon vorweggenommen wird und dem im Text widerständige Qualitäten zugeschrieben werden.

Den eigenen narrativen Entwurf stellt Alix in den Kontext Liverpools: Die Hafenstadt lässt keinen Raum für das Fantastische, und so hat Alix' Erzählen auch keine Verwendung für Magischen Realismus (vgl. SH, S. 35). Früher setzt Alix Selbstverortung mit der Inanspruchnahme von möglichst viel Raum gleich, wodurch Erzählen als Besetzen von Textraum ebenfalls im Kontext der Selbstermächtigung steht. Dem widerspricht jedoch Alix' Zögern, als der letzte Wille der Mutter sie mit ihrer eigenen Familiengeschichte konfrontiert. Hier fehlen ihr zunächst Anhaltspunkte zur Konstruktion eines erinnernden Relationssystems. So werden die Reise nach Dresden und das Treffen mit einer bislang unbekannten Tante zur Destabilisierung einer bisher schlüssig konstruierten Familiengeschichte.

Ähnlich wie sich Alix' Erzählen am urbanen Raum orientiert, wird Architektur, also die aktive Formung der Stadt, für Joseph nicht nur zum narrativen Prinzip, sondern auch zur Maßgabe für die Gestaltung des ganzen Lebens. Durch die Erfahrungen im Jom Kippur Krieg traumatisiert, strebt Joseph nach maximaler gestalterischer Kontrolle, und es verwundert nicht, dass er seine Ehe mit Erica als Wiederaufbau des Tempels darstellt. Konfrontiert mit Kontrollverlust werden gestalterische Prinzipien jedoch verworfen, denn Probleme in der Ehe löst Joseph mit Hilfe einer Karte, die ein Umgehen des Konflikts ermöglichen soll (vgl. SH, S. 163). Fehlt hier die Option der Gestaltung, tritt sie am Beginn seiner Beziehung zu Erica umso deutlicher hervor: In der Ehe wird aus der christlichen Kanadierin eine US-amerikanische Jüdin. Doch sobald sich die Entwicklung Josephs Kontrolle entzieht, etwa als sich Erica diversen Schönheitsoperationen unterzieht, führt dieser Widerspruch zum Scheitern der Beziehung. Gegenüber Alix erzählt Joseph von seinen Kriegserfahrungen, was mit seiner Familie bislang unmöglich war, denn zu sehr strebt er hier nach disziplinierender Gestaltung des familiären Raums. Nach dem Erzählen des Traumas nimmt Joseph schließlich Abstand von der Gleichsetzung von Architektur und zwischenmenschlichen Beziehungen. Auch seine Zeugenschaft bei Alix' Treffen mit ihrer Tante lässt erahnen, dass sich eine Akzeptanz für die eigene Polyvalenz entwickelt, denn nicht zufällig ist es Josephs Stimme, die das offene Ende in Bezug auf seine Beziehung mit Alix erzählt.

The Clothes on Their Backs wird ebenfalls durch zwei distinkte Erzählstimmen vermittelt: die von Vivien Kovaks und ihrem Onkel Sándor Kovacs. Jedoch gestaltet sich hier die Verflechtung der Instanzen komplexer, denn bis auf ein Kapitel wird der Roman durch Vivien erzählt, und Sándors Darstellungen bilden eine sekundäre Erzählung. Wenn Sándors Stimme nicht direkt wiedergegeben wird, liegt also eine deutliche Formung durch Vivien vor. Eine Ausnahme bildet jenes Kapitel, das als direkte Wiedergabe der Tonbandaufnahmen von Sándor selbst erzählt wird. Dabei betont die Überschrift – „My uncle's story, in his own words“ (CB, S. 278) – durch Bezug auf die Slave Narratives die Authentizität der Stimme und stellt den gesamten Bericht Sándors in den Kontext der Selbstermächtigung durch Erzählen des eigenen Lebens. Die eigene Geschichte bildet einen marginalisierten Diskurs, der durch die Narrativierung wahrnehmbar gemacht werden soll und der so auch im Text selbst Raum beansprucht. Diese Selbstlozierung lässt sich bei Vivien ebenfalls nachvollziehen, deren Erzählen eine Verortung des Selbsts im kollektiven Gedächtnis repräsentiert. Durch das Schweigen der Eltern wird eine Bezugnahme zu einem weiter gefassten Gedächtniszusammenhang unmöglich gemacht; dieser wird schließlich durch Sándors Erinnerungen hergestellt. Gleich zu Beginn des Romans dringt die Stimme des Onkels in Viviens Darstellung ein, wenn die Nichte ihn zu hören meint. Zwar ist das Wahrnehmen deutlich Vivien zugeordnet, doch steht dieses Eindringen als proleptische Etablierung der Figur in enger Verbindung zum plötzlichen Auftauchen Sándors an der Tür der elterlichen Wohnung. Sándor bildet so einen nicht zu kontrollierenden Bestandteil des Narrativs, etwa auch als die Bemühungen von Viviens Vater, seinen Bruder durch Verschweigen aus dem Erinnerungsnarrativ zu löschen, zwangsläufig scheitern.

Obwohl als sekundäre Erzählung modelliert, erhält Sándors Narrativ großes Gewicht nicht nur durch das Erzählen der Vergangenheit, sondern auch durch den Einfluss, den es auf Viviens Erzählung entwickelt. Für Vivien eröffnen sich Bezugsmöglichkeiten, die die Verbindung zu einem jüdischen Erinnerungsraum in Budapest und dem kleinen Dorf Mád herstellen. Darüber hinaus liefert die Vermittlung der Familiengeschichte eine Erklärung für das Schweigen der Eltern über Verfolgung und Flucht sowie ihr Bestreben, in der Mehrheitsgesellschaft unbemerkt unterzugehen.

Die Motivation von Sándors Erzählung ist Selbstverortung im Erinnerungsdiskurs: Die Lozierung des marginalisierten Selbsts und die damit verbundene Beanspruchung von spatialem und semantischem Raum nimmt eine zentrale Rolle ein. Sándors Narrativ will darüber hinaus als Tradierung von Vergangenheit das eigene Erleben an die Folgegeneration weitergeben. Dabei wird ein Gegendiskurs zur Geschichtsschreibung formuliert, die für Sándor lediglich die Geschichte der Herrschenden ist und damit keinen Bezug zum Selbst hat. Historiographie wird in Verflechtung mit dem persönlichen Erleben dargestellt, wodurch, wie Brüggemann verdeutlicht, Brüche erzeugt werden können:

> Die Konstellationen geschichtlicher Erfahrung haben ihre Entsprechung in denen der lebensgeschichtlichen, sie lassen sich aufeinander abbilden, überblenden, nicht unähnlich der schwebenden Transparenz auf den Bildern der Kubisten, in der die Konturen der Dinge ohne Schwere ineinander übergehen.[4]

Nicht allein durch die Verflechtung der beiden Erzählstimmen kann der Text ein fließendes Bild des Erinnerungsraums erzeugen – auch die Verknüpfung persönlichen Erlebens mit Erinnerungsdiskursen macht deutlich, dass der Text durch narrative Mobilität ein komplexes Netzwerk modelliert. Dass Sándor von Vivien einerseits als begabter Erzähler charakterisiert wird und sie andererseits narrative Kontrolle über ihn reklamiert, indem sie behauptet ihn zu steuern, verunsichert die Zuordnung narrativer Kontrolle, denn die Frage, inwiefern Viviens Darstellung durch Sándor geformt ist, bleibt weiterhin bestehen.

Sowohl Viviens Selbstkonstruktion als auch ihr Erzählen verweisen auf das Element der Kontrolle: Im Motiv der Kleidung wird gerade deren körperformende Kraft hervorgehoben, was auf eine disziplinierende Raumformung hindeutet. Gleichwie Körper durch Kleider geformt werden, erweist sich Vivien in ihrem Selbstverständnis als Erzählerin auch als Gestalterin der eigenen Identität. Durch die Eltern einer Genealogie beraubt, versucht sie, über unterschiedliche Strategien eine Narration des Selbsts herzustellen. Der urbane Raum ist dabei der Aushandlungsort, in dem Vivien Praktiken der Identitätskonstruktion durchspielt: „I started to observe others, in crowds and as individuals, and acquired the trick of being part of the rest of the human race." (CB, S. 20) London bietet den Raum, um über Versuch und Irrtum diverse Verfahren zu erproben. Dabei dient auch Literatur als Vorlage, wenn verschiedene Rollen aus Romanen zu Vorbildern werden: „I'd dress like them, think like them, walk around being Emma Bovary, with no understanding at all of either provincial life or farming, but boredom I knew *very* well." (CB, S. 32) In der interpretierenden Übertragung der Figur auf den eigenen Selbstentwurf zeigt Vivien einen kreativen Umgang mit Literatur, die auf Anknüpfungspunkte für das eigene Erleben befragt wird und so neben den anderen Selbstentwürfen im urbanen Raum ein Reservoir bietet, aus dem Versatzstücke versuchsweise in das eigene Selbst integriert werden. Raum, ob nun erlebter oder literarischer, ist eng verflochten in die Herstellung des Selbsts, „identities/entities, the relations 'between' them, and the spatiality which is part of them,

4 Brüggemann: *Das andere Fenster*, S. 243.

are all co-constitutive."[5] Die von Massey hier betonte Reziprozität in der wechselseitigen Konstitution von Identität und Raum verweist auf Viviens Selbstermächtigung, die sich sowohl in der Erschließung des urbanen Raums vollzieht als auch in ihrer Narrativierung von Sándors Erzählungen, die ihr einen neuen Erinnerungsraum öffnen.

Wird die Welt durch Vivien zunächst nur durch das Fensterglas der elterlichen Wohnung wahrgenommen, erschließen sich ihr nach und nach sowohl London als auch der Erinnerungsraum der Familie. Die ganze Stadt ist für Vivien ein Text, dessen Codierung entschlüsselt werden kann. In gleicher Weise findet sie Wege, die polyvalenten Schichten von Sándors Erinnerungsnarrativ in Bezug zum eigenen Selbst zu setzen. Den verstummten Eltern, die von Vivien mit Mäusen assoziiert werden (vgl. CB, S. 54), stellt sie zunächst eine Verdrängung der eigenen marginalisierten Positionierung gegenüber, die sich dann in der Erzählsituation mit dem Onkel löst. Trotz der Negation von Differenz konstruiert sich Vivien gegenüber ihrem ersten Ehemann als das dunkle, orientalische Andere bzw. wird von Alex als solches aufgerufen („an exotic little black monkey", CB, S. 42; „his dark wife", CB, S. 46). Versuche der Erschließung des urbanen Raums und des Erinnerungsraums verlaufen so gleichermaßen probeweise als Anwendung von Praktiken der Relationsbildung.

Eine polyphone Struktur findet sich auch im Aufbau von Aldermans *Disobedience*. Doch gestaltet sich diese bedeutend komplexer, als dies in Vermittlung durch zwei diegetische Instanzen der Fall ist: Der autodiegetischen Erzählung Ronits steht eine nicht-diegetisch modellierte Stimme gegenüber, die Einsicht in Gefühle und Gedanken der Figuren besitzt und auch, was Beweglichkeit im literarischen Raum betrifft, mit hoher Kompetenz ausgestattet ist. Darüber hinaus interpretiert eine weitere Instanz Zitate aus kanonischen Schriften und beweist dabei ihr Wissen innerhalb des kulturell-religiösen Erinnerungsraums. So stehen sich unterschiedliche Vermittlungsmodi und Raumkompetenzen gegenüber, deren Durchdringung im Erzählverfahren auch unterschiedliche Möglichkeiten der Raumerfassung zu verflechten vermag.

Erneut vermitteln die Instanzen in Konfrontation zueinander unterschiedliche Interpretationen des Gegenübers und des Geschehens. Dabei werden durch figurale Perspektivierung in der Rede der nicht-diegetischen Erzählinstanz die Darstellungen Ronits immer wieder relativiert. Das Aufeinandertreffen der Stimmen erzeugt Brüche, die multiperspektivische Eindrücke hervorrufen, die wiederum in der Rezeption integriert werden und ein hybrides Bild hervorbringen. Durch die Verortung Ronits in der Diegesis und der Lozierung der zweiten Stimme im Außen entwirft der Text sich widersprechende Semantisierungen des Raums, die dessen Polyvalenz im narrativen Entwurf aufgreifen. Dass diese Semantiserungsstrategien der Konstitution des literarischen Raums allgemein immanent sind, betont Ryan:

> An important aspect of the cognitive mapping of narrative texts is the attribution of symbolic meaning to the various regions and landmarks of the narrative world. This meaning should not be considered

5 Massey: *For Space*, S. 10.

> a metaphorization of the concept of space, since it is attached to specific areas of the narrated world, contrary to spatial metaphors, which suppress connections to particular territories.[6]

Da der Raum von unterschiedlichen Instanzen in divergierenden Interpretationen entworfen wird, gestaltet sich seine Konstitution vielschichtig und verweigert sich einer monoperspektivischen Erfassung. Dass die Bedeutungszuschreibung in der Darstellung des Raums eng an die wahrnehmende Instanz gebunden ist, wird deutlich, wenn Hendon für Ronit vor allem durch Enge und Isolation charakterisiert ist. Dagegen wird die Abgeschlossenheit Hendons in Relation zu London von der nicht-diegetischen Erzählinstanz im Kontext der Diaspora erzählt. Zudem ist das Narrativ der nicht-diegetischen Instanz durch eine polyvalente Verortung zur Geschichte aufgebrochen: Einerseits ist die Vermittlung stark durch figurale Perspektivierungen geprägt, andererseits ist die Erzählstimme mit Introspektion ausgestattet und kann sich ungehindert im Raum auf sämtlichen Ebenen bewegen. Jedoch nimmt die Stimme immer wieder eine Selbstverortung innerhalb der orthodoxen Gemeinschaft vor, wodurch sich die Instanz selbst in einer Schwellenposition zwischen unterschiedlichen Erzählebenen platziert. Dem Wir, das Verwendung findet, wenn über Hendon im Kontext eines orthodoxen Gedächtnisses berichtet wird, stehen Passagen gegenüber, in denen sich der Blick der Erzählstimme frei im Raum bewegt: etwa wenn die Trauer um Rav Krushka in verschiedenen jüdischen Gemeinschaften des Stadtteils verfolgt wird, oder Gerüchte um Ronit und Esti als Bewegung in ihrer Verbreitung durch verschiedene Geschäfte dargestellt werden. Dabei hat die Erzählinstanz Einblick in Gefühle und Gedanken der Figuren und macht sogar das Kollektiv der orthodoxen Gemeinschaft zum Bezugspunkt der Perspektivierung. Durch den Nachvollzug verschiedener Bewegungen im Raum, die diesen zugleich konstituieren und semantisieren, wird der Wir-Bezug wiederum durch die Verortung der Instanz auf einer übergeordneten Erzählebene gebrochen. Zwar stellt sich die Erzählstimme durch die Verwendung religiöser Begriffe, die Organisation der erzählten Zeit nach religiöser Tradition und die erste Person Plural deutlich in Bezug zur orthodoxen Gemeinschaft, jedoch gestaltet sie ihren Erzählstrang mit der Autorität des übergeordneten Schöpfers. Das jüdische London mit seinen Hinterhof-Synagogen und Betsälen ist der Erzählinstanz vollkommen zugänglich. Auch das Einsetzen der Erzählung mit dem ersten Torah-Abschnitt „Bereschit“[7] und der darauffolgenden Betonung der weltschaffenden Kraft von Worten durch Rav Krushka verweisen auf die spezielle Autorität, die der Narration bei der Bildung von kollektiver Identität und der damit verbundenen Semantisierung des Raums zukommt.

Ronit dagegen markiert ihr Erzählen selbst als stark perspektiviert (obwohl auch hier Verschränkungen von Wahrnehmungen des erzählenden und des erzählten Ichs

6 Ryan: Space, Absatz 31.

7 Die Parascha *Bereschit* (hebr.: „Im Anfang“) wird am Schabbat nach Simchat Torah gelesen. Zugleich ist dies das erste Wort der Torah, der Name des Wochenabschnitts und die hebräische Bezeichnung des Buches Genesis.

relevant sind). Sie stellt das eigene Erleben ins Zentrum. Jedoch spielt die Erzählinstanz mit der Rezeption, etwa wenn Ronit Teile zu Träumen hinzufügt, die sie im Nachhinein als ausgedacht und absichtlich eingefügt charakterisiert. Anders als bei der nicht-diegetischen Erzählinstanz verschließt sich hier die Vielfalt der jüdischen Gemeinschaft, und das jüdische Hendon ist für Ronit in erster Linie die Gemeinde des Vaters, zu der sie sich betont in Abgrenzung entwirft. Doch unterläuft die eigene Darstellung dieses Unterfangen, was deutlich wird, als Ronit mit Arbeitskollegen in New York wettet, dass sie die Zehn Gebote auswendig kennt: „They looked at me, open-mouthed. [...] and I thought: I should have done it in Hebrew.“ (D, S. 35) Es findet eine positive Bezugnahme zur religiösen Semiosphäre statt, die von Ronit benutzt wird, um die Verortung des eigenen Selbsts zu profilieren. Diese Positionierung artikuliert Ronits Selbstwahrnehmung als das Andere: einerseits unfähig und nicht willens, ein orthodoxes Leben zu führen, aber andererseits innerhalb des orthodoxen Erinnerungsnarrativs verortet, was eine bruchlose Lozierung im säkularen Raum unmöglich macht. Die Suche nach den Schabbatkerzenständern der Mutter wird zum spatialen Ausdruck von Ronits Bezugnahme zu einem Familiennarrativ, in dem neben Ausgrenzung und Distanz auch Momente der Intimität vorhanden sind. Die Familiengeschichte erweist sich als Erzählung mit vielen Facetten, die Ronit erst nach und nach erkennt; dabei wird ihr anfänglicher bispatialer Raumentwurf als unzureichend charakterisiert. Die Stille Londons, die dem Lärm New Yorks gegenübergestellt wird, erhält nun Assoziationen zu Ruhe, die Ronit etwa erlebt, als sie nach ihrer Rückkehr mit Esti den Schabbat verbringt. So bleibt Ronit teilweise in einem religiösen Bedeutungsraum verortet.

Der Diasporaexistenz stellt Ronit eine Betonung von Hybridität gegenüber, durch die der Mythos eines ins kollektive Gedächtnis verlagerten Bezugsraums unterlaufen wird. Britische Juden sind für Ronit eben auch britisch und damit in Differenz sowohl zum US-amerikanischen Judentum zu sehen als auch zum eigenen Entwurf jüdischer Identität, die zugleich orthodox und nicht-orthodox zu sein versucht. Ihre anfängliche Abgrenzung von der anglo-jüdischen Sphäre („I don't really mind England so much, not that I ever saw a lot of it when I was here. But the way Jews are here [...].“ D, S. 54) wird vom Text immer mehr in Frage gestellt und lässt ein Erkennen von Brüchen auch in der autodiegetischen Erzählstimme zu.

Die dialogische Vermittlung wird vom Text noch um eine Ebene erweitert: Eine dritte Erzählinstanz, die außerhalb der Diegesis anzusiedeln ist, durchbricht die Vermittlung der Geschichte immer wieder durch Interpretationen der jedem Kapitel vorangestellten Zitate. Dadurch ist sie ebenfalls innerhalb der religiösen Semiosphäre verortet, doch erweisen sich die Auslegungen als sehr vielschichtig. Die gewählten Zitate stehen in Verbindung mit dem thematischen Entwurf des Kapitels, so dass die Interpretation auch einen Bezug zum Verlauf der Geschichte herstellt. In den Auslegungen nimmt die räumliche Organisation des Erlebens eine prominente Stellung ein und hier vor allem die Bedeutung von Grenzziehungen. Ausgehend von einem Zitat aus dem Havdalah Gebet, das am Ende des Schabbat gesprochen wird, wird die Grenze – hier zwischen den Werktagen und dem siebten Tag – als performativ gesetzte Ordnung begriffen und das Verstehen von Grenzsetzungen als zentral für das Erleben der Welt interpretiert (vgl. D, S. 42–43). Die Grenze ist damit auch Ausgangspunkt für Selbstverortungen, hier im Kontext einer religiösen Relationsbildung.

Als Esti den Schwangerschaftstest durchführt, wird der Erzählfluss von einer weiteren Auslegung durchbrochen, die den Schwellenraum zwischen Werktag und Schabbat behandelt. Esti, die sich zeitlich genau an dieser Schwelle befindet, wird durch jene Positionierung als Figur im Grenzraum zu einem religiösen Narrativ in Bezug gesetzt. Später ist die Bedeutung der Grenze ausgeweitet, als ausgehend von einer Auslegung von Jakobs Kampf[8] das Ringen mit Gott als zentraler Bestandteil jüdischer Identität beschrieben wird. Dabei verortet die Erzählstimme das Wir im Grenzraum als in fortwährender Auseinandersetzung begriffen (vgl. D, S. 233). Diese hybride Positionierung auf der Grenze lässt sich an den zentralen Protagonisten nachvollziehen: Esti beansprucht als religiöse, homosexuelle Frau narrative Autorität in der orthodoxen Semiosphäre und markiert sich damit als Figur im Schwellenraum; Dovid, der zusammen mit seiner Frau die Führung der Gemeinde übernimmt, ist als Nachfolger Rav Krushkas ebenfalls hybride loziert, und Ronit profiliert die eigene Bruchaftigkeit als Jüdin, die nicht orthodox sein will, jedoch ihre Verbindung zum orthodoxen Bedeutungsraum immer wieder bekräftigt. Dabei hebt die Auslegung, die dem letzten Kapitel vorangestellt wird, die Eigenverantwortung, die dem freien Willen innerhalb der Schöpfung immanent ist, explizit hervor. „He has given us His Torah. And, like a good parent, like a loving father, He has joyfully set us free." (D, S. 250) In der Auslegung wird die Freude Gottes über die freie Entscheidung des Menschen betont: „We learn that we may argue with God, that we may disobey His direct commandments and yet delight Him with our actions." (D, S. 250) Die Positionierung im Ringen mit Gott und den religiösen Geboten wird hervorgehoben. Dabei wird das Verhältnis zu Gott als komplexe Beziehung charakterisiert, die sich in steter Verhandlung der gesetzten Ordnung vollzieht. Auch die Narration befindet sich in einer fortdauernden Aushandlungssituation, bei der unterschiedliche Interpretationen des Erlebten miteinander konkurrieren und deren Verortung im Erinnerungsraum als polyvalente Relationsbildung dargestellt wird.

Es zeigt sich, dass in allen untersuchten Texten Fragen der narrativen Bezugnahme zum kollektiven Erinnerungsraum auch in der Konzeption der Erzählsituation eine bedeutende Rolle spielen. Erzählinstanzen streben hierbei nach Selbstermächtigung, wie dies bei Sándor, Vivien oder Evelyn der Fall ist, um ein nicht gehörtes oder vorenthaltenes Narrativ im kollektiven Gedächtnis wahrnehmbar zu machen. Das Selbst wird loziert, um im Akt der Narration ein Gegennarrativ zum hegemonialen Diskurs zu entwerfen. Auch Erfahrungen von Dislokation im Erinnerungsraum spielen eine wichtige Rolle, wie Yellins Texte zeigen. Shulamit will sich innerhalb eines mal mythisch, mal realistisch geformten Entwurfs der Familiengeschichte verorten. Doch

8 Gen 32,25–29.

scheitern diese Strategien auch an einer Orientierungslosigkeit, wie die Versuche des erzählenden Ichs in *Tales of the Ten Lost Tribes* verdeutlichen. Alix integriert im Zuge der Erzählung immer mehr zuvor ausgeblendete Elemente in ihr Narrativ, so dass die Selbstlozierung in Liverpool, die ebenfalls als Selbstermächtigung zu lesen ist, in der Lage ist, einerseits bislang nicht bekannte oder verdrängte Teile wahrnehmbar zu machen und andererseits die im Raum zweifelsfrei vorhandene Fragilität der Verortung zu artikulieren.

In Yellins Texten wie auch in *Disobedience* ist der religiöse Bedeutungsraum zentraler Bezugspunkt, auch wenn die Romane den Aspekt der Durchdringung auf sehr unterschiedliche Weise behandeln. Während Yellin in ihren Texten eine Überlappung von intratextuell erlebtem Raum, religiösem Erinnerungsraum und mythischem Legendenraum vornimmt, modelliert Alderman durch die Verknüpfung unterschiedlicher Erzählstimmen und narrativer Ebenen ein komplexes, polyvalentes Geflecht. Religiöse Identität steht hier bedeutend mehr im Vordergrund, als dies in Grants Texten der Fall ist, in denen das Judentum der Protagonisten Ausdruck ihrer Verortung in der Peripherie ist, die als Gegennarrativ zu hegemonialen Diskursen nach Wahrnehmbarkeit strebt. Daher verwundert es nicht, dass es gerade die Texte Yellins und Aldermans sind, die die Bildung narrativer Varianten auf unterschiedliche Weise innerhalb des entworfenen Erinnerungsraums betonen und diesen in seiner polyvalenten Verfasstheit darstellen. Die Frage der narrativen Autorität bleibt in diesen Texten unsicher, denn die Varianten schließen immer Alternativen mit ein. So muss Erzählen auch Akt der Edition sein, wenn entweder die Erzählinstanz selbst Auswahlprozesse thematisiert wie in *The Genizah at the House of Shepher* oder die Rezeption fragmenthafte Darstellungen verschiedener Stimmen mit einbeziehen muss, wie *Disobedience* dies fordert.

1.2 Perspektivführung und narrative Mobilität

Obschon in den einzelnen Analysen der Romane bereits auf die Konstruktion der Erzählperspektive und deren Bedeutung in der Herstellung von Brüchen in der narrativen Vermittlungssituation eingegangen wurde, sollen an dieser Stelle die getroffenen Beobachtungen zusammengeführt und ihre Relevanz für die Modellierung eines multiperspektivischen Bilds herausgestellt werden. Grundsätzlich lässt sich festhalten, dass alle untersuchten Texte in der Perspektivführung Situationen herbeiführen, in denen die Interferenz zwischen narrativer Vermittlung und perspektivischem Erfassen die Fragmentiertheit des dargestellten Erinnerungsraums auf der strukturellen Ebene aufgreifen und in der Rezeption nachvollziehbar werden lassen. Dabei werden narratoriale Perspektive und figurale Wahrnehmung, die entweder Protagonisten oder das erzählte Ich der Erzählinstanz zum Bezugspunkt nehmen, miteinander verflochten. Ich beschränke mich hier auf einige Beispiele, mit denen die Strategien der Fragmentierung des erzählerischen Erfassens im Entwurf polyvalenter Erinnerungsräume nachgezeichnet werden können.

Wie beim Erfassen des spatialen Relationsgefüges ist auch in der Erinnerungskonstruktion die Perspektive der wahrnehmenden Instanz von zentraler Bedeutung: Vergangenheit wird von einem bestimmten, im Jetzt verorteten Blickwinkel aus generiert.

> Für individuelle wie kollektive Formen des Gedächtnisses gilt, dass sie perspektivisch organisiert sind. Im Gegensatz zu technischen Wissensspeichern und Archiven ist das Gedächtnis nicht auf größtmögliche Vollständigkeit eingestellt; es nimmt nichts Beliebiges in sich auf, sondern beruht immer schon auf einer mehr oder weniger rigiden Auswahl.[9]

In Assmanns Ausführung wird deutlich, dass Selektionsprozesse in der Gedächtnisbildung Ausdruck einer Perspektivierung sind, in der sich die Prämissen der Auswahl zeigen. So verwundert es nicht, wenn etwa die Perspektive eines Kollektivs von den Texten genutzt wird, um für das Kollektiv verbindliche Bewertungen des Verhaltens seiner Mitglieder darzustellen. Die Einführung von Dovid und Esti in *Disobedience* ist durchdrungen von Wertungen, die der kollektiven Perspektive der Gemeinde Ausdruck verleihen und bereits hier Brüche betonen, die hinsichtlich des Urteils über die Figuren vorhanden sind:

> But had Dovid ever spoken in public or given a magnificent d'var Torah, let alone written a book of inspiration and power, as the Rav had? No, no and no. [...] he had none of the Rav's spirit, none of his fire. [...] And for his wife! It was understood that all was not well with Esti Kuperman, that there was some problem there, some trouble. But such matters fall under the name of lashon hara – an evil tongue – and should not even be whispered in the holy house of the Lord. (D, S. 3)

Ausgehend vom Zweifel an Dovids Fähigkeiten bezüglich der Inspiration und Leitung der Gemeinde ist die Passage durchsetzt von unbestimmt bleibenden Wertungen über Esti, die diffus auf dem Erinnerungsnarrativ der Gemeinde beruhen. Nicht allein in solchen Werturteilen zeigt sich die figurale Perspektive der Gemeinde, auch die syntaktische Organisation in Fragen und Ausrufen verweist auf einen Sprachstil, der nicht der Erzählinstanz zuzuordnen ist. In ähnlich eingegrenzter Perspektivführung wird dem Weitertragen von Tratsch entgegengetreten, als auf die Sünde der üblen Nachrede[10] verwiesen und so ein in der Gemeinde wirkmächtiges Korrektiv artikuliert wird. Auch bei Ronits Rückkehr wird die Reaktion der Gemeinde in einem Geflecht aus der narratorialen Perspektive der nicht-diegetischen Erzählinstanz und den Wertungen der Gemeindemitglieder dargestellt, wobei sich erneut selbstreflexive Passagen finden, die das Reden auf Sündhaftigkeit prüfen: „To speak with each other in Levene the Butcher's was easy, a simple thing which could do no harm." (D, S. 126); „It would certainly be lashon hara to speak such words [...]" (D, S. 128); „Like Miriam, the sister of Moses, they bore tales, or like Aharon, the brother of Moses, they listened to them." (D, S. 131) In der Perspektivierung wird nicht nur das Gerede der Gemeindemitglieder verräumlicht und so in seinem Weg durch die Geschäfte Hendons nachgezeichnet; es

9 Assmann: *Der lange Schatten der Vergangenheit*, S. 36.

10 Zu übler Nachrede (*lashon hara*) vgl. Num 12.

werden auch die Unterschiedlichkeit der Reaktionen und eine moralische Bewertung des Tratschs in figuraler Perspektive betont.

The Genizah at the House of Shepher entwirft die unterschiedlichen Berichte von Shaloms Reisebegleiter in ihrer Varianz, womit ein Kollektiv von Zuhörern impliziert wird, aus dessen Wissen diese Berichte wiedergegeben werden:

> Sometimes he claimed that they had journeyed as far as Syria [...]. Sometimes he confessed to having reached Damascus [...]. Sometimes he revealed that the whole time had been passed between the genizah and the bath house in Aleppo, and sometimes he declared that, far from travelling to the tribes, the two of them had spent the entire two years in a narcotic haze, smoking a hookah in some roof garden in Baghdad. (GHS, S. 78)

Die Vielzahl der Varianten lässt auf eine Gruppe von Zuhörern schließen, die zu unterschiedlichen Zeitpunkten Versionen aufgeschnappt haben, die nun in ein Gefüge von Narrativen modelliert werden, das die Vielstimmigkeit der Alternativen sichtbar macht.

Die Konfrontation der Perspektiven des erzählenden und des erzählten Ichs wird genutzt, um Prozesse der Beurteilung des Selbsts nachzuzeichnen, beispielsweise wenn im Erzählfluss Ronits die Bewertung der Beziehung zwischen Dovid und Esti eindeutig dem erzählten Ich zugeordnet werden muss: „If I'm honest, I did most of the talking. I used to think that if I hadn't been there, they probably would have just sat there in silence. So at least I rescued them from that." (D, S. 181) Sowohl die Bewertung von Stille als auch die Profilierung der eigenen Bedeutung in der Beziehung der drei Protagonisten legen nahe, diese Passage perspektivisch der jungen Ronit zuzuschreiben. Durch diesen Bruch in der Perspektive wird eine Relativierung von Ronit als einziger diegetischer Erzählinstanz erzielt. In ähnlicher Weise wird Viviens Übernahme der Konstruktion als das dunkle Andere, „his dark wife" (CB, S. 46), perspektivisch vom erzählten Ich vorgenommen. Dabei ist zugleich das Trauma betont, das der frühe Tod des Ehemanns hervorgerufen hat und das es ihr unmöglich macht, die Konstruktion der ‚dunklen Jüdin' durch den ‚weißen Briten' zu hinterfragen.

Eine Verschränkung von Perspektiven des erzählenden und erzählten Ichs wird in *Tales of the Ten Lost Tribes* genutzt, um das Motiv des Orientierungsverlusts auf die Erzählinstanz rückzubeziehen.

> From there I went south, and after a few months in the sun I fled north again and drifted through the hinterlands of various cities. I taught night classes, and in the holidays I travelled. [...] From there I lose track of myself, there are so many journeys and so many ports of call. (LT, S. 139)

Aus narratorialer Perspektive wird der verlorene Überblick über die vorgenommenen Bewegungen festgestellt und zugleich verweist die Verortung durch die Markierung „there" auf eine figurale Wahrnehmung. Der Satz, der den Beginn des siebten Kapitels („Issachar") bildet, enthält der Rezeption eine räumliche Bestimmung der Handlung vor, so dass die Darstellung den Orientierungsverlust der Figuren aufnimmt. Es findet eine Fokussierung auf das Erleben des erzählten Ichs statt, wenn im Kapitel

„Asher" der Mieter Cacik in der Raumerfahrung der Erzählinstanz nahezu Omnipräsenz gewinnt.

> I had never seen him under that roof before, but now as if some spell were broken he was everywhere, on the steps, in the hallway, in the corridor which led out back to the trash; I met him on my way to the trash, on my way upstairs, collecting letters from my box in the hall [...]. (LT, S. 119)

Diese Darstellung basiert auf dem momentanen Empfinden des erzählten Ichs, das den Nachbarn überall zu sehen meint. Die Gegenwart Caciks wird dabei zuerst im Raum loziert und anschließend in Wiederholung der Orte an Bewegungen des Ichs angebunden, so dass auch die Mobilität der Erzählinstanz erkennbar wird. Ganz ähnlich verwendet *The Genizah at the House of Shepher* bei der Einführung von Gideon die perzeptive Perspektive des erzählten Ichs Shulamits. „From my vantage-point on the verandah I could see the man with his black sidecurls and striped caftan lurking under a pepper tree by the children's sandpit. He had an oriental appearance, his face was olive and pale [...]" (GHS, S. 49) Die Perzeption wird räumlich an das Haus der Shephers gebunden, wobei Gideon durch sein Erscheinungsbild als Charedi, als orthodoxer Jude, in Opposition zu Shulamit gestellt wird. Der Text entwickelt in Bezug auf die gefundene Schrift zwei sich vermeintlich gegenüberstehende Figuren: Shulamit als akademische Rezipientin des Kodex' mit Interesse an narrativer Varianz und Gideon vom Stamm Dan, dem die Handschrift durch Shalom zugeordnet wird. Als Angehöriger eines der verlorenen Stämme nimmt Gideon auch eine Schwellenposition zur Semiosphäre der religiösen Legenden ein. Shulamits Erzählung verengt die Perspektive auf der horizontalen Ebene, in der zunächst keine weitere Einordnung Gideons stattfindet.

Eine Umkehrung dieser eingrenzenden Bewegung ist in *Disobedience* zu beobachten, als in Ronits Erzählstrang die eingeschränkte Wahrnehmung der Figur eine Ausweitung erfährt, wenn Ronit im Traum über Hendon schwebt.

> At first, I saw its dried streets, the identical mock-Tudor houses. I saw the fitted wardrobes, the two-car families, the jobs for life in accountancy or law. I saw the kitchens which were more kosher than anyone else's kitchen, skirts which were longer, tights which were thicker, sheitels which were attached more firmly than anyone else's. I saw the study of Torah and the practice of good deeds and kindness, and I saw the gossip and the slander and the public humiliation. (D, S. 253)

Obwohl diese Passage als irreal markiert ist, zeigt sich in der Perspektivführung, dass die Wahrnehmung aus der Horizontalen auf die vertikale Ebene gehoben wird. Von dort erschließt sich das spatiale Panorama, Häuser und Straßen, bevor der Blick in das Leben der Gemeinschaft (Berufe, Küchen und Kleidung) eindringt. Dabei wird eine Bewertung vorgenommen, denn die eingeflochtene figurale Perspektive der Beobachteten, die ihre Küchen, Kleidung und Perücken für halachisch korrekter als die der anderen halten, wird vor Ronits Wertungshorizont wiederum einer impliziten Kritik unterzogen. So verwundert es auch nicht, dass Ronit im semantischen Raum unter religiösem Fokus Positives und Negatives aufeinandertreffen lässt: Gute Taten und das Studium der Torah stehen neben übler Nachrede und sozialer Kontrolle. Es entspricht der Konstruktion eines multiperspektivischen Bildes, wenn Ronits abschließende Eindrücke von der orthodoxen Gemeinde ihres Vater auf diese Vielschichtigkeit hin abzielen, in der die einfache Ablehnung einer differenzierteren Wahrnehmung gewichen ist.

Ähnlich der Konfrontation von Perspektiven des erzählten und des erzählenden Ichs konstruieren die Texte Polyvalenz auch durch eine Verflechtung narratorialer und figuraler Eindrücke und Wertungen. Zuweilen erschafft schon die Verortung der Figur im Raum und ihr Erfassen eine polyvalente Darstellung, wie dies bei der Einführung Estis der Fall ist. Die nicht-diegetische Erzählinstanz nimmt die Darstellung der Synagoge Krushkas durch Estis Wahrnehmung von der Frauengalerie aus vor:

> Over time the hats and kippot had become individual to her, each blotch of colour representing a different personality. There was Hartog, the president of the board [...], walking up and down even while the prayers continued [...]. There was Levitsky, the synagogue treasurer, swaying in a nervous pecking motion as he prayed. There was Kirschbaum, one of the executive officers, leaning against the wall [...]. (D, S. 5)

Einerseits wird Esti innerhalb des orthodoxen Raums in marginalisierter Position loziert, denn die Galerie stellt hier vor allem auch einen Ausschluss der Frauen dar; andererseits wird die figurale Perspektive Estis zum Instrument der Narration, mit der nicht nur der Raum der Synagoge erschlossen wird, sondern auch der soziale Raum der Gemeinde, indem drei Figuren durch ihre Bewegungen in der Synagoge charakterisiert werden. In dieser Erschließung des Raums wird der Ausschluss der Frauengalerie mit der Vertikalen assoziiert, wodurch der Text bereits in der Raumkonstitution proleptisch auf die hervorgehobene Position hinweist, die Esti am Ende in der Gemeinde einnimmt. Das Erleben der Figur wird ebenfalls in die Rede der nicht-diegetischen Erzählinstanz eingeflochten, wenn Dovids Kopfschmerz als farbige Tentakel die Narration wiederholt durchbricht und die figurale Perzeption in den Erzählfluss eindringt:

> The tip of a blue tentacle crossed Dovid's left pupil and tapped on his frozen eye, making a faint scratching sound as it did so. Scritch. Scritch. Scritch. The sound was quiet and nauseating. Hartog did not seem to notice. (D, S. 80)

Die Durchdringung von Wahrnehmungen erzielt hier eine Ausweitung der Darstellung, indem nicht allein visuelle Eindrücke der Figur in die Narration einbrechen, sondern auch die Nachahmung des auditiven Erlebens Dovids den multiperspektivischen Eindruck verstärkt. Die Verflechtung verschiedener Instanzen erzielt so ein weitaus komplexeres Bild, was auch in *The Genizah at the House of Shepher* ersichtlich wird, als in Shulamits Erzählfluss der Großvater mütterlicherseits *Dad* genannt wird. Hazels Anrede wird unmarkiert in der Rede der Tochter verwendet, wodurch eine klare Abgrenzung von Wahrnehmungs- und Erzählebenen erschwert wird. Dadurch kann ein polyvalentes Erleben konstruiert werden, da mehrere Perspektiven Eingang in die Darstellung finden. Im Falle von *The Clothes on Their Backs* kommt es gar zu einer Übertragung von Figur auf Erzählinstanz, wenn Vivien, die selbst kein Jiddisch spricht, Begriffe benutzt (etwa „*mama loshen*“ für Muttersprache, vgl. CB, S. 197), die ihrem Onkel zuzuordnen sind.

Die Darstellung der zurückgekehrten Ronit benutzt Estis Eindrücke, wobei die Wahrnehmung der ehemaligen Geliebten durch Esti in der Wiedergabe durch die Erzählinstanz figural gebrochen wird und zudem einen Kontrast zu Ronits autodiegetischer Schilderung des Ereignisses erzeugt:

> And there was Ronit. She was as Esti had remembered her and more. [...] she was like an exotic bloom found unexpectedly pushing its way between paving stones. She was rosily magnificent, dressed like a woman from a magazine or a poster [...]. (D, S. 66)

Durch die Perspektivführung wird das säkulare Erscheinungsbild Ronits zum exotischen Anderen im Blick der orthodoxen Jüdin, die wiederum eine Wertung vornimmt, in der Estis Verlangen nach Ronit offen zum Ausdruck kommt.

Ich habe bereits verdeutlicht, dass die Konstruktion der wahrnehmenden Instanz und damit der Perspektive in der Konstitution sowohl des Raums wie auch der Erinnerung von zentraler Bedeutung ist. Jede Darstellung von Vergangenheit ist, wie Bachelard betont, mit Perspektivierung verbunden, denn die Vergangenheit ist stets das Anderswo, das im Erzählen perspektivisch erschlossen wird.[11] Es ist weiterhin deutlich geworden, dass in Bezug auf die untersuchten Texte die spatiale Mobilität, die einige der Figuren aufweisen, sowie ihre Beweglichkeit zwischen Semiosphären, die sich in der hybriden Verfasstheit der Charaktere zeigt, in der perspektivischen Darstellung aufgegriffen wird. Hierdurch lassen sich polyvalente Räume konstruieren, deren Repräsentation mit multiperspektivischen Erzählverfahren erzielt wird. Natürlich findet sich, wie Ulrich Meurer ausführt, in der Moderne eine allgemeine Abkehr vom Raum als „Abbild eines Sinninhalts [...], als einheitlichen Kosmos, Seelenlandschaft oder Projektionsfläche einer Weltgewißheit“[12]. Jedoch greift es zu kurz, die vorliegenden Texte lediglich als postmoderne Fragmentierung des Raums zu begreifen, denn in der Konstruktion der Erzählsituation verfahren die Romane bedeutend konventioneller. Die entworfenen Räume verlieren nie völlig ihre Anbindung an den außerliterarischen Raum. Lediglich *Tales of the Ten Lost Tribes* verweigert direkte Referenzen, jedoch gestaltet der Text genügend Anknüpfungspunkte, um eine immanente Verbindung der erzählten Welt an die von uns erfahrene zu ermöglichen. Durch die perspektivische Mobilität greifen die Romane dagegen Verfahren der Raumkonstitution in der Darstellung auf und machen in der ästhetischen Gestaltung das Erleben von Raum nachvollziehbar. In der Profilierung polyvalenter Räume wird ein jüdischer Erinnerungsraum, der sich in der Galut konstituiert, vor der allgemeinen Raumerfahrung zum Gestaltungsprinzip. Neben der Vielstimmigkeit dieses Erinnerungsraums machen die Texte durch die Hervorhebung jüdischer Narrative identitätskonstruierende Prozesse zum Zentrum, vor dem Fragen jüdischen Erinnerns entwickelt werden. Dabei kann durch unterschiedliche Ebenen der Mobilität

11 Vgl. Bachelard: *Poetik des Raums*, S. 76.

12 Ulrich Meurer: *Topographien. Raumkonzepte in Literatur und Film der Postmoderne*. München: Fink 2007, S. 13.

ein multiperspektivisches Bild konstruiert werden, in dem unterschiedliche Erinnerungsperspektiven sich gegenseitig durchdringen. Diese Vielzahl an Perspektiven liegt dem Erinnern stets zugrunde, wie Neumann verdeutlicht:

> Ebenso wie außertextuelle Erinnerungskulturen kann sich auch die fiktionale Erinnerungswelt in eine Vielzahl von koexistierenden Vergangenheitsdeutungen auffächern. Solche multiperspektivisch erzählten oder fokalisierten Texte präsentieren unterschiedliche Erinnerungsperspektiven und legen so Gemeinsamkeiten, aber auch divergente Deutungen der geteilten Vergangenheit offen.[13]

Die polyphone Verfasstheit des Erinnerungsraums ist also Ausdruck konkurrierender Interpretationen der Vergangenheit. Da sich die Diasporaexistenz zwangsläufig innerhalb eines hybriden Grenzraums loziert, in dem divergierende kulturelle Erinnerungsnarrative aufeinandertreffen, verwundert es nicht, dass die Darstellung eines anglo-jüdischen Erinnerungsraums solche Hybridisierungsprozesse hervorhebt und eine polyvalente Inszenierung von Identität entfaltet. Die hohe Mobilität, die in den Texten auf unterschiedlichen Ebenen sichtbar wird, ist ein Verfahren zur Konstruktion von Multiperspektivität; so wird die narrative Mobilität zwischen Erzählinstanzen und unterschiedlichen Perspektiven zum Mittel, mit dem ein polyvalenter anglo-jüdischer Erinnerungsraum erfasst werden kann. Wie sich diese Mobilität innerhalb des entworfenen Raums manifestiert, ist in den einzelnen Analysen herausgearbeitet worden und soll nun im folgenden Kapitel zusammengefasst werden.

2. Selbstlozierung im Raumgefüge

Anglo-jüdisches Schreiben und jüdische Identität konstruiert sich im Kontext der Diasporaerfahrung, also einer marginalisierten Positionierung im britischen Erinnerungsraum. Dabei führt die Situation der Galut, was räumliche und semantische Zugehörigkeit betrifft, zwangsläufig zu mehrdeutigen Bezugnahmen. Dies zeigt sich etwa an der nicht-diegetischen Erzählinstanz in *Disobedience*, wenn diese eine messianische Aufhebung des Exils aufruft. Weiterhin bedingen Zuschreibungen durch die gesellschaftliche Majorität[14] eine Situation der Dislokation, wie sie Evelyn in *When I Lived in Modern Times* erfährt. Diese Konstruktion als das Fremde ist nicht zuletzt Ausdruck eines Zustands des Weder-Noch, den britische Juden einnehmen. Nach Zygmunt Bauman stellt der Fremde das Unternehmen der binären Kategorisierung nach einem Freund-Feind-Schema komplett in Frage:

> Undecidables brutally expose the artifice, the fragility, the sham of the most vital separations. They bring the outside into the inside, and poison the comfort of order with suspicion of chaos. This is exactly what the strangers do.[15]

13 Neumann: Literatur als Medium (der Inszenierung) kollektiver Erinnerungen und Identität, S. 70.

14 Verwiesen sei exemplarisch auf Darstellungen von Juden in einigen kanonischen Texten der britischen Literatur, die das Element der kulturellen Fremdheit durch stereotype Darstellung betonen, etwa in Dickens *Oliver Twist*. Vgl. hierzu Derek Cohen / Deborah Heller: Introduction. In: Dies. (Hrsg.): *Jewish Presences in English Literatur*. Montreal & Kingston / London / Buffalo, NY: McGill-Queen's University Press 1990, S. 3–9.

15 Bauman: *Modernity and Ambivalence*, S. 56.

Die Negation dieses Schemas lässt anglo-jüdische Identität als eine hybride Identität in den Vordergrund treten, was Bauman räumlich mit einer Verwischung von Innen und Außen verbindet.
Vor dem Hintergrund dieser Polyvalenz gewinnt die Frage, welche Erinnerungsräume entworfen werden und wie sich fragmentierte Identitäten hierzu in Beziehung setzen, zusätzliches Gewicht. Schon die Wahl des Schauplatzes, die Verortung des Sujets, gestaltet sich in den betrachteten Texten vielschichtig: Während *When I lived in Modern Times* und *The Genizah at the House of Shepher* Israel als Lozierung wählen, werden mit Liverpool und London auch jüdische Räume in England erschlossen, während *Tales of the Ten Lost Tribes* einen unbestimmten und unbestimmbaren Diasporaraum entwirft. Das von Cheyette festgestellte Herausschreiben jüdischer Gedächtnisnarrative aus der britischen Kultur, das eine Verortung in anderen Diasporagemeinschaften oder in Israel bedingt,[16] muss also teilweise neu bewertet werden. Die Betonung einer allgemein polyvalenten Verfasstheit des Raumgefüges und hybride Selbstverortungen verwerfen binäre Oppositionen zugunsten eines komplexen und multiperspektivischen Bildes.

2.1 Verortungsstrategien im Erinnerungsraum

Wie eingangs ausgeführt, wird im Rahmen dieser Untersuchung anglo-jüdisches Schreiben vor allem unter dem Blickwinkel einer Verhandlung von jüdischer Identität verstanden: kulturell, religiös und vor einem kollektiven Hintergrund. Letzterer ist der Prämisse geschuldet, dass sich individuelle Identitätskonstruktion immer in Relation zu als eigen oder fremd konstruierten Bezugsgruppen vollzieht. Dabei ist jedoch nicht allein die Setzung des Selbsts von Bedeutung, sondern auch Zuschreibungen durch das Außen. Wie Stratton in Bezug auf Bhabha hervorhebt, geht die kulturelle Kolonialisierung der Juden in Großbritannien mit ihrer Konstruktion als das Fremde einher und führt damit zu einer nicht aufzulösenden Polyvalenz der gesellschaftlichen Positionierung:

> Second, and this is the colonial circumstance addressed by Bhabha, and which became that of the Jews as they were racialised, is the mimicry which is encouraged by the colonial culture, through such means as education, but then forbidden the transformation into assimilation.[17]

Juden wird eine Lozierung in der Peripherie zugeschrieben, die sie als das Nicht-Zugehörige markiert. Es entsteht jedoch vor dem Hintergrund einer von der Mehrheitsgesellschaft geforderten Angleichung Hybridität und kulturelle Mimikry, die zum Unterlaufen der Zuschreibung genutzt werden kann, wie etwa von Evelyn in *When I Lived in Modern Times*.
Weiter bedingt die Selbstbestimmung in der Diaspora spatiale Polyvalenz, eine Sehnsucht nach dem anderen Ort, der zwar im Jetzt unerreichbar ist, aber in der Zukunft verortet werden kann. Die Mehrdeutigkeit der Bezugspunkte in der Konstruktion von

16 Vgl. Cheyette: Introduction, S. liii.

17 Stratton: *Coming Out Jewish*, S. 58.

Identität lassen diese zu einem fortdauernden Aushandlungsprozess werden: Jüdische Identität ist vor der Folie von Assimilation und Emanzipation stets als im Werden begriffen zu verstehen, wie Amos Funkenstein ausführt: „Jewish culture was and remained formed by an acute historical consciousness, albeit different at different periods. Put differently, Jewish culture never took itself for granted.“[18] Selbstbestimmung vollzieht sich als prozessuale Herstellung in Bezug zur Umgebung und vor dem Hintergrund des tradierten Gedächtnisnarrativs. Jüdisches Leben bestimmt sich demnach einerseits in Bezug auf den kulturellen Erinnerungsraum des Judentums – etwa dem Exodus, der Verheißung des Landes, Jerusalem und der Galut – und andererseits vor einer gesellschaftlichen Zuschreibung von Alterität durch das Außen.

Befragen wir die analysierten Texte unter diesem Blickwinkel auf Lozierungsstrategien innerhalb des Erinnerungsraums, so ergibt sich ein vielschichtiges Bild. Grants Texte modellieren Verortung als bewusst gesetzte Positionierung, die bisweilen wie die von Vivien in *The Clothes on Their Backs* als explizit gegen Zuschreibungen des Außens gerichteter Widerstand begriffen wird. Auch in *Still Here* reklamiert Alix Liverpool für sich in einer Gleichsetzung von Selbst und urbanem Raum. Die der Stadt zugeschriebene Rauheit manifestiert sich in der Bezugnahme des Ichs zum Erinnerungsraum und in der Narration selbst: Liverpool ist kein Raum für Märchen und Legenden. Folglich kann das Ende auch keine kohärente Entwicklung zu einem stabilen Selbst herbeiführen: Alix negiert eine solche Auflösung durch die intertextuelle Bezugnahme zu Saul Bellows *The Adventures of Augie March*. Die Familiengeschichte der Dorfs muss nun auch die Erzählung von Marianne Koeppen, der unehelichen Tochter von Alix' Großvater, in das Gedächtnisnarrativ integrieren. Josephs Verlangen nach Kontrolle über den Raum, das sich im architektonischen Entwurf des eigenen, wie ein Gebäude gestalteten Lebens zeigt, erweist sich vor dem Hintergrund einer solchen Polyvalenz als hoffnungsloses Unterfangen. Sein Streben nach Autorität, eine Reaktion auf die Traumatisierung im Jom Kippur Krieg, kann keine Umsetzung finden, wenn beispielsweise Erica sich Josephs Kontrolle durch Umgestaltung des eigenen Körpers entzieht. Beide Protagonisten, Alix und Joseph, sind mit einem hybriden Erinnerungsraum konfrontiert, der eine kohärente Auflösung ebenso wenig zulässt, wie einfache Distanzierungen, die etwa Alix vornimmt, um durch Mobilität Abstand zum erinnernden Narrativ und zum Erinnerungsraum Liverpool zu gewinnen.

Die Frage der konkreten spatialen Verortung stellt sich für Vivien Kovaks dagegen nicht. Sie nimmt London selbstbewusst für sich in Anspruch; als erste in der Kovacs-Familie reklamiert sie Zugehörigkeit für sich. Die Erzählung Sándors eröffnet ihr einen Erinnerungsraum, der als Ausgangspunkt für die Herstellung eines hybriden Selbsts genutzt, jedoch nicht als konkreter Bezugsraum betrachtet wird. Vivien unternimmt gerade keine Reise nach Ungarn, sie bleibt innerhalb der erzählten Zeit zumeist in London verortet. Sándor reklamiert ebenfalls Raum für sich, zum einen

18 Amos Funkenstein: *Perceptions of Jewish History*. Berkely, CA / Los Angeles, CA / Oxford: University of California Press 1993, S. 11.

durch die Migration von Budapest nach London, zum anderen durch seine Erzählung. Die Profilierung von Authentizität der marginalisierten Stimme entwickelt eine intertextuelle Bezugnahme zu den Slave Narratives und etabliert sich zudem als eigenes Kapitel im Text. Selbstverortung im Erinnerungsraum gestaltet sich wie schon in *Still Here* als problematischer Prozess. An Sándor wird deutlich, dass er sich diese Verortung erkämpfen muss. Dabei steht er in Opposition zu seinem Bruder, der aufgrund des Erlebten unbemerkt im spatialen Netzwerk untergehen möchte. Sándor dagegen beansprucht Raum direkt: als Vermieter, als Erzähler gegenüber der Nichte und als Erzählinstanz im Text. Hierin folgt ihm Vivien, denn weder Zuschreibungen durch die *National Front* noch die Hybridisierung des eigenen Erinnerungsnarrativs durch den Onkel vermögen ihre räumliche Bezugnahme zu erschüttern. London ist Viviens Verortung, was von ihr sogar als Verschmelzung von Körperraum und urbanem Raum aufgegriffen wird.

In *When I Lived in Modern Times* dagegen sucht das erzählte Ich nach einer kohärenten Auflösung der als Spaltung empfundenen anglo-jüdischen Identität durch Auswanderung. Jedoch erweist sich die Selbstlozierung im Mandatsgebiet als ebenso problematisch. Im Kibbuz leidet Evelyn unter der Hitze, und gegenüber den in Palästina geborenen Juden oder den Shoah-Überlebenden nimmt sie sich als Bestandteil des britischen Kollektivs wahr. Die prekäre Positionierung Evelyns kann keine Auflösung finden, so dass der Text in Verflechtung von Erzählfluss und Metareflexion die ästhetischen Überblendungstechniken der kubistischen Darstellung auf das Erleben der Figur überträgt. Evelyns Gedächtnis wird zum Schauplatz der Vergangenheit, wenn sie Jahrzehnte später zum ersten Mal wieder nach Israel reist. Wie Benjamin in anderem Zusammenhang ausführt:

> Die Sprache hat es unmißverständlich bedeutet, daß das Gedächtnis nicht ein Instrument zur Erkundung der Vergangenheit ist sondern deren Schauplatz. Es ist das Medium des Erlebten wie das Erdreich das Medium ist, in dem die toten Städte verschüttet liegen. Wer sich der eigenen verschütteten Vergangenheit zu nähern trachtet, muß sich verhalten wie ein Mann der gräbt.[19]

Evelyns Narrativ gestaltet sich als Versuch einer Vergangenheitsvermittlung, die klar den Blick der Erzählinstanz trägt, jedoch auch die eigene Erzählung immer wieder unterläuft und damit die Polyvalenz des Erinnerungsraums sichtbar werden lässt.

Das Ringen der Protagonisten um eine Verortung jüdischer Identität im polyvalenten Netzwerk der Erinnerung gestaltet sich in Grants Romanen als Platzierung des Selbsts in Bezug zu unterschiedlichen Semantisierungen des Raums. Dabei ist der marginalisierte Sprechort der Erzählinstanzen der Ausgangspunkt, von dem aus sich die hybride Verfasstheit des Selbsts in einem Akt der Lozierung konstituiert.

Bildet in Grants Texten die diskursive Produktion des Erinnerungsraums vor allem hinsichtlich dessen hegemonialer Bestimmung die Basis auf der sich die Selbstverortung vollzieht, betont *The Geniziah at the House of Shepher* die polyphone Struktur eines

19 Benjamin: Berliner Chronik, S. 488.

jüdischen Erinnerungsraums aus einem anderen Blickwinkel. Der Text stellt explizit ein jüdisches Narrativ ins Zentrum, dessen vielfältige Varianten herausgearbeitet werden. Vor der Tradition des kanonischen Textes als Erinnerungsraum nimmt der Roman unter Einbeziehung textkritischer Prämissen eine Betrachtung der Varianten vor und betont dabei narrative Autorität von Lektorat und Edition. Shulamit modelliert die Geschichte der eigenen Familie als Verflechtung, die sowohl im erlebten Raum als auch in einem Raum religiöser Legenden angelegt ist. Die jüdische Auslegungstradition des Midrasch, der narrativen Interpretation des Textes, bildet einen Bezugsrahmen des Romans. Im Laufe der Narration nimmt Shulamit Abstand von ihrer anfänglichen Positionierung als distanzierte Editorin, denn das Berücksichtigen unterschiedlicher Varianten in der Formation eines Gedächtnisnarrativs erfordert auch deren interpretatorische Bewertung, die wiederum mit dem Prozessen der Identitätskonstruktion verbunden ist. Dabei bleiben manche Varianten nebeneinander stehen, während andere durch die narrative Instanz modifiziert und eingeordnet werden. Die Polyvalenz des Erinnerungsraums kommt auf diese Weise auch in der Vielfalt der einbezogenen Erinnerungsnarrative zum Ausdruck.

Schließlich begreift sich Shulamit als gestaltender Bestandteil der Tradierung: nicht nur als narrative Instanz, sondern auch in der Adressierung des Narrativs, das der Nichte einen Bezug zum jüdischen Erinnerungsraum ermöglichen soll. Hier stellt sich Shulamit selbst in die Tradition der matrilinearen Weitergabe des Judentums. Die Erfahrung der Diaspora zeigt sich bei den Shephers als Sehnsucht nach dem anderen Ort, die sich selbst in Jerusalem nicht auflösen lässt. Von dort zieht es Shalom weiter zu den verlorenen Stämmen und damit zu einer messianischen Zusammenführung der Verstreuten. Es wird deutlich, dass nicht die Einnahme eines lebensweltlichen Raums ersehnt wird, sondern eine religiös semantisierte Vereinigung der Stämme in einem gemeinsamen Bedeutungsraum.

Die zentrale Stellung des Textes wird nicht zuletzt am gefundenen Kodex expliziert: Dieser ist zugleich Teil von Legenden (markiert durch seine Herkunft vom verlorenen Stamm Dan) und Teil einer akademischen Auseinandersetzung als variante Abschrift der Torah. Vor diesem Hintergrund gestaltet Yellins Text unterschiedliche Lozierungsstrategien; für Gideon steht die Bedeutung der Schrift außer Frage und sein Ziel ist die Rückführung des Kodex zu seiner Gemeinschaft. Dem gegenüber steht Shulamit, die sich in einem akademischen Rahmen mit religiösen Texten beschäftigt. Anders als ihr Urgroßvater Shalom begreift sich Shulamit zunächst nicht als Autorität, die in die Formung des Textes eingreift. Während Shalom als Korrektor und Kaligraph eine gestaltende Position einnimmt, versucht Shulamit zuerst die Totalität des Erinnerungsraums zu erfassen, wodurch eine Vielzahl von narrativen Varianten Eingang in ihr Erzählen findet. Doch gestaltet auch Shulamit durch Bewertungen und Auswahlverfahren das Narrativ. Das verbindende Element zum Urgroßvater ist die Genizah, der Verwahrungsraum fehlerhafter Texte. Der gesamte (Erinnerungs-) Raum gestaltet sich im Entwurf des Romans als Genizah, in der Texte weiter bestehen und auf eine Narrativierung warten, die sie aus dem Zustand des Vergessen-Seins emporhebt.

Tales of the Ten lost Tribes ist geprägt durch die hohe Mobilität der Erzählinstanz. Jedes Kapitel entwirft in groben Zügen einen neuen Raum und in diesem werden immer wieder Erfahrungen von Dislokation und Orientierungsverlust nachvollzogen. Dabei ist die Erzählinstanz Flaneur im literarischen Raum; Erzählen wird zu einer erinnernden Bewegung, wie Karl Schlögel dies in anderem Kontext beschreibt:

> Seine [*des Flaneurs*, M. K.] Bewegungsform ist ‚memorierendes Schlendern', bei dem er der Stadt und all dessen, was sich unter dem Asphalt verbirgt, gewahr wird, die Stadt ‚zum memotechnischen Befehl des einsam Spazierenden wird'.[20]

Die hohe Beweglichkeit der Erzählinstanz bringt eine multiperspektivische Darstellung des Erinnerungsraums hervor, indem sich der wahrnehmende Blick nicht festlegt, sondern sich immer wieder neu platziert, nur um sogleich wieder eine andere Position einzunehmen. Dass der Text dabei den konkreten Raum nur recht skizzenhaft entwirft, verstärkt den Eindruck hoher Beweglichkeit umso mehr. Denn in jedem Kapitel ist ein Raum modelliert, der erst in der Rezeption durch Anbindung an einen außerliterarischen Raum weiter ausgestaltet werden kann. Orientierungsverlust und Dislokation der Figuren finden eine Entsprechung in der Rezeption des Textes, wenn der Leser nach Bezugspunkten sucht, Hinweise deutet und schließlich Referenzen aufbaut, die der Text verweigert.

Die Erzählinstanz entwickelt in jedem Kapitel eine Beziehung zu einem neuen Protagonisten, an der Strategien der Selbstverortung und deren Scheitern dargestellt werden. Sogar fortdauernde Bewegung wird dabei zuweilen zum Einschluss, wenn etwa die Sehnsucht der Reisenden sie immer wieder im Zug zwischen Norden und Süden pendeln lässt und der Moment der Mobilität statisch wird. Jedoch macht der Roman deutlich, dass die entstehenden Einschlüsse nicht von Außen produziert werden, sondern Ergebnis der eigenen Bezugnahme zum Erinnerungsraum sind. Dies ist etwa der Fall, wenn Professor G. seiner Frau den Bezug zum eigenen Gedächtnisnarrativ verweigert, indem er seine Muttersprache nicht weitergibt. Durch die vielfältigen Erfahrungen des Deplatziert-Seins und des Verlustes von Orientierung – und damit von Ordnung im Raum – vermag der Text trotz seiner reduzierten Ausgestaltung des konkreten Raums, den Eindruck multipler Perspektiven zu vermitteln. In Verbindung mit der hohen Beweglichkeit der Erzählinstanz wird implizit das von Giedion an Architektur beschriebene Erfahren eines fließenden Raums ausgeführt: Der wahrnehmende Blick durchdringt den Raum auf verschiedenen Ebenen, entwickelt wiederholt disparate Perspektiven, die in der Ästhetisierung des Erfahrenen aufeinander geblendet werden.

Dieses multiperspektivische Bild erzielt *Disobedience* auch durch die Konstruktion einer polyphonen Erzählsituation. Neben der an der Tradition des Kommentars

20 Karl Schlögel: *Im Raume lesen wir die Zeit. Über Zivilisationsgeschichte und Geopolitik*. München / Wien: Hanser 2003, S. 260.

ausgerichteten Gestaltung der Kapitel durch Zitat und Auslegung entfaltet sich das Sujet hier im Dialog einer diegetischen und zweier nicht-diegetischer Erzählinstanzen. Durch eine komplexe Verflechtung narratorialer und figuraler Erzählperspektiven gelingt es dem Text, ein polyvalentes Bild des Erinnerungsraums zu erzeugen, obwohl etwa Esti im lebensweltlichen Raum des Romans einen relativ eng gefassten Bewegungsradius aufweist. Hier sind es vor allem die Nuancen eines orthodoxen Erinnerungsnarrativs, die ausgestaltet werden und diesen als vielschichtiges Gefüge sichtbar werden lassen. Dem nicht-jüdischen Raum kommt dabei – wie auch säkular-jüdischen Räumen, dem Raum des Reformjudentums und des konservativen Judentums, ja sogar den Räumen anderer orthodoxer Gemeinden – der Status des Gegenraums zu, der nur skizzenhaft gestaltet ist.

Der Erzählfokus liegt ganz auf Hendon und hier in erster Linie auf der Gemeinde von Rabbi Krushka. Ronits Rückkehr aus New York nutzt der Text, um vor der lebensweltlichen Distanz zum Außen die Differenz der Raumsemantisierungen zu entfalten. Doch die unterschiedlichen Selbstverortungen der Protagonisten zum eng gefassten Erinnerungsraum einer einzigen Gemeinde vermag dennoch eine Vielzahl von Narrativen einzubeziehen. Ähnlich wie *The Genizah at the House of Shepher* beschränkt sich Aldermans Text auf einen explizit jüdischen Erinnerungsraum und macht dessen Vielschichtigkeit vor dem Hintergrund eines zunächst vermeintlich kohärenten Gedächtnisses deutlich. Vor allem Ronit und Esti erweisen sich als gestaltende Kräfte in der Verortung hybrider Identitätsentwürfe. Ronit muss bei der Verwaltung des elterlichen Hauses ihre bispatiale und monokausal gestaltete Version aufgeben. Dabei zeigt sich, dass die binäre Ordnung, die sie dem Erinnerungsraum auferlegt, der orthodoxen Einteilung ähnlich ist. Jedoch betont der Roman in der Auslegung von Jakobs Ringen mit Gott die Grenzposition des Ichs: Die Grenze ist demnach etwas, das erforscht und fortwährend verhandelt werden muss. Es ist gerade dieser Ansatz, den Ronit zunächst vernachlässigt. Durch Bewegung im Erinnerungsraum des elterlichen Hauses entsteht ein vielschichtiges Narrativ der Familiengeschichte, in dem Distanz und die Zurückweisung durch den Vater ebenso Platz finden wie der frühe Tod der Mutter sowie Momente der Intimität beim Kerzenanzünden am Schabbat.

Esti dagegen scheint zunächst passiver und statischer, da sie Hendon nie verlassen hat und als orthodoxe Jüdin scheinbar keinen Bruch innerhalb ihrer Identitätskonstruktion zeigt. Jedoch wird deutlich, dass Estis Relationsbildung zum erinnernden Narrativ der Gemeinde sehr komplex verläuft: Die Jugendliebe zu Ronit nimmt nach wie vor eine zentrale Rolle in der Konstruktion des eigenen Ichs ein, das sich wegen der Opposition von Homosexualität und Orthodoxie fragmentiert herstellt. Der Roman verwirft durch die hybride Verfasstheit der Protagonisten die Möglichkeit einer eindeutigen Identität und rückt dagegen die von den Figuren vorgenommenen Betonungen in der Inszenierung von Identität in den Vordergrund. Hier liegt es an den Figuren, im Prozess des Selbstentwurfes aus der eigenen Polyvalenz Elemente in Auswahlprozessen hervorzuheben. Für Ronit stellt sich schließlich nicht mehr die Frage, ob sie orthodoxe Jüdin sein möchte oder nicht, denn sie ist es zwangsläufig und kann es doch zugleich nicht sein. Die Bezugname zum Erinnerungsraum der orthodoxen Gemeinschaft ist Bestandteil des eigenen Narrativs und bedingt ein Gefühl der Dislokation in dem von Ronit gewählten säkularen Umfeld.

Estis Inanspruchnahme von narrativer wie religiöser Autorität erweist sich als radikalerer Bruch als ihr Coming-out vor der Gemeinde. Während letzteres nur bedingt subversives Potential beinhaltet – schließlich bleibt sie bei Dovid –, stellt doch ihre Neuverortung in zentraler Position innerhalb der Synagoge die bisher gültige Raumordnung völlig in Frage. Bereits zu Beginn deutet Estis Position auf der Frauengalerie auch auf den erfassenden Blick der Vertikalen hin, doch beansprucht sie mit ihrer Lozierung vor dem Torahschrein, in dem den Männern vorbehaltenen Teil der Synagoge, eine Führungsposition in der Gemeinde und verwirft zugleich die bislang gültige Ordnung. Dass sie dabei in einer Auslegung der Schrift dem verstorbenen Rabbi Krushka widerspricht und eine alternative Deutung anbietet, nimmt die Neugestaltung des Raums auf und setzt diese auf der Ebene der performativ vorgenommenen Interpretation des Erinnerungsraums um.

Die Galuterfahrung und die damit verbundene Dislokation manifestieren sich in den Texten auf unterschiedliche Weise: Grants Texte stellen eine kulturelle Positionierung in der Peripherie in den Vordergrund, während *The Genizah at the House of Shepher* diese mit der Polyvalenz des jüdischen Erinnerungsraums verknüpft. *Disobedience* dagegen entfaltet Fragen der Zugehörigkeit vor der hybriden Identität der Figuren; *Tales of the Ten Lost Tribes* gestaltet einen reduzierten Relationsraum, in dem Orientierungsverlust auf unterschiedlichen Ebenen nachvollzogen wird. In diesem Kontext entwickeln Protagonisten auch verschiedene Raumpraktiken, die sich als vielfältig gestaltete Mobilität äußern. Eine Verschränkung konkreter Bewegungen mit semantischer Polyvalenz bildet in *When I Lived in Modern Times* den Ausgangspunkt. Bei der konkreten Migration ins britische Mandatsgebiet erweisen sich Evelyns Versuche der Identitätskonstruktion als unzulänglich. Die Vielschichtigkeit des Erinnerungsraums macht vielmehr die hybride Verfasstheit anglo-jüdischer Identität exemplarisch sichtbar.

Obwohl konkrete Bewegungen keine ähnlich zentrale Rolle in *Still Here* einnehmen, zeigt Josephs und Alix' Reise nach Dresden, dass auch hier Bewegung im lebensweltlichen Raum eine Rekonstruktion des Gedächtnisnarrativs herbeiführt. Darüber hinaus erhalten die beiden Erzählinstanzen durch die ihnen zugeschriebene gestaltende Kraft im Raum eine Kompetenz, die wiederum mit narrativen Bewegungen verbunden wird. Diese Mobilität erschließt die Vergangenheit und gestaltet somit den Erinnerungsraum. Narrativierungsprozesse werden auch von *The Clothes on Their Backs* in den Vordergrund gestellt. Dabei überwinden die erzählerischen Bewegungen der Figuren semantische Einschlüsse, die etwa die isolierte Kindheit Viviens produziert hat, und eröffnen neue Bezugsrahmen, vor denen sich Vivien performativ in London platzieren kann. Sándor dagegen gestaltet seine Erzählung als gegen Zuschreibungen gerichtete Selbstverortung im Erinnerungsdiskurs, als Artikulation aus der Peripherie. In beiden Fällen erweist sich das erzählte und das erzählende Ich als hybrid

konstruiert, wobei der Erinnerungsraum in seiner Vielschichtigkeit zum Relationsrahmen wird, in dem sich performative Selbstsetzungen vollziehen.
Konkrete Bewegungen der Shephers in Yellins *The Genizah at the House of Shepher* sind durch die Sehnsucht nach dem anderen Ort bestimmt, sei dieser nun bei den verlorenen Stämmen, in Großbritannien oder Jerusalem. Doch vermag keine der Bewegungen, diese Sehnsucht zu stillen; vielmehr rückt Mobilität im Erinnerungsraum, gestaltet durch eine Vielzahl alternativer Erzählentwürfe, ins Zentrum. Shulamit sucht nach einer Bezugnahme, die sie als formende Kraft und nicht als Korrektorin oder Editorin zu realisieren sucht. Dabei zeigt sich, dass sich die Mobilität der Figuren vielmehr im entworfenen Erinnerungsraum und seinen Varianten vollzieht. Hier werden semantische Profilierungen und interpretative Ausdeutungen von Narrativen zur gestaltenden und das Ich verortenden Praxis.
Trotz des relativ eng gefassten konkreten Bewegungsradius erzeugt *Disobedience* durch narrative Mobilität zwischen verschiedenen Erzählinstanzen und eine komplexe Gestaltung der Erzählperspektive ein multiperspektivisches Bild. Die Bewegungen der Figuren, etwa Ronits Weg durch das elterliche Haus oder Estis Weg von der Frauengalerie ins Zentrum der Synagoge, bilden semantische Neuverortungen, die nicht auf eine Auflösung der konflikthaften Ausgangssituation abzielen. Im Gegenteil: Durch die Verortungen wird die Hybridität von Identität und Erinnerungsraum gleichermaßen betont. Dabei zeigt sich, dass Konflikte in der Inszenierung von Identität und der Narrativierung von Vergangenheit bei der Konstruktion durch die Figuren mit Auswahlprozessen und Profilierungen integriert werden können und zugleich als Brüche weiter bestehen bleiben.
Die starke Reduktion von Referenzen auf die außerliterarische Welt und die skizzenhafte Gestaltung des literarischen Raums in *Tales of the Ten Lost Tribes* bieten dem erzählenden Ich durch fortdauernde Neuverortung sowie einen großen Bewegungsradius ebenfalls die Möglichkeit, ein weit gefasstes Bild des Erinnerungsraums zu erzeugen. Ähnlich den Figuren hat der Leser stets mit Orientierungsverlust zu kämpfen: Die Rekonstruktion von Bezügen zwischen den Kapiteln greift die Verknüpfungsarbeit von Erinnerungsprozessen im narrativen Entwurf auf. Entwickelte Strategien der Selbstverortung erweisen sich also als vielfältig, doch ist die Gemeinsamkeit zu betonen, dass alle Texte ein polyvalentes Relationsgefüge entwerfen, das den Erinnerungsraum als hybride Struktur gestaltet. In diesem vielschichtigen Netzwerk streben die Figuren nach der Konstruktion von Relationen. Der Bezug auf ein kollektives Gedächtnisnarrativ ist dabei als Verortung in einem Raum der Zugehörigkeit zu verstehen. Dieser vollzieht sich in keinem der Texte als quasi natürlich gegeben, vielmehr werden Strategien der Relationsbildung in der Raumkonstitution und der narrativen Konstruktion von Erinnerung betont.

2.2 Fragmentierung des spatialen Gefüges

Die Auflösung kohärenter Identitäten kann im Rahmen postmoderner Literatur als Topos betrachtet werden. Dabei ist implizit, dass auch der Erinnerungsraum, vor dem sich Identität konstruiert, keine Eindeutigkeit mehr zu vermitteln vermag und vielmehr unterschiedliche Narrative zugleich wahrgenommen werden. Für jüdisches Erinnern formuliert Young in Bezug auf kollektives Erinnern die Vorstellung eines *Collected Memory*, eines Mosaiks von Erinnerungen:

> Jewish memory in a postmodern age has to look less like collective memory and more like collected memory. Instead of a single meaning ascribed to disparate memories, many meanings are now being allowed to exist side by side.[21]

Aufgrund seiner Fragmentierung beinhaltet der Erinnerungsraum disparate Narrative und konstituiert sich in Vielstimmigkeit. Zu der von Young beschriebenen Entwicklung von *Collective Memory* zu *Collected Memory* muss jedoch ergänzt werden, dass sich ein kollektives Gedächtnis aufgrund seiner Konstitution durch die Heterogenität des Kollektivs stets in der diskursiven Formation einer *Collected Memory* vollzieht. Sicherlich mag die Fähigkeit zur Integration varianter Narrative vor dem Hintergrund eines orthodoxen Verständnisses der kanonischen Texte enger gefasst erscheinen, doch, wie *Disobedience* deutlich macht, kann ein solches Narrativ sehr wohl die Hybridität der Schwellenposition integrieren. Durch eine Vielzahl von perspektivischen Einstellungen wird ein fragmentiertes Bild des Erinnerungsraums erzeugt, das in Bezug zu Identitätskonstruktionen der Protagonisten gesetzt wird. Übertragen wir das von Young beschriebene Zulassen von Mehrstimmigkeit und Polyvalenz auf den Text als Erinnerungsraum, so wird in *The Genizah at the House of Shepher* deutlich, dass sich durch das interpretierende und kommentierende Einbeziehen alternativer Erzählungen die Mehrdeutigkeit dieses Raums darstellen lässt. Die Varianten artikulieren unterschiedliche Semantisierungen, und die Herstellung eines gemeinsamen Narrativs wird nur durch die redaktionelle Bearbeitung des Textes möglich. Steiner beschreibt die Textstruktur als zentral für jüdische Identität: „[…] the 'textual' fabric, the interpretative practices in Judaism are ontologically and historically at the heart of Jewish identity."[22] Der Text wird damit zur Verortung von Identität, wodurch der Dislokation der Diaspora ein mobiler Erinnerungsraum entgegengesetzt wird, der etwa auch von Lachmann unter Bezug auf Yerushalmi als Ort und zugleich Instrument der Tradierung sowie als mnemotechnische Praxis beschrieben wird.[23]

Die Polyvalenz des Erinnerungsraums kann auch in konkreten Bewegungen dargestellt werden, wie *When I Lived in Modern Times* nachvollziehbar macht: Die von Evelyn erfahrene Dislokation gründet zunächst auf ihrer Verortung als Jüdin in einem geschlossen britischen Bedeutungsraum. Die Auflösung dieser Bispatialität, die eine innere Zerrissenheit in Evelyn hervorruft, wird in der Bewegung nach Palästina gesucht. Dort sieht sich Evelyn aufgrund ihrer britischen Vergangenheit erneut in Opposition zum kollektiven Gedächtnisnarrativ, das ihr nur wenige Anknüpfungspunkte zu bieten scheint.

21 Young: Arts of Jewish Memory, S. 214.

22 Steiner: Our Homeland, the Text, S. 307.

23 Vgl. Renate Lachmann: Die Unlöschbarkeit der Zeichen. Das semiotische Unglück der Mnemonisten. In: Dies. / Anselm Haverkamp (Hrsg.): *Gedächtniskunst: Raum – Bild – Schrift. Studien zur Mnemotechnik*. Frankfurt am Main: Suhrkamp 1991, S. 111–141, hier S. 114.

Im Bild der kubistischen Darstellung, das mit der hybriden Gestaltung der Architektur Tel Avivs verbunden wird, entwirft der Roman schließlich die Mehrstimmigkeit des Erinnerungsraums.

Ähnlich wie *The Genizah at the House of Shepher* konstruiert *Still Here* die Vielschichtigkeit des Erinnerungsraums aus mehreren Narrativen, die in Grants Text jedoch verdeckt sind und erst durch den Leser in Äquivalenz zu Alix sichtbar gemacht werden müssen. Liverpool enthält – zwar nicht für jeden wahrnehmbar aber dennoch vorhanden – einen jüdischen Erinnerungsraum, der sich einem mit dem Raum vertrauten Rezipienten in der interpretierenden Hestellung von Bedeutung erschließt. Der Titel des Romans verweist dabei auf die Präsenz des marginalisierten Narrativs, das sichtbar gemacht wird, so wie Alix in Dresden eine weitere Facette des Gedächtnisnarrativs findet. *The Clothes on Their Backs* öffnet ebenso einen polyvalenten Erinnerungsraum als Bezugpunkt für das Selbst, indem der bestehende, durch Tabuisierung und Isolation durch die Eltern geprägte Bezugsrahmen einer Fragmentierung unterworfen wird. Die getaufte Vivien erhält durch Sándor eine jüdische Vergangenheit, die der Selbstverortung in London einen für die Nichte mythisch erscheinenden Bezugsraum in Ungarn zugänglich macht. Durch die stark reduzierte Entfaltung des spatialen Gefüges in *Tales of the Ten Lost Tribes*, in dem vor allem die Mobilität der Erzählinstanz Spatialität erzeugt, ist der Erinnerungsraum ebenfalls inkohärent. Das Motiv des Orientierungsverlusts wird dabei auf die Gestaltung des literarischen Raums ausgeweitet, dessen Fluidität das Verschwimmen von ordnenden Zuschreibungen im Raum aufgreift. In diesem fließenden Erinnerungsraum gestaltet sich die Verortung des Selbsts zwangsläufig als ein Unterfangen, das nicht konfliktlos bleiben kann.

Wie deutlich geworden ist, wird die Polyvalenz des Erinnerungsraums in seiner semantischen Vielschichtigkeit darstellbar. Die untersuchten Romane entwerfen unterschiedliche Erinnerungsnarrative, die sich im Aufeinandertreffen wechselseitig durchdringen und formen. Dies markiert den Erinnerungsraum als einen Raum der Ambivalenz, in dem durch Versuche der Kategorisierung, wie Bauman in anderem Zusammenhang betont, unweigerlich das Andere produziert wird, das als nicht zugehörig konstruiert ist.[24] Bei der Darstellung des orthodoxen Erinnerungsraums in *Disobedience* nimmt in den einleitenden Zitaten und deren Auslegung die Grenze als Ordnung schaffendes Element eine zentrale Position ein. Doch macht der Text gerade die Wechselseitigkeit von Ambivalenz und Kategorisierung deutlich: Die Grenze wird zum Raum der Durchdringung und damit zum Raum der Mehrdeutigkeit. Die Polyvalenz des Erinnerungsraums wird in der Vielzahl von Perspektiven und Erzählstimmen zum Prinzip der Darstellung. Die semantischen und narrativen Bewegungen vollziehen sich hier innerhalb des orthodox jüdischen Erinnerungsraums einer einzigen Gemeinde, und dennoch profiliert der Text die Polyphonie des Gedächtnisnarrativs. Die Interpretation des semantischen Geflechts erschließt in *Still Here* die Polyvalenz des Raums der Erzählung. Exemplarisch für einen europäischen Erinnerungsraum erweist sich

24 Vgl. Bauman: *Modernity and Ambivalence*, S. 15.

Dresden als hybride Struktur, die einen noch vorhandenen, aber bislang nicht narrativierten Beitrag zur Konstruktion des Gedächtnisses der Rebick- und Dorf-Familien beisteuern kann. Dabei wird durch die instabile Verortungen der Figuren eine Vielschichtigkeit des Erinnerungsraums umgesetzt. Dies wird deutlich, als Alix ihren Radius aufgrund des letzten Willens ihrer Mutter erweitern muss, wobei die Hybridität des Erinnerungsraums betont wird, der keine zielgerichtete Entwicklung des Selbsts gewährleistet.

Die in *The Clothes on Their Backs* vorgenommene enge Verflechtung zweier Erzählstränge, in der Vivien als wiedergebende Instanz von Sándors Erzählung fungiert und zugleich die eigene Vergangenheit narrativiert, produziert Brüche, in denen sich sowohl die Differenz der beiden Erzählstimmen als auch die Brüche zum Jetzt der Narrativierung artikulieren. Diese Oszillation vermag unterschiedliche Wahrnehmungen und Wertungen miteinander zu verknüpfen, so das sich beide Narrative gegenseitig beeinflussen. Hierdurch wird eine komplexe Darstellung des Erinnerungsraums ermöglicht. Ganz anders verfährt *When I Lived in Modern Times*: Auf die Darstellung des von der Erzählerin Erlebten fokussiert, gestaltet hier die perspektivisch ausgeformte Konfrontation zwischen erzähltem und erzählendem Ich den Eindruck von Multiperspektivität. Dabei ist nicht nur die oben ausgeführte Polyvalenz des erinnerten Raums nachvollziehbar, auch der hybride Konstruktionsprozess der Identität Evelyns wird der Vermittlung erschlossen. Die Gegenüberstellung von erzähltem und erzählendem Ich erzielt ein Bild, das über eine monoperspektivische Erfassung weit hinausweist.

Yellin führt das Element der Verunsicherung von Grenzen, das in der Oszillation aufscheint, bedeutend weiter, wenn in *Tales of the Ten Lost Tribes* die Dislokation der Diaspora und damit die fortdauernde Suche nach Verortung zur einzigen Konstanten wird. Der dargestellte Raum flimmert zwischen lebensweltlicher und mythischer Form; die Erzählinstanz bewegt sich mit hoher Frequenz, bis das Motiv des Orientierungsverlusts in einem realen Sich-Verlieren gipfelt, aus welchem dem Ich kein Ausweg bleibt. Die Durchdringung des Erinnerungsraums wird ein letztes Mal aufgegriffen, wenn die Dorfbewohner dem Ich Kerzen für den Schabbat zur Verfügung stellen und der entworfene Erinnerungsraum mit jüdischer Erinnerungskultur verwoben ist, die nur scheinbar im Raum verschwindet, wie auch die zehn verlorenen Stämme nicht mehr auffindbar, aber dennoch vorhanden sind.

The Genizah at the House of Shepher entwickelt die Polyvalenz des Erinnerungsraums anhand eines Familiennarrativs und einer varianten Abschrift der Torah. Erzählen und der Text als Tradierung des Erzählten im Rahmen des kollektiven Gedächtnisses konstituieren kulturelle Verortung und werden damit selbst zum Erinnerungsraum. Durch Praktiken der Textkritik wird die Vielschichtigkeit und Varianz des Netzwerks ausgedeutet und erschlossen. Der Roman betont stets die Präsenz der Alternative, die auf Artikulation wartet oder, bereits erzählt, nicht mehr bekannt ist. Die Rezeption des Textes verlangt damit eine Einordnung, die den Mechanismen der Konstitution eines kollektiven Gedächtnisses ähnlich ist. Der Erinnerungsraum wird hier im

Nebeneinander der Varianten darstellbar. Vor dieser Vielschichtigkeit gelingt es dem Text, ein multiperspektivisches Bild zu konstruieren, in dem nicht nur die unterschiedlichen Erzählvarianten ihren Platz finden, sondern gleichzeitig zum Bezugsrahmen der Selbstverortung hybrider Identitätsentwürfe werden können. Ganz wie Steiner den Text als Ort der Zugehörigkeit im Rahmen jüdischer Kultur beschreibt (und den Kommentar als eine Rückkehr nach Hause)[25], ist der Umgang mit dem Text, seine Rezeption und Deutung eine Gedächtnishandlung, die aktiv den Erinnerungsraum formt und Akzente in der Bedeutungskonstruktion zu setzen vermag.

So kann an dieser Stelle festgestellt werden, dass die in den Romanen entworfenen Erinnerungsräume als fließende Relationsstruktur gestaltet sind. Dabei fällt der Erzählperspektive als Mittel der Raumkonstitution eine zentrale Bedeutung zu. Aus der Wahrnehmung sich mobil immer wieder neu verortender Blickwinkel wird der Raum in Bewegung erfasst. Diese Mobilität erzielt ein multiperspektivisches Bild, das als ästhetische Umsetzung der Polyvalenz des Erinnerungsraums betrachtet werden kann. Unterschiedliche Gedächtnisnarrative treffen auf- und disparate Narrativierungen des Vergangenen konkurrieren miteinander aufgrund der polyphonen Bestimmung des kollektiven Gedächtnisses um Positionierung im gesellschaftlichen Erinnerungsdiskurs. Diese Verfahrensweise erweist sich bei der Repräsentation von hybriden Identitätsentwürfen als geeignet, deren Brüche und Fragmentierungen darzustellen. Zugleich heben sie die zentrale Rolle hervor, die eine spatiale wie semantische Lozierung bei der Formung von Selbstentwürfen hat. Auf der Darstellungsebene findet diese Raumfiguration Ausdruck in multiperspektivisch gestalteten Entwürfen. In diesen verflechten sich disparate Erzählperspektiven miteinander und verschiedene Erzählinstanzen führen eine Oszillation herbei, die den Durchdringungsprozessen hybrider Identitätskonstruktion Ausdruck verleiht. Die Texte verschließen sich einer einfachen Auflösung der gestalteten Brüche und unterlaufen solche Versuche, indem Perspektiven miteinander in Konflikt treten oder Darstellungen einer Erzählinstanz sogleich durch Gegenentwürfe einer anderen Stimme relativiert werden. Dem Leser steht so ein Netzwerk alternativer Varianten zur Verfügung steht, in dem sich die Erzählung entfaltet. Dabei werfen die Texte auch Fragen nach der Konstruktion von Hegemonialität in der Fiktionalisierung des Vergangenen auf. Der Erinnerungsraum erscheint als fließende Struktur, in der sich diskursiv hervorgebrachte Narrative wechselseitig beeinflussen.

Bezogen auf anglo-jüdisches Schreiben gelingt es den Texten, die polyvalente Position von Juden in Großbritannien – und damit auch bis zu einem gewissen Grad die Erfahrung der Galut sowie die hybride Struktur eines jüdischen Erinnerungsraums – in der Darstellung zu erschließen. Tradierte Narrative, die vor einem religiös-kulturellen Hintergrund ihre Wirkmächtigkeit behalten, treten in Kontakt mit zeitgenössischen Fragen nach Zugehörigkeit – spatial wie kulturell. Die Protagonisten entwickeln ausgehend von sehr unterschiedlichen Definitionen ihres Jüdischseins Strategien der

25 Vgl. Steiner Our Homeland, the Text, S. 307.

Relationsbildung, um sich selbst innerhalb des heterogenen Netzwerks des Gedächtnisnarrativs platzieren zu können. Immer wieder stellt sich dabei auch die Frage nach der eigenen Position in den entworfenen Erzählungen, und es gelingt den Texten, säkulare wie religiöse Relationspunkte jüdischer Identität in den narrativen Entwurf zu integrieren. Schließlich zeigt sich, dass die Romane die zentrale Position des Textes, des auslegenden Kommentars und damit auch des Dissenses, der Diskussion sowie der fortdauernden Aushandlung als zentrale Elemente jüdischer Kultur in den jeweiligen Erzählentwürfen aufgreifen und mehr oder weniger explizit in der Konstruktion der Erzählsituation umsetzen.

2.3 Ausblick und Anknüpfungsmöglichkeiten

Konnte die Relevanz des Erinnerungsraums im Kontext der Konstruktion und Verortung jüdischer Identität ausgeführt und in den ausgewählten Texten analysiert werden, so zeigt sich dennoch, dass sowohl das Feld der anglo-jüdischen Literatur als auch die Bedeutung von Raum und Erinnerung vielfältige Anknüpfungspunkte für weitergehende Studien bieten. Aus diesem Grund ist es angebracht, an dieser Stelle Themenkomplexe zu skizzieren, die hier nur ansatzweise oder unzureichend behandelt werden konnten. Dabei erhebe ich, was die Möglichkeiten der Anschlussfähigkeit meiner Analyse betrifft, in keiner Weise Anspruch auf Vollständigkeit, denn sicherlich lassen sich vor allem in dem bislang wenig beachteten Bereich anglo-jüdischen Schreibens eine Vielzahl komplexer Fragestellungen ausmachen, die erst noch erschlossen werden müssen.

Zunächst konnte in meine Ausführungen die Frage der Genderkonstruktion nicht hinreichend einbezogen werden, würde dies doch den Rahmen der Untersuchung sprengen. Hier bieten sich, gerade vor einem kulturell jüdischen Hintergrund, vielfältige Anbindungsmöglichkeiten für weitere Analysen: So fällt bei den untersuchten Romanen die zentrale Rolle eines weiblichen Sprechorts ins Auge, und es stellt sich damit die Frage, wie sich dies zu der Darstellung jüdischen Erinnerns in Relation setzen lässt. Zum einen, im religiösen Kontext, konstruiert etwa ein orthodoxes Narrativ den Ausschluss weiblichen Sprechens, wie in *Disobedience* deutlich wird. Da das Studium der Torah und damit die Teilhabe an der Kommentar- und Auslegungskultur hier den Männern vorbehalten bleibt,[26] ist die Verortung von Figuren wie Esti und Ronit auf der Frauengalerie der Synagoge auch ein räumlicher Ausdruck von Marginalisierung. Jedoch entwickelt Aldermans Text explizit Grenzüberschreitungen, in denen die beiden Protagonistinnen diesen Ausschluss auf unterschiedliche Weise überwinden. Im Kontext der ordnenden Raumgestaltung, die auf semantischer wie konkret räumlicher Ebene in einer orthodoxen Auslegung der Halacha vorgenommen wird, betont *Disobedience* auf vielfache Weise Bereiche der Polyvalenz, auch im Hinblick auf eine Ausdeutung kanonischer Schriften. *The Genizah at the House of Shepher* nimmt ebenfalls

26 Anders gestaltet sich dies im Kontext von Reformgemeinden, konservativen Gemeinden und rekonstruktivistischen Gemeinden.

das Verhältnis der Protagonistin zu einem traditionell den Männern vorbehaltenen Bereich in den Blick. Yellins Text versteht es darüber hinaus auch hier eine Durchdringung darzustellen, wenn Shulamit durch ihr Vorhaben, der eigenen Nichte einen Bezug zum jüdischen Erinnerungsraum Jerusalems zu ermöglichen, das Judentum an die nächste Generation weitergibt. Es wird deutlich, dass Shulamit mit der Tradierung eines kollektiven Gedächtnisses die matrilineare Weitergabe des Judentums aufgreift und zugleich durch ihre Position als die den Text gestaltende Stimme eine zentrale Diskursposition beansprucht. Schließlich bilden auch Fragen einer genderspezifischen Wahrnehmung des Raums Anschlussmöglichkeiten an meine Untersuchung. Lohnend wäre sicherlich, den von mir verfolgten Ansatz eines relativistischen Raumverständnisses und der damit verbundenen Betonung des wahrnehmenden Blicks im Kontext von Genderkonstruktion auf unterschiedlichen Ebenen nachzuvollziehen.

In Bezug auf narratologische Gestaltungsmöglichkeiten des literarischen Raums muss festgestellt werden, dass gerade für Ansätze, die eine relativistische Konstitution des Raums verfolgen, eine Systematik in der Beschreibung der Darstellungsverfahren noch weitestgehend fehlt. Diese Lücke vermag meine Untersuchung aufgrund ihres Beschreibungsansatzes und der hier vorgenommenen Analyse der exemplarisch ausgewählten Texte nicht zu schließen. Vielmehr beschränke ich mich darauf, an den untersuchten Romanen, die zentrale Bedeutung, die der Gestaltung der Erzählperspektive zukommt, nachzuzeichnen. Zwar berücksichtigen diejenigen Beschreibungsansätze, die von einem absoluten Containerraum Abstand nehmen, stets die Perspektivierung des Raums, jedoch kommt der Betrachtung ihrer narratologischen Ausgestaltung wie auch der des Entwurfs unterschiedlicher Erzählinstanzen noch nicht die Rolle zu, die vor dem Hintergrund des hier entwickelten Raumkonzepts zu erwarten wäre. Wenn wir den Raum als im Blick der betrachtenden Instanz konstituiert sehen und ihn folglich als ein sich fortwährend änderndes Netzwerk von Relationen beschreiben können, stellt sich zwangsläufig die Frage, wie die Darstellung der perspektivischen Eindrücke, vor allem unter Einbeziehung ihrer vielfältigen semantischen Implikationen,[27] klassifiziert werden können und ob sich allgemein Verfahren in den literarischen Entwürfen von Raumbeziehungen und -erleben ausmachen lassen.

Bei der Erschließung der anglo-jüdischen Literatur eröffnen sich im Hinblick auf die über hundertjährige Tradition jüdischen Schreibens in Großbritannien eine Vielzahl von Untersuchungsfragen. Wie bereits einleitend ausgeführt wurde, kann an den untersuchten Romanen festgestellt werden, dass in der Verortung jüdischen Schreibens zeitgenössische Texte ihren Platz innerhalb der britischen Literatur für sich reklamieren. Doch auch mit Blick auf die literarische Gestaltung jüdischer Räume stellen

27 Wie lassen sich etwa individuelle Wertungen der Figuren, diskursiv hergestellte Beurteilungen von spatialen Strukturen oder moralische Perspektiven auf den Erinnerungsraum der Beschreibung zugänglich machen? Schmid hat mit den Kategorien der *Ideologischen* und der *Sprachlichen Perspektive* bereits deutlich gemacht, dass die Erzählperspektive über den Rahmen eines sensorischen Wahrnehmens hinaus erweitert werden muss (vgl. Schmid: *Elemente der Narratologie*, S. 131–137), jedoch steht eine Anbindung an die literarische Modellierung von Räumen noch aus.

sich kulturspezifische Fragen im anglistischen Diskurs: Inwiefern bedingt etwa eine geschlossen konstruierte britische Kultur, die eine Artikulation jüdischer Identität als das Andere festschreibt, eine bestimmte literarische Darstellungsform? Sicherlich führt die lang währende Abgeschlossenheit britischer Identitätskonstruktion auch in Bezug auf literarische Äußerung zu einer Dislokationserfahrung; jedoch lässt sich mit postkolonialen Diskursen und der zunehmend von interkultureller Artikulation geprägten zeitgenössischen Literatur Großbritanniens eine Wendung konstatieren.
Schließlich war es hier auch nicht möglich, komparative Untersuchungen zum US-amerkanisch-jüdischen Roman anzustellen. Die Relevanz einer solchen Analyse erschließt sich sicherlich schon aufgrund dessen, dass in den USA die größte englischsprachige jüdische Gemeinschaft verortet ist und allein aus diesem Grund vergleichende Studien zu Gestaltung von Erinnerung und Raum von Interesse wären. Doch auch die engen kulturellen und intertextuellen Bezugnahmen auf Werke US-amerikanischer Autoren legen komparative Fragen nahe, beispielhaft sei an dieser Stelle noch einmal auf das Aufrufen von Bellows Werk in Grants *Still Here* verwiesen. Auch die Tatsache der Beeinflussung anglo-jüdischen Schreibens durch die weitaus ausführlicher untersuchte jüdische Literatur der USA stellt Fragen nach Selbstverortung in einem (literarischen) Erinnerungsraum. Darüber hinaus bieten Texte wie Feinsteins *The Russian Jerusalem*, das hier nicht ausführlich analysiert werden konnte, Anknüpfungspunkte an die Slavistik, wie überhaupt der Komplex jüdischen Schreibens in Israel und der Diaspora in Bezug auf Großbritannien noch vielfach Themenstellungen aufwirft, die dem akademischen Diskurs erst noch eröffnet werden müssen. Gleiches gilt auch für Fragestellungen der Judaistik, der jüdischen Theologie und der Jüdischen Studien / Jewish Studies.

Literaturverzeichnis

Primärquellen

Abse, Dannie: *New Selected Poems. Anniversary Collection 1949–2009*. London: Hutchinson 2009.

Alderman, Naomi: *Disobedience*. London: Penguin 2007.

Feinstein, Elaine: *The Russian Jerusalem*. Manchester: Carcanet 2008.

Grant, Linda: *When I Lived in Modern Times*. London: Granta 2000.

—: *Still Here*. London: Abacus 2002.

—: *The Clothes on Their Backs*. London: Virago 2008.

Wilson, Jonathan: *The Hiding Room*. New York: Viking 1995.

Yellin, Tamar: *The Genizah at the House of Shepher*. New York: St. Martin's Griffin 2008.

—: *Tales of the Ten Lost Tribes*. New York: St. Martin's Griffin 2009.

Sekundärquellen

Abramson, Glenda (Hrsg.): *Modern Jewish Mythologies*. Cincinnati, OH: Hebrew Union College Press 2000.

Ahbe, Thomas / Wolfgang Gmür / Renate Höfer / Keupp, Heiner / Beate Mitzscherlich / Wolfgang Kraus / Florian Straus: *Identitätskonstruktionen. Das Patchwork der Identitäten in der Spätmoderne*. Reinbek: Rowohlt 1999.

Alderman, Goeffrey: *Modern British Jewry*. Oxford: Clarendon 1992.

Anderson, Benedict: *Imagined Communities. Reflections on the Origin and Spread of Nationalism*. London / New York: Verso 2006.

Aschheim, Steven E.: Caftan and Cravat: The „Ostjude" as a Cultural Symbol in the Development of German Anti-Semitism. In: Seymour Drescher / David Sabean / Allan Sharlin (Hrsg.): *Political Symbolism in Modern Europe: Essays in Honor of George L. Mosse*. New Brunswick, NJ: Transaction Books 1982, S. 81–99.

Assmann, Aleida: Zur Metaphorik der Erinnerung. In: Dies. / Dietrich Harth (Hrsg.): *Mnemosyne. Formen und Funktionen der kulturellen Erinnerung*. Frankfurt am Main: Fischer 1991, S. 13–35.

—: *Der lange Schatten der Vergangenheit. Erinnerungskultur und Geschichtspolitik*. München: Beck 2006.

—: *Erinnerungsräume. Formen und Wandlungen des kulturellen Gedächtnisses*. München: Beck 2009.

Assmann, Aleida / Dietrich Harth (Hrsg.): *Mnemosyne. Formen und Funktionen der kulturellen Erinnerung*. Frankfurt am Main: Fischer 1991.

Assmann, Jan: Kollektives Gedächtnis und kulturelle Identität. In: Ders. / Tonio Hölscher (Hrsg.): *Kultur und Gedächtnis*. Frankfurt am Main: Suhrkamp 1988, S. 9–19.

—: Die Katastrophe des Vergessens. Das Deuteronomium als Paradigma kultureller Mnemotechnik. In: Aleida Assmann / Dietrich Harth (Hrsg.): *Mnemosyne. Formen und Funktionen der kulturellen Erinnerung*. Frankfurt am Main: Fischer 1991, S. 337–355.

—: *Das kulturelle Gedächtnis. Schrift, Erinnerung und politische Identität in frühen Hochkulturen*. München: Beck 2007.

—: Communicative and Cultural Memory. In: Astrid Erll / Ansgar Nünning (Hrsg.): *A Companion to Cultural Memory Studies*. Berlin / New York: de Gruyter 2010, S. 109–118.

Assmann, Jan / Tonio Hölscher (Hrsg.): *Kultur und Gedächtnis*. Frankfurt am Main: Suhrkamp 1988.

Augé, Marc: *Non-Places. Introduction to an Anthropology of Supermodernity*, aus d. Franz. v. John Howe. London / New York: Verso 1995.

Bachelard, Gaston: *Poetik des Raumes*, aus d. Franz. v. Kurt Leonhard. Frankfurt am Main / Berlin / Wien: Ullstein 1975.

Bachtin, Michail M.: Das Wort im Roman (1934/1935). In: Ders.: *Die Ästhetik des Wortes*, hrsg. v. Rainer Grübel, aus d. Russ. v. Rainer Grübel / Sabine Reese. Frankfurt am Main: Suhrkamp 1979, S. 154–300.

—: *Chronotopos*, aus d. Russ. v. Michael Dewey. Berlin: Suhrkamp 2008.

Barthes, Roland: *Das semiologische Abenteuer*, aus d. Franz. v. Dieter Hornig. Frankfurt am Main: Suhrkamp 1988.

Bauman, Zygmunt: *Modernity and Ambivalence*. Cambridge: Polity 1993.

Benjamin, Walter: *Das Passagen-Werk*, 2 Bde, hrsg. v. Rolf Tiedemann. Frankfurt am Main: Suhrkamp 1983.

—: Berliner Chronik. In: Ders.: *Gesammelte Schriften*, Bd. VI, hrsg. v. Rolf Tiedemann / Hermann Schweppenhäuser. Frankfurt am Main: Suhrkamp 1985, S. 465–519.

Berghahn, Marion: *Continental Britons. German-Jewish Refugees from Nazi Germany*. New York: Berghahn 2007.

Bergson, Henri: *Materie und Gedächtnis. Eine Abhandlung über die Beziehung zwischen Körper und Geist*, aus d. Franz. v. Julius Frankenberger. Jena: Diederichs 1919.

Bhabha, Homi K.: Introduction: Narrating the Nation. In: Ders. (Hrsg.): *Nation and Narration*. London / New York: Routledge 1990, S. 1–7.

—: *The Location of Culture*. London / New York: Routledge 2004.

Borsó, Vittoria: Topographie als literaturwissenschaftliche Methode: die Schrift des Raums und der Raum der Schrift. In: Stephan Günzel (Hrsg.): *Topologie. Zur Raumbeschreibung in den Kultur- und Medienwissenschaften*. Bielefeld: Transcript 2007, S. 279–295.

Boyarin, Jonathan: Space, Time, and the Politics of Memory. In: Ders. (Hrsg.): *Remapping Memory: the Politics of TimeSpace*. Minneapolis, MN: University of Minnesota Press 1994, S. 1–37.

Brauch, Julia / Anna Lipphardt / Alexandra Nocke (Hrsg.): *Jewish Topographies. Visions of Space, Traditions of Place*. Aldershot: Ashgate 2008.

Brauner, David: *Post-War Jewish Fiction. Ambivalence, Self-Explanation and Transatlantic Connections*. Basingstoke: Palgrave 2001.

—: Bellow at Your Elbow, Roth Breathing Down Your Neck: Gender and Ethnicity in Novels by Bernice Rubens and Linda Grant. In: Claire M. Tylee (Hrsg.): *"In the Open". Jewish Women Writers and British Culture*. Newark: University of Delaware Press 2006, S. 96–109.

Bronfen, Elisabeth / Birgit R. Erdle / Sigrid Weigel (Hrsg.): *Trauma: Zwischen Psychoanalyse und kulturellem Deutungsmuster*. Köln / Weimar / Wien: Böhlau 1999.

Brüggemann, Heinz: *Das andere Fenster: Einblicke in Häuser und Menschen. Zur Literaturgeschichte einer urbanen Wahrnehmungsform*. Frankfurt am Main: Fischer 1989.

Cassirer, Ernst: Mythischer, ästhetischer und theoretischer Raum (1931). In: Ders.: *Symbol, Technik, Sprache. Aufsätze aus den Jahren 1927–1933*, hrsg. v. Ernst Wolfgang Orth / John Michael Krois. Hamburg: Meiner 1985, S. 93–119.

Certeau, Michel de: *Kunst des Handelns*, aus d. Franz. v. Ronald Voullié. Berlin: Merve 1988.

Cesarani, David (Hrsg.): *The Making of Modern Anglo-Jewry*. Oxford: Basil Blackwell 1990.

—: Social Memory, History, and British Jewish Identity. In: Glenda Abramson (Hrsg.): *Modern Jewish Mythologies*. Cincinnati, OH: Hebrew Union College Press 2000, S. 15–36.

Cheyette, Bryan: The Other Self: Anglo-Jewish Fiction and the Representation of Jews in England, 1875–1905. In: David Cesarani (Hrsg.): *The Making of Modern Anglo-Jewry*. Oxford: Blackwell 1990, S. 97–111.

—: Moroseness and Englishness: The Rise of British-Jewish Literature. In: *Jewish Quarterly* 42,1 (Spring 1995), S. 22–26.

—: Introduction. In: Ders. (Hrsg.): *Contemporary Jewish Writing in Britain and Ireland. An Anthology*. London: Halban 1998, S. xiii–lxxi.

—: Imagined Communitites: Contemporary Jewish Writing in Great Britain. In: Vivian Liska / Thomas Nolden (Hrsg.): *Contemporary Jewish Writing in Europe. A Guide*. Bloomington, IN / Indianapolis, IN: Indiana University Press 2008, S. 90–117.

Cheyette, Bryan / Laura Marcus (Hrsg.): *Modernity, Culture and "the Jew"*. Oxford: Polity 1998.

Cohen, Derek / Deborah Heller: Introduction. In: Dies. (Hrsg.): *Jewish Presences in English Literatur*. Montreal & Kingston / London / Buffalo, NY: McGill-Queen's University Press 1990, S. 3–9.

Corkhill, Alan / Tim Mehigan: Vorwort. In: Dies. (Hrsg.): *Raumlektüren. Der Spatial Turn und die Literatur der Moderne*. Bielefeld: Transcript 2013, S. 7–21.

Dennerlein, Katrin: *Narratologie des Raums*. Berlin / New York: de Gruyter 2009.

Derrida, Jacques: Signatur Ereignis Kontext, aus d. Franz. v. Werner Rappl. In: Ders.: *Die différance. Ausgewählte Texte*, hrsg. v. Peter Engelmann. Stuttgart: Reclam 2004, S. 68–109.

Diner, Dan: Ubiquitär in Zeit und Raum – Annotationen zum jüdischen Geschichtsbewusstsein. In: Ders. (Hrsg.): *Synchrone Welten. Zeiträume jüdischer Geschichte*. Göttingen: Vandenhoeck & Ruprecht 2005, S. 13–36.

Dünne, Jörg: Soziale Räume. Einleitung. In: Ders. / Stephan Günzel (Hrsg.): *Raumtheorie. Grundlagentexte aus Philosophie und Kulturwissenschaften*. Frankfurt am Main: Suhrkamp 2006, S. 289–303.

Dünne, Jörg / Hermann Doetsch / Roger Lüdeke (Hrsg.): *Von Pilgerwegen, Schriftspuren und Blickpunkten. Raumpraktiken in medienhistorischer Perspektive*. Würzburg: Königshausen & Neumann 2004.

Eco, Umberto: *Einführung in die Semiotik*, aus dem Ital. v. Jürgen Trabant. München: Fink 2002.

Einstein, Albert: Raum, Äther und Feld in der Physik (1954). In: Jörg Dünne / Stephan Günzel (Hrsg.): *Raumtheorie. Grundlagentexte aus Philosophie und Kulturwissenschaften*. Frankfurt am Main: Suhrkamp 2006, S. 94–101.

Endelman, Todd M.: *The Jews of Britain, 1656 to 2000*. Berkeley, CA / Los Angeles, CA / London: University of California Press 2002.

Enders, Martin: Der poetische Raum. Überlegungen zu einer konfigurativen Poetik. In: Alan Corkhill / Tim Mehigan (Hrsg.): *Raumlektüren. Der Spatial Turn und die Literatur der Moderne*. Bielefeld: Transcript 2013, S. 23–37.

Erll, Astrid: Erinnerungstheoretische Literaturwissenschaft: Was ist … und zu welchem Ende…? In: Ansgar Nünning / Roy Sommer (Hrsg.): *Kulturwissenschaftliche Literaturwissenschaft. Disziplinäre Ansätze – Theoretische Positionen – Transdisziplinäre Perspektiven*. Tübingen: Narr 2004, S. 115–128.

—: *Kollektives Gedächtnis und Erinnerungskulturen. Eine Einführung*. Stuttgart / Weimar: Metzler 2005.

Erll, Astrid / Marion Gymnich / Ansgar Nünning: Einleitung: Literatur als Medium der Repräsentation und Konstruktion von Erinnerung und Identität. In: Dies. (Hrsg.): *Literatur – Erinnerung – Identität. Theoriekonzeptionen und Fallstudien*. Trier: Wissenschaftlicher Verlag Trier 2003, S. iii–ix.

Erll, Astrid / Ansgar Nünning: Literatur und Erinnerungskultur: Eine narratologische und funktionsgeschichtliche Theorieskizze mit Fallbeispielen aus der britischen Literatur des 19. und 20. Jahrhunderts. In: Günter Oesterle (Hrsg.): *Erinnerung, Gedächtnis, Wissen. Studien zur kulturwissenschaftlichen Gedächtnisforschung*. Göttingen: Vandenhoeck & Ruprecht 2005, S. 185–210.

— (Hrsg.): *A Companion to Cultural Memory Studies*. Berlin / New York: de Gruyter 2010.

Esposito, Elena: *Soziales Vergessen. Formen und Medien des Gedächtnisses der Gesellschaft*, aus d. Ital. v. Alessandra Corti. Frankfurt am Main: Suhrkamp 2002.

—: Social Forgetting: A Systems-Theory Approach. In: Astrid Erll / Ansgar Nünning (Hrsg.): *A Companion to Cultural Memory Studies.* Berlin / New York: de Gruyter 2010, S. 181–189.

Feldt, Laura: Dis/orientations: Fantastic Memory in the Exodus Narrative. In: Marion Gymnich / Ansgar Nünning / Roy Sommer (Hrsg.): *Literature and Memory. Theoretical Paradigms – Genres – Functions.* Tübingen: Francke 2006, S. 95–111.

Fludernik, Monika (Hrsg.): *Diaspora and Multiculturalism. Common Traditions and New Developments.* Amsterdam / New York: Rodopi 2003.

Fludernik, Monika / Benjamin Kohlmann (Hrsg.): *Anglistentag 2011 Freiburg. Proceedings.* Trier: Wissenschaftlicher Verlag Trier 2012.

Foucault, Michel: *Die Ordnung der Dinge. Eine Archäologie der Humanwissenschaften*, aus d. Franz. v. Ulrich Köppen. Frankfurt am Main: Suhrkamp 1971.

—: *Archäologie des Wissens*, aus d. Franz. v. Ulrich Köppen. Frankfurt am Main: Suhrkamp 1981.

—: Von anderen Räumen (1967), aus d. Franz. v. Michael Bischoff. In: Jörg Dünne / Stephan Günzel (Hrsg.): *Raumtheorie. Grundlagentexte aus Philosophie und Kulturwissenschaften.* Frankfurt am Main: Suhrkamp 2006, S. 317–329.

Frank, Joseph: Spatial Form in Modern Literature (1945). In: Ders.: *The Idea of Spatial Form.* New Brunswik, NJ / London: Rutgers University Press 1991, S. 3–66.

Frank, Susi K. / Cornelia Ruhe / Alexander Schmitz: Nachwort. Explosion und Ereignis. Kontexte des Lotmanschen Geschichtskonzepts. In: Jurij M. Lotman: *Kultur und Explosion.* Berlin: Suhrkamp 2010, S. 227–259.

Freud, Sigmund: *Abriss der Psychoanalyse / Das Unbehagen in der Kultur.* Frankfurt am Main: Fischer 1972.

—: *Der Mann Moses und die monotheistische Religion. Schriften über die Religion.* Frankfurt am Main: Fischer 1975.

—: Die Verdrängung (1915). In: Ders.: *Psychologie des Unbewußten. Studienausgabe*, Bd. III, hrsg. v. Alexander Mitscherlich / Angela Richards / James Strachey. Frankfurt am Main: Fischer 2001, S. 103–118.

—: Das Unbewußte (1915). In: Ebd., S. 119–173.

—: Trauer und Melancholie (1917). In: Ebd., S. 193–212.

—: Jenseits des Lustprinzips (1920). In: Ebd., S. 213–272.

—: Notiz über den „Wunderblock" (1925). In: Ebd., S. 363–369.

Funkenstein, Amos: *Perceptions of Jewish History.* Berkely, CA / Los Angeles, CA / Oxford: University of California Press 1993.

Giedion, Siegfried: *Raum, Zeit, Architektur. Die Entstehung einer neuen Tradition.* München / Zürich: Artemis 1978.

Günzel, Stephan: Einleitung: Physik und Metaphysik des Raums. In: Ders. / Jörg Dünne (Hrsg.): *Raumtheorie. Grundlagentexte aus Philosophie und Kulturwissenschaften.* Frankfurt am Main: Suhrkamp 2006, S. 19–43.

—: Raum – Topographie – Topologie. In: Ders. (Hrsg.): *Topologie. Zur Raumbeschreibung in den Kultur- und Medienwissenschaften.* Bielefeld: Transcript 2007, S. 13–29.

— (Hrsg.): *Raumwissenschaften.* Frankfurt am Main: Suhrkamp 2009.

— (Hrsg.): *Raum. Ein interdisziplinäres Handbuch.* Stuttgart / Weimar: Metzler 2010.

Gymnich, Marion: Individuelle Identität und Erinnerung aus Sicht von Identitätstheorie und Gedächtnisforschung sowie als Gegenstand literarischer Inszenierung. In: Dies. / Astrid Erll / Ansgar Nünning (Hrsg.): *Literatur – Erinnerung – Identität. Theoriekonzeptionen und Fallstudien.* Trier: Wissenschaftlicher Verlag Trier 2003, S. 29–48.

Gymnich, Marion / Ansgar Nünning / Roy Sommer (Hrsg.): *Literature and Memory. Theoretical Paradigms – Genres – Functions.* Tübingen: Francke 2006.

Halbwachs, Maurice: *Das Gedächtnis und seine sozialen Bedingungen.* Berlin / Neuwied: Luchterhand 1966.

—: *Das kollektive Gedächtnis.* Stuttgart: Enke 1967.

Hall, Stuart: Kulturelle Identität und Diaspora, aus d. Engl. v. Joachim Gutsche / Dominique John. In: Ders.: *Rassismus und kulturelle Identität. Ausgewählte Schriften*, Bd. 2, hrsg. v. Ulrich Mehlem / Dorothee Bohle / Joachim Gutsche / Matthias Oberg / Dominik Schrage. Hamburg: Argument 1994, S. 26–43.

—: Die Frage der kulturellen Identität, aus d. Engl. v. Matthias Oberg. In: Ebd., S. 180–222.

Hallet, Wolfgang / Birgit Neumann: Raum und Bewegung in der Literatur. Zur Einführung. In: Dies. (Hrsg.): *Raum und Bewegung in der Literatur. Die Literaturwissenschaften und der Spatial Turn.* Bielefeld: Transcript 2009, S. 11–32.

Haverkamp, Anselm / Renate Lachmann: Text als Mnemotechnik – Panorama einer Diskussion. In: Dies. (Hrsg.): *Gedächtniskunst: Raum – Bild – Schrift. Studien zur Mnemotechnik.* Frankfurt am Main: Suhrkamp 1991, S. 7–22.

— (Hrsg.): *Memoria. Vergessen und Erinnern.* München: Fink 1993.

Hertzberg, Arthur (Hrsg.): *The Zionist Idea. A Historical Analysis and Reader.* Philadelphia, PA: The Jewish Publication Society 1997.

Herzl, Theodor: *Altneuland.* Berlin / Wien: Harz 1921.

Hillebrand, Anne-Katrin: *Erinnerung und Raum. Friedhöfe und Museen in der Literatur.* Würzburg: Königshausen & Neumann 2001.

Hoffmann, Gerhard: *Raum, Situation, erzählte Wirklichkeit. Poetologische und historische Studien zum englischen und amerikanischen Roman.* Stuttgart: Metzler 1978.

hooks, bell: *Yearning: Race, Gender, and Cultural Politics.* Boston, MA: South End 1990.

Huyssen, Andreas: Monument and Memory in a Postmodern Age. In: James E. Young (Hrsg.): *The Art of Memory. Holocaust Memorials in History.* München / New York: Prestel 1994, S. 9–17.

Julius, Anthony: *Trials of the Diaspora. A History of Anti-Semitism in England.* Oxford: Oxford University Press 2010.

Kant, Immanuel: *Kritik der reinen Vernunft.* Köln: Könemann 1995.

—: Von dem Raume (1770). In: Jörg Dünne / Stephan Günzel (Hrsg.): *Raumtheorie. Grundlagentexte aus Philosophie und Kulturwissenschaften.* Frankfurt am Main: Suhrkamp 2006, S. 76–80.

Keppler, Angela: Soziale Formen individuellen Erinnerns. Die kommunikative Tradierung von (Familien-) Geschichte. In: Harald Welzer (Hrsg.): *Das soziale Gedächtnis. Geschichte, Erinnerung, Tradierung.* Hamburg: Hamburger Edition 2001, S. 137–159.

Kindermann, Martin: The Narration of Space in Charles Dickens's *Our Mutual Friend*, *Little Dorrit* and *Bleak House*. In: Monika Fludernik / Benjamin Kohlmann (Hrsg.): *Anglistentag 2011 Freiburg. Proceedings.* Trier: Wissenschaftlicher Verlag Trier 2012, S. 221–240.

Kinsky-Ehritt, Andrea: *Jewishness* in der britischen Lyrik nach 1945: Elaine Feinstein und Ruth Fainlight. In: Beate Neumeier (Hrsg.): *Jüdische Literatur und Kultur in Großbritannien und den USA nach 1945.* Wiesbaden: Harrassowitz 1998, S. 71–94.

Kushner, Tony: *The Holocaust and the Liberal Imagination. A Social and Cultural History.* Oxford: Blackwell 1994.

Lachmann, Renate: *Gedächtnis und Literatur. Intertextualität in der russischen Moderne*. Frankfurt am Main: Suhrkamp 1990.

—: Die Unlöschbarkeit der Zeichen. Das semiotische Unglück der Mnemonisten. In: Dies. / Anselm Haverkamp (Hrsg.): *Gedächtniskunst: Raum – Bild – Schrift. Studien zur Mnemotechnik*. Frankfurt am Main: Suhrkamp 1991, S. 111–141.

—: Kultursemiotischer Prospekt. In: Dies. / Anselm Haverkamp (Hrsg.): *Memoria. Vergessen und Erinnern*. München: Fink 1993, S. xvii–xxvii.

Lefebvre, Henri: *The Production of Space*, aus d. Franz. v. Donald Nicholson-Smith. Oxford: Blackwell 1991.

Leibniz, Gottfried Wilhelm: Briefwechsel mit Samuel Clarke (1715/1716). In: Jörg Dünne / Stephan Günzel (Hrsg.): *Raumtheorie. Grundlagentexte aus Philosophie und Kulturwissenschaften*. Frankfurt am Main: Suhrkamp 2006, S. 58–73.

Liska, Vivian / Thomas Nolden (Hrsg.): *Contemporary Jewish Writing in Europe. A Guide*. Bloomington, IN / Indianapolis, IN: Indiana University Press 2008.

Litvinoff, Emanuel: A Jew in England. In: Ders.: *Journey through a Small Planet*. London: Penguin 2008, S. 169–191.

Lotman, Jurij M.: Das Problem des künstlerischen Raums in Gogol's Prosa (1968). In: Ders.: *Aufsätze zur Theorie und Methodologie der Literatur und Kultur*, aus d. Russ. v. Karl Eimermacher. Kronberg, Ts.: Scribtor 1974, S. 200–271.

—: *Aufsätze zur Theorie und Methodologie der Literatur und Kultur*, aus d. Russ. v. Karl Eimermacher. Kronberg, Ts.: Scribtor 1974.

—: *Die Struktur literarischer Texte*, aus d. Russ. v. Rolf-Dietrich Keil. München: Fink 1993.

—: On the Semiosphere, aus d. Russ. v. Wilma Clark. In: *Sign System Studies* 33,1 (2005), S. 205–229.

—: *Die Innenwelt des Denkens. Eine semiotische Theorie der Kultur*, aus d. Russ. v. Gabriele Leupold / Olga Radetzkaja. Berlin: Suhrkamp 2010.

—: *Kultur und Explosion*, aus d. Russ. v. Dorothea Trottenberg. Berlin: Suhrkamp 2010.

Löw, Martina: *Raumsoziologie*. Frankfurt am Main: Suhrkamp 2001.

Luhmann, Niklas: *Soziale Systeme. Grundriß einer allgemeinen Theorie*. Frankfurt am Main: Suhrkamp 1984.

—: Einführende Bemerkungen zu einer Theorie symbolisch generalisierter Kommunikationsmedien. In: Ders.: *Aufsätze und Reden*, hrsg. v. Oliver Jahraus. Stuttgart: Reclam 2001, S. 31–75.

Mahler, Andreas: Stadttexte – Textstädte. Formen und Funktionen diskursiver Stadtkonstitution. In: Ders. (Hrsg.): *Stadt-Bilder: Allegorie, Mimesis, Imagination*. Heidelberg: Winter 1999, S. 11–36.

—: Semiosphäre und kognitive Matrix. Anthropologische Thesen. In: Jörg Dünne / Hermann Doetsch / Roger Lüdeke (Hrsg.): *Von Pilgerwegen, Schriftspuren und Blickpunkten. Raumpraktiken in medienhistorischer Perspektive*. Würzburg: Königshausen & Neumann 2004, S. 57–69.

Mann, Barbara E.: *Space and Place in Jewish Studies*. New Brunswick, NJ: Rutgers University Press 2012.

Massey, Doreen: *For Space*. London / Thousand Oaks, CA / New Delhi: Sage 2005.

Mead, George Herbert: *Mind, Self, and Society from the Standpoint of a Social Behaviorist*. Chicago, IL / London: University of Chicago Press 1967.

Merleau-Ponty, Maurice: *Phänomenologie der Wahrnehmung*, aus d. Franz. v. Rudolf Böhm. Berlin: de Gruyter 1966.

Meurer, Ulrich: *Topographien. Raumkonzepte in Literatur und Film der Postmoderne*. München: Fink 2007.

Die Mischna. Das grundlegende enzyklopädische Regelwerk rabbinischer Tradition, hrsg. v. Dietrich Correns. Wiesbaden: Marix 2005.

Nachama, Andreas / Julius H. Schoeps / Edward van Voolen (Hrsg.): *Jüdische Lebenswelten. Essays.* Frankfurt am Main: Jüdischer Verlag 1992.

Nachama, Andreas / Jonah Sievers (Hrsg.): *Jüdisches Gebetbuch. Schabbat und Werktage.* Gütersloh: Gütersloher Verlagshaus 2009.

Nead, Lynda: *Victorian Babylon. Streets and Images in Nineteenth-Century London.* New Haven, CT: Yale University Press 2000.

Neumann, Birgit: Literatur als Medium (der Inszenierung) kollektiver Erinnerungen und Identität. In: Astrid Erll / Marion Gymnich / Ansgar Nünning (Hrsg.): *Literatur – Erinnerung – Identität. Theoriekonzeptionen und Fallstudien.* Trier: Wissenschaftlicher Verlag Trier 2003, S. 49–77.

—: The Literary Representation of Memory. In: Astrid Erll / Ansgar Nünning (Hrsg.): *A Companion to Cultural Memory Studies.* Berlin / New York: de Gruyter 2010, S. 333–343.

Neumeier, Beate: Zwischen Plurikulturalität und nationaler Homogenität: Jüdische Literatur und Kultur der Gegenwart in Großbritannien und den USA. In: Dies. (Hrsg.): *Jüdische Literatur und Kultur in Großbritannien und den USA nach 1945.* Wiesbaden: Harrassowitz 1998, S. ix–xvi.

— (Hrsg.): *Jüdische Literatur und Kultur in Großbritannien und den USA nach 1945.* Wiesbaden: Harrassowitz 1998.

—: *Kindertransport*: Memory, Identity and the British-Jewish Diaspora In: Monika Fludernik (Hrsg.): *Diaspora and Multiculturalism. Common Traditions and New Developments.* Amsterdam / New York: Rodopi 2003, S. 83–112.

Nietzsche, Friedrich: *Vom Nutzen und Nachteil der Historie für das Leben.* Stuttgart: Reclam 2009.

Nora, Pierre: Between Memory and History: Les Lieux de Mémoire, aus d. Franz. v. Marc Roudebush. In: *Representations* 26 (1989), S. 7–24.

Nünning, Ansgar: Literatur, Mentalitäten und kulturelles Gedächtnis. Grundriß, Leitbegriffe und Perspektiven einer anglistischen Kulturwissenschaft. In: Ders. (Hrsg.): *Literaturwissenschaftliche Theorien, Modelle und Methoden. Eine Einführung.* Trier: Wissenschaftlicher Verlag Trier 2004, S. 173–198.

—: Formen und Funktionen literarischer Raumdarstellung. Grundlagen, Ansätze, narratologische Kategorien und Perspektiven. In: Wolfgang Hallet / Birgit Neumann (Hrsg.): *Raum und Bewegung in der Literatur. Die Literaturwissenschaften und der Spatial Turn.* Bielefeld: Transcript 2009, S. 33–52.

Nünning, Ansgar / Roy Sommer (Hrsg.): *Kulturwissenschaftliche Literaturwissenschaft. Disziplinäre Ansätze – Theoretische Positionen – Transdisziplinäre Perspektiven.* Tübingen: Narr 2004.

Oesterle, Günter (Hrsg.): *Erinnerung, Gedächtnis, Wissen. Studien zur kulturwissenschaftlichen Gedächtnisforschung.* Göttingen: Vandenhoeck & Ruprecht 2005.

Olick, Jeffrey K.: Collective Memory. The Two Cultures. In: *Sociological Theory* 17,3 (1999), S. 333–348.

Parfitt, Tudor: *The Lost Tribes of Israel. The History of a Myth.* London: Phoenix 2003.

Reichel, Norbert: *Der erzählte Raum. Zur Verflechtung von sozialem und poetischem Raum in erzählender Literatur.* Darmstadt: WBG 1987.

Ricœur, Paul: *Gedächtnis, Geschichte, Vergessen*, aus d. Franz. v. Hans-Dieter Gondek. München: Fink 2004.

Rubinstein, William D.: *A History of the Jews in the English-Speaking World: Great Britain.* London: Macmillan 1996.

Rushdie, Salman: Imaginary Homelands. In: Ders.: *Imaginary Homelands. Essays and Criticism 1981–1991.* London: Vintage 1991, S. 9–21.

Ryan, Marie-Laure: Space. In: Peter Hühn / Jan Christoph Meister / John Pier / Wolf Schmid (Hrsg.): *The Living Handbook of Narratology.* http://hup.sub.uni-hamburg.de/lhn/index.php?title=Space&oldid=1575 (Zugriff am 11.02.2013).

Sasse, Sylvia: Literaturwissenschaften. In: Stephan Günzel (Hrsg.): *Raumwissenschaften.* Frankfurt am Main: Transcript 2009, S. 225–241.

Schlögel, Karl: *Im Raume lesen wir die Zeit. Über Zivilisationsgeschichte und Geopolitik.* München / Wien: Hanser 2003.

Schlör, Joachim: *Nachts in der großen Stadt. Paris, Berlin, London 1840–1930.* München / Zürich: Artemis & Winkler 1991.

—: *Das Ich der Stadt. Debatten über Judentum und Urbanität 1822–1938.* Göttingen: Vandenhoeck & Ruprecht 2005.

Schmid, Wolf: *Elemente der Narratologie.* 2. verb. Auflage. Berlin / New York: de Gruyter 2008.

Schmidt, Johann N.: *Charles Dickens.* Reinbek: Rowohlt 1983.

Shah, Mirah: Richard Kandts Reisebericht *Caput Nili.* Die Konstruktion moderner Identität im Raum des Anderen. In: Alan Corkhill / Tim Mehigan (Hrsg.): *Raumlektüren. Der Spatial Turn und die Literatur der Moderne.* Bielefeld: Transcript 2013, S. 167–188.

Sicher, Efraim: *Beyond Marginality. Anglo-Jewish Literature after the Holocaust.* Albany, NY: State University of New York Press 1985.

—: *The Holocaust Novel.* London / New York: Routledge 2005.

Smolenskin, Peretz: Let Us Search New Ways (1881), aus d. Russ. v. Arthur Hertzberg. In: Arthur Hertzberg (Hrsg.): *The Zionist Idea. A Historical Analysis and Reader.* Philadelphia, PA: The Jewish Publication Society 1997, S. 148–153.

Soja, Edward W.: *Postmodern Geographies: The Reassertion of Space in Critical Social Theory.* London: Verso 1989.

—: *Thirdspace. Journeys to Los Angeles and Other Real-and-Imagined Places.* Malden, MA / Oxford / Carlton, Vic: Blackwell 1996.

Stähler, Axel: Metonomies of Jewish Postcoloniality. The British Mandate for Palestine and Israel in Contemporary British Jewish Fiction. In: *Journal for the Studies of British Cultures* 16,1 (2009), S. 27–40.

—: *Literarische Konstruktion jüdischer Postkolonialität. Das britische Palästinamandat in der anglophonen jüdischen Literatur.* Heidelberg: Winter 2009.

Steiner, George: Our Homeland, the Text (1985). In: Ders.: *No Passion Spent. Essays 1978–1996.* London / Bosten, MA: faber and faber 1996, S. 304–327.

—: *No Passion Spent. Essays 1978–1996.* London / Boston, MA: faber and faber 1996.

Sternberg, Claudia: „We're Not Jews". Blending Postcolonial and Jewish Discourses in Contemporary British Literature. In: Gerhard Stilz (Hrsg.): *Colonies, Missions, Cultures in the English Speaking World. General and Comparative Studies.* Tübingen: Stauffenburg 2001, S. 191–204.

—: Introduction. In: *Journal for the Studies of British Cultures* 16,1 (2009), S. 3–10.

Stilz, Gerhard (Hrsg.): *Colonies, Missions, Cultures in the English Speaking World. General and Comparative Studies.* Tübingen: Stauffenburg 2001.

Stratton, Jon: *Coming Out Jewish. Constructing Ambivalent Identities.* London / New York: Routledge 2000.

Ströker, Elisabeth: *Philosophische Untersuchung zum Raum.* Frankfurt am Main: Klostermann 1965.

Tylee, Claire M.: Introduction: The Visibility and Destinctiveness of Jewish Women's Writing in Britain. In: Dies. (Hrsg.): *"In the Open". Jewish Women Writers and British Culture.* Newark: University of Delaware Press 2006, S. 11–25.

— (Hrsg.): *"In the Open". Jewish Women Writers and British Culture.* Newark: University of Delaware Press 2006.

Die vierundzwanzig Bücher der Heiligen Schrift nach dem masoretischen Text, Hebräisch-Deutsche Ausgabe, aus d. Hebr. v. Leopold Zunz. Tel Aviv: Sinai 2008.

Volkov, Shulamit: Zur Einführung. In: Dies. (Hrsg.): *Deutsche Juden und die Moderne.* München: Oldenbourg 1994, S. vii–xxiii.

—: *Antisemitismus als kultureller Code.* München: Beck 2000.

Wachinger, Tobias: Stadträume / Stadttexte unter der Oberfläche. Schichtung als Paradigma des zeitgenössischen britischen „Großstadtromans". In: *Poetica* 31, 1–2 (1999), S. 263–301.

Wägenbaur, Thomas: Memory and Recollection. The Cognitive and Literary Model. In: Ders. (Hrsg.): *The Poetics of Memory.* Tübingen: Stauffenburg 1998, S. 3–22.

Weber, Donald: Anglo-Jewish Literature Raises Its Voice. http://www.jbooks.com/interviews/index/IP_Weber_English_Prn.htm (Zugriff am 25.01.2013).

—: Unorthodox Desires. http://jbooks.com/fiction/index/FI_Weber_Alderman_Prn.htm (Zugriff am 25.01.2013).

Weigel, Sigrid: Télescopage im Unterbewußten. Vom Verhältnis von Trauma, Geschichtsbegriff und Literatur. In: Dies. / Elisabeth Bronfen / Birgit R. Erdle (Hrsg.): *Trauma. Zwischen Psychoanalyse und kulturellem Deutungsmuster.* Köln / Weimar / Wien: Böhlau 1999, S. 51–76.

Welzer, Harald: Das gemeinsame Verfertigen von Vergangenheit im Gespräch. In: Ders. (Hrsg.): *Das soziale Gedächtnis. Geschichte, Erinnerung, Tradierung.* Hamburg: Hamburger Edition 2001, S. 160–178.

Yates, Frances A.: *The Art of Memory.* London: Routledge / Kegan Paul 1966.

Yerushalmi, Yosef Hayim: *Zakhor. Jewish History and Jewish Memory.* Seattle, WA / London: University of Washington Press 1996.

Young, James E.: Erinnern und Gedenken. Die Schoa und die jüdische Identität. In: Andreas Nachama / Julius H. Schoeps / Edward van Voolen (Hrsg.): *Jüdische Lebenswelten. Essays.* Frankfurt am Main: Jüdischer Verlag 1992, S. 149–164.

—: *The Texture of Memory. Holocaust Memorials and Meaning.* New Haven, CT / London: Yale University Press 1993.

— (Hrsg.): *The Art of Memory. Holocaust Memorials in History.* München / New York: Prestel 1994.

—: The Arts of Jewish Memory in a Postmodern Age. In: Bryan Cheyette / Laura Marcus (Hrsg.): *Modernity, Culture and „the Jew".* Oxford: Polity 1998, S. 211–225.

—: Tradition und Erinnerung des Selbst in der Kultur. In: Harald Welzer (Hrsg.): *Das soziale Gedächtnis. Geschichte, Erinnerung, Tradierung.* Hamburg: Hamburger Edition 2001, S. 41–62.

Zerubavel, Yael: *Recovered Roots: Collective Memory and the Making of Israeli National Tradition.* Chicago, IL / London: University of Chicago Press 1995.